KONFUZIUS

Michael Schuman

KONFUZIUS

DER MANN UND DIE WELT,
DIE ER SCHUF

Aus dem Amerikanischen von Elisabeth Liebl

Kösel

Die amerikanische Originalausgabe erschien 2015 unter dem Titel *Confucius – And the World He Created* © Basic Books, A Member of the Perseus Books Group, New York.

MIX
Papier aus verantwor-
tungsvollen Quellen
FSC
www.fsc.org FSC® C014496

Verlagsgruppe Random House FSC® N001967

Copyright © 2016 Kösel-Verlag, München,
in der Verlagsgruppe Random House GmbH
Neumarkter Straße 28, 81673 München
Umschlag: Weiss Werkstatt, München
Umschlagmotiv: plainpicture/ponton/Bildnr. p662m1018098 f
Druck und Bindung: GGP Media GmbH, Pößneck
Printed in Germany
ISBN 978-3-466-37150-1
www.koesel.de

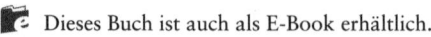 Dieses Buch ist auch als E-Book erhältlich.

Für Eunice,
meine Lieblings-Konfuzianerin

INHALT

EINFÜHRUNG

WIE KONFUZIUS DIE WELT VERÄNDERTE

2500 Jahre nachdem Konfuzius seine Lehren darlegte, sind sie immer noch eng verflochten mit der Gesellschaft in den ostasiatischen Ländern. Sie haben zahllose politische Umstürze, wirtschaftliche Umwälzungen und einen nimmer endenden Strom fremder religiöser und politischer Doktrinen bzw. kultureller Einflüsse überlebt. Obwohl Ostasien in den letzten Jahrzehnten den Übergang zur Moderne im Schnelldurchgang vollzogen zu haben scheint, kann man selbst heute noch keine gelingende Unterhaltung mit einem Chinesen, Koreaner oder Japaner führen, ohne die althergebrachten Ideale des Konfuzius verstanden zu haben. Seine Lehren sprechen aus den Aktivitäten von Ministerien und Parlamenten, prägen die politischen Maßnahmen und bestimmen, wie Funktionäre mit den Bürgern umgehen. Sie machen sich in Vorstandsetagen genauso bemerkbar wie in der Fabrikhalle. Direktoren richten ihre Unternehmensstrategien und ihre Personalentscheidungen danach aus. Sie reichen bis hinein ins Klassenzimmer, wo sie die Bildung der Schüler beeinflussen, ja selbst bis ins Ehebett, weil sie heute noch die Beziehungen zwischen Mann und Frau regeln. Konfuzius bestimmt, was Ostasiaten über Demokratie, Kindererziehung, Berufswahl, Kontakte zu Kollegen und ihre höchsteigene Identität denken. Ohne ein grundlegendes Verständnis der konfuzianischen Ideen können Sie dort kein Unternehmen führen, mit Regierungsbeamten verhandeln oder sich einen Reim auf die komplexen Vorgänge bei Verabredungen zwischen den Geschlechtern machen.

Das macht Konfuzius zweifellos zu einem der wichtigsten Männer, die je gelebt haben. Seine Lehren prägen das Leben von gut 1,6 Milliarden Menschen, fast einem Viertel der Weltbevölkerung. Seine geografische Einflusssphäre erstreckt sich vom nördlichen Japan bis zur indonesischen Insel Java. Nur das Christentum kann heute noch von sich behaupten, einen größeren Einfluss auf die moderne globale Kultur auszuüben. Obwohl Asien heutzutage von äußeren Einflüssen geradezu überrannt wird – vom Kommunistischen Manifest über die Bibel bis hin zu Harry Potter, von der Latte macchiato über McDonald's hin zu Britney Spears –, haben die Lehren des Konfuzius überlebt, weil sie viel zu sehr in der Alltagskultur verwurzelt sind, als dass man sie einfach ausreißen, ersticken oder ersetzen könnte. Konfuzius steht als Begründer der modernen Zivilisation gleichberechtigt neben Abraham, Jesus, Mohammed und Siddhartha Gautama (den man als Buddha kennt), aber auch neben Platon und Aristoteles.

Trotzdem wissen die Menschen im Westen nur wenig über Konfuzius. Dieses fehlende Wissen aber ist riskant. Asien gewinnt an globaler Bedeutung. Ihm kommt heute schon deutlich mehr Gewicht in der globalen Wirtschaft und der internationalen Geopolitik zu, als es über mehrere Hundert Jahre hatte. Damit gewinnt auch Konfuzius an Bedeutung und die Kultur, die er geschaffen hat. Um mit den neu erstarkten Nationen Ostasiens in Wettbewerb treten zu können, um zu begreifen, was die Geschäftsleute, Politiker und Strategieplaner antreibt, muss der Westen Konfuzius, seine Philosophie und sein Erbe verstehen lernen. Wir in den Vereinigten Staaten und in Europa müssen uns klarmachen, dass die ostasiatische Zivilisation auf völlig anderen philosophischen Grundfesten errichtet wurde als die westliche – und diese wiederum gehen zum Großteil auf die Lehren Konfuzius' zurück.

Gelehrte und Politiker der westlichen Welt haben jahrhundertelang die griechischen Philosophen (Sokrates, Platon, Aristoteles) studiert, sie haben die Bibel gelesen und andere Schriften der jüdisch-christlichen Tradition. Sie haben sich mit den Denkern auseinandergesetzt, die die Grundlagen unserer modernen Gesellschaft gelegt haben, wie John Locke, Thomas Hobbes und Adam Smith. In Ostasien ist das anders. Dort haben Akademiker, Schriftsteller und Staatsbeamte die konfuzianischen Klassiker gelesen, die das ideologische Rückgrat der ostasiatischen Institutionen bildeten, der Lehrpläne und der Normen des sozialen Diskurses. In China war die Kenntnis des konfuzianischen Kanons mit seinen zahllosen Kommentaren und Aufsätzen die Grundvoraussetzung für gesellschaftlichen und beruflichen Erfolg, ja das Herzstück der Erziehung, die man besitzen musste, wollte man zu den gebildeten Menschen gehören. Mehr als 1900 Jahre lang wurden chinesische Beamte zu einem Amt nur dann zugelassen, wenn sie in Prüfungen ihre Kenntnis dieser klassischen Texte unter Beweis gestellt hatten. In Ostasien war es Konfuzius, nicht Moses, der den Menschen ihre moralischen Maßstäbe gab. Es war Konfuzius, nicht John Locke oder Thomas Jefferson, dessen Lehren die Beziehung zwischen Bürger und Staat prägten und die Stellung des Individuums in der Gesellschaft. Der Konfuzianismus war keineswegs der einzige Einflussfaktor in der ostasiatischen Gesellschaft. Auch der Buddhismus spielte eine entscheidende Rolle. Und die Religionen und Ideologien, die sich in den letzten zweihundert Jahren in Ostasien verbreiteten, vom Christentum bis hin zum Marxismus. Konfuzius ist nicht der einzige brillante Philosoph Asiens. Laozi, der (möglicherweise mythische) Begründer des Daoismus, ist nur einer von vielen wichtigen Denkern, deren Einfluss noch heute im asiatischen Leben spürbar ist. Doch keiner von ihnen war für Ostasien über so lange Zeit so bedeutsam wie Konfuzius. Tatsächlich ist die Historie der ostasiatischen Zivilisation gleichzusetzen mit der Entwicklungsgeschichte der konfuzianischen Lehren.

Die meisten Menschen können auf Befragen einen Lehrer nennen, der einen bleibenden Einfluss auf ihr Leben gehabt hat. Gute Lehrer bringen in ihren Schülern mehr zum Vorschein als nur die Fähigkeit, Gleichungen zu lösen oder die Namen aller Präsidenten aufsagen zu können. Sie haben Einfluss darauf, was ihre Schüler glauben und wie sie ihr Leben führen. Und sie können in ihnen die Leidenschaft zu lernen wachrufen, den Wunsch, über sich hinauszuwachsen.

So gesehen ist Konfuzius wohl der größte Lehrer der Menschheitsgeschichte. Obwohl er an einem bestimmten Punkt seiner Laufbahn auch ein mäßig erfolgreicher Beamter und Minister war, brachte er den Großteil seines Lebens lehrend zu. Als Lehrer hinterließ er einen bleibenden Einfluss, der einmal ganz Asien prägen sollte. Das berühmteste Werk, das man mit ihm in Verbindung bringt, sind die *Analekten* oder *Gespräche* – Ausschnitte aus Diskussionen mit seinen Schülern, in denen er sie über Tugend, gute Regierungsführung, persönliche Beziehungen, Ethik und Geschichte unterrichtete. Was Konfuzius lehrte, war die Weisheit der chinesischen Vorgeschichte, ein zeitloser Moralkodex und eine Vision der Menschheit, die jeden tief berührt, der sie liest. Seine hingebungsvollen Schüler waren überzeugt vom hohen Wert seiner Lehren und gaben sie an die nächste Generation weiter, die sie wiederum weitergab. In jedem Jahrhundert nach Konfuzius' Tod kamen neue Schülergenerationen hinzu, die seine Lehren studierten, Kommentare verfassten und die Weisungen von »Meister Kong« mitunter dramatisch umdeuteten. So bildete sich mit der Zeit eine philosophische Denkschule heraus, die zur Grundlage der Ethik und Staatskunst in Ostasien wurde. Konfuzius wäre nicht Konfuzius, hätten seine Schüler seine Lehren nicht weitergegeben und sein Erbe gepflegt.

Über die Jahrhunderte wurde Konfuzius also zu einer zentralen Gestalt innerhalb der ostasiatischen Gesellschaft, wodurch sich auch sein Bild wandelte. Er wurde nicht länger nur als einfacher Lehrer betrachtet, sondern zum Höchsten Weisen erhoben, zum Gründervater der chinesischen Zivilisation, zu ihrem »Ungekrönten König«, der zwar niemals Regierungsverantwortung getragen hatte, aber vom Himmel zum Herrscher gemacht worden war. Jeder Chinese oder Koreaner, der als wirklicher Ehrenmann gelten wollte, musste sich an Konfuzius messen. James Legge, der berühmte britische Sinologe des 19. Jahrhunderts, schrieb, Konfuzius sei »der Mann, in dem sich alle persönliche Vortrefflichkeit verkörpere und der alle möglichen Lektionen sozialer Tugend und politischer Weisheit gelehrt«[1] habe. Es gab sogar Epochen der chinesischen Geschichte, in denen Konfuzius nahezu vergöttlicht wurde als eine Art Superheld mit Wunderkräften und heiligenhafter Erscheinung. Eine Legende macht ihn gar zum Sohn eines Geistwesens – womit er eine Art chinesischer Perseus wäre. Opfer und Zeremonien in Konfuzius' Namen wurden fast 2000 Jahre lang durchgeführt. Jede Stadt in China, die etwas auf sich hielt, besaß einen eigenen Konfuzius-Tempel. Selbst der Kaiser vollführte gelegentlich den ehrerbietigen Gruß Kotau vor seinem Schrein. Die Liste der Titel, die man Konfuzius nachträglich verlieh, wurde mit der Zeit geradezu lächerlich lang. Im Jahr 1 war er noch ein einfacher »Herzog«, später aber wurde aus ihm der »Vollendete Heilige«, der »Größte Weise und Antike Lehrer«, schließlich dann der »Lehrer der Klassik und der Vollendete, Außerordentliche und Vollkommene Weise«. Seinen Nachfahren verlieh der Staat Adelsstatus und ausgedehnte Ländereien.

Solcherart pathetisches Lob und pompöse Zeremonien hätten Konfuzius vermutlich zum Erröten gebracht. Nach allem, was wir über den historischen Konfuzius wissen, behauptete er nie, etwas anderes zu sein als ein Mensch. Gelegentlich beschrieb er sich sogar als den »Kaum-Vollendeten«. Der Meister war häufig erstaunlich selbstironisch – er spielte seine geistigen Fähigkeiten herunter, zweifelte an seiner Moral und witzelte über seine Armut. Er selbst bezeichnete sich nie als Weisen, schon gar nicht als Superhelden. »Was Wissen und Bildung angeht, so stehe ich anderen Leuten nicht nach. Aber mich selbst im praktischen Leben immer wie ein Edler zu verhalten, das habe ich noch nicht erreicht«[2], gestand er einmal.

Den echten Konfuzius freizulegen, ihn aus Mythen und Legenden herauszuschälen, aus Gerüchten und Anklagen, Märchen und Missdeutungen, ihn unter den Ablagerungen von 2000 Jahren wiederzufinden ist keine leichte Aufgabe. Der Konfuzius moderner Diskurse ist nicht derselbe wie der ein Jahrhundert früher oder der des klassischen Zeitalters. »Jedes Zeitalter hat seinen eigenen Konfuzius, und in jeder Epoche gibt es mehrere Konfuziusse«, schrieb der moderne Historiker Gu Jiegang. »Die Gestalt des Konfuzius verändert sich je nachdem, was die Menschen einer Epoche von ihm denken oder sagen. Doch die meisten Menschen sind sich dessen kein bisschen bewusst, daher erkennen sie das wahre Antlitz des Konfuzius am Ende nicht.«[3] Die Fähigkeit des Konfuzius, sich den Anforderungen jedes Zeitalters anzupassen, hat ihn zu einer immer noch lebendigen und interessanten Gestalt werden lassen, die Jahrhunderte des Wandels überstand. Aber sie hat ihn vielleicht auch zu etwas gemacht, was er nie sein wollte.

Konfuzius war mehr ein Symbol als ein Mensch aus Fleisch und Blut, sowohl für seine Anhänger als auch für seine Feinde. Er ist eine Ikone, die stellvertretend für Chinas kulturelles Erbe steht, ein Totem der kaiserlichen Herrschaft, der archetypische Mensch, das Gesicht der Unterdrückung, die Stimme des Wandels, der Schirmherr des Lernens, ein Instrument der Public Relations, ein spiritueller Führer und ein Emblem für alles, was an China groß oder negativ ist. Er war Reaktionär und Revolutionär, Diktator und Demokrat, Feudalherr und Kapitalist, brillanter Gelehrter und Betrüger, Fremdenfeind und Globalisierer, eine Stütze des Staates und ein gefährlicher Dissident, ein vorbildlicher Humanist und ein Zerstörer der Seelen. Er war die Ursache für Asiens wirtschaftlichen Erfolg und Ursache seines ökonomischen Scheiterns, kultureller Fundamentalist und messianischer Visionär, die Quelle von Ostasiens Stärken und Schwächen. Im Westen gilt Konfuzius als Verkörperung der chinesischen Zivilisation, Quell der uralten Weisheit des Ostens, rollengerecht gewandet in fließende Roben, vom langen weißen Bart ganz zu schweigen. Käme Konfuzius heute noch einmal zur Welt, er würde sich schwerlich wiedererkennen.

Der Konfuzius, den wir heute kennen, ist keine Exklusivschöpfung der Chinesen. Der moderne Konfuzius ist »ein Produkt, das von vielen Händen über viele Jahrhunderte hinweg geschaffen wurde, von kirchlichen ebenso wie von ungläubigen, westlichen genauso wie chinesischen«, sagt der Historiker Lionel Jensen. Jensen geht davon aus, dass Konfuzius zum Teil eine Erfindung der jesuitischen Missionare ist, die im 16. Jahrhundert nach China kamen. Als sie versuchten, diese neue und fremde Zivilisation zu verstehen, fabrizierten sie einen dazu passenden »-ismus«, dessen Begründer natürlich ein großer Heiliger sein musste. So hatten das selbst die Chinesen noch nicht gesehen. Tatsächlich ist der Name Konfuzius eine jesuitische Schöpfung, die seltsame Übertragung des chinesischen *Kong fuzi*, eine (selten verwendete) Bezeichnung, die einfach »Meister Kong« heißt. Kong war sein Familienname. Der Konfuzius, den wir kennen, so Jensen, ist auf jeden Fall eine »Erfindung der westlichen Einbildungskraft«[4].

Die Lehre des Konfuzius ist nicht leichter zu fassen als der Mensch hinter ihr, und das aus ganz ähnlichen Gründen. Wie die historische Persönlichkeit sind auch ihre Lehren wieder und wieder interpretiert worden, überarbeitet und erweitert von zahllosen Denkern, Schriftstellern und Kaisern, die mitunter Ideen und Glaubenssätze einbauten, die zu ihrer Zeit gerade im Schwange waren. Mit dem Resultat, dass der Konfuzianismus mittlerweile eine synkretistische Wundertüte aus Traditionen, Ideologien, Zeremonien, Konzepten und Glaubensgrundsätzen ist, innerhalb derer sich die unterschiedlichen Schulen hitzige Debatten liefern, wenn sie sich nicht gleich als eigene Strömung verselbstständigt haben. Menschen, die Konfuzius in ihre nicht-chinesischen Heimatländer brachten, haben seine Lehren mit den dort herrschenden Praktiken und Vorstellungen vermengt.

Die Büfettnatur des konfuzianischen Denkens hat dazu geführt, dass sowohl in Asien als auch in Europa eine anhaltende (und immer noch nicht gelöste) Debatte darüber geführt wird, was Konfuzianismus eigentlich ist. Denn dieser wird sehr häufig mit Vorstellungen aus anderen ostasiatischen Religionen wie Buddhismus oder Daoismus vermengt. Wenn Sie in China, Südkorea oder Taiwan einen Tempel besuchen, werden Sie dort Menschen antreffen, die sich vor einem konfuzianischen Schrein auf dieselbe Weise verneigen wie vor einer Buddhastatue. Außerdem beinhaltet der Konfuzianismus einen Moralkodex, der den Zehn Geboten sehr ähnlich ist. »Es gibt kein im Westen anerkanntes ethisches Prinzip, das sich nicht explizit oder implizit in den konfuzianischen Lehren wiederfindet, keine ›christliche‹ Tugend, die man nicht auch aus einem konfuzianischen Text herauslesen könnte«, schreibt der Sinologe Reginald Fleming Johnston, der Lehrer des letzten Kaisers von China.[5]

Doch sobald man nur ein wenig tiefer in den Konfuzianismus eintaucht, wird es problematisch, diese Tradition mit anderen Religionen, sei es nun östlicher oder westlicher Provenienz, gleichzusetzen. Wir finden nämlich im Konfuzianismus keinen der Fall-

stricke moderner Religion. Es gibt dort keine echte Priesterschaf\
keine klar definierte »Kirche« und keine zentrale Gottheit, auf die
sich die Anbetung konzentrieren würde. Obwohl viele Menschen
in Ostasien von sich sagen, dass sie stark von Konfuzius beeinflusst
seien, würden sich nur wenige unter ihnen »Konfuzianer« nennen,
wie die Gläubigen anderer großer Weltreligionen von sich behaupten, Muslime, Christen oder Buddhisten zu sein. Park Kwang
Young, Professor für Konfuzianismus an der Sungkyunkwan
University im südkoreanischen Seoul, schätzt, dass mindestens
100 000 Südkoreaner sich in religiöser Hinsicht als Konfuzianer
bezeichnen. Das sind zwar nicht wenige, aber im Vergleich zu der
50 Millionen Menschen zählenden Bevölkerung auch nicht gerade
viele. Viele Ostasiaten sagen, dass sie Buddhisten oder Christen
sind, wenn man sie nach ihrer Religion fragt. Den Konfuzianismus
hingegen rechnen sie zu den kulturellen oder familiären Traditionen. So gesehen ist der Konfuzianismus keine Religion, sondern
eine Philosophie, eine Lebensweise, ein Leitfaden ethischen Handelns.

Die Rolle, die Konfuzius innerhalb seiner Lehre spielt, trägt weiter zu den Unklarheiten bei. Anders als Moses oder Mohammed
behauptete Konfuzius nie von sich, dass seine Lehren Resultat einer göttlichen Offenbarung seien. Er scheint seine Lehren sogar
eindeutig von der Religion abgegrenzt zu haben. »Die Gegen-
stände, über die der Meister niemals sprach, waren außerordentliche Begebenheiten, Heldentaten, Chaos oder spirituelle Wesen«,
berichtet ein alter Text. Konfuzius bot keine Antworten auf die
grundlegenden Fragen der menschlichen Existenz, um die sich Religionsgründer im Allgemeinen bemühen – woher wir kommen,
warum wir hier sind und was aus uns werden wird. Er spann keine
Sagen über die Erschaffung der Welt oder den Ursprung des Menschen. Es gibt keinen Garten Eden, keine Vertreibung aus dem Paradies, keine Einnahme von Mekka, die zum Gründungsmythos

einer Religion hätten werden können. Er spekulierte auch nicht über das Leben nach dem Tod. Obwohl er anscheinend daran glaubte – er übernahm die Ahnenverehrung, die zu seiner Zeit in China schon recht verbreitet war –, lehrte er nie ausdrücklich über das Schicksal der Seele. Tatsächlich scheint er dem Gespräch über den Tod geflissentlich aus dem Weg gegangen zu sein. Auf eine solche Frage eines Schülers meinte er einmal nur: »Wer noch nicht einmal das Leben kennt, wie will der wohl den Tod begreifen?«[6]

Für Konfuzius waren solche Überlegungen Zeitverschwendung. Er war ein Mann des Hier und Jetzt, den in erster Linie interessierte, wie die Menschen ihre Probleme in der realen Welt lösen konnten. Vor allem aber suchte er, die Menschen zu moralischem Verhalten zu bewegen, gute Regierungsführung zu sichern, die Familie zu stärken und der Gesellschaft Wohlstand zu bringen. Sein Ziel war es, die Menschen zur Tugend anzuhalten, diese Tugend zu leben und so eine bessere Gesellschaft zu schaffen. Wilde Spekulationen über das Nicht-Wissbare waren seiner Meinung nach nur Ablenkung von der weit wichtigeren (praktischen) Aufgabe, die Welt zu einem harmonischeren Ort zu machen.

Konfuzius verwies seine Anhänger nicht auf die nächste Welt, sondern wollte, dass sie sich in dieser betätigten. Er versprach jenen, die seinen Lehren folgten, keinerlei persönliche Belohnung, sei sie nun materieller oder spiritueller Natur. Es gab keine sich öffnenden Himmelstore, keine schönen Jungfrauen für die Frommen, keine Versicherung, dass die Seele aus den Fesseln des Fleisches gelöst würde. Jenen aber, die seine Ermahnungen nicht befolgten, drohte er auch nicht mit schrecklichen Strafen. Im Konfuzianismus gibt es keinen Teufel und keine ewige Verdammnis. Sie können auch nicht als Schnecke wiedergeboren werden. Wie die Religionswissenschaftlerin Lee Dian Rainey anmerkt: »Wenn sich in der konfuzianischen Tradition jemand schlecht benimmt, ist alles, was Sie sagen können: ›Sie sind kein edler Mensch!‹« Konfuzius erwartete, dass die Menschen das Richtige tun, eben weil es das Richtige ist, nicht weil sie irgendwann in der Zukunft dafür belohnt werden. Der Lohn für gute Taten war das Wissen, dass sie sich ehrenhaft benommen und vielleicht Gutes für die Welt bewirkt haben. Das konfuzianische Leben besteht in erster Linie aus einem Streben nach Selbstvervollkommnung. »Darum achtet der Edle auf sein Inneres, ob er keinen Makel hat, ob er nichts Böses hat in seinem Willen«, heißt es in einem der klassischen konfuzianischen Texte. Und weiter: »Worin der Edle unerreichbar bleibt, sind lauter Dinge, die die Menschen gar nicht sehen.«[7]

Der mitunter fast schon klinische Pragmatismus der konfuzianischen Lehren hat Legge zu der Erklärung veranlasst, der Weise sei »areligiös« und seine Lehren hätten die Chinesen zu einem ebensolchen Volk gemacht. »Die Kälte seines Temperaments und Intellekts«, so Legge, habe dazu geführt, »dass sein Einfluss sich auf die allgemeine Entwicklung inniger religiöser Gefühle unter den chinesischen Völkerschaften negativ auswirkte.« Und doch scheint Konfuzius geglaubt zu haben, er erfülle eine gottbefohlene Mission, die Wahrheit zu verkünden und die Welt zu retten. Er sah sich selbst als den letzten lebenden Menschen, der das alte Wissen besaß, das China den Frieden bringen konnte, als letzte Hoffnung der Menschheit. Diese Rolle verlieh ihm seiner Ansicht nach einen gewissen Schutz. Ein Ausschnitt aus einem alten Text erzählt uns die Geschichte, wie Konfuzius von Männern aus einem feindlichen Ort namens Kuang belagert wurde. Sein Leben schien in Gefahr, doch Konfuzius sorgte sich nicht. Der Himmel würde ihn beschützen, damit er seine Aufgabe erfüllen könne. »Sind die Prinzipien von Sitte und Ordnung nicht mir anvertraut«, rief er aus. »Wollte der Himmel, dass sie untergehen, dann wären sie mir nicht anvertraut worden. Will der Himmel das aber nicht, was können mir da die Leute von Kuang anhaben.«[8] Er beschwerte sich einmal, dass die Menschen seiner Zeit ihn und seine Art nicht verstünden, doch es sei ihm ein Trost, dass er vom Göttlichen geschätzt würde.

Konfuzius' Worte zeigen, dass es hier um mehr geht als nur um einen neuen Leitfaden der Moral. Was hier auf dem Spiel steht, ist die Verbindung zwischen Mensch und Universum. Das Herzstück der Philosophie des Konfuzius ist der Glauben an die Macht des Individuums. Wenn die Menschen tugendhaft handeln, wird die Welt Frieden erfahren. Und umgekehrt ist eine chaotische Gesellschaft, die von Armut und Krieg geplagt wird, Resultat von Selbstsucht und fehlender Moral. In Konfuzius' Augen hat der Mensch im Kosmos eine Rolle inne – was wir Tag für Tag tun, hat Auswirkungen auf alles um uns herum. Wir wandern nicht einfach ziellos auf Erden herum und begegnen einander ohne Sinn und Zweck. Unser Tun ist verantwortlich für den Unterschied zwischen Reichtum und Armut, Krieg und Frieden, Ordnung und Chaos. Das tugendhafte Handeln eines Menschen hat die beinah magische Eigenschaft, dass es die Welt verändert.

Denn über allem steht etwas, was Konfuzius »den Himmel« nennt. Er hat nie klar definiert, was der Himmel ist, doch es gibt Hinweise, dass der »Himmel« eine bewusste Kraft ist, die Fehlverhalten bestraft und gute Taten belohnt, ganz ähnlich wie der jüdisch-christliche Gott – eine Vorstellung, die Konfuzius später aufnahm. Die Konfuzianer stützen sich dabei auf ein Konzept der chinesischen Vorzeit: Ein tugendhafter König bekam das »Mandat des Himmels«, das göttliche Recht zur Herrschaft, das widerrufen werden konnte, wenn der Herrscher sich als grausam oder unfähig erwies. Über die Jahrhunderte entwickelte sich aus den wenigen religiösen Anklängen in Konfuzius' Worten eine komplexe Kosmologie. Seine häufig recht dürren Äußerungen bekamen allmählich mehr spirituelle Tiefe. So wurde aus seinen Lehren mehr als nur eine Anleitung zu edlem Verhalten: Man schrieb sie um zum Weisheitspfad. Vielleicht ist der Konfuzianismus tatsächlich keine Religion im selben Sinne wie das Juden- oder Christentum oder wie der Hinduismus und seine diversen Ableger. Doch ist der Konfuzianismus sicher auch nicht steril und frei von jeglicher Spiritualität bzw. unfähig, die grundlegenden Fragen der Menschheit zu lösen.

Die Frage, ob der Konfuzianismus eine Religion ist, hängt im Wesentlichen davon ab, wie wir »Religion« definieren. Der Westen hat versucht, Konfuzius' Lehren an seinen religiösen Vorstellungen zu messen. Das begann schon, als man im Westen zum ersten Mal vom Konfuzianismus hörte. Die ersten Jesuitenmissionare, die nach China kamen und sahen, wie die Chinesen sich in konfuzianischen Schreinen ehrerbietig verneigten und Opfergaben darbrachten, fragten sich zunächst, ob sie damit eine Art Eingeborenenreligion entdeckt hatten. Nach einigen Nachforschungen aber kam man dahinter, dass die Chinesen Konfuzius nicht als Gott anbeteten, sondern ihn nur als Weisen verehrten. Bald hieß es, die konfuzianischen Riten seien eher eine soziale als eine religiöse Praxis. Für die Jesuiten bedeutete das, dass man sehr wohl Konfuzius ehren und Jesus folgen konnte. Die Chinesen, die sich damals zum Christentum bekehrten, durften in die Kirche gehen und im Schrein des Konfuzius Räucherstäbchen anzünden. Christliche Missionare anderer Orden wie Franziskaner oder Dominikaner kamen zu einem anderen Schluss. Sie hatten beobachtet, dass die Chinesen ihre Ahnen verehrten, und erklärten, der Konfuzianismus sei eine Religion, schlimmer noch: eine heidnische Religion. Alle chinesischen Christen müssten daher ihrem Weisen abschwören. Die folgende Kontroverse um die konfuzianischen Riten dauerte mehr als ein Jahrhundert an. Schließlich gab Papst Clemens XI. 1715 eine Bulle heraus, die sich gegen die jesuitische Position entschied und erklärte, chinesische Christen dürften nicht an konfuzianischen Zeremonien teilnehmen. Woraufhin der erzürnte chinesische Kaiser die christlichen Missionare aus dem Land warf.

Wer sich in religiöser Hinsicht für einen Konfuzianer hält, betrachtet gewöhnlich das westliche Verständnis des Konfuzianismus schlicht als falsch. Konfuzius' Lehren können nicht einfach mit dem jüdisch-christlichen Glauben verglichen werden. »Die meisten Religionen haben ein oder mehrere heilige Bücher, in denen geschrieben steht, dass Sie das Heil erlangen, wenn Sie tun, was sie Ihnen vorschreiben. Wir haben auch Bücher, aber in denen steht so etwas nicht«, erklärte mir Park Kwang Young, der sich selbst als praktizierenden Konfuzianer sieht, vor dem konfuzianischen Schrein der Universität. »In anderen Religionen brauchen Sie einen Gott und Zeremonien, doch im Konfuzianismus geht es einfach nur darum, in der Welt, in der wir leben, das Beste zu tun. Alles beruht auf der Selbstkritik, der wir unser Verhalten unterziehen. Sie glauben daran, dass Sie anderen Menschen gegenüber freundlich, gut und großzügig sein sollten. Das heißt es, Konfuzius' Lehren zu folgen.«

Trotz seiner überragenden Bedeutung stieß Konfuzius nicht immer auf wohlwollende Aufnahme. Vermutlich hat kein Religionsgründer oder Philosoph je so viele Kontroversen ausgelöst. Asiaten wie Nicht-Asiaten haben Konfuzius verantwortlich gemacht für alle möglichen zivilisatorischen Übel. So warf man ihm unter anderem vor, die Frauen zu unterdrücken, jede Innovation im Keim zu ersticken, die Landarbeiter zur Armut zu verdammen, Despotismus zu fördern und Finanzkrisen auszulösen. Seine Kritiker behaupten, China habe nur seinetwegen den Kapitalismus später angenommen als Europa und die Vereinigten Staaten und liege deshalb technologisch hinter den westlichen Staaten zurück. Viele moderne Ostasiaten, die sich mit den westlichen Ideen der Bürgerrechte und der politischen Freiheit auseinandergesetzt haben, sehen Konfuzius als Hindernis auf dem Weg zu Demokratie und Menschenrechten.

Wie viel von dieser Kritik kann als fair bezeichnet werden? Konfuzius' Erbe ist nicht nur positiv, vor allem aus westlicher

Sicht. Die Gesellschaften, die sich auf der Grundlage seiner Philosophie herausbildeten, sind durch und durch hierarchisch. Wer eine übergeordnete Position einnimmt – Vater, Ehemann, Herrscher – benutzt und missbraucht Konfuzius' Lehren dazu, die Kontrolle über jene auszuüben, die einen untergeordneten Status haben – Kinder, Ehefrauen und Bürger. Fast alle ostasiatischen Regierungen waren (bis vor Kurzem) zentralistisch und diktatorisch organisiert. Die mangelnde Flexibilität der von Konfuzius beeinflussten Regierungen zwang die Unterdrückten häufig dazu, zur Gewalt zu greifen, um politische Veränderungen herbeizuführen. Frauen, die in Konfuzius' Ideal eine untergeordnete Stellung einnehmen, haben lange gebraucht, um den Weg ins öffentliche Leben zu schaffen. Viele Frauen in Ostasien haben deshalb keinerlei Ausbildung oder Erziehung erhalten. Viel zu viele wurden von ihren Eltern bei der Geburt oder gar noch im Mutterleib getötet. Konfuzianische Unternehmensführung, in der junge Belegschaftsmitglieder wegen der strikt hierarchischen Top-down-Entscheidungsfindung nichts zu sagen haben, verhinderte, dass Unternehmen in Ostasien innovativ auf den globalen Wettbewerb reagieren konnten. In den Wohnzimmern, Management-Etagen und Schulhäusern Ostasiens führt die streng hierarchische Struktur des Konfuzianismus nicht selten zu grausamen Exzessen. Weil er jahrelang von Schülern höherer Klassen schikaniert worden war, meinte mein Schwager James einfach: »Konfuzius hat mein Leben ruiniert.«

Ich bin des Öfteren persönlich Zeuge destruktiver Verhaltensweisen geworden, die auf den Konfuzianismus zurückgehen. In der zweiten Hälfte der Neunzigerjahre war ich für das *Wall Street Journal* als Korrespondent in Seoul. Einen Teil meiner Zeit dort verbrachte ich mit zwei Kolleginnen, die beide nicht allzu traditionell schienen. Beide hatten lange im Ausland gelebt. Doch ich ließ mich von ihrer äußerlich westlichen Erscheinung täuschen. Nur allzu schnell orientierte sich ihr Verhältnis zueinander an der konfuzianischen Hierarchie, die man in einem koreanischen Büro erwartete. Die Ältere schikanierte die Jüngere, lud ihr viel zu viel Arbeit auf und zwang sie, persönliche Botengänge für sie zu erledigen. Die junge Journalistin war viel zu eingeschüchtert, als dass sie mich um Hilfe gebeten hätte. Ich spürte die Spannung und versuchte, das Büro auf entspannt amerikanische Weise zu managen. Ich bemühte mich um offene Diskussionen und führte Regeln ein, was das Höchstmaß an Überstunden anging – völlig sinnlos. Konfuzius war stärker als ich.

Und als meine Kolleginnen. Ich sah, wie die Frauen im Büro während der Arbeit alle möglichen Demütigungen hinnehmen mussten – Herabsetzung, Druck und sexuelle Annäherungsversuche. Eine Journalistenkollegin schäumte vor Wut, als zwei Hyundai-Manager uns zum Essen in ein Restaurant einluden, wo spärlich bekleidete Frauen uns kniend das Essen servierten. Bei anderer Gelegenheit kam eine Journalistin wutschnaubend von einer Pressekonferenz zurück, bei der männliche Kollegen sie von ihrem Platz ganz vorne auf die Hinterbänke abgedrängt hatten. Ich unterstützte die Frauen, so gut ich konnte, doch Diskriminierung von Frauen war in Korea so weit verbreitet, dass sie einfach Teil der täglichen Geschäftspraxis war.

Solche Ungerechtigkeiten haben Konfuzius in ein schlechtes Licht gerückt. Viele halten ihn heute für hoffnungslos autoritär, frauenfeindlich und konservativ und glauben, seine Zeit sei lange vorüber. Man denkt, seine Ideen hätten in der modernen Gesellschaft keinen Platz mehr. Nicht wenige Ostasiaten glauben, dass die Region nicht modernisiert werden kann, solange Konfuzius im Alltag eine so bedeutende Rolle spielt, und wollen daher mit dem Konfuzianismus nichts zu tun haben. »Der Konfuzianismus ist ein historisches Relikt«, meinte Yan Zhang, ein chinesischer Hightech-Unternehmer bei einem Burger in Beijing. »Er ist einfach dysfunktional. Die wesentlichen Lehren stehen im Widerspruch zu den Idealen der modernen Gesellschaft.«

Doch Konfuzius die Schuld für Vorurteile im sozialen Umgang zu geben ist eigentlich nicht gerecht. Seine Lehren wurden durch die Eigeninteressen von Kaisern, Gelehrten und Beamten jahrhundertelang verzerrt, sodass sie sich teilweise drastisch von dem unterscheiden, was Konfuzius selbst dachte. Man wirft ihm Dinge vor, die er niemals vertreten hatte und hätte. Das gesteht sogar Li Dazhao ein, einer der Gründer der Kommunistischen Partei Chinas und ein ganz dem 20. Jahrhundert verhafteter Kritiker des Weisen: »Unsere Kritik richtet sich nicht auf Konfuzius selbst, sondern auf den Konfuzius, den die letzten Kaiser zum politischen Idol und zur Autoritätsfigur aufgebaut haben – nicht auf Konfuzius selbst, sondern auf den Konfuzius, den die Herrscher mit einer tyrannischen Seele ausgestattet haben«, schrieb er. Das Resultat dieser Kritik ist, dass viele moderne Gelehrte den Menschen und Philosophen Konfuzius von den Konfuzianern, die ihm nachfolgten, zu trennen versuchen. Man versucht, seine ursprünglichen Lehren zu unterscheiden vom Konfuzianismus, der sich über mehrere Hundert Jahre chinesischer Geschichte entwickelte. Wer Konfuzius mit all den Grausamkeiten gleichsetzt, die in seinem Namen begangen wurden, kann auch sagen, dass Mohammed an den Anschlägen vom 11. September die Schuld trägt und Jesus für die spanische Inquisition verantwortlich ist. »Unbestreitbar hat der Konfuzianismus über die Jahrhunderte eine Menge Dogmen geschaffen und autoritäre Tendenzen entwickelt«, meint der Konfuziusgelehrte D.C. Lau. »Doch es wäre wirklich unfair, die Verantwortung dafür Konfuzius zuzuschieben. Mit demselben Recht könnte man sagen, Jesus sei schuld an den Kirchenexzessen späterer Jahrhunderte.«[9]

Fair oder nicht fair – die Globalisierung jedenfalls sprang nicht gerade freundlich mit Konfuzius um. In den letzten zweihundert

Jahren wurde die ostasiatische Gesellschaft von westlichen Ideen überschwemmt, die viele ihr konfuzianisches Erbe kritisch überdenken ließen. Die politische und soziale Philosophie des Westens brachte andere Vorstellungen von Familien- und Geschlechterbeziehungen mit sich, von Regierungssystemen, Erziehung und Unternehmensführung. Die Demokratie machte sich breit und mit ihr westliche Vorstellungen von Geschlechtergleichheit, persönlicher Freiheit und Rechtsstaatlichkeit. Die ostasiatische Gesellschaft wird von diesen Ideen profund verändert. Die neuen Demokratiebewegungen bringen autoritäre Regime in Schwierigkeiten. Frauen kämpfen um ihren Platz in Politik und Wirtschaft. In den letzten zweihundert Jahren hat Ostasien Fortschritt mit Verwestlichung gleichgesetzt und versucht, die wirtschaftlichen, politischen und sozialen Systeme des Westens zu kopieren. Kapitalismus und Modernisierung sollen die Armut beenden und Ostasien erneut Geltung auf der internationalen Bühne verschaffen. Wahlen erscheinen mittlerweile als das beste Mittel für ein Volk, seine politischen Führer einzusetzen und die Grenzlinien innerhalb der Gesellschaft zu überwinden. Der Weg zum Erfolg führt nicht mehr länger über die konfuzianischen Akademien, sondern über Harvard und Yale. Westlich zu sein in Sprache, Kleidung und Sozialverhalten hieß modern sein und wettbewerbsorientiert. Politiker und Reformer in ganz Ostasien versuchten mitunter gewaltsam, den Einfluss des Konfuzianismus zurückzudrängen in ihrem eifrigen Bestreben nach Leben, Freiheit und Glück. Viele Ostasiaten wünschten sich nun, nicht mehr zu sein wie Konfuzius, wie das jahrhundertelang der Fall war. Sie wünschten sich vielmehr, ihn endlich vergessen zu können.

Auf den ersten Blick scheint Ostasien in diesem Bemühen erfolgreich gewesen zu sein. Wohin man heute auch schaut, bekommt man den Eindruck, die Tradition sei unter dem Ansturm der globalen Kultur auf dem Rückzug. Japanische Kimonos und koreanische Hanboks trägt man nur noch zu Hochzeiten und anderen Familienfeiern. Stattdessen dominieren der Anzug, die Nike-Sneakers und die Miniröcke, die man überall sonst auf der Welt trägt. Koreanische und chinesische Popstars rappen und tanzen zu denselben Hip-Hop-Beats wie in den USA oder in Europa. Chinesische Familien kaufen sich Buicks und iPhones und essen bei Kentucky Fried Chicken. Das Haus meiner Schwiegereltern in Seoul könnte auch in einem Vorort Chicagos stehen. Das einzige Zeichen, dass sie in Korea sind, ist der Geruch von Kimchi, der durch die Küche weht, und im Winter die traditionelle Fußbodenheizung. Als wir in den Weihnachtsferien einmal gemeinsam unter dem Christbaum saßen, versuchte mein Schwager Steve mich davon zu überzeugen, dass der Konfuzianismus und die asiatische Kultur im Allgemeinen von den westlichen Importen längst verdrängt worden sei: »Schau dich nur um, hier ist doch nichts asiatisch.«

Meine Antwort war, dass der Anschein leicht täuschen könne. Sicher, viele Asiaten wünschen sich einen BMW und ein Diplom von einer amerikanischen Eliteuniversität wie alle Menschen auf der Welt. Doch liegt Konfuzius gleich unter der äußersten Schicht von Starbucks-Tassen, Sex-in-the-City-DVDs und T-Shirts von Brooks Brothers. Konfuzius war eine so erstaunlich lange Zeit integraler Bestandteil des Lebens in Asien, dass er immer dann in Erscheinung tritt, wenn Ostasiaten miteinander und mit der Welt um sie herum umgehen. Die konfuzianischen Lehren zu befolgen ist ihnen so selbstverständlich geworden, dass sie sie einfach für Alltag halten.

Außerdem erfreut sich die Region gerade in letzter Zeit eines neuen Reichtums. Und dieser veranlasst ihre Bewohner, ihre uralte Kultur mit neuem Selbstbewusstsein und frischem Blick zu betrachten. Erfolg heißt heute nicht mehr automatisch Verwestlichung. Die Ostasiaten finden neue Werte in ihren alten Umgangsformen, Lehren und Traditionen. »Die zweihundert Jahre westlicher Kolonialisierung und Herrschaft waren, als hätte man Asiens Geschichte zubetoniert«, meint Kishore Mahbubani, Dekan der Lee Kuan Yew School of Public Policy an der Nationalen Universität von Singapur. Er gehört zu den einflussreichsten Akademikern Asiens und erzählte mir beim Mittagessen in Beijing: »Damit Asien sich modernisieren konnte, musste es seine Vergangenheit ablegen. Asiens Vergangenheit war eine Bürde, also konzentrierte man sich darauf, das Beste aus dem Westen zu übernehmen. Jetzt aber hat man damit Erfolg gehabt und kann sich der eigenen Vergangenheit auf andere Weise zuwenden. Dabei muss man etwas entwickeln, das ich ›kulturelles Selbstvertrauen‹ nenne. Jetzt bohrt Asien sich durch die Betondecke durch und nimmt erneut Verbindung zur Vergangenheit auf. Es wird in Asien eine kulturelle Renaissance geben.« Für ihn ist dieser Trend die »bedeutsamste Entwicklung im heutigen Asien«.

So mancher betrachtet die Vorstellung, Konfuzius habe an Bedeutung verloren, ohnehin als Form des kulturellen Imperialismus, den Jahrhunderte westlicher Dominanz im politischen und sozialen Diskurs Asiaten und Nicht-Asiaten gleichermaßen eingehämmert hätten. Wenn die Ideen westlicher Philosophen wie Aristoteles oder Kant heute noch als nützlich gelten, warum dann nicht auch die des Konfuzius? Der einzige Grund, weshalb wir uns das nicht vorstellen können, sei – so Li-hsiang Lisa Rosenlee, die in Taiwan geborene Philosophieprofessorin an der Universität von Hawaii – die weltweite Tendenz zur Diskreditierung nicht-westlicher Denkformen oder Traditionen. In einer E-Mail schreibt sie: »Diese Ungleichheit in der Behandlung von westlichen und nicht-westlichen Philosophen ist Zeichen einer kolonialistischen Haltung, welche die nicht-westliche Welt als Opfer sieht, das, an seine nutzlosen Traditionen gekettet, darauf wartet, dass der Westen es erlöst und in die Moderne führt.«

Die moderne Geschichte aber lehrt uns, dass Ostasien keinen Grund hat, sich so wahrzunehmen. Konfuzianische Gesellschaften gehören seit dem 2. Weltkrieg zu den erfolgreichsten weltweit. Südkorea, China und andere ostasiatische Länder haben die höchsten Wachstumsraten der Geschichte. Sie legen innerhalb weniger Jahrzehnte ihre jahrhundertealte Armut ab und erlangen so Einfluss in der Weltwirtschaft. Dafür macht man u. a. konfuzianische Werte wie Fleiß und die Neigung zu harter Arbeit verantwortlich. Ostasiatische Länder haben im Vergleich mit anderen Entwicklungsländern starke Regierungen. Was unter anderem daran liegt, dass in diesen Ländern die begabten Studenten in den öffentlichen Dienst gehen – auch dies eine Neigung, die auf Konfuzius' Lehren zurückgeht. Ostasiatische Studenten studieren an den besten Universitäten der Welt dank ihrer positiven Einstellung zum Lernen, die ebenfalls eine konfuzianische Eigenart ist. Die Unternehmen in einer konfuzianischen Gesellschaft sind harte Wettbewerber, nicht zuletzt aufgrund der von Konfuzius beeinflussten Management- und Arbeitstechniken. Wohlstand und Stabilität in Ostasien haben ein alternatives Modell einer modernen Gesellschaft hervorgebracht, ein konfuzianisches Modell, das als Gegenbeweis für die These gelten kann, dass die besten Institutionen, Traditionen und Ideen aus dem Westen kommen. Ostasiatische Politiker und Denker verkünden stolz, dass den Westen zu kopieren keineswegs der einzige Weg zu Fortschritt und globalem Einfluss sei und westliche Ideale keineswegs universell gültig und für alle von gleichem Wert seien. »In der Welt von morgen«, meinte Mahbubani, »werden wir von der Mono-Kultur der Welt unter westlicher Dominanz zu einer Multi-Kultur vieler erfolgreicher Gesellschaften übergehen.«

Das unerwartete Resultat dieser Bewegung ist, dass Konfuzius' Einfluss wieder zunimmt. Derselbe Konfuzius, der noch vor nicht allzu langer Zeit den meisten Ostasiaten so antiquiert erschien, wird wieder attraktiv. In China, das sich mehr als hundert Jahre lang vom konfuzianischen Einfluss zu befreien suchte, werden wieder konfuzianische Zeremonien abgehalten und die konfuzianische Erziehung gelangt zu neuen Ehren. Die Kader der Kommunistischen Partei Chinas verbeugen sich vor dem konfuzianischen Schrein wie die kaiserlichen Mandarine es 1900 Jahre lang taten. Das soll nicht heißen, dass die Kontroversen und Debatten über den Wert des Weisen aufgehört haben. Seine Wiederauferstehung muss in dem ein oder anderen Fall gar mit einem gewissen Zynismus betrachtet werden. In China und auch andernorts versuchen die Machthaber einmal mehr, Konfuzius für ihre eigenen Zwecke zu instrumentalisieren und mit seiner Hilfe Verhaltensweisen zu rechtfertigen, die er verurteilt hätte. Der Kampf zwischen Konfuzius und der Globalisierung verläuft so lebhaft wie eh und je. Die Ostasiaten entdecken ihre alte Kultur neu. Sie versuchen zu entscheiden, welche Traditionen ihnen in der Moderne dienlich sind und welche nicht. Und wie sie ihre neuen Prioritäten und westlichen Ideale am besten mit den Werten ihres konfuzianischen Erbes vermitteln können. Tatsache ist, dass die Entwicklung Ostasiens – politisch, wirtschaftlich und sozial – zu einem großen Teil davon abhängen wird, wie moderne Ostasiaten mit Konfuzius zurechtkommen.

Wie dieser Prozess auch verlaufen mag, seine Folgen werden global spürbar werden. Nach 150 Jahren Hinwendung zum Westen beginnen viele Ostasiaten mittlerweile zu glauben, dass ihre eigenen Traditionen Werte und Weisheiten zu bieten haben, auf die der Westen nicht mehr länger herabschauen kann. Auch der Politikwissenschaftler Zhang Weiwei verwies auf das konfuzianische Erbe Chinas, als er in der *New York Times* schrieb: »Möglicherweise ist es nun an der Zeit, dass der Westen ›sich geistig emanzipiert‹ und über Chinas große Ideen erfährt bzw. von ihnen lernt, wie merkwürdig sie ihm auch erscheinen mögen – zu seinem eigenen Besten.«[10]

Ich habe diesen Schritt bereits vollzogen. Ja, es gibt Aspekte von Konfuzius' Denken, die uns heute überholt, sogar erschreckend erscheinen. Doch das könnte man schließlich auch von der Bibel sagen. Wir in der jüdisch-christlichen Tradition haben die Weisheit der Bibel neu interpretiert, sodass sie für uns auch heute noch ihre Bedeutung entfalten kann. Es gibt keinen Grund, warum dies mit Konfuzius nicht gelingen sollte. Auch in seinen Worten findet sich eine humanistische Vision des Menschseins, die für jede Zeit, jedes politische System, jede Kultur anwendbar ist. Den Lehren des Konfuzius ist eine Zeitlosigkeit eigen, eine Universalität, die bedeutsam ist, welcher Nation, Ethnie oder Religion Sie auch angehören mögen. Und der weise Konfuzius ist ein Mensch, der für die Zukunft genauso wichtig ist wie für die Vergangenheit.

.

TEIL I

KONFUZIUS WIRD KONFUZIUS

I

KONFUZIUS, DER MENSCH

Wie kann ich mir erlauben, mich behandeln zu
lassen wie einen Kürbis, der da hängt und den
keiner essen will?

KONFUZIUS

Im Jahr 500 v. Chr. errang Konfu-
zius den beeindruckendsten Sieg seiner politischen Laufbahn. Er
war damals Minister im Staate Lu, der auf dem Gebiet der heutigen
Provinz Shandong lag. Lu und der Nachbarstaat Qi waren in eine
Reihe blutiger Kämpfe verwickelt gewesen, doch nach neun Jahren
Krieg beschlossen die Regierungen beider Staaten, dass es an der
Zeit sei, ihre Differenzen beizulegen. Ein Gipfeltreffen zwischen
den Herrschern beider Staaten wurde arrangiert. Es sollte in Xiagu
stattfinden, einer vergleichsweise noch wenig zivilisierten Region
an der Grenze zwischen Lu und Qi. Der Herrscher von Lu, Herzog
Ding, ernannte Konfuzius für die Verhandlungen zum Zeremonienmeister – eine naheliegende Entscheidung, galt der Gelehrte im
Reich doch als ausgewiesener Experte für Zeremonialpraxis. An
einem Sommertag machten Konfuzius und der Herzog sich also auf
den Weg nach Xiagu in Erwartung des baldigen Friedens.

Doch die Führer von Qi führten anderes im Schilde. Herzog Jing, der Herrscher von Qi, und seine Berater sahen die Verhandlungen in Xiagu als Gelegenheit, sich über Lu einen Vorteil zu verschaffen. In einer historischen Quelle heißt es, sie hätten ein schändliches Komplott ausgeheckt. Einer von Herzog Jings Ministern überzeugte diesen, den Herrscher von Lu mithilfe des nichtchinesischen [und damit »barbarischen«, A.d.Ü.] Stammes der Lai zu entführen. Konfuzius, so meinte er, sei doch viel zu verweichlicht. Er würde die Entführung nicht verhindern können. »[Konfuzius] ist bewandert in Zeremonien, aber er besitzt keinen Mut«, meinte der Minister zu Jing. »Wenn Ihr die eingeborenen Lai mit ihren Waffen scheinbar im Tanz voranschickt und von ihnen den Herzog von Lu entführen lasst, könnt Ihr fordern, was immer Ihr wollt.« Herzog Jing ließ sich überzeugen und stellte die Falle.

Doch die Verschwörer hatten Konfuzius arg unterschätzt. Dieser war von Natur aus vorsichtig und überzeugte Herzog Ding, kein Risiko einzugehen und den älteren und jüngeren Kriegsminister zum Gipfeltreffen mitzunehmen: »Euer Untertan hat gehört, dass man bei friedlichen Unternehmungen Vorbereitungen für den Krieg treffen sollte; ebenso wie man bei kriegerischen Unternehmungen Vorbereitungen für den Frieden treffen muss. Wenn in alten Zeiten Fürsten ihr Landesgebiet verließen, so wurden sie von einem Gefolge von Kriegsleuten begleitet. Ich bitte Eure Majestät, den Oberbefehlshaber unserer Armee und dessen Stellvertreter mitzunehmen.« Herzog Ding befolgte diesen Rat und reiste mit seinen Kriegsministern an.

Nach der Ankunft in Xiagu begann das Treffen zunächst sehr vielversprechend. In wechselseitiger Respektsbezeugung verneigten sich die beiden Herzöge voreinander, dann erklommen sie die drei Stufen zu den Thronen, die auf einer aus Erde aufgeschütteten Plattform errichtet worden waren. Gerade als die Verhandlungen beginnen sollten, schickten die Führer von Qi die Lai-Krieger nach vorne.

Diese näherten sich – schwer bewaffnet – der Plattform. »Daraufhin zogen unter Trommelgedröhn Männer mit Wimpeln und Standarten, mit Federschmuck, mit Speeren, Hellebarden, Schwertern und Schilden vor den beiden Herzögen auf«, heißt es bei Sima Qian, einem zeitgenössischen Historiker.[11] Konfuzius spürte sofort, dass sein Herrscher in Gefahr war, und verlangte, die Lai-Krieger sollten sich zurückziehen. Herzog Ding, erinnerte er die Qi-Führer, habe dem Treffen zugestimmt unter der Bedingung, dass dieses freundschaftlich verlaufe. Diese barbarischen Zurschaustellungen aber widersprächen dem freundschaftlichen Geist des Treffens. Konfuzius hielt Herzog Jing die Unangemessenheit seines Verhaltens vor. Kriegswaffen hätten bei einer freundschaftlichen Begegnung nichts zu suchen, belehrte er ihn. »Was die Geister angeht, so ist dies unheilvoll. Was die Tugend angeht, ist es das Gegenteil von dem, was rechtschaffen ist. Was die Beziehung zwischen Mensch und Mensch angeht, so ist dies mangelnde Sittlichkeit. Der Herrscher [von Qi] sollte nicht so handeln.« Von Konfuzius' Vorwürfen beschämt sah sich Herzog Jing gezwungen, seinen schändlichen Plan fallen zu lassen. Er befahl den Lai abzuziehen.

Nun befand sich der beschämte Herzog in der schlechteren Position, was die Friedensverhandlungen anging – was Konfuzius sicher und geschickt ausnützte. Die beiden Staaten unterzeichneten ein Abkommen, doch für Dings Unterschrift forderte Konfuzius unverblümt, dass dem Reich Lu drei Provinzen zurückgegeben würden, die Qi durch seine kriegerischen Vorstöße erobert hatte. Die Mitglieder der Delegation von Qi hatten keine Wahl. Sie mussten zustimmen. Bis auf die Knochen blamiert kehrten sie in ihre Heimat zurück. Herzog Jing aber schalt seine Minister ob dieses peinlichen Debakels und wies auf Konfuzius' Weisheit hin: »In Lu stehen die Würdenträger ihrem Fürsten nach dem Rechten Weg des edlen Menschen bei. Ihr aber beratet euren Fürsten nach dem Weg der Barbaren.«[12]

Obwohl die historischen Annalen das, was in Xiagu geschah, mit unterschiedlichen Details ausschmücken – in einer Version forderte Konfuzius, dass die Lai-Krieger exekutiert würden (was allerdings unwahrscheinlich ist)[13] –, so sind sie sich doch einig, was das Ergebnis angeht: Das Treffen war ein überwältigender Triumph für Konfuzius. Er hatte all seine Fähigkeiten und Talente – sein Wissen über Staatsdinge, seinen Mut und seine intellektuellen Gaben sowie sein umfassendes Wissen – zum Wohle seines Herrschers und seines Landes eingesetzt. Das Ergebnis des Treffens katapultierte ihn auf den Gipfel seiner Macht in der politischen Sphäre von Lu.

Nur drei Jahre später allerdings floh Konfuzius mit einigen seiner Anhänger aus Lu und übte künftig nie mehr wieder ein Amt in diesem Staate aus. Er hatte Herzog Ding nicht überzeugen können, seine Philosophie einer moralischen Herrschaft umzusetzen, und so gab er enttäuscht seinen Ministerposten auf und verließ das Land, um unter den chinesischen Herrschern einen zu suchen, der bereit war, seinen Rat anzunehmen. Jahre vergingen, doch wie viele Meilen er auch reisen mochte, Konfuzius fand seinen tugendhaften Herrscher nicht. Trotz seiner unermüdlichen Bestrebungen scheiterte seine lebenslange Mission, das zerrissene, im Chaos versunkene China zu reformieren.

Darin liegt eine gewisse Ironie der Geschichte. Was Konfuzius als historische Gestalt so faszinierend macht, ist gerade die Tatsache, dass er zu seinen Lebzeiten keinen nennenswerten Einfluss auf das Land hatte. Seine Ideen, die später zum Symbol der gesamten chinesischen Zivilisation werden sollten, fanden bei seinen Zeitgenossen keinen nennenswerten Anklang. In Konfuzius' Leben deutet kaum etwas auf die beherrschende Rolle voraus, die er einmal in der Geschichte Asiens spielen würde. Seine eigene Geschichte ist letztlich nicht mehr als die überraschende, aber vielsagende erste Zeile in einem biografischen Werk, das über 2500 Jahre fortgeschrieben werden sollte – voll von Fehlschlägen und Fortschritten, Kompromissen und Konfrontationen, Umbrüchen und Aufschwüngen. Nichtsdestotrotz sind die Ereignisse in Konfuzius' Leben von höchster Bedeutsamkeit. Was Konfuzius tat und sagte, prägte die chinesische Zivilisation. In späteren Jahren wurde seine Lebensgeschichte von ergebenen Anhängern wie erbitterten Feinden gleichermaßen seziert, analysiert und interpretiert. Man suchte nach dem sprichwörtlichen Körnchen Weisheit, das vielleicht die eigene Karriere befördern und eigene philosophische Positionen stärken könnte, oder nach Belegen für die Haltlosigkeit konfuzianischer Prinzipien und die Folgerichtigkeit der eigenen. Seine Anhänger machten Konfuzius' Leben zum Modell exemplarischer Lebensführung, sein Verhalten zur Richtschnur für Tugend und Rechtschaffenheit. Was vor 2500 Jahren geschah, entfaltete über die Jahrhunderte seine Wirkung bis in die Gegenwart. Es prägte Asiens Denken und Handeln. Wer Ostasien verstehen will, muss sich mit dem Menschen Konfuzius auseinandersetzen.

Dabei ist es gar nicht so leicht, den wahren Konfuzius zu entdecken. Wie bei antiken Gestalten so häufig der Fall, stammt alles, was wir heute über den historischen Konfuzius wissen, aus Quellen, die uns höchstens einen fragmentarischen Einblick in sein Leben geben. Der Großteil der Daten über ihn ist wenig zuverlässig. Konfuzius hinterließ wie Jesus keine Schriften von eigener Hand. Was wir über ihn wissen, wurde von anderen niedergeschrieben. In einigen Fällen wurden diese Berichte von Autoren verfasst, die lange nach seinem Tod lebten. Dabei muss man stets auch die Intentionen des Schreibers in Betracht ziehen, da Berichte über den Weisen entweder von ergebenen Schülern verfasst wurden, die ihren Meister natürlich so klug wie möglich erscheinen lassen wollten, oder von feindseligen Kritikern, die gegenteilige Absichten verfolgten.

Der Erste, der sich an eine vollständige Biografie des Konfuzius wagte, war Sima Qian, einer von Chinas größten Historikern, der ihm in seinem monumentalen Geschichtswerk *Shiji* (Aufzeichnungen des Historikers) ein ganzes Kapitel widmete. Doch dieser Text entstand etwa 350 Jahre nach Konfuzius' Tod, als sein Leben bereits von zahlreichen Mythen und Legenden umrankt war. Sima Qian war ein ausgesprochener Konfuziusanhänger und übertrieb den Einfluss seines Helden auf die frühe chinesische Geschichte vermutlich. Daher gilt Sima Qians Darstellung als nicht zuverlässig. Einige biografische Details lassen sich den *Analekten* entnehmen, jenem Text, der vermutlich am meisten für die Biografie des Weisen hergibt und als zuverlässigste Quelle über ihn und seine Ideen gilt. Darin finden sich faszinierende Hinweise auf Konfuzius' Leben – die teilweise sogar ihm selbst zugeschrieben werden. Doch selbst die Authentizität der *Analekten* muss angezweifelt werden, da auch sie erst nach dem Hinscheiden des Gelehrten entstanden. Historiker haben Jahrhunderte damit zugebracht, einzelne Hinweise aus der Fülle älterer Texte herauszuschälen und Fakten von Falschem, Biografie von Hagiografie und den Menschen Konfuzius von seiner Legende zu trennen.

Ein bisschen mehr wissen wir über die Zeit, in der Konfuzius lebte und die man die Zeit der Frühlings- und Herbstannalen nennt. Sie dauerte von 711 bis ins 5. Jahrhundert v. Chr. Diese etwa dreihundert Jahre waren von Gewalt und sozialen Umbrüchen geprägt, die sich in Konfuzius' Leben, Denken und Philosophieren niedergeschlagen haben. Sein oberstes Ziel war es, einem Land, das in die Barbarei abgeglitten war, wieder Ruhe und Frieden zu schenken. Daher bilden den Schwerpunkt seiner Lehren auch Theorien über gute Regierungsführung. Würden diese umgesetzt, so Konfuzius, dann würde das entmutigte und entkräftete China wieder zu Wohlstand und Stabilität finden. Es ist unmöglich, Konfuzius von der Zeit zu trennen, in der er lebte, oder den Konfuzianismus von dem Zeitalter, in dem er entstand.

Die sozialen Verwerfungen hatten ihre Wurzeln im Niedergang der herrschenden Zhou-Dynastie. Zu Lebzeiten des Konfuzius hatten die Zhou etwa fünf Jahrhunderte lang über China regiert, doch die Macht des Herrscherhauses zerbrach allmählich. Sie stützte sich auf feudale Strukturen, was bedeutete, dass loyale lokale Führer die verschiedenen Teile des Reiches im Namen der Zhou regierten. Dem Buchstaben nach war dieses System zu Konfuzius' Lebzeiten noch in Kraft. Die Herzöge stellten sich zumindest offiziell als Vasallen der Zhou-Kaiser dar. In Wirklichkeit aber war das Zhou-Reich schon längst in verschiedene, sich gegenseitig bekämpfende Länder zerfallen – die historischen Annalen nennen 148 Einzelstaaten. Der Kaiser hatte außerhalb der Hauptstadt kaum noch Kontrolle über das Land. China versank in endlose Konflikte und Intrigen, denn die Adelsfamilien in den kleinen Königtümern stritten um Land und Einfluss.

Doch die zu Lebzeiten des Konfuzius und während der darauffolgenden zweihundert Jahre herrschenden politischen Wirren entzündeten eine intellektuelle Debatte, die einige der wichtigsten philosophischen Strömungen der Menschheitsgeschichte hervorbrachte. Das Chaos entsetzte die schöpferischen Denker Chinas und sie suchten nach Antworten auf die Übel, die ihre Nation plagten. Zu diesem Zweck setzten sie sich mit den grundlegenden Fragen des menschlichen Zusammenlebens und der Existenz auseinander. Welche Rolle kommt der Regierung zu und wie soll ein Volk regiert werden? Ist der Mensch von Natur aus gut oder böse? Kommt der Menschheit ein gesonderter Rang in der Ordnung des Universums zu und wenn ja, welche Aufgabe hat sie darin? Aus der Auseinandersetzung mit diesen Fragestellungen ging schließlich eine philosophische und literarische Tradition hervor, die in Ostasien zur Basis allen Denkens wurde und nicht minder einflussreich war als die intellektuellen Errungenschaften der griechischen Stadtstaaten oder des indischen Subkontinents. Konfuzius' Lehren sind Teil dieser

Blütezeit innovativen Denkens. Doch seine Stimme war damals nur eine unter vielen. Zu seiner Zeit waren andere einflussreicher als er, was auch noch mehrere Jahrhunderte lang so bleiben sollte. Doch am Ende ging Konfuzius aus dem Wettstreit philosophischer Ideen als der Weise hervor, der Ostasien am nachhaltigsten prägte. Dieser Siegeszug aber dauerte mehr als 1500 Jahre und war auch nie ein endgültiger.

Konfuzianer glauben traditionell, dass der Weise edler Abkunft sei – er soll von niemand Geringerem abstammen als dem Herrscherhaus der Shang, dem ersten empirisch belegten Kaiserhaus Chinas. Als das Shang-Reich zerfiel und die Zhou-Dynastie aufstieg, sollen entfernte Verwandte des Konfuzius unter der neuen Feudalordnung den Staat Song regiert haben. Doch der Klan fiel in Ungnade und floh nach Lu. Man nimmt allerdings an, dass diese edle Abkunft des Konfuzius eine Erfindung seiner Anhänger ist, die ihren Meister durch die Rückverbindung zu historischen und prestigeträchtigen Gestalten zu nobilitieren suchten. Doch selbst wenn Konfuzius' frühe Vorfahren königlichen Rang besessen haben sollten, zu der Zeit, als er geboren wurde, hatten die Kongs, seine Familie, dieses Privileg schon seit Langem wieder verloren. Konfuzius gehörte einer Klasse niedriger Beamter an – höher im Rang als gewöhnliche Bürger, doch weit unterhalb der Aristokratie stehend. So erzählt Sima Qian, der junge Konfuzius habe Zutritt zu einem Fest der Ji, einer Adelsfamilie im Reich Lu, gesucht, sei jedoch aufgrund seines niederen Standes abgewiesen worden. »Die Familie Ji gibt ein Fest für vornehme Herren«, sagte man ihm. »Sie würde nicht wagen, Euch mit ihnen zu bewirten.«[14] In einer Zeit, in der Geburt mehr zählte als geistige Gaben, hatte Konfuzius' Abstammung sowohl auf sein Leben als auch auf seine Lehren Einfluss. Er trat später stets für den Vorrang der Verdienste vor der Abstammung ein. Ob jemand ein edler Mensch sei oder nicht, hänge von seiner Bildung und Sittlichkeit ab, nicht von seinem Reichtum, Titel oder Geburtsrecht. Obwohl er heute als erzkonservativ gilt, war Konfuzius zu seiner Zeit ein Vorkämpfer für den sozialen Wandel. Konfuzius' Familienverhältnisse waren nicht nur bescheiden, sondern möglicherweise sogar skandalös. Sein Vater Shuliang He war ein angesehener Kriegsheld. Zu seinen Heldentaten gehörte unter anderem (so will es die Legende), dass er mit herkulischer Anstrengung ein schweres Tor so lange aufhielt, bis seine Kameraden entkommen waren. Als Konfuzius zur Welt kam, war aber Shuliang He schon vergleichsweise alt. Er soll den eher niedrig dotierten Posten eines Präfekten der Kleinstadt Zou in der Nähe der Hauptstadt Qufu im Osten Chinas innegehabt haben. Einer älteren Quelle zufolge hatte Shuliang He zu der Zeit bereits neun Töchter mit seiner ersten Frau und mit einer Konkubine einen Sohn namens Mengpi. Dieser Sohn aber war wohl behindert, es heißt, er habe einen sehr »unglücklichen Fuß« gehabt. Daher galt er nicht als akzeptabler Erbe. Und so machte sich Shuliang He spät im Leben noch einmal auf die Suche nach einer Frau, die ihm einen Sohn gebären konnte. Er wurde bei einer Familie im Ort, der Familie Yan, vorstellig, die drei junge Töchter hatte. Der Vater war mit einer Heirat sofort einverstanden. »Er ist gut zehn Fuß groß, und aufgrund seiner Verdienste im Krieg scheint mir eine Verbindung mit ihm günstig«, erklärte Vater Yan seinen Töchtern. »Er ist zwar alt an Jahren und recht griesgrämig, aber ich glaube, es wäre doch eine zufriedenstellende Beziehung. Welche von euch dreien möchte seine Frau werden?« Die ältere Tochter hielt klug den Mund, die jüngste mit Namen Zhengzai aber antwortete: »Da Ihr, mein Vater, es so beschlossen habt, ist es eine ausgemachte Sache. Was fragt Ihr da noch?« Nur eine solchermaßen gehorsame Tochter, entschied der Vater, wäre eine passende Braut, und so beschloss er, dass die Jüngste Shuliang He heiraten sollte.[15]

An diesem Punkt aber wird die Geschichte ein wenig abgeschmackt. Sima Qian stattet sie nämlich mit einem saftigen Detail aus. Er behauptet, Chinas größter Weiser sei ein illegitimes Kind gewesen, gezeugt, als das Paar sich »in der Wildnis« vergnügte. Also nicht in Shuliang Hes Bett, wie sich das bei einer ordentlichen Verehelichung gehört hätte. Nicht alle Konfuziusspezialisten stehen hinter dieser Lesart. Der Historiker Lionel Jensen zum Beispiel ist der Ansicht, Sima Qian hätte nur versucht, Konfuzius' Zeugung mit der Aura des Mystischen zu umgeben, indem er sie in die »Wildnis« verlagerte. Doch wie immer man Sima Qians Worte auch deuten mag, er erwähnt jedenfalls keinerlei formelle Verlobung zwischen Shuliang He und dem jungen Mädchen aus der Yan-Familie.[16]

Spätere Verehrer des Weisen befanden die Umstände seiner Zeugung und Geburt offensichtlich für etwas zu alltäglich, jedenfalls wurden diese beiden Ereignisse bald mit allerlei Wundern ausgestaltet. Eine Geschichte, die während der Han-Dynastie (206 v.Chr. – 220) entstanden ist, ersetzt den tatsächlichen Vater des Konfuzius durch eine Gottheit. Das erinnert ein wenig an die Geschichten um Göttervater Zeus, der den Beischlaf mit allerlei schönen Frauen vollzog und dabei übermenschliche Wesen zeugte. »Konfuzius' Mutter, [Yan] Zhengzai, ging eines Abends spazieren und stieß auf einen Grabhügel, an dem sie in tiefen Schlaf fiel. Sie träumte, ein Schwarzer Kaiser lade sie ein«, erzählt die Geschichte. »Sie ging zu ihm hin und hatte im Traum mit ihm Verkehr. Er aber sprach zu ihr: ›Du wirst in einem hohlen Maulbeerbaum niederkommen.‹ Als sie erwachte, fühlte sie sich schwanger und brachte (später) Konfuzius in einem hohlen Maulbeerbaum zur Welt. Deshalb wird er [Konfuzius] der Erste Weise genannt.« Andere literarisch ausgeschmückte Berichte lassen Konfuzius' Geburt von wunderbaren Zeichen begleitet sein, die auf seine spätere Größe hindeuten. Sonnenfinsternisse, Drachen und himmlische Wesen verkünden seine Geburt, bei der die Mutter keinerlei Schmerzen verspürt habe. Der neugeborene Konfuzius trug eine Schrift auf der Brust, die prophezeite, dass er ein großer Gelehrter werden würde.[17]

In den gewöhnlichen Biografien lesen sich Konfuzius' frühe Jahre allerdings weniger ruhmreich. Shuliang starb, als Konfuzius noch ein Kleinkind war. Seine Mutter musste ihn allein großziehen, da Yan und ihr Kind von Shuliangs Familie nach seinem Tod verstoßen wurden – auch dies möglicherweise ein Hinweis darauf, dass Yans Beziehung zu Shuliang illegitim war. Sima Qian jedenfalls schreibt, dass Yan ihrem Sohn nicht einmal erzählte, wo das Grab seines Vaters lag. (Als Yan viele Jahre später starb, musste Konfuzius das Grab mithilfe eines Fremden ausfindig machen, damit er seine Mutter neben seinem Vater bestatten konnte.)[18]

Wir wissen fast nichts über Konfuzius' Kindheit. Sima Qian erzählt, der junge Konfuzius habe gerne mit rituellen Opfergefäßen gespielt, die er stets in gerader Reihe aufstellte, als wolle er ein Tempelopfer darbringen. Das Einzige, was wir sicher wissen, ist, dass der junge Konfuzius eine Leidenschaft fürs Lernen besaß: »Als ich fünfzehn war, war mein ganzer Wille aufs Lernen ausgerichtet.«[19] Diese einfache Entscheidung veränderte den Lauf der Welt.

Konfuzius widmete sich dem Studium von Schriften und Kulthandlungen, die selbst zu seiner Zeit schon als uralt galten. In seiner Suche nach Strategien, die dem gebeutelten China seiner Tage Hilfe bringen konnten, richtete er seinen Blick zurück auf eine Zeit, die er als goldenes Zeitalter betrachtete. Damals war die Nation noch in Frieden vereint – es ist die Rede von den frühen Jahren der Zhou-Dynastie. In seinen Augen waren die Gründer der Zhou-Dynastie und ihre ersten Herrscher Könige, die von Weisheit erfüllt tugendhaft regierten. Der Grund, weshalb China ins Chaos gestürzt sei, war nach Konfuzius die Tatsache, dass die jetzigen

Herrscher des Landes die Pfade der Zhou verlassen hatten. Und so brachte er einen Großteil seines Lebens damit zu, Philosophie, Geschichte, Literatur und rituelle Kulthandlungen der chinesischen Vorgeschichte zu studieren mit dem Ziel, diesen Traditionen wieder einen Platz in der chinesischen Gesellschaft zu geben.

Tatsächlich war Konfuzius zu seiner Zeit vermutlich einer der letzten Experten für Sitten und Kultur der Zhou. Sima Qian zufolge besuchte er sogar die Hauptstadt der Zhou, um die alten Riten aus erster Hand beobachten und sie so besser bewahren und verbreiten zu können. Konfuzius' politische Karriere war die lange (und letztlich erfolglose) Mission, die Könige, Herzöge und Minister von Chinas kriegführenden Staaten zu überzeugen, von ihren Vorgängern zu lernen und mithilfe von deren Ideen und Zeremonien zu herrschen. Daher ist Konfuzius ein wichtiges Bindeglied zwischen dem chinesischen Altertum und dem neuzeitlicheren China. Als Historiker suchte er nach den Lektionen der Vergangenheit, und mit seinen Bemühungen, diese wieder zum Leben zu erwecken, trachtete er danach, ein stolzes kulturelles Erbe zu bewahren, das Gefahr lief, vollkommen in Vergessenheit zu geraten. In gewisser Weise war er ein kultureller Fundamentalist, getrieben von dem unerschütterlichen Glauben, nur die Traditionen des chinesischen Altertums hätten den modernen Übeln etwas entgegenzusetzen.

Damit legte er für die nächsten 2500 Jahre die Grundfesten der formalen chinesischen Erziehung. Niemand konnte in China in der Folge noch von sich behaupten, kultiviert oder gelehrt zu sein, wenn er keine profunde Kenntnis der klassischen Literatur, Geschichte und Philosophie besaß. Konfuzius und seine Schüler hatten diesen Kanon festgelegt. Wer immer eine Stelle im Regierungsapparat anstrebte und im Kaiserreich sozial und finanziell aufsteigen wollte, musste ihn studiert haben. Jahrhundertelang saßen chinesische Jungen über denselben Gedichten und Traktaten, die bereits Konfuzius und seine Schüler gelesen hatten, und träumten davon, dass diese Kenntnisse ihnen die Pforten zu Reichtum, Status und Macht aufstoßen würden.

Zu Beginn seiner Laufbahn aber hatte Konfuzius wenig Gelegenheit, von seinem umfangreichen Wissen Gebrauch zu machen. In seiner ersten Stellung war er verantwortlich für die Getreidespeicher des adligen Jin-Klans, der einflussreichsten Familie in Lu, später verwaltete er dessen Vieh. Da er weder Geld noch Status besaß, war es ohnehin ein Glück, dass er eine Anstellung bei einer adligen Familie gefunden hatte. »Ich hatte eine harte Jugend, deshalb musste ich viele gewöhnliche Dinge lernen, die nicht der Bewunderung wert sind«, erklärte Konfuzius einst. Doch er beeindruckte seine Brotherren trotzdem. »Er maß das Getreide gerecht«, berichtet Sima Qian, »und das Vieh gedieh.« Seine Art, die Dinge zu erledigen, zog die Aufmerksamkeit der Regierung von Lu auf sich und so wurde er bald zum Arbeitsminister ernannt – was ihm Gelegenheit gab, sich auf höherer Ebene auszuzeichnen.[20]

Und das war das Ziel, welches Konfuzius im Berufsleben verfolgte. Er strebte stets nach höheren Regierungstätigkeiten und entsprechendem Einfluss – um in dieser Position seine Ideen über gute Regierungsführung verbreiten zu können. Viele Unterredungen, die er mit Chinas Herzögen und Ministern führte, waren im Wesentlichen Bewerbungsgespräche, bei denen Konfuzius versuchte, die Herrschenden durch seinen weisen Rat zu beeindrucken. Auch damit zeichnete Konfuzius' Lebensgeschichte den Weg vor, den spätere Konfuzianer einschlagen würden. Während der gesamten Kaiserzeit blieben in China Konfuzius und der Konfuzianismus unauflösbar verquickt mit der Kunst der Regierungsführung. Die Konfuzianer strebten Stellungen als Berufsbeamte und Berater des Kaiserhofs an. Wenn sie damit Erfolg hatten, beeinflussten sie die Politik und die gewaltige Maschinerie des chinesischen Staates. Wollte ein Chinese als echter Konfuzianer gelten, musste er in den Dienst seines Staates treten.

Das mag zunächst höchst ehrenhaft klingen, doch praktisch führte das unersättliche – und sehr erfolgreiche – Streben der Konfuzianer nach politischer Macht zu ihrer Marginalisierung in heutiger Zeit. Konfuzius' Lebensgeschichte selbst ist ein wunderbares Beispiel für die Gefahren dieser Praxis. Trotz seiner Liebe zur Tugend und Sittlichkeit wurde auch der Weise in die Grabenkriege zwischen den Konfliktparteien im China seiner Zeit hineingezogen. Immer wieder musste er zwischen seiner Karriere und seinen Überzeugungen wählen. Am Ende entschied Konfuzius sich für seine Prinzipien, was ihm regelmäßig Entbehrungen und Demütigungen eintrug. Nicht alle Konfuzianer folgten seinem Beispiel. Diese standen zwar im Laufe der Jahrhunderte stets vor derselben Entscheidung wie er, doch die meisten waren innerlich weniger gefestigt als ihr Meister. Ihr Machthunger erwies sich häufig als stärker als die Treue zu den Lehren des Weisen. Sie opferten bereitwillig ihre Grundsätze, um sich die Gunst des Kaisers zu sichern. Sie verbogen und verkrümmten sich, um den Anforderungen des Kaiserhofs zu genügen. Der ständige Konflikt zwischen den Forderungen der Politik und denen der Philosophie ließ den Konfuzianismus moralisch kompromittiert zurück. Dieses Erbe befleckte letztlich selbst Konfuzius – mit schwerwiegenden Konsequenzen für seine Stellung in der ostasiatischen Gesellschaft.

Konfuzius' unermüdliches Streben nach Einfluss zeigt Aspekte seiner Persönlichkeit, die von seinem landläufigen Bild abweichen. Die Konfuzianer sehen in ihm einen Mann von grenzenloser Intelligenz, unerschütterlichem Glauben und unerreichter Tugend, wie ihn die Geschichte kein zweites Mal hervorgebracht habe. »Seit Menschen auf Erden leben«, schreibt Menzius, einer von Chinas größten Konfuzianern, »hat es noch nie einen gegeben wie Meister Kong.«[21] Wer sich aber Chinas alten Texten zuwendet, findet eine sehr viel menschlichere Gestalt, die durchaus die Schwächen, Gebrechen und Fehler aller Menschen aufweist. Der echte Konfuzius kommt eher wie ein klassischer Aufsteiger und Selbst-Promoter herüber, der fleißig Netzwerke knüpft, um einen guten Job an Land zu ziehen. Manchmal wirkt er gar wie ein arroganter, unerträglicher Besserwisser, der seine Umgebung mit enervierender Zuverlässigkeit belehrt. Doch er kennt auch Momente der Schwäche, in denen er seine Fähigkeiten und seinen Mut anzweifelt.

Die Konfuzianer verziehen dem Ungekrönten König solche Unvollkommenheiten. Sein Ziel – die Wiederherstellung des Friedens in China und die Förderung einer tugendhaften Gesellschaft – war gerecht und edel, daher ließ man hier wohl den Zweck die Mittel heiligen. Ein Grund, warum Konfuzius sein großes Ziel nicht erreichte, war aber auch, dass er von eher ruppiger Art war. Statt sich bei den Autoritäten beliebt zu machen und sie so für seine Ideen zu gewinnen, stieß er die Mächtigen vor den Kopf und schürte deren Ablehnung. Für einen Mann, der so viel Gewicht auf Politik legte, war er ein bemerkenswert lausiger Diplomat. Seinen Zeitgenossen war dies wohl bewusst. Sima Qian erzählt eine Geschichte (die mittlerweile von den Historikern angezweifelt wird), in der Konfuzius mit Laozi zusammentrifft, dem Begründer des Daoismus, während dieser in der Hauptstadt von Lu zu Gast war. Der weise Philosoph riet ihm von seiner Konfrontationshaltung dringend ab: »Lasst mich Euch ein Wort mit auf den Weg geben«, sagte Laozi zu Konfuzius. »Dem scharfen Geist, der in die Tiefe dringt, naht sich der Tod, wenn er zu kritteln liebt. Der Hochgelehrte bringt sich in Gefahr, wenn er die Übel anderer entdeckt. Ihr wahres Ich zeigen gute Söhne nicht – und ebenso gute Minister nicht.«[22] Sollte diese Begegnung tatsächlich stattgefunden haben, so hat Konfuzius den Rat des Laozi in den Wind geschlagen und sich lieber immer und immer wieder in die Nesseln gesetzt.

Dieses Defizit trat immer deutlicher hervor, je höher Konfuzius aufstieg. Als Konfuzius dreißig Jahre alt war, kam Herzog Jing aus Qi (derselbe, der später das Komplott von Xiagu schmiedete) nach

Lu. Er traf Konfuzius und fragte ihn, wie ein so kleiner Staat wie Qin einst zu einer regionalen Macht aufgestiegen sei. (Herzog Jing hoffte, dem Beispiel Qins zu folgen.) Konfuzius hielt ihm einen historisch angelegten Vortrag über die Meritokratie, die Belohnung von Verdienst. Der Qin-Herzog hatte nämlich einen freigelassenen Sklaven mit den Regierungsgeschäften beauftragt, nur weil er den Mann für begabt hielt. »Demnach wäre Herzog Mu«, sagte Konfuzius, »nicht nur der Vorherrschaft im Reich, sondern des Ranges eines Königs würdig gewesen.«[23] Eine Geschichte voll edler Empfindungen, gewiss, doch man kann sich des Eindrucks nicht erwehren, Konfuzius habe versucht, mit diesem Rat auch einen Posten für sich zu ergattern.

Konfuzius' Lobbyarbeit fand fünf Jahre später in Qi ihre Fortsetzung. Politische Auseinandersetzungen in Lu zwangen den Herrscher, nach Qi zu fliehen, und Konfuzius schloss sich ihm an. Dort gingen die Gespräche zwischen Konfuzius und Herzog Jing weiter. Von Konfuzius' Weisheit beeindruckt, bot Herzog Jing ihm ein Lehnsgut an. Doch Konfuzius hatte Yan Ying verärgert, den obersten Minister von Qi, was weiter nicht überrascht, denn der Gelehrte war auf dessen Job aus. Und sein Rivale untergrub seine Stellung bei Hofe. Konfuzius, so Yan Ying zum König, tauge nicht für eine hohe Position. »Ein Bettler, der durch das Land zieht und lehrt, ist kein Mann, dem man die Staatsgeschäfte anvertrauen sollte. Sollte der Staat auf seine Weise reformiert werden, würden die Interessen des einfachen Volkes nicht ausreichend berücksichtigt werden.« Daraufhin kühlte Herzog Jings Vorliebe für Konfuzius merklich ab. Ihre Diskussionen über gute Regierungsführung hörten auf, und der Weise erhielt kein Lehnsgut. Am Ende ließ der Herzog Konfuzius wissen, dass er in Qi keine Zukunft für ihn sehe. »Ich bin zu alt dafür«, sagte der Herzog, »einen Mann wie ihn zu verwenden.«[24]

Konfuzius war gezwungen, nach Lu zurückzukehren, wo er auch nicht mehr Glück hatte. Da er keinen Regierungsposten bekam, widmete er sich in den nächsten Jahren seines Lebens der Lehre. Konfuzius' breit gefächertes Wissen über Geschichte und Kultur Chinas zog viele Schüler an – die zu seinen loyalen Anhängern wurden. Die Konfuzius-Schüler waren eine bunt gemischte Truppe und kamen aus allen sozialen Schichten. Einige von ihnen waren ausgesprochen arm. Doch sie hatten ein gemeinsames Interesse: Sie wollten lernen und glaubten an Konfuzius' Weisheit.

Wie viele Schüler Konfuzius im Laufe seines Lebens gehabt hatte, wurde heftig diskutiert. Sima Qian gibt an, Konfuzius habe 3000 Schüler um sich versammelt. Heute glaubt man, dass diese Zahl stark übertrieben ist. Menzius spricht von 70, was eine wahrscheinlichere Schätzung ist. Der chinesische Sinologe D.C. Lau, der die *Analekten* herausgegeben und ins Englische übersetzt hat, hat in diesem Text nur 25 Schüler gezählt. Und selbst von diesen werden einige nur kurz namentlich erwähnt. Eine kleine Gruppe dieser Schüler aber bildete den »harten Kern« der Konfuzianer. Sie glaubten, dass Konfuzius' Philosophie der beste Weg sei, Chinas politische und soziale Probleme zu lösen, daher verschrieben sie sich ganz der Aufgabe, diese Lehre zu verbreiten. Die Gespräche, die sie mit ihrem Lehrer führten, wurden aufgezeichnet und in den *Analekten* überliefert. Sie sind die beste Quelle für die Ideen des Konfuzius, die uns heute zur Verfügung steht. Diese Schüler blieben Konfuzius über den Tod hinaus verbunden und trugen seine Botschaft weiter. Auf diese Weise entstand der Konfuzianismus.[25]

Von allen seinen Schülern schätzte Konfuzius Yan Hui am meisten. Der Meister bewunderte die Strenge, den Lerneifer und das unermüdliche Streben nach Selbstvervollkommnung, das sein Schüler an den Tag legte. Andere Schüler verdienten kaum je so viel Lob, wie er Yan Hui erteilte. Konfuzius sagte einst über ihn: »Nie ließ er Ärger an anderen aus. Keinen Fehler machte er zweimal.« Der Weise scheint Yan Hui wie einen Gleichgestellten behandelt zu haben. »Niemand von uns ist so gut wie er [Yan Hui]«, sagte Konfuzius einst einem seiner Anhänger. Als Yan Hui tragischerweise jung verschied, ließ Konfuzius sich vom Schmerz überwältigen. »O weh! Der Himmel ist gegen mich! Der Himmel ist gegen mich!«[26]

Ein weiterer herausragender Schüler war Zigong. Er war vermutlich ein geschickter Kaufmann – Konfuzius jedenfalls erwähnt in den Analekten sein Talent zum Geldverdienen – und entwickelte sich später zum erfolgreichen Politiker. Konfuzius hielt Zigong für hochintelligent, aber im Vergleich mit Yan Hui ließ sein Charakter anscheinend zu wünschen übrig. Im Laufe eines Gesprächs sagte Zigong zu Konfuzius: »Was man mir nicht antun soll, das will auch ich anderen Menschen nicht antun.« Konfuzius antwortete darauf recht unwirsch: »So zu handeln vermagst du noch nicht.« Doch kein anderer Schüler stellte die Geduld des Meisters so sehr auf die Probe wie der eigensinnige und freimütige Zilu. Dieser stand Konfuzius vermutlich schon altersmäßig näher als die meisten Schüler. Auch war Zilu eher ein Mann der Tat als ein tiefsinniger Gelehrter. Konfuzius hielt ihn zwar durchaus für begabt, kritisierte aber seine Frechheit. Über Zilu sagte Konfuzius einmal: »Er übertrifft mich zwar an Wagemut, aber man kann ihn sich nicht zum Vorbild nehmen.« (Diese Aussage erwies sich als Vorahnung: Zilu starb in der Schlacht bei einem völlig sinnlosen Wagestück.)[27]

Konfuzius liebte das Unterrichten und die Diskussionen mit seinen Schülern, doch sein Ehrgeiz war damit bei Weitem nicht befriedigt. Je länger er keinen Regierungsposten innehatte, desto verzweifelter wurde er. Schließlich geriet seine Entschlossenheit ins Wanken. Konfuzius' Wille wurde durch politische Wirren im Staate Lu auf die Probe gestellt. Eine Rebellion breitete sich aus, angeführt von einem Mann namens Yang Hu, der Hausvogt am Hof der Familie Ji war. Konfuzius scheint von dem Aufstand gewusst zu haben. Einer von Yang Hus Schützlingen ließ Konfuzius rufen, offensichtlich in der Hoffnung, der arbeitslose Staatsdiener würde sich der Rebellion anschließen. Anfangs war Konfuzius dem auch nicht abgeneigt. Doch seine Schüler waren entsetzt über die Bereitschaft ihres Meisters, mit den Aufrührern auch nur zu reden. Yang Hu und seine Bande seien Verräter, Konfuzius würde seinen Ruf als aufrechter Mann verlieren, wenn er sich mit diesen Leuten einließe. Zilu protestierte offen: »Wenn man nirgendwo ein öffentliches Amt bekleiden kann [dann ist das schlimm], aber wieso denn gerade zu diesem Gong-shan [dem Rebellen] gehen?« Konfuzius versuchte, sich zu rechtfertigen. Wenn er die Rebellenführer dazu bringen könnte, die Regierung zu reformieren und ein neues goldenes Zeitalter einzuläuten, wäre es dann nicht falsch, ihre Sache nicht zu unterstützen? »Dass er gerade mich zu sich ruft, ist das etwa Zufall?«, antwortete Konfuzius. »Wenn mich jemand in seine Dienste nimmt, werde ich hier im Osten das Reich der Zhou wieder aufleben lassen.«[28]

Am Ende aber beschloss Konfuzius, dass er nicht für die Rebellion geschaffen sei. Er hielt sich von Yang Hu und seinen Männern fern – was sich als kluge Entscheidung herausstellte. Yang Hus Aufstand wurde nämlich niedergeschlagen, und der Rebellenführer musste fliehen. Konfuzius' Kontakte zu Yang Hu aber machen einen anderen Aspekt der konfuzianischen Haltung gegenüber Autorität deutlich, der sich durch die gesamte chinesische Geschichte verfolgen lässt. Konfuzianer neigten stets dazu, dem Beispiel ihres Meisters zu folgen und Regierungen von innen her zu reformieren, statt sich in der Opposition gegen sie zu wenden. Wie ihr Meister waren auch die Konfuzianer keine Rebellen. Das heißt nicht, dass sie zu Kriechern wurden – ganz im Gegenteil. Konfuzianer kritisierten Kaiser meist recht offen, häufig unter großem persönlichen Risiko. Im Allgemeinen aber stellten sie sich hinter die Herrschenden und hofften, sie zu besseren Führern machen und dabei politischen Einfluss gewinnen zu können.

Eben dies geschah auch Konfuzius. Seine Entscheidung, sich Yang Hu nicht anzuschließen, erwies sich als politisch klug. Herzog Ding, der neue Herrscher von Lu, ernannte ihn zum Magistrat eines Distrikts, der sich – wie Sima Qian prahlt – innerhalb eines Jahres vorbildlich entwickelte. Konfuzius' anerkennenswerte Leistung überzeugte den Herzog, und er machte ihn endlich zum Regierungsbeamten von Lu, zuerst als Bauminister, dann als Justizminister und oberster Richter. Nach seinem geschickten diplomatischen Coup in Xiagu erstrahlte Konfuzius' Stern noch heller. Sima Qian schwärmt von den nahezu magischen Auswirkungen, die Konfuzius auf Politik und Gesellschaft von Lu hatte: »Die Verkäufer von Lamm- und Schweinefleisch setzten ihre Preise nicht mehr willkürlich hinauf«, schreibt er. »Männer und Frauen gehen auf verschiedenen Seiten der Straße. Niemand nimmt an sich, was ein anderer verloren hat, und Fremde, die in die Stadt kommen, mussten sich nicht mehr bei den zuständigen Beamten beschweren, denn jeder behandelte sie wie Heimgekehrte.«[29]

Konfuzius gewann so viel Einfluss, dass er beschloss, die Regierung von Lu einer groß angelegten Reform zu unterziehen. Im Jahr 498 v. Chr. ergriff er Maßnahmen, die den Einfluss der drei höchstrangigen Adelsfamilien von Lu beschnitten mit dem Zweck, die Macht weitgehend in den Händen von Herzog Ding zu konzentrieren, den Konfuzius für den rechtmäßigen Herrscher im Staat hielt. Die Adelsfamilien hatten in jüngster Zeit die Macht des Herzogs immer stärker ausgehöhlt. Sie regierten im Land beinahe wie unabhängige Herrscher, hatten eigene Befestigungsanlagen und hielten sich ein eigenes Heer. Also ordnete ein Erlass an, dass die Befestigungsanlagen um die Städte herum geschleift werden sollten. Sima Qian lobt Konfuzius ausdrücklich für diesen Schritt, denn er war es, der den Herzog dazu brachte, den Familien den Abriss ihrer Festungen zu befehlen.[30]

Zunächst befolgten die Familien den Befehl des Herzogs. Doch bald sollte Konfuzius auf erbitterten Widerstand stoßen. Als der Klan der Ji die Verteidigungsanlagen der Stadt Bi einreißen wollte, lehnten sich ihre Hausvögte dagegen auf und führten ihre Krieger zum Gegenangriff auf die Hauptstadt von Lu. Herzog Ding floh in den Palast der Ji, wo er von einem Turm aus die Kampfhandlungen rundherum beobachtete. Konfuzius rettete ihn, indem er Soldaten schickte. Die Aufrührer zogen sich zurück, und die Mauern von Bi wurden zerstört. Der Herzog war da schon weit weniger erfolgreich, als er einen Feldzug gegen die Meng anführte, die letzte Adelsfamilie von Lu, die ihm Widerstand leistete. Als die Meng der Aufforderung des Konfuzius nicht Folge leisteten, belagerte Herzog Ding die Stadt Cheng, um den Klan zum Einlenken zu bewegen, doch leider vermochte er nicht, die Stadt zu nehmen. Damit war Konfuzius' Versuch, die Adelsfamilien zu entmachten, gescheitert und der Einfluss der Klans und ihrer Unterstützer ungebrochen.[31]

Tatsächlich scheint Konfuzius diesen Machtkampf verloren zu haben. 497 v.Chr., ein Jahr nach seinem Angriff auf den Adel, trat Konfuzius plötzlich von seinem geliebten Regierungsamt zurück und verließ den Staat Lu. Sein Rückzug wird gewöhnlich auf eine Verschwörung vonseiten der Herrscher von Qi zurückgeführt, die er während der Friedensgespräche in Xiagu drei Jahre zuvor so gnadenlos ausmanövriert hatte. Sima Qian zufolge waren die Führer von Qi beunruhigt, weil Lu unter der weisen Regierung von Konfuzius immer mehr Einfluss gewann, daher wollten sie seine Macht beschneiden. Die Führer von Qi suchten achtzig der hübschesten Tänzerinnen aus, die das Herzogtum zu bieten hatte, und sandten sie als Geschenk zu Herzog Ding von Lu. Die Schönheiten warteten vor den Toren der Hauptstadt. Herzog Dings Kanzler Jihuanzi riskierte selbst einen Blick auf die Mädchen und war beeindruckt. Er riet Herzog Ding, sich selbst ein Bild zu machen. Auch dieser war begeistert und begann, seine Pflichten zu vernachlässigen. Drei Tage lang wurde nicht Hof gehalten. Konfuzius war so enttäuscht von Herzog Dings erotischen Abenteuern, dass er seine sieben Sachen zusammenpackte und Lu verließ. Zum Abschied stimmte er ein Lied an:

Ein Frauenmund
Bringt einen Mann um den Posten.
Die Worte einer Frau
Können dich das Leben kosten.
Ist's da nicht besser, ich gehe hin,
und verbringe meine letzten Jahre
nach meinem Sinn?[32]

Sima Qians Geschichte hat natürlich großen Unterhaltungswert, aber ist sie auch wahr? Hatte wirklich eine Gruppe von Tänzerinnen den großen Konfuzius verjagen können? In gewissem Sinne ist durchaus verständlich, wieso der frustrierte Konfuzius Herzog Ding nach der Geschichte mit den Mädchen den Dienst aufkündigte. Konfuzius nahm seine Pflichten sicherlich sehr ernst. Warum sollte ein auf Reformen bedachter Mann wie er seine Zeit auf einen Herrscher verschwenden, der sich so leicht von den Staatsgeschäften ablenken ließ? Offensichtlich führte Herzog Ding nicht einmal die gerade anstehenden rituellen Opferhandlungen korrekt aus. Diese Begebenheit zeigt einmal mehr, wie wichtig Konfuzius diese Reformen waren. Wie viele genervte Angestellte dachte sich vielleicht auch Konfuzius, er würde einen Arbeitgeber finden, der seine Dienste mehr zu schätzen wüsste.

Und doch scheint diese Geschichte fast ein wenig zu einfach. Konfuzius, der damals schon Mitte fünfzig war, hatte sein ganzes Leben darauf verwendet, eben jene Art von Stellung zu erlangen, die er in Lu innehatte. Würde er diese hart erkämpfte Position wirklich aus einem Impuls heraus wegwerfen? Menzius liefert uns eine andere Version der Geschichte, die diese Frage klärt. Konfuzius, so Menzius, habe Lu verlassen, weil er kein Fleisch vom Tempelopfer erhielt. Korrekt ausgeführt hätte das Opferritual vorgesehen, dass er Fleisch von den Opfertieren als Ehrengabe erhalten sollte. Ein solcher Verstoß gegen die Regeln war in Konfuzius' Augen eine schwerwiegende Kränkung – die Regeln der Sittlichkeit wurden eklatant missachtet. Dies zeigt deutlich, dass Konfuzius' Stern in Lu im Sinken begriffen war. Denn Herzog Ding, so Menzius, »hörte nicht auf ihn«. Anders ausgedrückt: Konfuzius hatte das Ohr des Herrschers verloren und wurde aus dem innersten Kreis der Berater verstoßen. So benutzte er den Fehler im Opferritus als Rechtfertigung für seine Amtsniederlegung. »Aber Meister Kung, der wollte aus einem geringfügigen Anlass gehen. Er wolle nicht durch seinen Weggang den wahren Sachverhalt ans Licht bringen«, schreibt Menzius weiter.[33]

Aber auch das ist wohl noch nicht die ganze Geschichte. Menzius nämlich fährt fort und erzählt uns, der Weise »ging, ohne auch nur seine Zeremonienhaube abzunehmen«. Einfach ausgedrückt: Konfuzius floh. Warum aber war er so in Eile? Konfuzius hatte sich im Laufe seiner Amtszeit wohl eine Menge Feinde gemacht, vor allem die drei Adelsfamilien und ihre Anhängerschaft. Ihren Einflussbereich hatte er zu beschneiden gesucht. Da er nun den Machtkampf mit dem Adel verloren hatte, war er angreifbar geworden. Wenn nun auch noch Herzog Ding, der ihn in seinen Bestrebungen stets unterstützt hatte, ihm die Gunst entzog, konnte das bedeuten, dass Konfuzius ernsthaft in Schwierigkeiten war. Als ihm der Herzog keinen Anteil am Opferfleisch zusprach, war dies für Konfuzius ein klares Signal, dass er die Protektion des Herzogs verloren hatte. Sind diese Annahmen gerechtfertigt, dann war es kein Trupp von Tänzerinnen, der Konfuzius verscheuchte. Er hat sich vielmehr selbst geschadet. Seine Reformanstrengungen hatten ihm zu viele mächtige Feinde geschaffen. Konfuzius' Ideen waren schwer umzusetzen und verursachten allerlei Unruhe, daher lehnte Herzog Ding seinen Rat fürderhin ab. In den politischen Wirren jener Zeit saß Konfuzius am Ende am kürzeren Hebel. Also scharte er einige seiner treuesten Schüler um sich – darunter Zilu, Zigong und Yan Hui – und verließ Lu. Er sollte erst dreizehn Jahre später zurückkehren.

Es ist aufschlussreich, dass Konfuzius nicht mit seiner Familie reiste, sondern mit seinen Schülern. Die Familie stand zwar im Mittelpunkt seiner Vision einer harmonischen Gesellschaft, doch dafür wissen wir über sein Privatleben erstaunlich wenig. So werden in den *Analekten* die Eltern des Weisen nicht ein einziges Mal erwähnt. Irgendwann in seinem Leben schloss Konfuzius eine Ehe, aber auch der Name seiner Frau ist nirgendwo aufgeführt. In einem Text heißt es ganz einfach, sie sei »eine Tochter der Qiguan-Familie aus dem Staate Song« gewesen. Sie gebar Konfuzius einen Sohn namens Boyu und zwei Töchter, deren Namen nirgendwo auftauchen. Eine der Töchter ist vielleicht bereits im Kindesalter gestorben. In den frühen Quellen zu Konfuzius' Leben spielt jedenfalls keines seiner Kinder eine Rolle. Als Konfuzius Lu verließ, zog er sich offensichtlich auch aus der Verantwortung für seine Familie zurück. Vermutlich hatte er sich, als er in den Vierzigern war, von seiner Frau scheiden lassen. Sein Sohn führte einen eigenen Haushalt, und seine verbliebene Tochter war verheiratet. In den *Analekten* heißt es, Konfuzius hätte seine Tochter einem Mann zur Frau gegeben, der im Gefängnis gesessen hatte – worin auch damals schon ein gewisses Stigma lag –, doch er habe geglaubt, sein Schwiegersohn sei unschuldig. Diese Entscheidung ist nur eines von zahllosen Beispielen, die zeigen, dass in Konfuzius' Augen Verdienst stets mehr galt als sozialer Status.[34]

Die *Analekten* beschreiben Konfuzius wiederum ausgesprochen positiv. Diejenigen, die die Gespräche aufzeichneten und zusammenstellten, waren an jedem Aspekt seines Verhaltens interessiert, da er ein Vorbild für jeden Menschen war, der ein »Edler« werden wollte. Ein ganzes Buch der *Analekten* ist der Beschreibung seines Tuns bei Hofe gewidmet, in der Stadt, bei Mahlzeiten und anderen sozialen Ereignissen – sozusagen ein Knigge für den kultivierten Chinesen. Aus diesen Zeilen tritt uns ein Konfuzius entgegen, der stocksteif, kleinkariert und ausgesprochen pingelig ist, wenn es um die Sittlichkeit geht. Er bemühte sich stets, rituelle Kulthandlungen den Menschen anzugleichen, für die sie durchgeführt wurden, ob es nun um hochstehende Würdenträger ging oder den einfachen Mann auf der Straße. Und er schnitt sie exakt auf die Situation zu.

Zum Beispiel bemühte er sich, bei offiziellen Zeremonien genau das richtige Maß an Feierlichkeit an den Tag zu legen. Im Ahnentempel, so heißt es in den *Analekten*, redete er »unbefangen, aber er wählte seine Worte mit Bedacht«. »Wenn der Herrscher ihn zu sich rief, wartete er nicht erst, bis die Pferde angespannt waren, sondern brach sofort auf«. Wenn er vor seinem Fürsten stand, war sein Verhalten »voll Ehrfurcht und angemessener Würde«. Fungierte er hingegen als Zeremonienmeister bei einer offiziellen Kulthandlung, dann heißt es von ihm: »Seine Miene zeigte Ehrfurcht, seine Schritte waren langsam und gemessen.« Bei den Ehrenbezeigungen für die ihm Gleichgestellten breitete er die Arme aus, aber: »Dabei achtete er darauf, dass seine Kleidung nicht in Unordnung geriet.« Es finden sich in der Sammlung seiner Schülergespräche sogar Empfehlungen für den angemessenen Dresscode: Er »trug keine Kleidung mit grellen, auffallenden Farben. Hellrot und Purpur nahm er nicht einmal für seine gewöhnlichen Hauskleider. In der heißen Jahreszeit zog er ein ungefüttertes Gewand aus feinem oder grobem Leinen über.« Sogar seine Art, das Abendessen einzunehmen, wird in den *Analekten* beschrieben: »Selbst wenn er viel Fleisch nahm – er nahm niemals so viel, dass es mehr war als der Reis, zu dem es gegessen wurde.« Er aß nichts, was schlecht zube-

reitet war, und auch das nur zu den vorgesehenen Mahlzeiten. Er
aß nichts, was nicht richtig geschnitten war, und nichts, wozu nicht
die richtige Sauce gereicht wurde. Diese Pingeligkeit zeigte sich in
jedem Aspekt seines Lebens. »Er setzte sich nicht auf die Matte,
wenn sie nicht glatt und gerade lag«, heißt es in den *Analekten*
über ihn.[35]

Da Konfuzius selbst dem Kanon der Schicklichkeit in jeder Le-
benslage Folge leistete, hatte er wenig Geduld mit all jenen, die dies
nicht taten. Einmal kam er an einem jungen Mann vorbei, der sich
breitbeinig hingesetzt hatte. Konfuzius sprach den jungen Mann
an: »Als Junge warst du nicht artig und bescheiden, als Erwachse-
ner hast du nichts Nennenswertes geleistet. So lebst du immer weiter – wie ein Tagedieb.« Dann versetzte er dem Nichtsnutz mit seinem Stock einen Hieb gegen die Schienbeine. Nichtsdestotrotz ist
der Konfuzius der *Analekten* kein Heiliger. Selbst er benahm sich
nicht unter allen Umständen angemessen. Manchmal ließ er sich
gar von seinen Leidenschaften übermannen. Mitunter war er nur
allzu menschlich – arrogant, rechthaberisch, ja richtiggehend grob.
Als ein Mann namens Ru Bei ihn zu Hause besuchte, Konfuzius
ihn aber nicht empfangen wollte, schickte er einen Schüler, um sich
mit Krankheit zu entschuldigen. Dann aber griff er zur Laute und
sang so laut, dass Bei es hören konnte. Diese Ausrede galt vermutlich als legitimer Kunstgriff, wenn man jemanden nicht sehen
wollte, doch dann laut und deutlich zu zeigen, dass es sich um eine
Lüge handelte, kam einer absichtlichen Beleidigung gleich.[36]

Und doch war Konfuzius keineswegs ein Griesgram. Zumindest
in den *Analekten* erscheint er manchmal richtig witzig und um-
gänglich. Obwohl sein Berufsleben eine Enttäuschung war und er
mitunter gar Mangel leiden musste, versuchte er doch, mit dem zufrieden zu sein, was er hatte. »Einfachste Nahrung, zum Trinken
nur Wasser und den gekrümmten Arm als Kopfkissen – auch dabei
kann man glücklich sein«, hatte er einst verkündet. Häufig wird

der Weise daher in guter Laune dargestellt – singend mit Freunden, Laute spielend, lachend und scherzend. Eines Tages meinte er zu einem seiner Schüler, er wolle so beschrieben werden: »Er ist ein Mensch, der in seinem Eifer das Essen und in seiner Freude die Sorgen vergisst, der nicht merkt, wie das Alter herankommt.« Bei anderer Gelegenheit fragte er seine Schüler, was sie tun würden, wenn sie die Gunst eines Herrschers gewonnen hätten. Einer meinte, er würde den in Schwierigkeiten geratenen Staat wieder aufbauen. Ein anderer nannte als Ziel, den Wohlstand des Volkes zu mehren, ein dritter meinte, er würde in den Tempeln der Altvorderen dienen. Dann ergriff der Schüler Zeng Dian das Wort, nachdem er sein Lautenspiel unterbrochen und das Instrument beiseitegelegt hatte. »Meine Wünsche«, so meinte er, »unterscheiden sich etwas von denen der drei anderen. Gern würde ich im späten Frühling, wenn man leichtere Kleidung trägt, mit anderen im Flusse baden, mich von einer kühlenden Brise umfächeln lassen und schließlich singend heimwärts ziehen.« Konfuzius stieß einen Seufzer der Erleichterung aus und erteilte Dian seine Zustimmung.[37]

Doch wie auch immer seine Schwächen geartet sein mochten, für seine Schüler war Konfuzius der weiseste aller Menschen und der größte Lehrer. Sie verteidigten ihn leidenschaftlich. »Andere Weise sind wie Berge oder Hügel, die man besteigen kann. Doch [Konfuzius] ist mit der Sonne oder dem Mond vergleichbar. Niemand kann zu Sonne oder Mond emporsteigen«, meinte Zigong einmal auf eine Kritik an seinem Meister. Selbst als Konfuzius sein Regierungsamt verlor, vertrauten seine Schüler weiterhin auf seine Lehren. »Hätte er einen Staat zu regieren bekommen, dann könnte man von ihm sagen: Was er anordnete, wurde getan; er wies den Weg, und die Menschen gingen ihn«, meinte Zigong. »Sein Leben war ruhmvoll, sein Tod bedeutete Trauer.«[38]

Konfuzius hätte dieser Einschätzung womöglich nicht zugestimmt. Der vielleicht interessanteste Aspekt seiner Persönlichkeit ist seine Ehrlichkeit im Hinblick auf sich selbst. Er selbst hielt sich nicht für einen großen Weisen. Tatsächlich glaubte Konfuzius nicht einmal, dass er so tugendhaft war, wie er es anderen nahelegte. Er gestand seine Fehler ein und hielt sich an seine eigenen Lehren. »Folgende Dinge bereiten mir Sorge«, sagte er einmal. »Mich nicht in den Tugenden vervollkommnen zu können. Nicht anderen erklären zu können, was ich erlernt habe. Von den Pflichten der Rechtschaffenheit vernommen zu haben und ihnen dennoch nicht entsprechen zu können. Zu wissen, was nicht gut an mir ist, und dennoch mich nicht ändern können – das ist es, was mich traurig macht.«[39] Sein vergeblicher Kampf um persönliche Vervollkommnung und eine Reform der äußeren Welt brachte ihn immer wieder an den Rand der Verzweiflung. Und doch glaubte er weiterhin fest daran, dass seine Ideen China Frieden und Wohlstand bringen würden. Als er Lu verließ und sich auf eine lange, beschwerliche Reise durch das Land begab, um nach Gelegenheiten zu suchen, seine Vision Wirklichkeit werden zu lassen, wurde seine Überzeugung schwerer geprüft als je zuvor.

Seine Reisen führten Konfuzius durch Chinas Mitte. Welchen Weg er genau nahm, ist schwer nachzuprüfen, da die Quellen hier widerstreitende Angaben machen. Er besuchte vermutlich sechs Staaten – einen namens Wei vermutlich mehr als einmal – und blieb manchmal jahrelang an einem Ort. Während der ganzen Zeit suchte Konfuzius nach einem Herrscher, der ihm eine Stellung geben und seine Lehren umsetzen würde. Da sein Ruf als Gelehrter ihm vorauseilte, hatte er keine Schwierigkeiten, jeweils die Aufmerksamkeit des Hofes auf sich zu ziehen. Er führte unzählige Gespräche mit Herrschern und Beratern. Wir dürfen uns die Wanderjahre des Konfuzius als dreizehnjährige Werbekampagne für seine Prinzipien guter Regierungsführung und sozialer Reformen vorstellen. Menzius erwähnt, Konfuzius habe in dieser Zeit durchaus einmal einen Posten innegehabt. Zu seinem Leidwesen aber bekam er nie den Einfluss auf die Regierung, den er sich erhoffte. Immer wenn er eine Stellung in Aussicht hatte, zerschlugen sich seine Hoffnungen am Ende doch. Ein typisches Beispiel ist die Geschichte über den König von Chu, der Konfuzius Ländereien zu Lehen geben wollte, doch sein Kanzler sprach sich dagegen aus. »Wenn Konfuzius mit solch befähigten Schülern eigene Ländereien besäße, wäre das nicht zu unserem Vorteil«, warnte der Kanzler. Und der Herrscher von Chu ließ die Idee fallen.⁴⁰

Es gab Augenblicke, in denen sein Misserfolg an seiner Überzeugung nagte. Zu Beginn der langen Reise kam Konfuzius durch den Staat Jin. Auch dort wagte der Hausvogt einer Adelsfamilie den Aufstand und bat Konfuzius, sich ihm anzuschließen. Konfuzius war ähnlich wie bei der Revolte Yang Hus in Lu der Idee nicht abgeneigt, doch wieder protestierte Zilu und widersprach Konfuzius mit dessen eigenen Worten: »Früher habe ich Euch reden hören, der Edle lasse sich nicht mit Menschen ein, die Unrechtes tun«, meinte Zilu. »Wie könnt Ihr da jetzt die Absicht haben, dem Ruf [des Rebellen] zu folgen?« Konfuzius gab zwar zu, dass er eben das gesagt hatte, versuchte aber trotzdem, seine Neigung zur Revolte zu verteidigen. Ein wahrhaft tugendhafter Mann, so meinte er, würde nicht befleckt werden, wenn er sich mit einem Menschen gemein mache, der Übles tue. Schließlich bestehe hier wenigstens die Möglichkeit, Einfluss auf die Regierung zu nehmen. Diese Chance dürfe man nicht ungenutzt verstreichen lassen. »Aber heißt es nicht auch: Wenn etwas wirklich weiß ist, dann kann man es noch so sehr schwärzen wollen, es gelingt nicht?«, fragte er Zilu. »Kann ich mir denn erlauben, mich behandeln zu lassen wie einen Kürbis, der da hängt, und keiner will ihn essen?«⁴¹ Am Ende aber lehnte Konfuzius auch das Angebot dieses Hausvogts ab.

Und das war keineswegs das einzige Mal, dass Verzagtheit sein Urteil zu trüben schien. Bei einer seiner Reisen nach Wei besuchte er Nanzi, die umstrittene Frau des Herrschers Herzog Ling. Sie war für ihre sexuellen Ausschweifungen bekannt und damit eine jener Personen, denen Konfuzius lieber aus dem Weg ging. Sima Qian erzählt, dass Nanzi Konfuzius recht unverblümt rufen ließ: »Die edlen Herren aus unseren Nachbarstaaten, die unseren Fürsten [Herzog Ling] in brüderlicher Freundschaft nicht verschmähen, pflegen auch seiner Gattin einen Besuch abzustatten«, hieß es in dem Brief, den sie dem Weisen schickte. Anfangs habe er ihr keinen Besuch abstatten wollen, meinte Konfuzius, es sich dann aber anders überlegt. Nanzi hatte Konfuzius in eine heikle Lage gebracht. Wenn er in Wei eine Stellung bekleiden wollte, so hatte sie ihm unmissverständlich signalisiert, würde er ihre Unterstützung brauchen. Wenn er aber ihrer Aufforderung nachkam, würde er sich mit einer moralisch kompromittierten Person einlassen. Schließlich kam er zu dem Schluss, dass er um einen Besuch nicht herumkam. Das Treffen verlief recht angenehm. Nanzi blieb, wie es die Schicklichkeit gebot, hinter einem Vorhang. Konfuzius seinerseits grüßte sie mit einer Verneigung. Als sie die Höflichkeitsbezeigung erwiderte, hörte er »das Geklingel ihrer Jadegehänge.«[42]

Doch allein die Tatsache, dass Konfuzius Nanzi besucht hatte, wurde zum Gegenstand von Debatten in seinem Schülerkreis. Vielleicht weil seine Anhänger fürchteten, eine Privataudienz bei Nanzi würde Konfuzius' Ruf schaden und für Klatsch sorgen. Oder weil sie dachten, er sei zu unterwürfig in seinem Streben nach einer Stellung in Wei. Nachdem Konfuzius von Nanzi zurückkehrte, zeigte Zilu sein Unbehagen. Der Meister fühlte sich genötigt, seine Ehre zu verteidigen: »Wenn ich unrecht gehandelt haben sollte, dann mag mich der Himmel verdammen, dann mag mich der Himmel verdammen!« Trotzdem verbesserte sein Besuch bei Nanzi seine Aussichten auf ein Amt in Wei nicht. Sima Qian jedenfalls berichtete, dass Nanzi bzw. Herzog Lings ungesunde Besessenheit mit Nanzi Konfuzius letztlich – »von Abscheu erfasst« – zur Abreise veranlasste. Der große Historiker lässt Konfuzius klagen: »Nie habe ich einen gesehen, der der Tugend mehr ergeben war als der Sinnlichkeit.«[43]

Während seiner langen Wanderung gab es Augenblicke, in denen Konfuzius in großer Gefahr war, manchmal sogar vom Tode bedroht. Als er durch einen Ort namens Kuang kam, hielten ihn die Bewohner fälschlich für einen Mann, der sie schlecht behandelt hatte, und sperrten ihn ein. Sie benahmen sich so feindselig, dass seine Schüler Angst bekamen. Glücklicherweise kamen die Bewohner von Kuang schließlich wieder zu Verstand und ließen Konfuzius und seine Anhänger frei. In Song versuchte der Kriegsminister, Konfuzius zu ermorden. Er ließ einen Baum ansägen, sodass dieser während einer Lehrstunde des Meisters auf ihn fallen sollte. Konfuzius entging nur knapp dem Tod. Nicht selten war seine kleine Gemeinschaft verwahrlost und mittellos. Als Konfuzius allein und ohne seine Schüler vor den Toren einer befestigten Stadt ankam, sah ihn ein Mann und meinte, er sehe aus wie ein streunender Hund. Als Konfuzius davon hörte, lachte er herzlich. »Das stimmt fürwahr!«, rief er aus.[44]

Der Tiefpunkt der gesamten Reise kam 489 v. Chr., als Konfuzius durch einen entlegenen Teil des Staates Chen reiste. Er hatte drei Jahre in Chen gelebt, doch als dort ein Krieg ausbrach, beschloss er weiterzuziehen. Konfuzius und seine Schüler fanden sich unvermittelt in einer unwegsamen Wildnis wieder und litten schwere Not. Ihre Nahrungsmittelvorräte gingen zur Neige. Es bestand die Gefahr, dass die Gemeinschaft verhungerte. Selbst die gewöhnlich so hymnischen *Analekten* zeichnen die Lage in drastischen Worten: »Die Schüler wurden so schwach, dass sie sich nicht erheben konnten.« Wie Konfuzius in eine solche Lage geraten konnte, ist unklar. Sima Qian jedenfalls berichtet, die Behörden in Chen und im benachbarten Cai hätten vernommen, dass man Konfuzius im rivalisierenden Staat Chu eine Stellung angeboten habe.

Nun befürchteten sie wohl, dass dies die Macht des Staates Chu stärken würde. Daher sandten sie Männer aus, um ihm den Weg dorthin abzuschneiden. Aber es könnte auch sein, dass die Gruppe sich einfach verirrte. Diese Situation ist für Konfuzius' Leben wohl entscheidend. Mit leeren Mägen nach Jahren der Wanderung und ohne Aussicht auf Erfolg waren Konfuzius und seine Schüler sowohl körperlich wie auch seelisch an den Grenzen des Erträglichen angelangt.[45]

Es überrascht nicht weiter, dass der streitbare Zilu am lautesten über sein Schicksal klagte. In den *Analekten* heißt es dazu: »Das Gesicht voll der leidenschaftlichen Anklage ...« habe er Konfuzius mit Worten angegriffen und gefragt, wieso Männer, die nur dem Pfad der Tugend folgen wollten, solche Not leiden müssten: »So gerät wohl auch der edle Mensch in arge Bedrängnis?« Konfuzius antwortete, dass ein tugendhafter Mensch zu wahrer Stärke fände, wenn er Widrigkeiten erdulden müsse. »Daher ist es weiter nicht überraschend, dass auch ein edler Mensch in Bedrängnis geraten kann«, meinte der Weise. »Gerät aber der Niedriggesinnte in arge Bedrängnis, so verliert er alle Hemmungen.« Zweihundert Jahre nach diesem Ereignis liefert uns der Konfuzianer Xunzi eine andere Version von Konfuzius' Antwort. In dieser wird stärker betont, dass es darum geht, das Richtige zu tun, welches Elend das Leben auch bereithalten mag. In dieser Fassung antwortet Konfuzius seinem Schüler Zilu, der Edle sei wie eine Blume, die tief im Wald verborgen blühe. »Dass niemand da ist, der ihren Duft genießt, bringt diesen nicht zum Verschwinden«, erläutert er. »Dasselbe gilt für das Wissen des Edlen. Er lernt nicht, um bekannt zu werden. Daher lässt er sich auch von der Bedrängnis nicht beeindrucken. In Zeiten der Not wird er in seinen Zielen nicht wankend.« Konfuzius' Botschaft war ebenso klar wie einfach: Ein guter Mensch wird seine Hingabe an die Tugend unter allen Umständen beibehalten und keinen Lohn erwarten. Dies ist einer

der wichtigsten Lehrsätze des Konfuzianismus, und sicherlich auch
einer der anrührendsten.[46]

Zilus Erbitterung ist allerdings mehr als verständlich. Bei seiner
Auseinandersetzung mit Konfuzius verweist er auf ihr ungerechtes
Los: Sosehr Konfuzius und seine Schüler nach Gerechtigkeit und
sozialen Reformen streben mochten, so litten sie doch Hunger und
saßen verloren im Nirgendwo, während weit weniger ehrenhafte
Männer bequem in ihren Amtsräumen und Wohnzimmern hock-
ten und wohlgenährt die Macht ausübten. Zilus Hingabe an Konfuzius und seine Ideale hatte ihm weder Reichtum noch politischen
Einfluss gebracht. Als sie nun in der Wildnis saßen und litten, so
berichtet Sima Qian, fragten Konfuzius und seine Schüler sich, was
sie verkehrt gemacht hätten und wie sie ihr Los verbessern könnten. Konfuzius schien selbst zu zweifeln und fragte Zilu: »Könnte
es sein, dass unser Weg nicht der rechte Weg ist? Ist es deshalb so
weit gekommen?« Zilu aber fand an seinem und seines Meisters
Streben keinen Fehler. »Vielleicht fehlt es uns an Menschlichkeit
und deshalb glaubt uns niemand«, meinte er. »Oder wir konnten
die Menschen nicht überzeugen, dass wir genügend Klugheit besitzen, und sie folgen uns deshalb nicht.« Konfuzius aber widersprach ihm. Er nannte andere gelehrte Männer aus der chinesischen Geschichte, die ein tragisches Ende gefunden hatten, und
wies darauf hin, dass nicht immer der Klügste die Unterstützung
der Öffentlichkeit erhält.[47]

Dann stellte Konfuzius seinem Schüler Zigong dieselbe Frage.
Dieser antwortete, dass es für jeden Menschen schwer sei, die hehren Ziele von Konfuzius' Lehren umzusetzen. »Meister, Euer Weg
ist zu gewaltig für die Welt«, meinte Zigong. »Ihr solltet ihn da
und dort ein wenig verändern!« Konfuzius wies diesen Vorschlag
zurück. Es wäre falsch, um der Popularität willen Abstriche am
Ideal der Tugend zu machen. »Ein edler Mensch kann seinen Weg
gehen, gute Grundsätze aufstellen und sie mit Vernunft darlegen,

und doch ist er nicht in der Lage, die Welt zu deren Annahme zu bewegen«, sagte er zu Zigong. »Du aber willst dich nicht auf deinem Weg vervollkommnen, sondern anderen gefallen. Du steckst deine Ziele nicht hoch genug.« Schließlich fragte Konfuzius Yan Hui nach seiner Meinung. Yan Hui teilte die Bedenken der anderen nicht. Er fand, sie sollten weiter ihrem Weg nach bestem Vermögen folgen, selbst wenn die anderen ihre Weisheit nicht anerkennen konnten. »Wenn wir uns nicht nach dem rechten Weg vervollkommnen, so ist die Schande unser«, antwortete er Konfuzius. »Wenn wir unseren Weg aber auf rechte Weisen gehen und die Welt nimmt ihn nicht an, so fällt die Schande auf die Herrscherhäuser.«[48]

Wie Konfuzius und seine Schüler diese Situation lösten, ist nicht klar. Sima Qian schreibt, dass Konfuzius Zigong in den Staat Chu vorausschickte und er mit einer Rettungsmannschaft zurückkehrte. Doch diese Geschichte wird von heutigen Wissenschaftlern angezweifelt. Irgendwie jedenfalls gelangte Konfuzius nach Chu, lebendig und so entschlossen wie eh und je, seine Mission zu verfolgen. Doch an diesem Punkt scheinen einige Menschen begriffen zu haben, was Konfuzius selbst sich einzusehen weigerte: dass seine Sache hoffnungslos war. In den *Analekten* jedenfalls heißt es, ein Mann namens Jie Yu, den man allgemein als den »Irren von Chu« kannte, sei an Konfuzius vorübergegangen und habe folgendes Lied gesungen:

> *Wie Deine Tugend doch entschwunden ist!*
> *Was vergangen ist, lässt sich nicht ändern,*
> *was aber kommt, ist noch nicht verloren.*
> *Daher lass ab, lass ab von Deinem Tun!*
> *Gefährlich ist das Los all derer,*
> *die im Dienste der Mächtigen steh'n.*

Konfuzius sprang von seinem Karren herab und wollte mit dem »Irren« reden, doch dieser war schon weggelaufen.[49]

Der Wahnsinnige sollte Konfuzius wohl verleiten, einen anderen Weg einzuschlagen. Jie Yu spielte darauf an, dass der Meister den Großteil seines Lebens mit verlorener Liebesmüh vergeudet habe, denn jeder Mensch von seinem sittlichen Format müsse an der brutalen Politik jener Tage scheitern und riskiere folglich sein Leben. Daher riet der Wahnsinnige Konfuzius, aufzugeben und seinem Beispiel zu folgen: Statt seine Bemühungen auf die Welt zu konzentrieren, solle er sich besser von dieser mit Übeln behafteten Gesellschaft zurückziehen, die ihn niemals würde schätzen können. Konfuzius scheint das interessant gefunden zu haben, sonst wäre er dem Wahnsinnigen wohl nicht nachgelaufen. Doch Konfuzius würde sich nie von der Welt zurückziehen. Die *Analekten* machen dies schon im nächsten Absatz klar, wo es heißt: »Zu Vögeln und anderen Tieren des Feldes kann ich mich nicht gesellen. Mit wem sollte ich zusammen sein, wenn nicht mit diesen Menschen?«[50]

Warum aber wurden Konfuzius' Ideen, die später so hohes Ansehen erlangten, zu seiner Zeit ignoriert? Auf den ersten Blick mag Konfuzius' Scheitern merkwürdig wirken. Wie Kaiser und Beamtenapparat in China und im Rest Ostasiens später erkennen würden, gaben viele Aspekte von Konfuzius' Philosophie eine nützliche ideologische Grundlage für die kaiserliche Herrschaft ab. Konfuzius wollte die sozialen und politischen Institutionen des traditionellen China stärken, reformieren und neu beleben, nicht sie abschaffen. Konfuzius' bevorzugte Regierungsform war die, die zu seiner Zeit am häufigsten war: die Monarchie mit einem starken König an der Spitze. In seinem Gesellschaftsmodell stand dem König große Ehrerbietung von seinen Beamten und Untergebenen zu. Für Konfuzius konnte nur ein mächtiger Kaiser – ein »Sohn des Himmels«, wie die Konfuzianer ihn nennen, der sein Reich im

Griff hat – effektiv herrschen. So sagte Konfuzius: »Wenn der Erd-kreis in Ordnung ist, so gehen Kultur und Kunst, Kriege und Straf-züge vom Himmelssohn aus.« Und fährt fort: »Ist der Erdkreis nicht in Ordnung, so gehen Kultur und Kunst, Kriege und Straf-züge von den Lehnsfürsten aus. Wenn sie von den Lehnsfürsten ausgehen, so dauert es selten mehr als zehn Generationen, ehe sie die Macht verloren haben.«[51]

Der Herrscher steht in Konfuzius' Denken an oberster Stelle der Hierarchie, die klar geordnete soziale Verantwortung mit sich bringt. Konfuzius glaubte, dass die Ordnung in China nur dann wiederhergestellt werden könne, wenn jedes Mitglied der Gemein-schaft jene Pflichten erfülle, die mit seiner Stellung in der Welt ver-bunden waren, ob es sich nun um den Kaiser oder um einen einfa-chen Bauern handelte. Konfuzius erläuterte diese zentrale Idee in einem Gespräch mit dem freimütigen Zilu, der ihn fragte, was er zuerst tun würde, wenn man ihm die Regierungsverantwortung übertrüge. Zuallererst, so der Meister, würde er »unbedingt die Namen richtigstellen«. Diese merkwürdige Antwort verblüffte selbst seinen Schüler. »Damit würdet Ihr beginnen?«, fragte Zilu. »Warum eine solche Richtigstellung der Namen?« Konfuzius meinte leicht verärgert: »Wie ungebildet du doch bist, Zilu! Stim-men die Namen und Begriffe nicht, so ist die Sprache konfus. Ist die Sprache konfus, so entstehen Unordnung und Misserfolg, so geraten Anstand und gute Sitten in Verfall. Sind Anstand und gute Sitten infrage gestellt, so gibt es keine gerechten Strafen mehr. Gibt es keine gerechten Strafen mehr, so weiß das Volk nicht, was es tun und was es lassen soll. Darum muss der Edle die Begriffe und Namen korrekt benutzen und auch richtig danach handeln können.«[52]

Was Konfuzius hier sagen will, ist eigentlich recht einfach: Jeder sollte tun, was von ihm gefordert ist. Ein Minister der Regierung sollte die Pflichten eines Ministers erfüllen – er sollte die Regierungsgeschäfte gut führen und seinem Herrscher loyal dienen. Komme er jedoch seinen Pflichten nicht nach und strebe eher nach persönlichem Gewinn als nach dem Wohl der Öffentlichkeit oder maße sich gar die Macht des Herrschers an, dann erfülle er die Pflichten seines Ministeramts nicht und sollte daher auch nicht als »Minister« bezeichnet werden. Auch die Bürger müssten ihren Pflichten nachkommen – Steuern zahlen, in der Armee dienen und dem Herrscher die gebührende Ehre erweisen. Tun sie das nicht, so sind sie keine wahren Bürger. Wenn die Bezeichnungen sich nicht mit der Wirklichkeit decken, dann führt dies nur zu Verwirrung und Unsicherheit. Daraus entstünden dann Konflikte innerhalb der Regierung, Unzufriedenheit beim Volk und eine ungeordnete Gesellschaft. Durch die »Richtigstellung der Namen« wollte Konfuzius sicherstellen, dass alle Menschen ihrer Verantwortung nachkämen. Dadurch würden Konflikte vermieden, negatives Handeln eingedämmt und die Gesellschaft in Ordnung gebracht.

So weit, so gut, wenn man der König ist. Konfuzius gab den Herrschern die letztendliche Macht im Reich – genau das, was die Könige und Herzöge jener Zeit erstreben. Doch sein Konzept hatte für die Herrschenden einen Pferdefuß. In Konfuzius' vollkommener Welt durfte der Herrscher nämlich keineswegs nach eigenem Gutdünken regieren. Auch er musste die ihm zugewiesene Rolle erfüllen. Der Herrscher hatte sich dem Volk gegenüber als gewogen zu erweisen. Er musste zum Besten des Volkes regieren und sich um dessen Wohl bemühen. Als ein Regierungsbeamter Konfuzius fragte, wie man das Volk zur Ehrerbietung anhalten könne, antwortete dieser: »Herrscht über sie mit Würde, dann werden sie Euch Ehrerbietung erweisen. Behandelt sie mit Güte, und sie werden ihr Bestes tun. Belohnt die Guten und belehrt jene, die hintendran sind, dann wird das Volk Euch begeistert folgen.«[53] Wenn ein König diese Pflichten nicht befolgt, wenn er den ganzen Tag in Luxus schwelgt oder auf Kosten des Volkes große Reichtümer ansammelt, wenn er sich mit Tänzerinnen vergnügt und seine Pflichten vernachlässigt wie Herzog Ding in Lu, dann hatte er kein Recht, sich selbst als König zu bezeichnen. Obwohl Konfuzius glaubte, dass ein starker Herrscher am besten sei, stattete seine Vision einer guten Regierungsführung den Herrscher keineswegs mit unbegrenzter Machtbefugnis aus oder gar dem Recht, seine Stellung zu missbrauchen. Konfuzius trat für eine *begrenzte* Macht der Herrschenden ein, nicht für die absolute.

Was die Macht des Herrschers begrenzte, war die Verpflichtung zur Sittlichkeit. Konfuzius war der Ansicht, dass jeder Mensch – auch der König – sich mühen sollte, in seinem Verhalten nach einem hohen ethischen Ideal zu streben. Die Grundlage dieses Ideals war ein Prinzip, das auch das Christentum kennt: »Was du selbst nicht wünschest, das tue auch anderen nicht an.«[54] Er stellte also die Goldene Regel fünfhundert Jahre vor Jesus auf. Die grundlegende Tugend, die ein Edler besitzen sollte, sei die Menschlichkeit. Und der Meister mühte sich den *Analekten* zufolge unermüdlich, seinen Schülern beizubringen, was Menschlichkeit ist und wie sie ausgeübt werden sollte. Seiner Ansicht nach war Menschlichkeit durch fünf Merkmale gekennzeichnet: Achtung, Toleranz, Verlässlichkeit in den Worten, Eifer und Großzügigkeit. Bei anderer Gelegenheit sagte er einfach: »Liebe deine Mitmenschen.« Auch diese Aussage kommt den Lehren des Jesus sehr nahe. Einen Menschen, der diese Qualitäten zeigt – und andere, die ihm wichtig waren, wie Rechtschaffenheit, Weisheit und Aufrichtigkeit, um nur einige wenige zu nennen –, nennt Konfuzius einen »Edlen« oder *junzi*. Der Pfad, dem ein Edler folgte, aber war »der Weg« oder *dao*. Dabei war ihm durchaus klar, dass es schwierig war, dem Weg zu folgen. »Es war mir bisher nicht vergönnt, einen Weisen zu sehen«, meinte er einmal. »Könnte ich wenigstens einen Edlen sehen, dann würde ich mich schon freuen.«[55]

Konfuzius erwartete von einem König mehr als von gewöhnlichen Menschen. Er musste sich nicht nur strengstens an die moralischen Gebote halten, sondern trug auch noch eine besonders schwere Verantwortung, weil er ja für alle Menschen im Lande das Vorbild der Tugend und Sittlichkeit darstellte. Er war nur dann berechtigt zu herrschen, wenn er an seiner Selbstvervollkommnung arbeitete. Dabei verbesserte er durch seine Vorbildfunktion die Gesellschaft als Ganzes. Seine Aufgabe war: »Dem Volk vorangehen, ihm ein Beispiel geben und es anspornen«, sagte Konfuzius, als man ihn nach dem Wesen der Regierung befragte. Bei anderer Gelegenheit sagte er einem Herrscher: »Regieren heißt das Rechte tun. Würdet Ihr Euch dabei an die Spitze stellen, wer würde dann wagen, anders zu handeln?« Noch wichtiger aber war, dass ein König in Konfuzius' Augen seine Herrschaft nur legitimieren konnte, wenn er tugendhaft war. Nur dann würde das Volk ihm bereitwillig folgen. Sein Reich wäre angesehen und wohlhabend – er würde China mit Menschlichkeit erobern, nicht mit Waffen. »Wer kraft der Menschlichkeit herrscht, gleicht dem Polarstern. Der verweilt an seinem Ort und alle Sterne umkreisen ihn«, sagte Konfuzius.[56] In seinen Augen war nur moralische Stärke tatsächlich Stärke.

Die Logik hinter diesem Gedanken ist leicht nachzuvollziehen. Ein tugendhafter, selbstloser König, der eine gute Verwaltung hat und um das Wohlergehen des einfachen Volkes bemüht ist, wird breiten Zuspruch finden. Ein Herrscher, der ungerechte Steuern auferlegt, das Geld verschwendet und dem Nichtstun frönt, während der einfache Mann sich abrackern muss, um seine Familie zu ernähren, kann seine Herrschaft nur mit Zwangsmitteln aufrechterhalten. Und das wird am Ende das Volk gegen ihn aufbringen. Konfuzius stellte die durchaus logische Überlegung an, dass gute, ehrliche Politik dem König die unverzichtbare Unterstützung der Massen besser sichert, als jedes Gesetz und jede Strafe dies kann. Der Weise hoffte, die Herrscher seiner Zeit würden, wenn sie nur seinem Weg folgten, wie die altvorderen Könige werden. Sie würden die Herrschaft der Tugend in China wiederherstellen und ein neues Zeitalter des Friedens und des Wohlstands einläuten. Hier haben Konfuzius' radikalste Ideen ihre Wurzeln. Die Herrscher seiner Zeit waren besessen von Waffengewalt, militärischen Siegen und dem Anhäufen von Schätzen und unablässig bemüht, die Nachbarstaaten an Truppenstärke zu übertreffen. Sie interessierte nur, wie viel Gold in ihren Schatzkammern lag. Konfuzius versuchte, ihnen klarzumachen, dass sich so keine Nation aufbauen ließ. Schwerter und Schilde würden kein Reich erobern. Die drückende Bürde der Steuern und des Militärdienstes gewannen dem Herrscher keine treuen Untertanen. Menschlichkeit war der rechte und einzige Weg zu Macht und Ansehen. Doch in der Zeit der Frühlings- und Herbstannalen, als so viele Königreiche um Land, Einkünfte und ihren Fortbestand kämpften, stieß Konfuzius' Botschaft auf taube Ohren. Wenn die Herzöge und Könige damals den Rat des Konfuzius suchten, dann nur, weil sie sich davon eine bessere militärische und geopolitische Strategie erhofften. Stattdessen erhielten sie Lektionen in Ethik, Geschichte und Dichtkunst.

Dass Chinas Herrscher sich nicht für Konfuzius' Botschaft interessierten, wird in den *Analekten* mehr als deutlich. Als Herzog Ling von Wei Konfuzius um Rat bittet, antwortet ihm der Meister: »Über die Regeln des Anstands und die Riten habe ich viel gehört. Von militärischen Regeln dagegen verstehe ich nichts.« Danach verließ Konfuzius den Staat Wei. Chinas ehrgeizige Führer wünschten sich einen abgebrühten Machiavelli. Stattdessen bekamen sie einen alten Mann, der sie über das Hofzeremoniell und alte Gedichte belehrte. Die Herrscher wollten ihre Macht stärken und diese nicht durch moralische Vorschriften und altehrwürdige Regeln beschränken lassen. Konfuzius erwartete einfach zu viel von den damaligen Führern des Landes. Als man ihn nach den

Regierenden seiner Zeit fragte, meinte er daher nur: »Ach, die haben nur Sinn für Eimer und Scheffel. Was zählen sie?«[57] Konfuzius war seiner Zeit einfach weit voraus. China würde noch schwerwiegende politische Umwälzungen durchlaufen müssen, bevor die Elite des Landes den Wert seiner Lehren endlich verstand.

484 v. Chr. erhielt Konfuzius eine handgeschriebene Nachricht aus Lu. Ein neuer Herzog rief ihn nach Hause. Die Einladung kam vermutlich von Ran Qiu, einem von Konfuzius' Schülern, der im Heimatstaat des Meisters ein hohes Amt erlangt und enormen Einfluss hatte. Konfuzius war nach so vielen Jahren des Herumziehens müde. So nahm er die Einladung an und kehrte nach Lu zurück. Doch als er dort ankam, bot man ihm keine Stellung an. Interessanterweise berichtet Sima Qian, dass Konfuzius eine solche gar nicht mehr anstrebte.[58]

Die Lebensbedingungen in Lu waren beklagenswert. Die Adelsfamilien hatten den neuen Herrscher, Herzog Ai, de facto entmachtet und regierten den Staat ganz nach ihren selbstsüchtigen Interessen. Konfuzius stellte fest, dass er auch dort wenig Einfluss hatte, selbst auf seine Schüler. Das zeigt sich sehr schön, als Ran Qiu Konfuzius aufsuchte und seinen Rat erbat. Seine Herren, die reiche Familie Ji, wünschte ihre Einkünfte zu mehren. Aus diesem Grund hatte man an eine Steuer auf Ländereien gedacht. Konfuzius versuchte, die Frage ausweichend zu beantworten, vermutlich weil er wusste, dass Ran Qiu sich ohnehin nicht an das halten würde, was sein alter Meister zu sagen hatte. Und so meinte er, er wisse nichts über solche Dinge. Nachdem die Familie Ji vier erfolglose Versuche unternommen hatte, die neue Steuer durchzusetzen, suchte der Weise Ran Qiu privat auf und legte ihm dar, dass er die Steuer für unangemessen hielt – da sie das gemeine Volk unnötig belaste und nur die Gier des Adels befriedigte. »Das Handeln eines Herrschers

sollte von den Regeln der Menschlichkeit geleitet sein«, meinte
Konfuzius. »Wenn [die Ji] sich nicht von den Regeln der Menschlichkeit leiten lassen, sondern von gierigem Streben und Unersätt-
lichkeit, dann wird der Klan auch nicht genug haben, wenn die
Steuer durchgesetzt ist. Wenn du aber auf so ruchlose Weise arbeiten willst, warum kommst du dann und fragst mich um Rat?« Ran
Qiu hörte nicht auf Konfuzius und ließ die Steuer erheben. Konfuzius war aufs Höchste erbost: »Das ist kein Schüler von mir!«[59]

In der Folge zog Konfuzius sich aus der Öffentlichkeit zurück
und konzentrierte sich ganz aufs Lehren und Schreiben. In ihrer
Biografie des großen Weisen schreibt Annping Chin, dass Konfuzius wohl endlich sein Los akzeptiert hatte, dass er seinen Wunsch
nach politischer Durchsetzung seiner Ideale hinter sich gelassen
und seinen Frieden mit seinem Leben gemacht habe.[60] Vielleicht
versuchte er tatsächlich, seine Enttäuschung zu überwinden und
alles Bedauern fahren zu lassen. Doch das muss ihm schwerge-
fallen sein. Die Welt um ihn herum war immer noch im Chaos
versunken, das Leiden des chinesischen Volkes nach wie vor
herzzerreißend. Die Gier und Selbstsucht der Herrschenden war
ungebrochen. Konfuzius war nach wie vor überzeugt, dass er die
Antwort auf Chinas unzählige Probleme gefunden hatte, doch niemand wollte sie hören. Wir können uns nur annähernd vorstellen,
wie tief enttäuscht er gewesen sein muss. Konfuzius war alt geworden und ernüchtert, war er doch weitgehend auf Ablehnung oder
Nichtbeachtung gestoßen.

Doch eben dieser anscheinend gebrochene Mann wurde für
spätere Generationen der Vater der chinesischen Zivilisation.
Seine Lebensgeschichte wirft unweigerlich die Frage auf, welche
Rolle der historische Konfuzius im China seiner Zeit tatsächlich
gespielt hat. Der reale Konfuzius tritt uns entgegen als Klassizist
und Lehrer, der die Ideen und Schriften einer Vergangenheit neu
belebte, die lange vor seiner Zeit an ihr Ende gekommen war. Der

auf das China seiner Tage wenig Einfluss gehabt hatte. Auf jeden Fall ist er nicht der Begründer einer allgemein geschätzten Lehre, die die politische und soziale Entwicklung Chinas und Ostasiens prägte. So gesehen war der Mensch Konfuzius nicht der Begründer einer Doktrin, die sich »Konfuzianismus« nennt. Diese epochemachende Rolle wurde ihm erst im Nachhinein zugewiesen, als seine Anhänger die Geschichte umschrieben, um die Bedeutung ihres Lehrers hervorzuheben. Konfuzius selbst meinte, er gebe nur die Lehren und Traditionen einer früheren Zeit weiter und habe nichts Neues ersonnen: »Ich übermittle, aber ich schaffe nichts Neues.«[61]

Da war Konfuzius allerdings sehr bescheiden. Die Fehlschläge, die er im Leben erlitt, schmälern seine Bedeutung für die Weltgeschichte nämlich kein bisschen. Denn nicht wenige Menschen haben ihren Einfluss auf die Welt erst nach ihrem Tod ausgeübt. Auch hier könnte man Jesus als Beispiel nehmen. Obwohl selbst von seinen treuen Schülern nur wenige seine Bedeutung erkannten, hatte Konfuzius etwas geschaffen, das einen enormen Einfluss entfalten sollte – eine kohärente Philosophie, die in Chinas Geschichte wurzelte und der klaren Vision einer friedlichen Gesellschaft verpflichtet war, die in der menschlichen Ethik gründete. Er rettete die Erkenntnisse von Chinas Weisen vor dem Vergessenwerden, reformierte sie und arbeitete einige Konzepte um. Daraus schuf er eine Lehre, die er dann an künftige Generationen weitergab.

Die Herausforderung für uns heute besteht darin, dass wir mitunter erst herausfinden müssen, was Konfuzius tatsächlich lehren wollte. Er hinterließ seinen zahllosen Schülern späterer Zeiten nämlich wenig, woran sie sich halten konnten. In China geht man traditionell davon aus, dass Konfuzius das, was wir als die Fünf Klassiker kennen, selbst schrieb, zusammenstellte und überarbeitete: die Texte des Konfuzianismus, zu denen das *Buch der Wandlungen* gehörte (*Yijing* oder – nach alter Umschrift – *I Ging*, ein

Orakelhandbuch), das *Buch der Riten* (*Liji*, ein Handbuch der Zeremonialpraxis), das *Buch der Urkunden* (*Shujing*, ein geschicht-
licher Text), das *Buch der Lieder* (*Shijing*, eine Gedichtsammlung)
und die *Frühlings- und Herbstannalen* (*Chunqiu*, Geschichte des
Staates Lu). Sima Qian zum Beispiel berichtet seinen Lesern, Konfuzius habe 3000 alte »Lieder« durchgesehen und sie persönlich
auf die 305 zusammengestrichen, die moralischen Wert hätten und
die heute das Buch der Lieder ausmachen. Bei Sima Qian heißt es:
»Somit war es fortan möglich, den Riten und der Ritualmusik zu
folgen, um sie für den Rechten Weg der Könige verfügbar zu machen.«[62] Einige Wissenschaftler gehen davon aus, Konfuzius habe
die Werke zusammengestellt, um seine Schüler damit zu unterrichten. Anders ausgedrückt: Vor Konfuzius habe es keine Fünf Klassiker gegeben. Die Gelehrten der Kaiserzeit allerdings meinen, Konfuzius habe weit mehr getan, als nur alte Verse und Schriften
wieder aufgelegt. Jahrhundertelang hatten die Konfuzianer geglaubt, die *Frühlings- und Herbstannalen* habe Konfuzius selbst
geschrieben, sozusagen als Handbuch guter Regierungsführung, in
das er geheime Hinweise auf besondere konfuzianische Lehren eingestreut hatte. Der Einfluss der Fünf Klassiker auf die chinesische
Zivilisation kann schwerlich überschätzt werden. Diese Werke und
Konfuzius' Gespräche mit seinen Schülern bildeten während der
gesamten Kaiserzeit die Grundlage für Bildung und Verwaltung in
China – also fast 2000 Jahre lang.

Moderne Wissenschaftler aber stellen sich zunehmend die
Frage, inwieweit Konfuzius tatsächlich mit den Fünf Klassikern in
Verbindung zu bringen ist. Einige gehen davon aus, dass Konfuzius die Fünf Klassiker noch nicht einmal kannte, andere wiederum meinen, dass Konfuzius und seine Schüler die Klassiker über
einen langen Zeitraum hinweg zusammengestellt hätten. Viele
Texte existierten sicher schon vor seiner Zeit, mitunter lange davor. Andere wurden nachweisbar erst nach seinem Tod geschrie-

ben oder bearbeitet, zumindest in der Form, in der wir sie heute kennen.⁶³

Selbst der Text, der so eindeutig auf Konfuzius und seine Schüler zurückzugehen scheint, die *Analekten*, stammt nicht aus der Feder des Weisen. Konfuzianer schreiben die Aufzeichnungen der Gespräche gewöhnlich den Schülern des Meisters zu, die nach den Belehrungen schriftlich festgehalten haben sollen, was Konfuzius ihnen sagte. Heute wissen wir, dass es vermutlich erst die nächste Generation war – also die Schüler der Schüler –, die dafür verantwortlich zeichnet. Das soll nun nicht heißen, dass die *Analekten* Dinge enthalten, die sich nicht auf Konfuzius zurückführen ließen. Viele der Aussprüche, die ihm in den Gesprächen in den Mund gelegt werden, gelten heute als relativ zuverlässige Zitate. Doch auch hier gilt (wie bei Jesus): Was wir heute über Konfuzius und seine Lehren wissen, stammt sozusagen aus zweiter Hand. Wir kennen vielleicht nicht die ursprüngliche Form und können uns daher nie ganz sicher sein, was die Richtigkeit angeht. Doch allein die Existenz der *Analekten* sagt uns, dass Konfuzius in den Gelehrtenzirkeln des alten Chinas offensichtlich hohes Ansehen genossen haben muss. Bücher waren zu jener Zeit rar. Nur den Worten der angesehensten Männer gebührte die Ehre, schriftlich niedergelegt zu werden. Die Tatsache, dass wir Sätze haben, die Konfuzius direkt zugeschrieben werden, ist schon ein Zeichen dafür, welche Bedeutung ihm die Gelehrten zumaßen.

479 v. Chr. erkrankte Konfuzius. Einer seiner treuesten Schüler, Zigong, reiste aus dem fernen Chu an, um ihn zu besuchen. Die beiden Gefährten hatten einander fast zehn Jahre nicht gesehen. Zigong hatte Lu den Rücken gekehrt und war ein erfolgreicher Diplomat geworden. Als Zigong sich dem Haus des Meisters näherte, ging dieser auf einen Stock gestützt vor der Tür auf und ab. Eigentlich hätte es ein freudiges Wiedersehen werden sollen, doch Konfuzius war trüber Stimmung. Er beklagte sich bei Zigong, dass dieser

zu spät gekommen sei. Dann sang er ein paar Zeilen aus einem seiner Lieblingslieder – welche das Trauma des Verfalls und die Un-
vermeidbarkeit des Todes sehr schön einfangen:

> *Der Berg Tai stürzt zusammen.*
> *Der First des Hauses bricht.*
> *Der weise Mann schwindet dahin.*

Tränen füllten Konfuzius' Augen. »Lange schon ist die Welt vom
rechten Weg abgekommen«, sagte er zu Zigong. »Niemand vermag meinen Lehren zu folgen.«

Eine Woche später starb Konfuzius. Er war dreiundsiebzig Jahre
alt.[64]

Vielleicht war Zigongs Anwesenheit in diesen letzten Stunden
Konfuzius ein Trost. Vermutlich lebte er zu jener Zeit vollkommen
allein. Sein Sohn war bereits gestorben, ebenso wie seine Schüler
Zilu und Yan Hui. Aber wenigstens Zigong wachte über ihm, als er
hinüberdämmerte.

Andererseits hat ihn gerade dieser Besuch vielleicht auch aufge-
regt. Zigong hatte Karriere im öffentlichen Dienst gemacht, während sein Meister übergangen und vergessen worden war. Zigong
stand für das, was Konfuzius sich für sein Leben gewünscht, aber
nie erreicht hatte. Natürlich wollen wir den Weisen nicht gerne so
sehen: voll des Bedauerns, neidisch oder enttäuscht. Wir können
nur hoffen, dass er, als das Ende nahte, sein Leben nicht als gescheitert ansah, sondern darin das unerschütterliche Streben nach
Heilung einer kranken Gesellschaft erkannte. Vielleicht sagte er
sich selbst, er habe sein Bestes versucht.

Konfuzius hatte einigen Grund zur Hoffnung, obwohl er dies
vielleicht nicht unbedingt erkannte. Zigong nämlich repräsentierte
etwas, was Konfuzius 479 v. Chr. noch nicht vorhersehen konnte.
Er stand für die Zukunft des Konfuzius und seiner Lehren. Denn

das bedeutsamste Erbe des Meisters war die Zahl seiner treuen Schüler, die er hinterließ – gelehrte Männer, die Konfuzius' Idealen und Zielen genauso ergeben waren wie der Weise selbst. Es waren seine Anhänger und die vielen, die noch kommen sollten, die aus Konfuzius, dem gescheiterten Staatsmann, den einflussreichsten Menschen der ostasiatischen Geschichte machten.

2

KONFUZIUS, DER WEISE

[Konfuzius] fasste die wesentlichen Maximen
von hundert Königen zusammen und brachte
sie von Anfang bis zum Ende in Übereinstimmung
mit dem Lauf des Himmels.

DONG ZHONGSHU

»Nun bin ich ganz allein auf der Welt, voller Trauer und Schmerz«, klagte Herzog Ai, der Herrscher von Lu, nach Konfuzius' Tod. »Oh Meister, bei wem soll ich nun Rat suchen?« Die Legende erzählt, dass der bestürzte Herzog in einer atypischen Regung von Wertschätzung und Respekt einen Tempel errichten ließ, in dem in Konfuzius' Namen Opfergaben dargebracht werden konnten. Er war der Erste in einer langen Reihe chinesischer Herrscher, die Konfuzius in den nächsten 2500 Jahren Opfergaben darbringen sollten.[65]

Doch Herzog Ais plötzliche Anwandlungen wirken reichlich hohl, schenkte er dem toten Konfuzius doch weit mehr Aufmerksamkeit, als er dem lebenden geschenkt hatte. Diese Heuchelei wurde in Lu durchaus bemerkt: »Als der Meister noch lebte, konnte Herzog Ai kein Amt für ihn finden. Und nun, da er tot ist, besingt er ihn in einem Trauerlied. Das widerspricht den Riten!«, meint Zigong verbittert.[66] Denn trotz der melodramatischen Trauerbekundungen, welche der Herzog dem großen Weisen zuteilwerden ließ, stießen Konfuzius' Ideen bei der herrschenden Elite in Lu oder den anderen Staaten Chinas immer noch auf taube Ohren. Das war in den Jahren nach seinem Tod nicht anders als zu seinen Lebzeiten.

Konfuzius' Schüler betrauerten ihren Meister sehr viel aufrichtiger. Sie versammelten sich an seinem Grabmal außerhalb der Stadt Qufu (wo es sich heute noch befindet) und legten für die nächsten drei Jahre Trauer an, wie die Riten des Meisters es für einen Todesfall in der Familie vorschreiben. So als wäre Konfuzius ihr Vater gewesen. Dann gingen sie ihrer Wege. »Damals, als Meister Kong verschieden war, da ordneten die Schüler nach Ablauf der dreijährigen Trauerzeit ihr Gepäck, um heimzukehren. Als sie von Zigong Abschied nahmen, da sahen sie sich an und begannen zu weinen, bis ihnen die Stimme versagte«, schrieb Menzius später.[67] Zigong entschied sich zu bleiben. Er baute sich eine Hütte in der Nähe des Grabmals und betrauerte seinen Meister weitere drei Jahre. Dann zog auch er weiter. Konfuzius lag im Grab, die Mission des Meisters war damit an ihr Ende gekommen. Doch die Geschichte des Konfuzius nahm gerade erst ihren Anfang.

Konfuzius war tot, aber längst nicht vergessen. Zigong und die anderen Schüler hatten vielleicht ihren Meister verloren, aber nicht ihre Hingabe an seine Ideen oder seine Sache. Ähnlich wie die Apostel Petrus und Paulus die Botschaft Jesu nach der Kreuzigung in alle Welt trugen, übermittelten Konfuzius' Schüler die Ideen ihres Meisters an eine neue Generation von Schülern. Und diese Schüler nahmen ihrerseits wieder Schüler an. Die Jahre vergingen und immer mehr junge Männer wurden in Konfuzius' Ideale eingeführt. Die immer größer werdende Schar begann eines Tages, die Lehren des Konfuzius, die sie mündlich überliefert bekommen hatte, aufzuzeichnen. Aus diesen Aufzeichnungen entstanden die *Analekten*. Bald schrieben die Anhänger des Konfuzius eigene Abhandlungen über dessen Denken. Sie arbeiteten seine Ideen weiter aus und stellten so seine Lehren auf eine erheblich breitere Basis zur praktischen Anwendung. Ein Prozess, in dem Konfuzius in gewissem Sinne lebendig blieb und sich aus seinen Ideen nach und nach eine immer komplexere und umfassendere Philosophie entwickelte.

Der wichtigste dieser frühen Denker war zweifelsohne Menzius. Keine historisch fassbare Gestalt tat mehr für die Entwicklung des Konfuzianismus – außer Konfuzius selbst natürlich. Die Chinesen tragen seiner Bedeutung Rechnung, indem sie ihn den »Zweiten Weisen« nennen. Der aus seiner Feder stammende Haupttext, die *Lehrgespräche des Meisters Meng Ko*, ist eine Sammlung von Aussprüchen und Dialogen, die in Form und Stil den *Analekten* gleicht. Sie gilt als eines der wichtigsten Bücher im Kanon des Konfuzianismus.

Menzius' Leben erscheint über weite Strecken wie ein Doppel der Biografie des Konfuzius. Er meinte dazu einmal: »Aber was ich möchte, das ist, von Meister Kong lernen.« In der Wissenschaft herrscht keine Einigkeit über die Lebensdaten des Menzius, doch vermutlich lebte er im 4. Jahrhundert v. Chr. Er kam nicht weit von der Heimatstadt seines Vorbilds Qufu zur Welt. Wie Konfuzius verlor er seinen Vater schon in jungen Jahren und wurde von seiner nüchtern-pragmatischen Mutter, die viel Wert auf Bildung legte, alleine großgezogen. Da sie das Schulgeld nicht aufbringen konnte, setzte Mutter Meng ihren Sohn vor das offene Fenster der Schule, damit er von dort aus dem Unterricht zuhören konnte. Irgendwann war der Lehrer so beeindruckt von Menzius' Hartnäckigkeit, dass er ihn hineinrief. Sima Qian berichtet, dass Menzius von Konfuzius' Enkel, Zi Si, unterrichtet wurde, doch das ist, wenn man die Lebensdaten der beiden Männer vergleicht, mehr als unwahrscheinlich. Vermutlich hat man sich diesen Teil der Geschichte nur ausgedacht, um eine direkte Verbindung zwischen Konfuzius und Menzius zu konstruieren.[68]

Wie Konfuzius wollte auch Menzius in den Staatsdienst treten und Chinas Regierung von innen her reformieren. Die politischen Verhältnisse im Land waren exakt die gleichen wie zu Lebzeiten des Konfuzius: Immer noch herrschten Gewalt und Unsicherheit. Daher bezeichnet man diese Epoche treffend als »Zeit der Streitenden Reiche«. Sie dauerte von 475 bis 221 v.Chr. Während dieser Jahrhunderte herrschte fast ständig Krieg zwischen den Königtümern, die, vom Ehrgeiz getrieben, versuchten, China unter ihrer Flagge zu einen. Menzius glaubte wie Konfuzius, dass es seine göttliche Mission sei, diesen Wirren ein Ende zu bereiten. Als Menzius einmal mehr beklagte, dass es immer noch keinen weisen König gäbe, sagte er: »Aber der Himmel will noch nicht, dass Friede und Ordnung auf Erden herrscht. Wenn er Frieden auf Erden wollte, wer ist dann außer mir sonst in diesem Geschlecht vorhanden, die Welt zu ordnen?«[69]

Menzius folgte den Fußstapfen seines Meisters und bereiste die kriegführenden Staaten vermutlich gut vierzig Jahre lang. Er suchte nach einer Stellung und wollte die großmannssüchtigen Herrscher zur Weisheit konfuzianischer Prinzipien bekehren. Darin stand er seinem Meister an Direktheit, mitunter auch Grobheit, in nichts nach. »Ferne sei es von mir, Streit zu lieben. Ich kann nur nicht anders«, sagte er einst. Obwohl er irgendwann wohl einmal eine höhere Stellung im Staate Qi bekleidete, war Menzius in seinem Streben kein bisschen erfolgreicher als Konfuzius. Auch ihm gelang es nicht, unter den chinesischen Herrschern auf Dauer Anhänger zu gewinnen und sich eine entsprechende Stellung zu schaffen. »Das ganze Reich zerfiel in einzelne Allianzen ... und Kämpfen stand in hohem Ansehen«, klagte Sima Qian. »Menzius kam mit diesen Herrschern nicht aus.«[70]

Menzius aber versuchte nicht nur, Konfuzius' Lehren zu verbreiten. Er wollte sie auch fortführen und so befasste er sich mit Themen, zu denen der Meister nur wenig hinterlassen hatte. Darüber hinaus mischte er sich in eine der leidenschaftlichsten Diskussionen seiner Zeit ein: die Frage nach der Natur des Menschen. Chinesische Denker betrachteten das Chaos um sie herum mit kritischen Augen und begannen sich allmählich zu fragen, was den Menschen antrieb. War die Menschheit von Natur aus böse? Menzius' bedeutendster Beitrag zum Konfuzianismus besteht im Versuch einer Antwort auf eben diese Frage. Und was er zu sagen hatte, sollte die konfuzianische Lehre noch über Jahrtausende prägen. Denn Menzius behauptete, der Mensch sei von Natur aus gut oder – genauer gesagt – er besitze das Potenzial zum Gutsein. Damit wurde Konfuzius' Vorstellung vom Menschen eindeutig erweitert, doch Menzius war der erste seiner Schüler, die diese Vorstellung explizit äußerten.

Als Beweis für seine Behauptung verwies Menzius darauf, dass der Mensch selbst in Krisenzeiten noch versuche, seinen höchsten und mitfühlendsten Regungen zu folgen. »Jeder Mensch hat ein Herz, das anderer Leiden nicht mit ansehen kann«, erläuterte Menzius. Und fährt fort: »Dass jeder Mensch barmherzig ist, meine ich also:

Wenn Menschen zum ersten Mal ein Kind erblicken, das im Begriff ist, auf einen Brunnen zuzugehen, so regt sich in aller Herzen Furcht und Mitleid. Nicht weil sie mit den Eltern des Kindes in Verkehr kommen wollten, nicht weil sie Lob von Nachbarn und Freunden ernten wollten, nicht weil sie üble Nachrede fürchteten, zeigen sie sich so. So gesehen zeigt es sich: Ohne Mitleid im Herzen ist kein Mensch, ohne Schamgefühl im Herzen ist kein

*Mensch, ohne Bescheidenheit im Herzen ist kein
Mensch, ohne Recht und Unrecht im Herzen ist
kein Mensch.*[71]

Doch um seine inhärent gute Natur zu verwirklichen, muss der
Mensch sich bilden und vervollkommnen. Andernfalls wird sie
von den irdischen Begierden überwuchert. Der Mensch vergisst
seine wahre Natur und wird gierig, gewalttätig und böse. »Wer
diese vier Anlagen in seinem Ich besitzt und sie alle zu entfalten
und zu erfüllen weiß, der ist wie das Feuer, das angefangen hat zu
brennen, wie die Quelle, die angefangen hat zu fließen«, meint
Menzius weiter. »Wer diese Anlagen erfüllt, der vermag die Welt zu
schirmen, wer sie nicht erfüllt, vermag nicht einmal seinen Eltern
zu dienen.«[72]

Menzius wagte sich mit dieser Aussage recht weit vor, vor allem
in Zeiten des Unfriedens. Denn letztlich behauptete er damit die
grundsätzliche Gleichheit aller Menschen. Der einzige Unterschied
zwischen einem grausamen Tyrannen und einem großen Weisen
liege in deren Bemühen, das eigene angeborene Potenzial von Güte
und Rechtschaffenheit zur Vollkommenheit heranreifen zu lassen.
Im Versuch, diesen Gedanken allgemein verständlich auszu-
drücken, verglich Menzius Menschen mit Gerstenkörnern. Alle Samen seien gleich und könnten sich zum selben Getreidehalm entwickeln. Doch das tun sie nicht, weil sie nicht alle dieselben
Nährstoffe zur Verfügung hätten. »In fetten Jahren sind die jungen
Leute meistens gutartig, in mageren Jahren sind die jungen Leute
meistens roh«, meinte Menzius und fuhr fort:

*Nicht als ob der Himmel ihnen verschiedene Anla-
gen gegeben hätte; die Verhältnisse sind schuld daran, durch die ihr Herz verstrickt wird. Es ist gleich
wie mit der Gerste. Sie wird gesät und geeggt. Der*

Boden sei derselbe. Die Zeit des Pflanzens ist die-
selbe. So wächst sie üppig heran, und wenn die Zeit
zur Ernte da ist, so ist sie alle reif. Es mögen wohl
Unterschiede da sein, wie sie vom fruchtbaren oder
unfruchtbaren Boden, vom lebensspendenden Re-
gen und Tau, von der Verschiedenheit der Arbeit
der Menschen herkommen. Alle Dinge, die zur sel-
ben Art gehören, sind einander ähnlich, warum
sollte man das allein beim Menschen bezweifeln?
Die Weisen sind von derselben Art wie wir.[73]

Doch Menzius war keineswegs »die Stimme des Konfuzianismus«,
denn in der Zeit nach Konfuzius' Tod gab es so etwas noch nicht.
Es gab noch nicht einmal eine eindeutig definierte Lehre, die man
mit Konfuzius in Verbindung hätte bringen können. Die einzelnen
Gelehrten interpretierten die Ideen des Weisen auf unterschiedliche
Weise und stritten heftig über die wahre Bedeutung seiner Lehren.
Die wichtigste Auseinandersetzung über konfuzianische Prinzipien
fand statt zwischen Menzius und einem anderen konfuzianischen
Denker namens Xunzi. Xunzi kam aus Zhao im Norden Chinas.
Sein Geburtsdatum ist unbekannt, obwohl er vermutlich im 4. Jahrhundert v. Chr. gelebt hat. Wie Konfuzius und Menzius strebte
auch Xunzi eine hohe Stellung in der Regierung an. Darin scheint
er allerdings erfolgreicher gewesen zu sein als diese beiden. Offensichtlich diente er in Chu als hoher Beamter. Selbst der gewöhnlich
eher wortreiche Sima Qian liefert uns hier nur eine knappe Beschreibung. Es heißt, Xunzi habe »die Regierungen seiner korrupten Zeit gehasst, die dahinsiechenden Staaten und grausamen Fürsten, die dem Weg nicht folgten, sondern sich lieber mit magischen
Praktiken, Omen und Gebeten beschäftigten, mit denen sie ihr
Glück beeinflussen wollten«[74].

Obwohl Xunzi oder »Meister Xun« heute nicht mehr so bekannt

ist wie Menzius, war er doch in den Kreisen der Konfuzius-Schüler
seiner Zeit sehr viel einflussreicher als dieser, und das blieb auch
mehrere Jahrhunderte nach seinem Tod noch so. Er verfolgte dasselbe Ziel wie Konfuzius und Menzius – die Ordnung in einer Welt
wiederherzustellen, die durch das liederliche Verhalten der chinesischen Herrscher verloren gegangen war. Wie Menzius glaubte
Xunzi, dass Konfuzius den weisen Königen der Vorzeit gleich war.
Konfuzius, so schrieb Xunzi, sei »gütig, weise und frei von Beses-
senheiten« gewesen.[75]

Doch in den zentralen Fragen gingen die Ansichten von Xunzi
und Menzius weit auseinander. Sie studierten dieselben Klassiker
der chinesischen Literatur, kamen aber zu völlig unterschiedlichen
Schlussfolgerungen – was für den Konfuzianismus weitreichende
Konsequenzen hatte. Der wichtigste Unterschied war zweifellos,
dass Menzius den Menschen als grundlegend gut betrachtete,
Xunzi jedoch nicht. Er schrieb: »Der Mensch ist von Natur aus
böse. Güte ist das Ergebnis bewusster Anstrengung.« Xunzis Ansicht nach hatte Menzius »die Natur des Menschen nicht wirklich
verstanden und könne nicht zwischen angeborener Natur und be-
wusstem Bemühen unterscheiden«. Dabei verwendete Xunzi dieselben einfachen Beispiele wie Menzius, um seine Thesen zu belegen. »Es liegt in der Natur des Menschen, satt sein zu wollen, wenn
er hungrig ist, es warm haben zu wollen, wenn ihn friert, und nach
Ruhe zu verlangen, wenn er müde ist«, schreibt Xunzi. »Das ist
seine von Gefühlen gelenkte Natur. Und doch wird derselbe
Mensch, wenn er hungrig ist, nicht wagen, als Erster zu essen,
wenn er in Gegenwart der Ältesten ist. Er wird nicht wagen, nach
Ruhe zu verlangen, weil er weiß, dass er den anderen die Bürde der
Mehrarbeit nicht zumuten kann ... Solches Handeln widerspricht
der Natur des Menschen und seiner gefühlsmäßigen Veranla-
gung ... Wenn Menschen ihrer gefühlsmäßigen Natur folgen, gibt
es weder Höflichkeit noch Demut.« Die Diskussion über die Natur

des Menschen, die Menzius und Xunzi angestoßen hatten, beschäftigte die konfuzianischen Kreise noch mehr als 1500 Jahre lang.[76]

Obwohl die Anhänger des Konfuzius sich in solch zentralen Fragen nicht einigen konnten, hatten sie doch immer noch ein gemeinsames Ziel: Ihren Weisen vor den Angriffen rivalisierender philosophischer Schulen zu schützen. Menzius und Xunzi mühten sich zu zeigen, dass die Lehren des Konfuzius denen anderer Denker überlegen waren. Wenn die falschen Lehren nicht verstummten, »kann die Lehre des Meisters Kong nicht zur Geltung kommen«, schrieb Menzius. »Denn diese verkehrten Reden betören das Volk, und Liebe und Pflicht müssen verkümmern.«[77] Mittlerweile hatten Konfuzius' Lehren einigen Ruhm erlangt, was ihn für andere Philosophen zur beliebten Zielscheibe der Kritik werden ließ. Und dabei verfuhr man nicht gerade zimperlich. Die Gegner des Konfuzius droschen nicht nur auf seine Lehren ein, sondern bemühten sich auch redlich, ihn selbst zu diskreditieren, indem sie ihn als Verräter, Heuchler oder Schlimmeres hinstellten.

Die wohl ärgste Schmutzkampagne ging von Mozi oder »Meister Mo« aus, dem Begründer des Mohismus. Mozis Philosophie ist heute vollkommen in Vergessenheit geraten, war jedoch im 1. Jahrtausend v. Chr. in China weit populärer als Konfuzius' Lehren. Vermutlich kam Mozi etwa um die Zeit zur Welt, als Konfuzius das Zeitliche segnete. Mozi wurde wohl also gerade zu der Zeit groß, als Konfuzius' Schüler begannen, die Lehren ihres Meisters in China zu verbreiten. Dass sie dabei erfolgreich waren, zeigt schon die Tatsache, dass Mozi und seine Anhänger lange Traktate schrieben, um den Weisen zu verunglimpfen. So erzählt Mozi, wie Konfuzius versucht habe, im Staate Qi einen Posten zu erlangen. Ein Minister habe den Herzog von Qi gewarnt, Konfuzius sei ein Scharlatan, außerdem viel zu unpraktisch veranlagt, um dem Herrscher tatsächlich von Nutzen zu sein, denn er lege viel zu viel Wert auf die korrekte Ausführung der Riten. »Konfuzius kleidet sich äußerst sorgfältig und legt allerlei Schmuck an, um das Volk zu täuschen«, sagte der Minister. »[Er] fördert Musik und Tanz, um der Menge zu gefallen, führt lange Zeremonien durch, bei denen man ständig treppauf und treppab geht, sich verneigt und wieder aufrichtet, alles nur, um die Massen zu blenden. So gelehrt er auch ist, kann er doch die Welt nicht regieren. Trotz seines Gedankengebäudes kann er dem Volk nicht helfen.« An anderer Stelle beschrieb Mozi die Konfuzianer als Parasiten, die auf Kosten anderer lebten. Der Konfuzianer verursache Armut und lebe in Trägheit, er sei »faul und stolz«, schimpfte Mozi. »Er benimmt sich wie ein Bettler, grapscht nach Nahrung, starrt sie an wie ein Ziegenbock und erhebt sich wie ein wilder Eber. Jeder Edle lacht über ihn ... Er ist von anderen abhängig, wenn er essen will, und nutzt die Felder der anderen, um seine Würde aufrechtzuerhalten.«[78]

Auch in den Schriften des Zhuangzi, eines frühen Daoisten, nimmt Konfuzius eine herausragende Stellung ein. Zhuangzi lebte wohl etwa zur selben Zeit wie Menzius. Er steht Konfuzius nicht ganz so ablehnend gegenüber wie Mozi, doch auch in seinen Schriften wird Konfuzius als Mann mit besten Absichten, aber unfähig in praktischen Dingen porträtiert. Bei Zhuangzi wird uns ein Konfuzius vorgeführt, der sich unpassenderweise viel zu viel um Stellung und Ruhm bemüht. In einigen Passagen ist Konfuzius nicht der Meister, sondern Schüler weiserer Lehrer, als er selbst es ist. So heißt es einmal, ein alter Meister (vermutlich Laozi, der Begründer des Daoismus) hätte Konfuzius rufen lassen. Der Text zeichnet Konfuzius als Mann »mit langem Körper, aber kurzen Beinen, der einen Buckel hat und sehr weit hinten sitzende Ohren«. Der Meister schimpft Konfuzius aus: »Leg ab deine stolze Haltung und deinen besserwisserischen Gesichtsausdruck, dann kannst du ein edler Mensch werden!« Und weiter: »Du erträgst das Leid eines

Zeitalters nicht, und richtest genug Unfug an, um zehntausend Zeitalter zu ruinieren.«[79]

In einer besonders gehässig gehaltenen Anekdote erzählt Zhuangzi, wie Konfuzius einen Verbrecher zu überzeugen versuchte, sein schändliches Tun aufzugeben und seine Talente zum Wohl der Gesellschaft zu nutzen. Dieser Übeltäter heißt »Räuber Zhi«. Ihm legt Zhuangzi allerlei Beleidigungen an die Adresse von Meister Kong in den Mund. Nachdem Konfuzius ihm höflich seine Ansichten vorgetragen hat, nennt Räuber Zhi ihn einen stümperhaften Narren, dessen Ideen in ganz China verlacht würden: »Mit deiner besonderen Robe und dem schmalen Gürtel, mit deiner doppelzüngigen Ausdrucksweise und dem heuchlerischen Verhalten magst du die Herrscher der Staaten täuschen, die nach Reichtum und Ruhm streben«, sagte Räuber Zhi. »Doch es gibt keinen schlimmeren Räuber als dich ... Du hast weder für dich noch für andere Gutes bewirkt – wie sollten deine Lehren da wert sein, bedacht zu werden? ... Dein angeblicher Weg ist nichts als Rücksichtslosigkeit, betrügerisch, durchtrieben, sinnlos und heuchlerisch.« In der Geschichte flieht Konfuzius verstört, weil sein Vorhaben gescheitert ist. Zhuanzig zufolge waren »seine Augen verschleiert, sodass er nichts mehr sah, sein Gesicht war kreidebleich«. Konfuzius habe seine Kutsche erreicht, »und legte die Hand auf den Querholm, neigte ergeben sein Haupt, schwer um Luft ringend«[80].

Als die Zeit der Streitenden Reiche zu Ende ging, schienen die Feinde des Konfuzius die Oberhand behalten zu haben. Nach fünf Jahrhunderten Krieg und Chaos wurde China nun endlich unter einer neuen Dynastie, den Qin, vereint. Ying Zheng, der Qin-König, hatte 221 v. Chr. die letzten kriegführenden Staaten besiegt. Da er diese unglaubliche Leistung gebührend unterstreichen wollte, rief er ein neues Reich aus und verlieh sich selbst einen neuen Titel:

Kaiser. König Zheng blieb für die Nachwelt immer nur der Erste Kaiser oder Qin Shihuangdi.

Der Erste Kaiser hatte die historische Bedeutung seiner Taten nicht unterschätzt. Das Reich, das er errichtete, bildete ein Modell für das kaiserliche China, das 2100 Jahre Bestand haben sollte. Er lehnte das unter den Zhou praktizierte System der Herrschaft durch Lehnsfürsten ab und schuf Verwaltungsprovinzen, die von Berufsbeamten regiert wurden. Die Herrschaft über das Reich wurde stärker zentralisiert als je zuvor. Entscheidungen wurden in der Hauptstadt Xianyang (in der Nähe des heutigen Xi'an) gefällt. Die Qin hatten offensichtlich Konfuzius' Traum eines vereinten China wahr gemacht, das von einer starken Regierung geführt wurde, die Ordnung und Frieden wiederherstellte.

Doch die Ordnung, welche die Qin einführten, war nicht die, die Konfuzius sich gewünscht hatte. Die Qin-Kaiser waren Anhänger einer rivalisierenden Schule, der Legalisten (Gesetzesschule). Ironischerweise hatten die Legalisten und die Konfuzianer sozusagen gemeinsame Wurzeln. Einer der Gründerväter der Legalisten, der Gelehrte Han Feizi, der im 3. Jahrhundert v. Chr. lebte, war ein Schüler von Xunzi. Doch die Legalisten vertraten ganz andere Auffassungen von guter Regierungsführung und einer idealen Gesellschaft, als die Konfuzianer dies taten. Obwohl Han Feizi Konfuzius' Lehren durchaus Wertschätzung entgegenbrachte, weil dieser strenge Prinzipien propagierte, so hielt er den Weisen doch auch für hoffnungslos idealistisch. Seine Überzeugung, Friede könne nur durch Güte und Rechtschaffenheit aufrechterhalten werden, hielt Han Feizi für durch und durch töricht. Der Mensch sei nun einmal nur am eigenen Fortkommen interessiert, daher würde er Konfuzius' erhabenen ethischen Maßstäben nie gerecht werden. Der einzige Weg, eine Gesellschaft zu ordnen, sei das Gesetz. Der einzige Weg, die Autorität der Regierung zu wahren, liege darin, die Macht des Staates zu stärken.

Um seinen Standpunkt zu belegen, machte Han Feizi sich über Konfuzius lustig: Nur wenige Chinesen hätten sich zu Lebzeiten des Weisen durchringen können, seine Sache zu unterstützen. »Die Menschen sind so beschaffen, dass sie einer Autorität gerne gehorchen, nicht aber dem Diktat der Rechtschaffenheit«, erklärte Han Feizi.

[Konfuzius], der ein Weiser aus dem Reich der Mitte war, kultivierte tugendhaftes Verhalten, zeigte den rechten Weg und reiste innerhalb von China weit herum. Doch die Menschen in China, die über seine Güte sprachen und seine Rechtschaffenheit priesen, die ihm treue Schülerschaft schworen, waren nur siebzig an der Zahl. Da es schwer war, Güte zu ehren, und hart, Rechtschaffenheit zu üben … Und es gab ohnehin nur einen wirklich gütigen und rechtschaffenen Menschen – ihn [Konfuzius] selbst! Heute erzählen die Gelehrten, wenn sie dem Herrn der Menschen Rat erteilen, dass Seine Majestät sich dem Weg der Güte und Rechtschaffenheit widmen müsse, statt Seine siegessichernde Autorität auszuüben, um ganz sicher Regent über alle unter dem Himmel zu werden. Das heißt, dass jeder Herrscher sich auf die Stufe des Konfuzius erheben müsste, und alle gewöhnlichen Menschen seine Schüler sein sollten. Doch das ist ganz sicher eine wenig nützliche Maßnahme.[81]

Für Han Feizi war das von Konfuzius propagierte Studium der Klassiker und die Verehrung der chinesischen Vorgeschichte nicht ausreichend, um damit einen Staat zu regieren. Seiner Ansicht nach hatte Konfuzius nicht begriffen, dass seine Lehren die öffentliche

Ordnung eher untergraben als fördern würden. Sollten die Herrscher tatsächlich den konfuzianischen Vorgaben folgen, würde die Regierung auseinanderbrechen und die Nation von Neuem ins Chaos stürzen. »Das Volk zu führen heißt, das Gesetz anzuwenden. Sollte ein Herrscher stattdessen das Literaturstudium bevorzugen, wird das Volk den Gesetzen nicht mehr vertrauen«, argumentierte Han Feizi. »Belohnung für Verdienst gibt dem Volk den entsprechenden Anreiz. Sollte der Herrscher aber das Streben nach Tugend fördern, wird das Volk faul und hört auf, Gewinne zu schaffen. Schätzt der Herrscher das Studium der Klassiker und sät damit Zweifel an den Gesetzen, strebt er nach tugendhaftem Verhalten und unterminiert damit das Vertrauen in den Lohn der Arbeit, dann wird das Streben nach Reichtum und die Stärke des Staates damit untergraben.«[82]

Solche Thesen waren natürlich ganz nach dem Geschmack eines machtbesessenen Herrschers wie Qin Shihuangdi. Der mächtigste Mann in Qin war nach dem Kaiser dessen Erster Minister Li Si, der wie Han Feizi ein Schüler von Xunzi gewesen war, sich dann aber gegen die Konfuzianer gewendet hatte. Nachdem die Qin China erobert hatten, machten der Kaiser und Li Si aus China erstmals einen zentralisierten, diktatorisch regierten Staat. Eine Flut von Erlassen und Verordnungen ergoss sich aus der Hauptstadt über das Land und wurde mit Militärgewalt durchgesetzt. Um dieses gewaltige militärische Unternehmen zu finanzieren, erlegten die Qin dem Volk drückende Steuern auf. Die Regierung zwangsverpflichtete Hunderttausende von Arbeitern, um die Chinesische Mauer zu errichten und die nomadischen Eindringlinge aus den nördlich gelegenen Steppen fernzuhalten. Die Bürger wurden angehalten, sich gegenseitig auszuspionieren. Verbrecher wurden, sofern man sie nicht öffentlich hingerichtet hat, verstümmelt oder zu Zwangsarbeit verurteilt.

Die Konfuzianer waren entsetzt. Wenn er so stark vom Weg der

Weisen der Vorzeit abwich, würde der Erste Kaiser China in den Untergang führen. Ihr Unmut wandelte sich zum öffentlichen Dissens, als der Kaiser 213 v. Chr. für siebzig »Gelehrte enormen Wissens« in seinem Palast ein Bankett ausrichtete. Sima Qian berichtet, dass das Bankett fröhlich begann. Zhou Qingchen, der Sprecher der Gelehrten, überschüttete den Ersten Kaiser mit Komplimenten und pries seine »göttliche Macht und seinen brillanten Verstand«. Seit der Vorgeschichte habe es keinen Herrscher gegeben, der »Eurer Majestät an Autorität und Tugend gleichkam«, schmeichelte Zhou eifrig. Von da ab aber scheint der Ton ständig rauer geworden zu sein, denn ein anderer Gelehrter namens Chunyu Yue trat vor und kritisierte den Ersten Kaiser scharf vor all seinen Gästen. Das Reich würde zusammenbrechen, so Chunyu Yue, da der Kaiser die Lehren aus Chinas Vorgeschichte missachtete. Der Grund, weshalb die Dynastien der Vorgeschichte mehr als 1000 Jahre regiert hätten, sei die Tatsache, dass sie »ihre Söhne und jüngeren Brüder und ihre verdienstvollen Beamten mit Lehen betraut hätten, um sich so Unterstützung zu sichern«, meinte der Gelehrte. »Eure Majestät besitzt zwar das ganze Land zwischen den Meeren [d. h. China], doch Eure Söhne und jüngeren Brüder sind Privatleute ... Wenn niemand da ist, der Euch Unterstützung und Hilfe gewährt, wie wollt Ihr Euch da retten? Dass ein Reich lange überlebt, wenn es nicht nach dem Vorbild der Vorgeschichte aufgebaut ist, habe ich noch nie vernommen.« Yues Argument hätte direkt aus dem Munde des Konfuzius stammen können, der die Herrscher seiner Zeit nach den Maßstäben beurteilt hatte, die nach seinem Dafürhalten von den weisen Königen der Vorzeit geschaffen worden waren. Yue und viele Konfuzianer taten es ihm nach.

Betroffen von dem, was er gehört hatte, fragte der Erste Kaiser Li Si, was er von den Worten Yues halte. Li Si wandte sich augenblicklich gegen die Konfuzianer. »Eure Majestät hat ein großes

Reich geschaffen, eine Leistung, die 10 000 Generationen Bestand haben wird. Doch ein närrischer Konfuzianer versteht das natürlich nicht«, antwortete Li Si. »Alle Gelehrten nehmen nicht die Gegenwart als Modell, sondern studieren eifrig die frühe Geschichte. Sie wenden sich ab von den Menschen, die heute leben.« Ganz im Sinne Han Feizis warnte Li Si den Ersten Kaiser vor den Gefahren, die von den Konfuzianern und ihrem Bestehen auf historischen und literarischen Studien als einzigem Weg guter Regierungsführung ausgingen. »Wer Studien betrieben hat, tut sich mit anderen zusammen, um die Gesetze zu kritisieren. Wenn die Menschen Erlasse hören, kritteln sie daran herum, je nachdem, welcher Lehrmeinung sie angehören«, sagte Li Si dem Kaiser. Diese Kritik würde letztlich zum Sturz von Qin führen, sagte Li Si vorher. Deshalb könne man sie nicht dulden. »Sie betrachten den Widerspruch als edel und ermutigen alle niedrigen Stände zu übler Nachrede«, sagte er. »Wenn diese Dinge nicht verboten werden, dann wird die Macht des Souveräns davon untergraben werden, weil das Volk sich in verschiedene Parteien aufteilen wird.«

Dann machte Li Si einen folgenreichen Vorschlag. Um weitere Gegenrede im Keim zu ersticken, empfahl er, dass die Qin das gesamte Bildungswesen unter die Kuratel des Staates stellen sollten. Die Konfuzianer sollten ihre alten Bücher nicht mehr studieren dürfen, um mit ihrem so erworbenen Wissen die Regierung zu kritisieren. Alle privaten Exemplare der Klassiker und der Geschichtsbücher (außer denen über die Qin) sollten von Regierungsbeamten konfisziert werden und »ohne Unterschied verbrannt«. Wer auch immer in einer Unterhaltung die Klassiker erwähnte, solle hingerichtet werden, meinte Li Si. Wer dreißig Tage nach Ergehen dieses Erlasses immer noch solche Bücher besaß, sollte »gebrandmarkt und zur Zwangsarbeit an der Mauer« verurteilt werden. »Wer sich nach alten Wegen richtet und das Neue ablehnt, soll gemeinsam mit seiner Familie ausgelöscht werden.« Li Si war auf die Idee gekommen, dass man die Menschen kontrollieren könne, wenn man unter Kontrolle habe, was sie denken.[83]

Sima Qian beschreibt auch die bedauernswerten Konsequenzen dieses Vorgehens. »Der Erste Kaiser folgte seinem Rat«, schreibt er, »und ließ das *Buch der Lieder*, das *Buch der Urkunden* und die Sprüche der hundert Schulen sammeln und vernichten, um das Volk dumm zu machen und sicherzustellen, dass im Reich ›aller unter dem Himmel‹ die Gegenwart nicht mehr aufgrund der Vergangenheit kritisiert wurde.«[84] Diese Ereignisse bezeichnet man in China als »das Verbrennen der Bücher«.

Die Konfuzianer und andere Gelehrte ließen sich allerdings nicht so leicht einschüchtern. Manche gingen enorme Risiken ein, um ihre geliebten Klassiker vor der Zerstörung zu retten. Die Nachkommen des Konfuzius versteckten die *Analekten* und andere Texte in den Mauern des Hauses der Familie Kong in Qufu. Zwei mutige Gelehrte namens Meister Hou und Meister Lu wandten sich offen gegen den Ersten Kaiser und sein tyrannisches Regiment. »Der Allerhöchste genießt es, mit Strafen und Hinrichtungen zu zeigen, dass er die Macht besitzt. Da alle unter dem Himmel voller Angst an ihrem Leben hängen, getraut niemand sich, seiner Verpflichtung zur Treue nachzukommen«, hieß es da. »Da der Allerhöchste nie von seinen Fehlern hört, wird er täglich hochmütiger.« Dann flohen die beiden aus Qin.

Der Erste Kaiser tobte vor Wut. »Ich habe die Schriften aller unter dem Himmel gesammelt und alles vernichtet, was nutzlos war«, behauptete er. »Ich habe alle Gelehrten und Magier einberufen, eine außerordentlich große Versammlung, um so eine Ära tiefen Friedens zu schaffen.« Der Kaiser hatte seine kaiserlichen Beamten angewiesen, alle Gelehrten zu überprüfen. Mit einem grauenerregenden Ergebnis. »Obwohl [die Gelehrten] versuchten, sich von Schuld freizusprechen«, erzählt Sima Qian, »wurden mehr als 460, die gegen die Vorschriften verstoßen hatten, in Xianyang lebendig begraben. Dann machte man im ganzen Kaiserreich bekannt, dass dies als Warnung für die Zukunft gedacht sei.«[85]

Zeitgenössische Wissenschaftler glauben, dass diese Geschichten von Tod und Zerstörung von späteren Gelehrten (wie Sima Qian) stark übertrieben wurden, um die Herrschaft der Qin zu diskreditieren. Vermutlich habe der Kaiser nur den Zugang zu den klassischen Texten kontrollieren wollen. Li Si glaubte nämlich, dass ein geeinter Staat eine vereinheitlichte politische Ideologie brauche. Vermutlich hat er Exemplare klassischer Texte in Privatbesitz beschlagnahmen lassen und sie in die kaiserliche Bibliothek geschafft. Lesen durfte sie nur der, der die Genehmigung der Regierung hatte. Denn der Hof der Qin stand klassischer Bildung nicht vollkommen ablehnend gegenüber. Der Erste Kaiser konsultierte die Gelehrten in vielen Dingen, die die korrekte Zeremonialpraxis betrafen. Einige seiner Inschriften enthalten auch Zitate aus antiken Texten. Alles in allem standen die Qin der konfuzianischen Gelehrsamkeit vermutlich nicht so ablehnend gegenüber, wie manche ältere Historiker dies darzustellen beliebten.[86]

Doch selbst Li Sis Gedankenpolizei konnte die Qin nicht an der Macht halten. Wie Konfuzius wohl vorausgesagt hätte, führten die drakonischen Machtstrategien und Strafen der Dynastie schnell zu heftigem Widerstand. Rebellionen brachen aus. Die Auflösung des Qin-Reiches begann bald nach dem Tod des Ersten Kaisers im Jahr 210 v. Chr. Intrigen am Hof brachten schnell Li Si selbst zu Fall. Man klagte ihn des versuchten Umsturzes an. Ein politischer Rivale »ließ ihm mehr als 1000 Peitschenhiebe versetzen. Da er den Schmerz nicht mehr ertragen konnte, legte er ein falsches Geständnis ab«, heißt es bei Sima Qian. Li Si wurde dazu verurteilt, auf dem Marktplatz der Qin-Hauptstadt »in der Mitte in zwei Teile entzweigehackt« zu werden.[87] 206 v. Chr. wurde Xianyang von Rebellen eingenommen. Vier Jahre später rief einer der Rebellenführer, ein niedriger Beamter des Qin-Reiches namens Liu Bang, ein neues Reich aus: Die Han-Dynastie war geboren. Mit dem Aufstieg der Han wandelte sich auch das Geschick der Konfuzianer und mit ihm das der chinesischen Zivilisation.

Der neue Kaiser von China wird gewöhnlich als ungebildeter Soldat von bäuerlicher Herkunft gezeichnet, der Konfuzius geliebte Klassiker nicht kannte. Wahrscheinlicher ist, dass Liu Bang (auch als Gaozu oder Kaiser Gao bekannt) zumindest ein bisschen Bildung genossen hatte – sonst hätte er vermutlich nicht einmal den einfachen Beamtenposten bekommen, den er unter den Qin innehatte.[88] Doch er war sicher kein Konfuzianer. In einer der Geschichten über ihn heißt es, Liu Bang habe, als sich ihm einmal ein paar Gelehrte in vollem Ornat näherten, einem von ihnen die Kopfbedeckung vom Haupt gerissen und hineinuriniert.

Als der Rebell Kaiser wurde, zwangen ihn die Erfordernisse des Machterhalts zum Umdenken. Die Han übernahmen den zentralisierten Staat, den die Qin aufgebaut hatten. Sie hatten nicht die Absicht, die Macht des Kaisers zu beschneiden. Gleichzeitig war klar, dass es sinnlos gewesen wäre, im Stile der Qin weiterzuregieren. Trotz des militärischen Geschicks der Qin und der enormen Gelder, die ins Heer flossen, war das neue Reich nach Qin Shihuangdis Tod wie ein Kartenhaus zusammengefallen. Offensichtlich hatten der Erste Kaiser und seine Erben etwas falsch gemacht. Wenn seine Han-Dynastie mehrere Generationen überdauern sollte, musste Gaozu eine bessere Form der Regierung finden.

Nur welche? Gaozu und seine Waffengefährten hatten wohl keine Vorstellung davon, wie man ein Kaiserreich führt, die Konfuzianer aber schon. Als die Han die Regierung übernahmen, hatten die Konfuzianer ausreichend Erfahrung in der Verwaltung gesammelt. Sie verfügten über eine gründliche Kenntnis der chinesischen Geschichte und eine klare Vision von der Regierungsführung und den Prinzipien, in denen diese wurzeln sollte. Der Hof der Han suchte nach Möglichkeiten, das immer größer und komplexer gewordene Reich zu verwalten und ihre eigene Herrschaft zu legitimieren. Und so betrachtete man die Anhänger des weisen Konfuzius als Hüter einer Philosophie, die sowohl die ideologischen Grundlagen für die kaiserliche Herrschaft als auch klare Regeln für die Politik des Staates liefern konnte. In dieser Hinsicht profitierte der Konfuzianismus enorm von der zutiefst praktischen Ausrichtung des Weisen.

Und die Konfuzianer stellten sich durchaus geschickt an, als sie dem Hof der Han ihre Ideen vortrugen. Der schnelle Sturz der Qin schien ihre Theorien über die Regierungsführung eindeutig zu belegen. Man strich heraus, dass es vor allem die übermäßige Strenge der Qin gewesen war, die zu ihrem Sturz geführt hatte. Man könne die Menschen nicht dauerhaft dazu zwingen, eine Regierung anzuerkennen. Zwang führe letztlich immer zu Groll und Auflehnung. So betrachtet war die Qin-Dynastie gestürzt, weil es ihr nie gelungen war, die Herzen ihrer Untertanen zu gewinnen. Sie verloren ihre Macht, weil es ihnen an Menschlichkeit fehlte. Der einflussreiche Staatsmann Jia Yi jedenfalls schrieb das in einer Abhandlung, die er in der Frühzeit der Han verfasste: »Die Qin waren von ihrem kleinen Stützpunkt ausgehend zu großer Machtfülle gelangt. Sie herrschten über das Land und erhielten Ehrenbezeigungen aus allen Himmelsrichtungen.« Und weiter: »Und doch konnte, nachdem sie das Land geeint hatten …, ein einfacher Bauer das Reich herausfordern, die Ahnentempel der Qin verwüsten und dafür sorgen, dass der Herrscher des Reiches durch anderer Leute Hand ums Leben kam, zum Hohn aller. Warum? Weil es dem Herrscher an Menschlichkeit und Rechtschaffenheit fehlte, weil der Erhalt der Macht andere Dinge verlangt als der Gewinn derselben.« Anders gesagt: Die Qin-Kaiser hatten versagt, weil sie eines der wesentlichen Prinzipien des Konfuzianismus ignorierten – dass die moralische Macht über die physische Macht obsiegt.[89]

Die Konfuzianer, die Zugang zum Hofe Gaozus hatten, wurden nicht müde, diesen Punkt zu betonen. Etwa 195 v. Chr. sprach ein angesehener Konfuzianer namens Lu Jia beim Kaiser vor und zitierte die Klassiker. Der neue Kaiser aber zeigte deutlich, dass er diese archaischen Schriften zutiefst verachtete. »Ich habe das Reich auf dem Rücken eines Pferdes erobert«, meinte Gaozu. »Warum sollte ich mich mit dem *Buch der Lieder* oder dem *Buch der Geschichte* befassen?« Darauf wusste Lu Jia eine Antwort: »Ihr habt das Reich auf dem Rücken eines Pferdes erobert, aber könnt Ihr es auch vom Rücken eines Pferdes aus regieren?« Gaozu horchte auf. Er bat Lu Jia um eine Abhandlung darüber, »warum die Qin gescheitert sind und die Han Erfolg hatten sowie über die Verdienste der Herrscher im Verlauf der Geschichte«[90].

Daraus entstand ein Buch mit dem Titel *Neue Gespräche*, ein durch und durch konfuzianisches Werk, das vor allem eines unterstrich: Das Schicksal eines Herrschers hängt von seiner Tugendhaftigkeit ab. »Handlungen, die nicht auf Menschlichkeit und Rechtschaffenheit beruhen, führen am Ende zum Scheitern«, schreibt Lu Jia. »Wer das Land aber in Menschlichkeit regiert, sichert sich selbst seine Stellung.« Lu Jia versäumte es nicht, darauf hinzuweisen, dass Konfuzius den rechten Weg des Herrschers beschrieben hatte. »Wenn Rechte und Rechtschaffenheit nicht respektiert werden, wenn man sich nicht an Regeln und Riten hält, dann werden die künftigen Generationen immer schwächer und schwächer«, schreibt Lu Jia. »So hat der Weise [Konfuzius] die Fünf Klassiker festgelegt und die Sechs Künste gelehrt, indem er die Grundsätze von Himmel und Erde befolgte, dabei aber sein Augenmerk stets auch auf die kleinsten Dinge und Ereignisse richtete.« Dies habe Konfuzius getan, »um Verfall und Chaos zu überwinden«, damit »der Weise seinen Geist vervollkommnen kann«. Der Weise habe

»Ausschweifung gezügelt, die Sitten verbessert und wahre Kultur verbreitet«. Lu Jia las Gaozu vermutlich jedes Kapitel sofort nach Fertigstellung vor.[91]

Und doch übernahm Gaozu die Lehren des Konfuzius nie ganz, was auch für seinen Hofstaat gilt. In der frühen Han-Periode schnupperten die Herrscher in die verschiedensten philosophischen Strömungen hinein, und die Anhänger des Konfuzius stellten dabei keineswegs die bedeutendste Richtung dar. Die Legalisten, die in der Qin-Zeit den größten Einfluss ausgeübt hatten, hatten immer noch zahlreiche Verwaltungsposten inne und blieben eine starke Kraft. Die Han unternahmen wenig, um dies zu unterbinden. Auch die Daoisten waren einflussreich. Gerade nach der Qin-Dynastie und ihrer Rigorosität erfreute sich das daoistische Leben-und-leben-Lassen großer Beliebtheit. Es sollten noch mehrere Hundert Jahre vergehen, ehe Konfuzius zum bedeutendsten Weisen Chinas aufsteigen konnte.

Tatsächlich setzte dieser Prozess erst während der langen Regierungszeit von Kaiser Wu ein. Der junge Herrscher, der 141 v. Chr. den Han-Thron bestieg, führte in das Erziehungs- und Beamtenwesen Bestimmungen ein, die mit der Zeit den Konfuzianismus zum Herzstück des kaiserlichen China werden ließen.

Was aber ließ Kaiser Wu gerade zu einem Anhänger des Konfuzius werden? Das mag unter anderem auch an den politischen Unterströmungen im Palast gelegen haben. Wu war zwar formell Kaiser, doch er stand unter der Fuchtel der Kaiserinwitwe Dou, die seine Großmutter war und eine eifrige Daoistin. Möglicherweise wandte sich Kaiser Wu dem Konfuzianismus zu, um den Einfluss der alten Dame zu begrenzen. Dass Konfuzius' Lehren in den ersten Jahren von Kaiser Wus Herrschaft nun endlich ihre Wirksamkeit unter Beweis stellen durften, mag am Machtkampf zwischen dem jungen Kaiser und seiner Großmutter gelegen haben.

Kaiser Wus erster Versuch, die philosophische Basis zu verändern, auf die er seine Herrschaft gründen wollte, erfolgte kurz nach seiner Thronbesteigung, als er gegen die mittlerweile in Ungnade gefallenen Legalisten vorging. Er erließ ein Dekret, das alle Sachverständigen der legalistischen Doktrin aus ihren Regierungsämtern verwies. Zeitgenössische Wissenschaftler sehen darin einen Versuch des unter dem Einfluss konfuzianischer Gelehrter stehenden Kaisers, seine Regierung von Nicht-Konfuzianern zu säubern. Doch das Dekret wurde schon ein Jahr später von der Kaiserinwitwe widerrufen. Und das war nicht das einzige Mal, dass sie die Pläne der Konfuzianer durchkreuzte. Kaiser Wu hatte eine Reihe konfuzianischer Gelehrter um sich versammelt, die ihm vorschlugen, die alten Hofrituale wieder einzuführen und eine Zeremonienhalle nach dem Vorbild der Zhou zu errichten. Der Kaiser hatte eine gewisse Schwäche für Pomp und so fand er diese Empfehlungen durchaus bedenkenswert. Doch bevor er sie umsetzen konnte, unterlief die Kaiserinwitwe sein Vorhaben. »Bevor die Pläne verwirklicht werden konnten«, schreibt Sima Qian, »sandte die Kaiserinwitwe Dou, die keine Konfuzianer brauchen konnte, Männer aus, die diese ausspionieren sollten. Sie sammelten Beweise, dass diese Männer illegale Profite aus ihren Stellungen bezogen.«[92] Zwei der Angeklagten begingen Selbstmord. Danach hatte Kaiser Wu keine Wahl mehr, er musste die Pläne der Konfuzianer fallen lassen.

Doch auch in der Palastpolitik gab es Veränderungen, und so konnte Kaiser Wu dem Weisen Konfuzius endlich mehr Ehre zollen. Als die Kaiserinwitwe 136 v. Chr. erkrankte und starb, war das größte Hindernis beseitigt. Auch büßte der Daoismus zu jener Zeit allgemein an Anziehungskraft ein. Das Laissez-faire der Daoisten bot keine solide Grundlage für die Errichtung eines starken Reiches. Nun war der Weg für die Konfuzianer frei: Sie konnten endlich ihre Prinzipien guter Regierungsführung ins Kaiserhaus bringen.

Niemand hat leidenschaftlicher dafür gekämpft, die Han endlich von Konfuzius' Lehren zu überzeugen, als der Gelehrte Dong Zhongshu. Obwohl er gewöhnlich nicht zu den größten konfuzianischen Denkern gezählt wird wie Menzius oder Xunzi, ist Dong doch der Gelehrte, der den größten Einfluss auf die chinesische Geschichte ausübte. Er war Konfuzius' wichtigstes Sprachrohr. Seine Auslegungen der Lehren des Konfuzius und seine Bemühungen, die Han-Führer davon zu überzeugen, trugen entscheidend dazu bei, dass der Konfuzianismus von einer philosophischen Schule unter vielen zur wichtigsten geistigen Tradition Chinas aufstieg. »Während der langen Zeit, in der Dong Zhongshu Einfluss ausübte, verbreiteten sich die Lehren des Konfuzius im ganzen Land, sodass sie von allen verstanden wurden«, schreibt ein alter Historiker der Han-Zeit, nicht ohne gewisse Ausschmückungen. »Gelehrte wurden ausgebildet, Schulen gegründet, und das Lernen wurde vom Staat gefördert. All das ging von Dong Zhongshu aus.«[93]

Dong, der zwischen 179 und 104 v. Chr. lebte, war in klassisch konfuzianischer Manier Gelehrter und Beamter zugleich. Irgendwann war er sogar bei Hofe tätig. Sima Qian beschreibt seine reichlich exzentrische Art zu lehren: »Er hatte in seinem Zimmer alle Vorhänge heruntergelassen und lehrte von dort aus«, schreibt der Historiker. »Seine älteren Schüler gaben sein Wissen an die jüngeren weiter, sodass es Schüler gab, die Dongs Gesicht nie gesehen hatten. Drei Jahre lehrte er auf diese Weise und ging nicht ein einziges Mal hinaus in den Garten, so groß war seine Hingabe an seine Berufung.«[94]

Seine Berufung sah er vor allem im Studium der *Frühlings- und Herbstannalen*. Für Dong war das Geschichtsbuch das wichtigste Werk der Fünf Klassiker. Und tatsächlich tragen seine gesammelten Werke den altmodischen Titel *Die Kostbaren Juwelen der Frühlings- und Herbstannalen*. Die *Annalen* sind für den gewöhnlichen

Leser nicht mehr als eine trockene, knappe und eher kryptische Auflistung von Ereignissen. Oder wie ein zeitgenössischer Historiker meinte: »Sie sind etwa so literarisch wie das Telefonbuch von New York.«[95] Zu Dongs Lebzeiten allerdings glaubte man, dass Konfuzius selbst die *Annalen* geschrieben hatte. Dong ging davon aus, dass der Weise darin die moralischen Lehren versteckt habe, die aus der Geschichte zu ziehen seien. Ein umfassendes Studium der *Annalen* würde daher offenbaren, welchen Weg ein Herrscher einzuschlagen hatte, wenn er wollte, dass sein Reich Frieden und Wohlstand erfuhr. Dong glaubte, dass dieser Verhaltenskodex den Menschen vom Himmel geschenkt worden sei, der in Dongs Schriften zu einer spirituellen Kraft aufgewertet wurde, die jene belohnte, die Gutes tun, und die anderen bestrafte. Den *Annalen* nicht die gebührende Beachtung zu schenken hieß, dem Willen des Himmels zuwiderzuhandeln, was nur in die Katastrophe führen konnte.

So verknüpfte Dong die verschiedenen Gedankenstränge und erhob Konfuzius zum wichtigsten Weisen der Weltgeschichte. Da es gegen den Willen des Himmels war, die *Annalen* nicht zu studieren, und Konfuzius diese niedergeschrieben hatte, wäre der Himmel sicher ebenso erzürnt, wenn man die Lehren des Konfuzius missachtete. Dong erst machte aus Konfuzius den Höchsten aller Weisen, den Einzigen, der den Willen des Himmels verstanden hatte. Damit wurde er zum Richter über Richtig und Falsch, Gut und Böse. Dong schrieb, Konfuzius habe »die Grundprinzipien von hundert Königen erfasst und sie von Anfang bis Ende mit dem Lauf des Himmels in Einklang gebracht«[96]. Daraus folgte logischerweise, dass auch die Anhänger des Konfuzius (Dong zum Beispiel) die einzigen Gelehrten waren, deren Einsicht tief genug war, um dem Kaiser sagen zu können, was er tun sollte, und ihm in der Führung der Staatsgeschäfte beratend zur Seite stehen zu können. Dong war also nicht nur ein überzeugter Anhänger des Konfuzius,

er erwies sich auch als kluger Politiker. Indem er allein den Konfuzianern die Weisheit zusprach, den Willen des Göttlichen zu entzif-
fern, stellte er andere philosophische Schulen in der recht realpoli-
tischen Welt des Hofes schlicht kalt.

Dongs Weltbild war viel umfassender als das des Weisen selbst.
Er ging sehr weit im Versuch, Konfuzius' Lehren von einer ethischen, ganz auf das Hier und Jetzt ausgerichteten Tradition, in der
es hauptsächlich um Sittlichkeit, gute Regierungsführung und angemessene menschliche Beziehungen ging, zu einer universellen
Philosophie umzugestalten, die den Menschen mit dem Wirken des
Himmels verband. Damit machte er den Konfuzianismus auch
mehr zu einem Denksystem, das wir heute als Religion bezeichnen
würden. Daher bezeichnen Historiker Dong Zhongshu auch als
»ersten Theologen« des Konfuzianismus. Außerdem brachte er
Konfuzius' Ideen sozusagen auf den neuesten Stand der Han-Zeit,
indem er sie um Vorstellungen anderer Schulen und Traditionen erweiterte, die zu seiner Zeit populär waren, allen voran das Konzept von Yin und Yang – zwei einander ausgleichende Kräfte, die
den Wandel in der Welt beherrschen. Diese Idee hatte im China
Dongs durch Daoisten und Mohisten schon weite Verbreitung gefunden. Durch Dong wurde der Konfuzianismus zu einer synkre-
tistischen Strömung, was ihn für die Han-Gesellschaft immer attraktiver werden ließ. Mit Dong setzte eine Entwicklung ein, in
deren Verlauf der Konfuzianismus zum Schmelztiegel für die verschiedensten Elemente traditioneller chinesischer Kultur wurde.

Und noch in anderer Hinsicht erfuhren die Lehren des Konfuzius eine bedeutende Erweiterung: Dong wies dem Menschen eine
klare Sonderrolle im Universum zu. In dem kosmologischen System, das Dong schuf, kam ihm die Aufgabe zu, die Welt zu ordnen. Wenn er dem Willen des Himmels folgte – was bedeutete,
sich an die Vorgaben der konfuzianischen Moral zu halten und
sich in Kindespietät und Menschlichkeit zu üben –, dann stellte

der Mensch damit den Frieden auf Erden, ja im gesamten Universum sicher. Der Mensch wurde Teil einer Trinität, deren beide anderen Glieder der Himmel und die Erde waren. Diese drei Kräfte waren so eng miteinander verknüpft, dass die eine nicht ohne die andere funktionieren konnte. »Himmel, Erde und Menschheit sind die Grundlage allen Lebens«, schrieb Dong. »Der Himmel bringt alles Lebendige hervor, die Erde nährt es und die Menschheit vervollkommnet es ... Diese drei arbeiten zusammen, wie Hände und Füße mit dem Körper zusammenarbeiten.«[97] Spielte der Mensch aber nicht die ihm zugedachte Rolle, versank die Welt im Chaos.

Aber natürlich kann der Mensch diese schwere Verantwortung nicht alleine tragen. Die Menschheit, so Dong, besitzt zwar das Potenzial zur Güte, doch um dieses zu verwirklichen, braucht sie Beistand und Führung. In einem politisch äußerst klugen Schachzug spann Dong Konfuzius' Ideen einmal mehr fort und wies dem Herrscher die Rolle des obersten Lehrers zu, der als Einziger dem Menschen helfen konnte, dem Weg des Himmels zu folgen und den Wohlstand auf Erden zu sichern. »Die Natur des Menschen ist einem Seidenkokon zu vergleichen oder einem Ei«, erläuterte Dong. »Ein Ei muss ausgebrütet werden, damit daraus ein Huhn schlüpfen kann. Ein Seidenkokon muss ausgewickelt werden, damit man Seide daraus spinnen kann. Es liegt im Charakter des Himmels, dass die Natur zugerichtet werden muss, bevor sie zur Güte finden kann ... Daher hat er den König dazu ersehen, diese Güte zu schaffen ... Das Volk hat vom Himmel die Natur erhalten, die aus sich selbst heraus nicht gut werden kann. Und den König, durch den es die Schulung erfährt, welche seine Natur vervollkommnet. Es ist die Pflicht des Königs, dem Willen des Himmels zu gehorchen und die Natur des Volkes zu vervollkommnen.« Für Dong ist der Herrscher »Dreh- und Angelpunkt alles Lebendigen« und der »Beauftragte des Himmels«. Das Schicksal der Gesellschaft und der Bestand des Universums hängen vom tugendhaften Verhalten des Königs ab. »Der König ist der Anfang der Menschheit«, schreibt Dong. »Wenn der König sich korrekt verhält, wird die ursprüngliche Materie harmonisch sein, Wind und Regen werden zur rechten Zeit kommen, glückverheißende Sterne werden am Himmel auftauchen und der gelbe Drache wird herniedersteigen. Verhält sich der König nicht korrekt, dann werden am Himmel seltsame Omen erscheinen, und Banditen werden die Erde unsicher machen.« Dong integrierte die kaiserliche Herrschaft in eine neue konfuzianische Weltsicht. Tatsächlich erhielt das Reich so göttliche Legitimation: Die Han konnten den Segen des Himmels für sich reklamieren.[98]

Dong erhielt Gelegenheit, Kaiser Wu mit seiner erweiterten konfuzianischen Lehre bekannt zu machen, als dieser kurz nach seiner Thronbesteigung die bedeutendsten Gelehrten des Landes zusammenrief und sie um Vorschläge bat, wie man die Han-Regierung verbessern und so die Probleme des Landes lösen könne. Dong zitierte immer wieder aus den *Analekten* und erklärte dem Herrscher, dass das Geheimnis guter Regierungsführung die Rechtschaffenheit sei: »Das Prinzip der Regierung ist es, dem Himmel zu folgen und mit Aufrichtigkeit zu regieren, denn der Herrscher muss handeln wie der Himmel selbst.« Und weiter: »Jeder Herrscher sollte sich in den fünf Tugenden üben, die da sind Menschlichkeit, Rechtschaffenheit, korrektes Handeln, Weisheit und Glaube. Wenn Ihr so handelt, werdet Ihr den Segen des Himmels erlangen ... und Eure gute Regierung wird sich bald auf alle vier Weltgegenden erstrecken.«[99]

Dong hatte auch einige praktische Ratschläge für den Herrscher parat, die auf Kaiser Wu, den Konfuzianismus und den Lauf der chinesischen Geschichte enormen Einfluss haben sollten. Zur Hebung des Bildungsstandes innerhalb der Regierung empfahl er, eine nationale Universität einzurichten, um gelehrte Männer für die Beamtenlaufbahn auszubilden. »Am wichtigsten für die Ausbildung der Gelehrten ist zweifellos eine richtige Universität«, unterstrich Dong. »Eine Universität wird unweigerlich tugendhafte Gelehrte hervorbringen und den Bildungsstand entsprechend heben ... Euer Diener empfiehlt, dass Eure Majestät eine Universität erbauen lassen und dafür illustre Lehrer ernennt.«[100]

Besonders wichtig war natürlich, dass Dong den Herrscher bat, die konfuzianischen Lehren über alle anderen zu stellen. Dong dachte nämlich, dass China die »Einheit des Denkens« brauche, damit daraus eine kontinuierliche Politik entstehen konnte, die die Unterstützung des Volkes fand. In dieser Hinsicht unterschied er sich nicht vom Qin-Minister Li Si. Doch wo Li Si diese Einheit mit Zwang durchsetzen wollte, ging Dong sehr viel subtiler vor. Durch allerlei geschickte Manöver schaffte er es schließlich, dass der Konfuzianismus zur herrschenden Doktrin an Chinas Kaiserhof und im Erziehungssystem wurde. »Die Gelehrten von heute hängen verschiedenen Lehren an und legen die unterschiedlichsten Theorien dar. Die verschiedenen philosophischen Schulen unterscheiden sich stark in ihrer Art und ihren Prinzipien«, berichtete Dong dem Kaiser. »Die Gesetze und Institutionen wandeln sich häufig, das Volk weiß daher nicht mehr, woran es sich halten soll. Euer unwürdiger Diener ist der Ansicht, dass alles, was nicht von den Sechs Disziplinen und Künsten des Konfuzius abzuleiten ist, unterdrückt werden sollte, sodass es nicht weiter mehr gedeihen kann. Schlechte und überflüssige Theorien sollten ausgemerzt werden. Erst dann wird es Einheit geben, erst dann werden die Gesetze klar sein, und das Volk wird wissen, was zu tun ist.«[101]

Kaiser Wu war so beeindruckt von Dongs Rat, dass er ihn genauestens befolgte. 136 v.Chr. machte er das Studium der Fünf Klassiker zur Voraussetzung für jeden akademischen Posten innerhalb der Regierung. 124 v.Chr. gründete er eine Universität zur Ausbildung der Staatsdiener, deren Lehrplan ebenfalls die Fünf

Klassiker umfasste. Diese beiden Erlasse setzten einen Prozess in Gang, in dessen Verlauf die Kenntnis der konfuzianischen Lehren zur absoluten Grundvoraussetzung für jeden wurden, der sich eine verantwortungsvolle Position in der Regierung erhoffte. Damit war der Konfuzianismus zu einer Art inoffizieller Staatsdoktrin geworden. Mit Dongs Denkschriften (schriftliche Empfehlungen an den Kaiserhof) »wurde Konfuzius erhöht, während die anderen philosophischen Schulen herabgewürdigt wurden«, heißt es in den Annalen der Han-Dynastie. Der Konfuzianer Fung Yu-lan ging noch weiter: »Von dieser Zeit an musste jeder, der ein offizielles Amt bekleiden wollte, in den konfuzianischen Lehren bewandert sein. Welche konfuzianischen Lehren dies waren, bestimmte darüber hinaus die Regierung«, schreibt er. »Die Atmosphäre freien Denkens und Sprechens ... war damit auf einen Schlag entschwunden.«[102]

Fung Yu-lans Erklärung ist ein wenig übertrieben. Kaiser Wu mag Entscheidungen getroffen haben, die Konfuzius weit über alle anderen Philosophen stellten, dennoch wurde während seiner Regierungszeit Konfuzius nicht zur beherrschenden Gestalt im chinesischen Denken. Es wäre eine allzu starke Vereinfachung, wollte man annehmen, eine Handvoll Erlasse eines Kaisers, und mochte er noch so mächtig sein, wären in der Lage, eine ganze Regierung – geschweige denn eine ganze Gesellschaft – zu leidenschaftlichen Parteigängern eines einzigen Philosophen zu machen. Viele zeitgenössische Sinologen glauben, dass Konfuzius' Einfluss unter der Regierungszeit von Kaiser Wu immer noch relativ begrenzt war. Obwohl die Studenten der neuen Kaiserlichen Universität die Fünf Klassiker studieren mussten, kann ihr Einblick ins konfuzianische Lehrgebäude doch nur beschränkt gewesen sein, weil sie die Universität ja nur für ein Jahr zu besuchen hatten. Anfangs war es ja auch nur ein kleiner Teil der Beamten, die tatsächlich an der

Kaiserlichen Universität ausgebildet wurden. In den frühen Jahren gab es pro Jahr nur etwa fünfzig Schüler, die den Abschluss machten. Historiker schätzen, dass höchstens eine Handvoll von Kaiser Wus wichtigsten Beratern und Beamten tatsächlich Konfuzianer waren – einer spricht von sechs von insgesamt 76.[103] Dass Wu China tatsächlich in eine konfuzianische Gesellschaft umwandeln wollte, ist ebenso wenig sicher. Wu liebte den Krieg, den Pomp und die Selbstbeweihräucherung. Er bekehrte sich nie vollständig zu den konfuzianischen Prinzipien und schien im Laufe seiner Herrschaft das Interesse am Konfuzianismus mehr und mehr zu verlieren.

Auch bei der Lektüre historischer Werke aus jener Zeit ist Vorsicht geboten. Autoren wie Sima Qian haben vermutlich den Einfluss des Konfuzius während der frühen Han-Zeit übertrieben. Die frühen Historiker neigten dazu, Konfuzius' Rolle während der frühen Jahrhunderte des Kaisertums zu übertreiben, indem sie alle klassischen Gelehrten – die man als »ru« bezeichnete – als Schüler des Konfuzius darstellten. Die Fünf Klassiker nahmen zwar innerhalb von Konfuzius' Lehren eine zentrale Stellung ein, waren aber gleichzeitig die Grundlagenwerke der gesamten chinesischen Zivilisation. Sie wurden daher von allen Gelehrten studiert, ob diese sich nun selbst als Konfuzianer sahen oder nicht.

Man geht auch nicht davon aus, dass Konfuzius in der Öffentlichkeit viel Erfolg hatte. Der eifrige Sima Qian unternahm eine Reise in Konfuzius' Heimatort Qufu. Dort fand er eine Gruppe von Schülern des Meisters vor, die an seinem Grabmal eine kleine Gemeinde gegründet hatte, das »Dorf des Meisters Kung«. An Festtagen wurden am Grab des Meisters Opferhandlungen vollführt, gefeiert und Wettschießen mit dem Bogen abgehalten. Konfuzius' Heim war zum Tempel umgestaltet worden, seine Kleider, seine Kopfbedeckung, seine Laute, all seine Bücher, ja sogar seine Kutsche wurden dort aufbewahrt.[104] Doch gibt es keinen verlässlichen Beleg dafür, dass Konfuzius außerhalb von Qufu verehrt wurde. Genauso wenig kann belegt werden, dass die Han-Kaiser den Weisen in der Hauptstadt durch Opferhandlungen ehrten. Das Bild, das wir uns von der Rolle des Konfuzius in den ersten zweihundert Jahren der Han-Dynastie machen können, fällt ein wenig verworren aus.

Klar ist nur, dass sich die Han-Dynastie mit der Zeit zum Konfuzianismus hin entwickelte. Während der Östlichen – oder späten – Han-Dynastie, die im Jahr 25 begann, als das Königshaus erneut den Thron bestieg, von dem es kurz durch einen seiner Beamten verdrängt worden war, verwuchs der Konfuzianismus immer unauflösbarer mit dem kaiserlichen System. Da Kaiser Wu befohlen hatte, dass alle Schüler der Kaiserlichen Universität die Fünf Klassiker studieren sollten, stellte er sicher, dass immer mehr Regierungsbeamte in der konfuzianischen Tradition ausgebildet waren. Dazu trug auch bei, dass die Anzahl der Studenten allmählich anstieg. Im 2. Jahrhundert n. Chr. waren es bereits 30000. Ein immer höherer Prozentsatz der dienstältesten Beamten identifizierte sich mit dem Konfuzianismus. Etwa 70 Prozent der höchsten Minister, die am Hof der Späten Han dienten, waren ausgewiesene Konfuzianer. Zumindest gibt es eine entsprechende Schätzung.[105]

Auch die späteren Han-Kaiser wurden allmählich zu Konfuzianern. Sie begannen, ihre Ahnen zu verehren, wie die konfuzianischen Ritualanweisungen dies vorschrieben. Und auch Konfuzius selbst fand Verehrung im Kaiserhaus. In den offiziellen Annalen der Späten Han heißt es, dass die Kaiser sich bei wenigstens drei Gelegenheiten selbst nach Qufu begaben, um dort in der Tempelanlage (deren Entstehung im Dunkeln liegt) dem Weisen zu opfern. Vom Hof der Späten Han erging 59 n. Chr. ein Dekret mit der Anordnung, dass der Weise in sämtlichen von der Regierung getragenen Schulen verehrt werden soll.

Einige moderne Wissenschaftler sehen den Wendepunkt hin zu dieser Entwicklung in der Regierungszeit des Kaisers Guangwu, des ersten der späten Han-Herrscher. Bis zu dieser Zeit mussten die Konfuzianer stets Lobbyarbeit betreiben, um für die Ideen und praktischen Ratschläge ihres Meisters ein Anwendungsfeld zu finden. Bei der Thronbesteigung Guangwus aber berief sich ein Kaiser erstmals auf den Konfuzianismus, um seine Herrschaft zu legitimieren. Guangwu zitierte ein Textkorpus, das wir heute als »konfuzianische Apokryphen« bezeichnen, als Beleg dafür, dass der Himmel sein Mandat an ihn weitergereicht habe. Diese Schriften sind heute aus dem konfuzianischen Kanon ausgesondert worden, doch zu jener Zeit waren sie sehr beliebt. Man bezeichnete sie als »geheime Klassiker« des Konfuzius, die er selbst verfasst und für die Entdeckung durch spätere Generationen verborgen haben soll. In Wirklichkeit waren die Texte von späteren Autoren geschrieben worden, vermutlich im 1. Jahrhundert n. Chr. Die Konfuzianer glaubten damals, der Himmel sende Zeichen, um seine Zustimmung oder Ablehnung der kaiserlichen Politik kundzutun. In den apokryphen konfuzianischen Schriften fanden sich zahllose Hinweise für die mögliche Deutung solcher Omen. Guangwu ließ diese Texte in ganz China verteilen und bestrafte all jene, die ihren wahren Wert anzweifelten.

Unter den Späten Han veränderte sich auch die Gestalt des Weisen selbst, der nicht mehr länger nur als gewöhnlicher Sterblicher galt. Nun kannte man ihn als den »Ungekrönten König«, der über China hätte herrschen sollen, obwohl er nie auf dem Kaiserthron gesessen hatte. Auch diese Idee ging auf das Wirken Dong Zhongshus zurück. Dieser deutete einen Eintrag in den *Frühlings- und Herbstannalen*, demzufolge man 481 v. Chr. ein Einhorn in Lu gesehen hatte, als Beweis, dass der Himmel Konfuzius kurz vor dessen Tod das Regierungsmandat erteilt hatte. In einer Geschichte aus der Han-Dynastie heißt es: »Ein kleiner roter Vogel verwandelte sich in ein Stück gelber Jade, in das eine Inschrift eingeritzt war: ›Konfuzius besitzt das (Himmels-)Mandat zu handeln und schuf die Regierungsinstitutionen im Einklang mit den Gesetzen‹.« Für die Autoren der Apokryphen war Konfuzius nicht nur ein Weiser im Besitz des höchsten Wissens, sondern eine legendäre Gestalt mit mythischen Kräften. Selbst sein Erscheinungsbild bekam übernatürliche Züge. Konfuzius sei »über zehn Fuß groß gewesen«, heißt es in einem Han-Text. »Sein Haupt war geformt wie ein Berg, sein Gesicht rechteckig, ein mondgleicher Auswuchs zierte seine rechte Stirn, seine Nase war sonnengleich, seine Augen gerade und lang, die Stirn wie die eines Drachen. Seine Lippen waren wie der Große Wagen, sein Antlitz strahlte hell, sein Kinn war ebenmäßig, sein Hals stämmig, seine Zähne regelmäßig, seine Gestalt wie die eines Drachen, sein Rückgrat wie eine Schildkröte, seine Hände wie die Pranken eines Tigers … Im Stehen sah er aus wie Phönix, der sich aufrichtet, im Sitzen hingegen wie ein hockender Drache. Auf seiner Brust strahlten die Worte: ›Der Glücksbringer, der Gesetze schafft, die der Welt Stabilität bringen‹.«[106]

3

KONFUZIUS, DER KÖNIG

Groß bist Du, o vollkommener Weiser!
Unter den Sterblichen ist keiner Dir gleich!

GEBET AN KONFUZIUS BEI
KAISERLICHEN ZEREMONIEN

Konfuzius' Stellung an der Spitze
der intellektuellen Hierarchie Chinas aber war nicht so gesichert,
wie es schien. Interne Machtkämpfe, Naturkatastrophen und Bauernaufstände führten dazu, dass im Jahr 220 die Späte Han-Dynastie ein Ende fand. Ihr letzter Kaiser dankte ab. Für die Konfuzianer war dies natürlich ein herber Schlag. Der Weise war mit der Han-Regierung so eng verknüpft gewesen, dass deren Zusammenbruch auch seine Stellung in der chinesischen Gesellschaft erschütterte. Wieder einmal zerfiel China in streitende Lehensfürstentümer und winzige Königreiche. Den Konfuzianern brachen somit jene starken Herrscher weg, die sie in den Han-Kaisern gefunden hatten.

In der Zwischenzeit war der Buddhismus – vermutlich im Verlaufe des 1. nachchristlichen Jahrhunderts – aus seinem Entstehungsland Indien nach China vorgedrungen und hatte dort viele

Anhänger gefunden. Obwohl Gelehrte wie Dong Zhongshu Konfuzius' Lehren um einige religiöse Elemente erweitert hatten, blieb Konfuzius' Denken doch zu alltagsorientiert, um tatsächlich um die Herzen der Dorfbewohner konkurrieren zu können. Buddhas Botschaft der Erlösung sprach die Menschen mehr an. Für die sieben Jahrhunderte nach dem Fall der Han wurde die religiöse Kultur Chinas von der Entwicklung und Verbreitung des Buddhismus geprägt. Im ganzen Land entstanden Tempel, und die Zahl der Mönche nahm ständig zu. Auch der Daoismus gewann neue Anhänger. Der Konfuzianismus hingegen verfiel in einen Zustand träger Erstarrung. Die Philosophie wurde kaum noch weiterentwickelt, und nur selten taten sich große Denker und Exegeten hervor.

Das heißt nun nicht, dass Konfuzius vollkommen in Vergessenheit geraten wäre. Seine Lehren bildeten immer noch das geistige Rückgrat der Regierungsführung und die Konfuzianer dienten auch den Herrschern, die auf die Han folgten, als Berater. Tatsächlich wurde die Erziehung noch stärker an den konfuzianischen Idealen ausgerichtet. 587 führte die Sui-Dynastie (die von 581 bis 618 herrschte) das berühmt-berüchtigte Prüfungssystem für Chinas Beamte ein. Mit der reglementierten Ausbildung versuchte man, für die kaiserliche Bürokratie zuverlässige und effiziente Verwalter heranzubilden. Die Sui traten in die Fußstapfen des Kaisers Wu und machten die Fünf Klassiker zum offiziellen Prüfungsstoff für die Examen. Für die Geschichte des Konfuzianismus war dies eine der folgenreichsten Entscheidungen, denn so verbreitete sich das konfuzianische Gedankengut in der Bevölkerung.

In diese Zeit fällt auch die Einführung der kultischen Verehrung des Weisen durch das Kaisertum. 241 befahl der Herrscher des Staates Wei, eines der Königreiche, die das Han-Kaisertum ablösten, dass an der Kaiserlichen Universität künftig dem Konfuzius geopfert werden sollte. Dies war die erste schriftlich belegte offizielle Staatszeremonie zu Ehren des Weisen in der Hauptstadt. Zwei

Jahrhunderte später, unter der kurzlebigen Liu-Song-Dynastie, wurde für Konfuzius der erste staatliche Tempel gebaut. Der Begründer der Tang-Dynastie (618 bis 907) verbreitete die kultische Verehrung weiter, indem er den konfuzianischen Schulen überall im Land befahl, dem Heiligen gewidmete Tempel zu errichten, wo ihm regelmäßig Opfergaben dargebracht werden sollten. Und doch unterstützte die Tang-Dynastie die Konfuzianer nicht annähernd in dem Maße, wie es die Han getan hatten. Tatsächlich zeigten sich die Tang recht offen für alle religiösen und philosophischen Traditionen. Über die Handelsrouten kamen aus Zentralasien und Indien viele neue geistige Strömungen nach China, vor allem der Buddhismus wurde immer stärker. Die Konfuzianer waren darüber natürlich entsetzt, war der Buddhismus doch für sie ein spiritueller Eindringling, der zu den ursprünglichsten Traditionen Chinas im Widerspruch stand. Ein Konfuzianer bezeichnete den Buddhismus einmal als »weiter nichts als ein Kult barbarischer Völker«. Die buddhistische Praxis, so ein anderer, sei zutiefst korrumpiert, fresse sich in die Persönlichkeit der Menschen und zerstöre sie. 819 kam Han Yu, einem der bedeutendsten konfuzianischen Denker des 1. nachchristlichen Jahrtausends, zu Ohren, dass der Tang-Kaiser plante, eine Buddha-Reliquie in der Hauptstadt auszustellen. Sofort verfasste er eine Denkschrift an das Kaiserhaus, in der er heftig dagegen protestierte: »Das gemeine Volk ist unwissend und dumm. Es lässt sich leicht verführen und ist schwer zu belehren. Wenn es sieht, wie sein Herrscher solche Dinge tut, dann würde es wohl davon ausgehen, dass Eure Majestät von ganzem Herzen dem Buddhismus anhängen«, schrieb er. »Dann werden unsere alten Sitten verfälscht, unser Brauchtum verroht und unsere Schande wird uns zum Ziel des Spottes in aller Welt machen.« Nach dieser Tirade schickte man Han Yu ins Exil nach Südchina.[107]

Es ist nur allzu verständlich, weshalb die Konfuzianer den Buddhismus nicht mochten. Die beiden Lehren – und ihre Begründer –

könnten nicht unterschiedlicher sein. Konfuzius war ein Mann des Hier und Jetzt. Er brachte sein Leben damit zu, sich um die öffentlichen Angelegenheiten zu kümmern. Sein Ziel war es, eine bessere Welt zu schaffen. Fragen nach dem Leben nach dem Tod und dem Ursprung des Universums ging er tunlichst aus dem Weg. Der Buddha hingegen lehrte, dass weltliche Dinge letztlich keine Bedeutung hätten und dass seine Schüler sich davon frei machen sollten. Die Konfuzianer glaubten, dass die Gesellschaft vervollkommnet werden könnte, und entwickelten Wege, um dies zu erreichen. Die Buddhisten gingen davon aus, dass Erfolge in der Welt nicht von Dauer seien und der Mensch deshalb sein Herz nicht daran hängen sollte. Echte Konfuzianer verachteten die buddhistischen Mönche, da diese ihrer Meinung nach ihrer Verantwortung der Gesellschaft gegenüber nicht gerecht wurden und doch wie die Parasiten von ihr zehrten.

Als die Herrschaft der Tang im 8. Jahrhundert zu Ende ging und China einmal mehr ins Chaos abzugleiten drohte, gaben die Konfuzianer der Ausbreitung des Buddhismus die Schuld, da dieser sich negativ auf die Nation auswirke. Der Buddhismus, so die Konfuzianer, habe den Geist der Menschen vernebelt und die Weisheit des Konfuzius sei in Vergessenheit geraten. »Als die Gläubigen diese Männer [Buddha und Laozi] zu ihren Meistern machten und ihnen folgten, wandten sie sich von Konfuzius ab und verleumdeten ihn«, schrieb Han Yu. »Und die Kinder späterer Zeitalter, die die Lehren über die Menschlichkeit und Rechtschaffenheit hören wollten, hatten niemanden mehr, an den sie sich wenden konnten ... Heute pflegen wir barbarische Praktiken und halten sie höher als die Lehren unserer früheren Könige. Wie viel Zeit wird noch vergehen, bevor wir alle Barbaren geworden sind?«[108]

Der Aufstieg einer neuen Dynastie allerdings ließ die Konfuzianer wieder hoffen. 960 ergriffen die Song die Macht, und ihre Führer wandten sich dem Konfuzianismus mit einer Ausschließlichkeit zu, die seit den Han nicht mehr da gewesen war. Die drei Jahrhunderte der Song-Herrschaft hinterließen China eine kaiserliche Regierung, ein Erziehungssystem und eine Nationalideologie, die jede folgende Dynastie zu Konfuzianern machte. Konfuzius und seine Lehren wurden zur dominierenden Kraft und zum unhinterfragten Herzstück der politischen Kultur Chinas. Nachdem die Song dem »ungekrönten König« wieder zu seinem Thron verholfen hatten, wurde er erst wieder gestürzt, als Anfang des 20. Jahrhunderts das Kaisertum selbst abgeschafft wurde.

Die Song allerdings gelangten zunächst auf sehr »unkonfuzianische« Weise an die Macht – nämlich durch einen Militärputsch. Zhao Kuangyin war Berater der von allerlei Problemen bedrängten Späten Zhou, die nach dem Niedergang der Tang ein kurzlebiges Kaiserreich ausgerufen hatten. Zhao Kuangyin tat so, als ziehe er mit seinen Truppen aus der Hauptstadt, angeblich um das Land vor den drohenden Barbarenhorden an seinen Grenzen zu schützen. Stattdessen wandte er sich gegen das Herrscherhaus und zwang den sechsjährigen Kaiser zum Abdanken. Dann rief Zhao die Herrschaft der Song-Dynastie aus. Nach seinem Tod verlieh man ihm den Ehrentitel Taizu oder »Höchster Stammvater«.

Tatsächlich erwies Song Taizu sich als einer der geschicktesten, findigsten und entschlossensten Kaiser in der langen Geschichte Chinas – und als seine neue Dynastie allmählich auf sicheren Fundamenten zu stehen schien, verwendete er all sein Geschick darauf, ihren Bestand zu sichern. Die nördlichen Stämme hatten weite Landstriche im Nordwesten erobert, die früher von China kontrolliert wurden. Ihre Gier nach Chinas Stammland im Landesinneren war groß. Gleichzeitig musste Taizu das Land, das jahrzehntelang zerrissen gewesen war, wieder vereinen. Und natürlich musste er fürchten, dass seine militärischen Führer sich vielleicht ebenfalls gegen ihn wenden und Teile seines neu errichteten Reiches für sich beanspruchen würden. Wenn Taizu seine neue Dynastie nicht auf tönerne Füße stellen wollte, brauchte er ein klares Programm und eine starke Ideologie, die seine Herrschaft stützen würde.

Wie immer standen die Konfuzianer bereit. Die Lösung für die vielen Probleme des Landes sei, wie Han Yu angeführt hatte, der Weg der altvorderen weisen Könige – der Weg, den Konfuzius gelehrt und in seinen Klassikern dargelegt hatte. Durch die Wiederbelebung von Konfuzius' Lehren, so seine Anhänger, würde das Land zu Frieden und Wohlstand zurückfinden. »Die Narren der jüngsten Geschichte haben erklärt, die Zeiten hätten sich geändert und mit ihnen die Lage der Dinge, sodass [der Weg] nicht mehr geübt werden könne«, meinte der berühmte konfuzianische Denker Cheng Yi in einer Denkschrift von 1050 an den Kaiserhof der Song, »doch das zeigt nur, wie tief ihre Unwissenheit ist. Und doch haben sich die Herrscher des Menschengeschlechts immer wieder durch solche Worte beeinflussen lassen.«[109] Chinas Probleme könnten nur dann eine Lösung finden, wenn sich die Bevölkerung wieder dem Genius des Konfuzius und seiner alten Weisheit zuwenden würde.

Taizu und seine unmittelbaren Nachfolger liehen den Konfuzianern bereitwillig ihr Ohr. Tatsächlich gab es viele Entwicklungen im China jener Zeit, die dazu führten, dass das Kaiserhaus sich erneut den Lehren des Weisen zuwandte.[110] Zum einen war der alte Weise schon in Ermangelung anderer Alternativen die einzige Wahl. Die Tang-Dynastie und die kurzlebigen Königreiche in der Folge waren stark vom Buddhismus und Daoismus beeinflusst gewesen. Doch die chaotischen Verhältnisse im vorangegangenen Jahrhundert ließen diese Lehren als Staatsdoktrin unbrauchbar erscheinen. Die Weltferne des Buddhismus schien wenig geeignet, die Probleme des Song-Kaiserhauses zu lösen. Die Konfuzianer hingegen konnten auf ein ganzes Arsenal an Prinzipien der Regierungsführung zurückgreifen, die sich, wie geschichtlich belegt, bewährt hatten. Und diese eigneten sich hervorragend als Leitlinien für die Staatspolitik. Zwischen den Song-Kaisern und den Konfuzianern entwickelte sich eine ungewöhnliche Allianz: Auf der einen Seite die Kaiser, die ihre Autorität qua Geburt erwarben, auf der anderen Seite die professionellen Gelehrten und Beamten, die ihren Einfluss durch die gründliche Kenntnis von Konfuzius' Lehren ausübten. Dieses Modell sollte fast neunhundert Jahre lang das chinesische Kaisertum prägen.

Für die Zukunft des konfuzianischen Denkens hatte dies folgenschwere Auswirkungen. Sobald die Lehren des Meisters (endlich) ein für alle Mal als Staatsdoktrin etabliert waren, gelang es den Konfuzianern mühelos, ihre Rivalen ins Abseits zu drängen. Obwohl Daoismus und Buddhismus weiterhin starken Einfluss auf die Bevölkerung ausübten, hatte der Konfuzianismus sich fest in der Regierung verankert, prägte die Erziehung und Bildung und damit den Alltag und das Familienleben in China. Diese Errungenschaft machte Konfuzius zum einflussreichsten Denker der chinesischen Zivilisation. Er hatte schließlich die Philosophie geschaffen, durch die China sich von den umliegenden Völkern unterschied, die in den Augen der Chinesen ohnehin nur »Barbaren« waren. Doch diese Vorrangstellung sollte schließlich auf Konfuzius selbst zurückfallen. Er wurde zum Symbol der kaiserlichen Herrschaft und des Sozialsystems, das sich unter ihr entwickelte. Als in der Moderne dann dieses System in die Kritik geriet, weil neue Ideen aus dem Westen einströmten, wurde bald der Weise selbst – zusammen mit dem System, das in seinem Namen errichtet worden war – als rückständig gebrandmarkt.

Doch dieser gnadenlose Sturz lag zur Zeit der Song-Dynastie noch in weiter Ferne. Taizu machte sich nämlich unmittelbar nach Begründung seiner Herrschaft die Konfuzianer durch allerlei Maßnahmen höchst gewogen. Er hatte zwar den Thron durch Gewalt errungen, doch zog er dem Militär schnell die Zähne: Er bot seinen

Militärführern das Gouverneursamt in den Provinzen an. Das war ein kluger Schachzug, denn damit verhinderte er zum einen, dass es diese ausgebufften Kriegsherrn zu sehr nach dem Thron der Song gelüstete. Und gleichzeitig gewann er die Gunst der Konfuzianer, die die zivile Macht stets der militärischen vorzogen. (In den Begriffen des Konfuzius hieß dies: »das Zivilprinzip dem Militärprinzip vorziehen«.) In einem der Geschichtsbücher der Song-Zeit heißt es: »Als der Kultivierte Stammvater [Taizu] das Mandat änderte, bemühte er zuerst zivile Beamte und schränkte die Macht der Offiziere ein. Dass die Song das zivile Prinzip schätzen lernten, hatte dort seinen Ursprung.«[111]

Als Nächstes führte Taizu eine Politik ein, welche Konfuzianer und Kaiserhof unauflöslich aneinanderschmiedete. Der neue Kaiser führte die Beamtenprüfungen wieder ein und verlieh ihnen weit mehr Gewicht und Bedeutung als früher. Vor den Song waren die meisten Regierungspositionen von Mitgliedern der alten Eliten besetzt, die ihre Stellung durch politische Verbindungen erlangt hatten und nicht durch das Bestehen der Beamtenprüfungen. Die Song änderten dies grundlegend, indem sie das Prüfungssystem zum Königsweg zu den lukrativen und angesehenen Regierungsstellungen machten. In der Song-Zeit erlangten mehr Beamte ihre Stellung durch glänzende Noten in den Prüfungen, als es jemals zuvor der Fall gewesen war. 973 band Taizu diese Männer direkt an den Song-Hof, indem er den Prüfungen eine letzte und höchste hinzufügte: das »Palast-Examen«, das er höchstpersönlich abnahm.

Diese Reformen erfüllten einen dreifachen Zweck. Erstens stärkten sie die Macht der zentralisierten kaiserlichen Gewalt durch Schaffung eines Beamtenapparates aus jungen Männern, die dem Kaiser treuer ergeben waren als ihrer Familie bzw. lokalen Interessen. Zweitens wurde durch die Song-Reformen das Beamtentum professionalisiert, da die Zulassung in ein Amt von Bildung abhängig gemacht wurde und nicht von der Herkunft. Drittens drangen durch Taizus Forcierung der Beamtenprüfungen die Lehren des Konfuzius immer tiefer in die chinesische Gesellschaft und Kultur ein. Der Prüfungsstoff bestand wie zuvor ausschließlich aus den konfuzianischen Klassikern – das bedeutete, dass der sicherste Weg zu einer Beamtenlaufbahn das Studium der Lehren des Konfuzius war. Der Historiker Dieter Kuhn meint dazu, dass aufgrund dieser und anderer Veränderungen der Übergang zur Song-Dynastie »der bedeutsamste Einschnitt in der Geschichte des kaiserlichen China« sei.[112]

Die frühen Song-Kaiser stellten sich außerdem gerne als dem Konfuzius ergebene Herrscher dar. Kaiser Zhenzong, der dritte in der Dynastie der Song, rühmte sich, ein seine Regierungspflichten vorbildlich erfüllender Herrscher zu sein – der sich schon im Morgengrauen mit den Beratern traf, beim Frühstück die Berichte seiner Finanz-, Militär- und Verwaltungsoberhäupter anhörte und sich danach ans Regieren machte. Dabei setzten die frühen Song-Kaiser zur Verbreitung konfuzianischen Gedankenguts durchweg auf neue Technologien. Fortschritte im Druckereiwesen, vor allem die Erfindung beweglicher metallener Einzellettern im 11. Jahrhundert (also vierhundert Jahre vor Gutenberg), sorgten dafür, dass Bücher billiger hergestellt werden konnten und weite Verbreitung fanden. Zhenzong überwachte persönlich den Druck und die Zusammenstellung einer neuen Sammlung der konfuzianischen Klassiker im Jahr 1011, die von nun an als gültiges Textkorpus galt.

Und auch dem Menschen Konfuzius wurden vonseiten der Song-Kaiser allerlei Ehren zuteil. Die offiziellen Annalen der Song-Dynastie berichten von Zhenzongs Besuch in der Heimatstadt des Weisen, Qufu. »Der Tempel wurde mit gelben Bannern geschmückt, der Klan des Konfuzius [Familie Kong] wohnte den Opferhandlungen bei«, heißt es da. »Der Kaiser trug die offizielle Staatstracht mit dem passenden Schuhwerk ... Früher hatten die Beamten das Opfer vorbereitet, und der Kaiser hatte sich nur mit über dem

Kopf gefalteten Händen [vor dem Altar] verneigt. Bei dieser Gelegenheit aber vollführte der Kaiser den vollständigen Kotau als Ausdruck seiner Verehrung für Konfuzius und die kanonischen Schriften. Er verfasste eine Ode, die in einen Stein graviert im Tempel aufgestellt wurde. Danach besuchte er das Grab [des Konfuzius]. Er ließ sich dabei nicht in seiner Sänfte tragen, sondern ritt ein Pferd. Dort angekommen brachte er ein Trankopfer aus Wein dar und vollführte zweimal den Kotau.«[113]

Nun bekamen die Konfuzianer endlich, wonach sie von Anfang an gestrebt hatten: politische Macht, wie selbst ihr Meister sie nie besessen hatte. Tausende junger, motivierter Beamter strömten in den Verwaltungsapparat – bewandert in den Idealen des Konfuzius, durchtränkt mit seiner Geschichtsauffassung, sattelfest in seinen politischen Präferenzen und seinen Methoden der Regierungsführung. Somit hatten die Konfuzianer vollen Zugriff auf die Formulierung politischer Strategien und Grundsätze im kaiserlichen China – und sie sollten diesen Griff erst wieder lockern, als das Kaiserreich zusammenbrach und mit ihm die letzte Dynastie der Qing.

Nun, wo sie endlich den politischen Einfluss innehatten, den sie sich immer gewünscht hatten, waren die Konfuzianer fest entschlossen, ihn auch auszuüben. Etwa 1500 Jahre, nachdem der große Weise bei Chinas unberechenbaren Machthabern vorstellig wurde, setzen die Konfuzianer der Song-Zeit seine Ideen bei Hofe um. Sie waren der Auffassung, dass sie – und nur sie – den richtigen Pfad zu tugendhafter Regentschaft kannten, und erwarteten, dass der Kaiser ihnen sein Ohr schenkte. In einer Denkschrift an den Thron machte der Philosoph und Gelehrte Cheng Yi deutlich, dass der Kaiser durchaus Kaiser sein mochte, doch als solcher scheitern würde, wenn er nicht den Rat der Konfuzianer befolgte. »Seit alter Zeit«, meinte Cheng Yi, »hat es sich nie zugetragen, dass einer Weisheit und Tugend erlangte, der den Edlen keine Achtung zollte und seinen Ministern keinen Respekt.« Cheng Yi unterrichtete den Kaiser in konfuzianischer Ethik und war dabei so streng, dass der angeblich allmächtige Kaiser von China vor ihm immer ein bisschen Angst hatte. Als man Cheng Yi einmal anhielt, seinem Kaiser mehr Respekt entgegenzubringen, antwortete er: »Ich bin ein gewöhnlicher Mensch. Als Lehrer des Kaisers muss ich daher meine Selbstachtung und Würde wahren.«[114]

Der mürrische Cheng Yi war nicht der einzige gelehrte Beamte, der den Song-Kaisern nicht nach dem Mund redete. 1071 zum Beispiel, als der Kaiser verkündete, seine Reformen dienten dem Volk, meinte sein Kanzler Wen Yanbo: »Ihr regiert die Nation mit *uns*, den Beamten, nicht mit dem Volk.« Solche Kommentare »spiegelten eine neue Sicht kaiserlicher Autorität wider und offenbarten eine bemerkenswerte geistige Unabhängigkeit und Selbstachtung unter den gelehrten Song-Beamten – die stark an Konfuzius selbst erinnert«, schreibt der Historiker Dieter Kuhn. Peter Bol, ein weiterer Ostasien-Experte, meint, diese neue Beziehung zwischen Kaiser und Berufsbeamtentum hätte die Natur der kaiserlichen Herrschaft verändert und ein politisches System geschaffen, das er die »Regentschaft der Beamtengelehrten« nennt.[115]

Obwohl die Konfuzianer nun endlich die Kontrolle über die Politik der Regierung innehatten, waren sie sich nicht immer über die zu ergreifenden Maßnahmen einig. Wie üblich vertraten sie die unterschiedlichsten Auffassungen, was die Lehren des Konfuzius und deren politische Umsetzung anging. Das führte zu massiven, mitunter recht hässlichen ideologischen Streitigkeiten am kaiserlichen Hof. Jede Fraktion zitierte virtuos die konfuzianischen Klassiker, um ihre jeweilige Position zu untermauern. Vereinfacht ausgedrückt wurden die politischen Debatten im kaiserlichen China zu Grabenkämpfen zwischen pedantischen, die *Analekten* rezitierenden Konfuzianern, die über die fünf Tugenden der konfuzianischen Lehre stritten. Die Diskussion, welche Art der Regierung Konfuzius tatsächlich schaffen wollte und wie ein wahrhaft konfuzianischer Herrscher zu handeln hat, hält an bis zum heutigen Tag. Aber vermutlich war keine Debatte je hitziger und drohte die Lager mehr zu spalten als die zwischen den zwei Titanen chinesischer Gelehrsamkeit und Staatskunst, welche das 11. Jahrhundert hervorgebracht hatte – Wang Anshi und Sima Guang. Wang war ein dreister, streitlustiger, hyperintelligenter Technokrat, der durch das Prüfungssystem immer weiter aufgestiegen war. Er hatte ausgesprochen radikale Ideen über die Auslegung konfuzianischer Lehren und die Reform des Kaisertums. Wang betrachtete die Regierung nur als Werkzeug zur Vervollkommnung der Gesellschaft und war entschlossen, die staatlichen Institutionen und das Wirtschaftssystem so zu reformieren, dass es diesen Zweck auch erfüllte. Sima hingegen war ein angesehener Historiker und altgedienter Hofbeamter, der für eine traditionellere Vorgehensweise eintrat. Seiner Ansicht nach würde die ideale Gesellschaft von selbst entstehen, wenn man sich bemühte, die Ordnung aufrechtzuerhalten, die konfuzianische Hierarchie zu stärken und weiter dem Weg zu folgen, den die weisen Könige der Vorzeit vorgezeichnet hatten. In Simas Augen war der Aktivismus Wangs eine gefährliche Abweichung vom politischen Kanon des Meisters.[116]

Der Streit entflammte, nachdem der neunzehnjährige Kaiser Shenzong 1067 den Song-Thron bestiegen hatte und sich voller Energie daranmachte, dem Reich seinen Stempel aufzudrücken. Er war offen für einschneidende Reformen, die das Militär stärken und ihm helfen würden, den »Barbaren« das Land im Norden abzunehmen, ein Gedanke, von dem Chinas Kaiser geradezu besessen waren. Und so fühlte sich der neue Kaiser natürlich von den Ideen Wang Anshis angezogen. Schon beim ersten Gespräch wollte er von Wang wissen, wie dieser denn den Begründer der Tang-Dynastie einschätze. Wang antwortete, der junge Kaiser wäre wohl besser beraten, wenn er dem Pfad der weisen Könige der Vorzeit folgen würde. Ihre Prinzipien seien »leicht in die Praxis umzusetzen«, belehrte er den beeindruckbaren Kaiser. »Nur weil die Gelehrten der jüngeren Zeit diese Prinzipien nicht verstehen, glauben sie, dass solche Maßstäbe unerreichbar seien.«[117] Und schon hatte Wang sich einen neuen Job verschafft. Der Kaiser ernannte ihn 1069 zu seinem zweithöchsten Berater.

Wang entfesselte eine Flut von Reformen, die er »Neue Politik« taufte. Sie betrafen Bildung, Militär und weite Bereiche der Wirtschaft. Der Grüne-Sprossen-Erlass von 1069 bot den Bauern zweimal im Jahr Darlehen zu Niedrigstzinsen, um den Wucherern das Wasser abzugraben und die landwirtschaftlichen Erträge zu steigern. Um die Ausbildung der Beamten zu verbessern, fügte Wang den Prüfungen eine weitere hinzu: einen Aufsatz über die »Bedeutung« der Klassiker, um das Textverständnis der Kandidaten zu prüfen. »Der dringlichste Bedarf unserer Zeit sind fähige Männer«, sagte Wang zum Kaiser. »Nur wenn wir fähige Männer in der Regierung haben, werden wir mit Leichtigkeit herausfinden, was zu tun ist.«[118]

Um diese Generalüberholung ideologisch zu untermauern, führte Wang stets ein lockeres Zitat aus der Geschichte oder aus den konfuzianischen Büchern auf den Lippen. Mit diesen versuchte er zu belegen, dass seine politischen Strategien den Weg der weisen Könige fortführten. China leide unter politischen und wirtschaftlichen Schwierigkeiten, »weil der Großteil der jetzigen Gesetze nicht im Einklang mit der Regierungsweise der alten Könige steht«, schreibt er 1058 in einer Denkschrift an den Thron. »Unser Zeitalter ist weit entfernt von dem der alten Könige, die Wandlungen und Umstände, vor denen wir heute stehen, sind nicht dieselben wie damals ... Was aber gleich bleibt, sind die dahinterstehenden Ziele für die Regierung des Reiches, des Staates und der Familie.«[119]

Wangs Ziel war es, die Regierung zu stärken, Wohlstand zu fördern und durch staatliches Handeln die Ungleichheit zwischen den
Menschen einzuebnen. Seine »Neue Politik« wurzelte in einem paternalistischen Zweig konfuzianischen Denkens, der davon ausging, dass die Beamtengelehrten ihr Wissen einsetzten, um die Probleme zu lösen, die die Menschheit bedrängten. Doch durch sein
aggressives, breit angelegtes Eingreifen in die Gesellschaft betrat
Wang auch Neuland. Traditionell machten die Konfuzianer sich
nämlich nicht gerne die Hände schmutzig, indem sie Getreide kauften oder Darlehen gaben. Sie wollten das Volk lieber in Ethik schulen. Sobald nämlich Herz und Hirn der Massen von Güte erfüllt
sei, würde das Reich ganz von selbst ins Lot kommen. Dement-
sprechend leidenschaftlich war der Widerstand, auf den Wangs Reformen stießen. Sima Guang führte die Reformgegner an. Bald lieferten die beiden Parteien sich vor dem Kaiser hitzige Debatten.
Wang nutzte rücksichtslos seinen Einfluss beim Kaiser aus, um Beamte hinauszudrängen, die seinen Reformkurs nicht unterstützten.
1070 trat Sima frustriert und erschüttert von seinem Regierungsamt zurück.

Sowohl Wang als auch Sima glaubten, Konfuzius auf ihrer Seite
zu wissen. »Die Weisen sorgen seit jeher für die Bedürfnisse des
Volkes, indem sie Steuern, Abgaben und andere drückende Lasten
verringern«, schrieb Sima 1070 in einem recht offenen Brief an
Wang. »Doch in Euren Augen ist dies konventionelles konfuzianisches Gequassel, Eures Interesses nicht wert ... Konfuzius sagte,
ein tugendhafter Mensch suche immer den Fehler zuerst bei sich
selbst ... Ihr könnt daher nicht alle Schuld auf andere schieben.«
Wangs Antwort fiel ebenso streitbar aus: »Was konfuzianische Gelehrte anstreben, ist die Übereinstimmung zwischen den Bezeichnungen und den Fakten«, schrieb er an Sima. »Ich habe die Politik
der vorzeitlichen Könige wieder aufgenommen, um Wohlstand zu
bringen und Leid zu verringern ... Ihr aber tretet dafür ein, dass

wir nichts tun und den alten Weg ungerührt weitergehen. Das kann ich nicht akzeptieren.«[120]

Am Ende aber verlor Wang den Kampf. Er war so stark unter Beschuss geraten, dass er sich vom Hof zurückzog, obwohl Kaiser Shenzong ihn anflehte, seine Stellung doch zu behalten. Als der Kaiser 1085 starb, gewannen Wangs Gegner wieder die Oberhand. Sie riefen den gealterten und kranken Sima Guang aus der Pension zurück. Er lebte noch lang genug, um den Großteil der Neuen Politik wieder rückgängig zu machen. Das, worum es in der Auseinandersetzung der beiden letztlich ging, nämlich das Verhältnis von Tradition und Reform, blieb bis in die Moderne hinein ein strittiger Punkt. Doch obwohl Wang Anshi und andere Progressive konfuzianischer Prägung bei diesen Debatten immer wieder den Kürzeren zogen, wurden sie doch zum Vorbild für den »Beamtengelehrten« des 20. Jahrhunderts, eine neue Spezies von Kadern, die unermüdlich arbeitet, um Ostasien zu Wohlstand und besserem Leben zu verhelfen.

Doch die Debatten unter den Konfuzianern der Song-Zeit beschränkten sich nicht auf die Geschäfte der öffentlichen Politik. Ein ebenso lebhafter Austausch fand über wesentliche Punkte des Lehrgebäudes statt und das konfuzianische Denken erfuhr in dieser Zeit eine experimentelle Weiterentwicklung wie selten davor. Die Gelehrten setzten sich mit Fragen von zutiefst philosophischer Natur auseinander: Wie wird man ein Weiser, welcher Art ist die menschliche Natur und welche Beziehungen bestehen zwischen dem Menschen, dem Universum und allen anderen Dingen? Das Ergebnis dieser Überlegungen war ein radikaler Bruch mit der philosophischen Vergangenheit. Nicht zum ersten und nicht zum letzten Mal wurde Konfuzius' Denken in seine Bestandteile zerlegt und neu zusammengesetzt, um den Erfordernissen und Moden einer neuen Zeit gerecht zu werden. Die Denker der Song-Ära aber taten dies so gründlich, dass vermutlich Konfuzius selbst seine Ideen nicht mehr wiedererkannt hätte. Am Ende dieses Prozesses stand eine neue Form des Konfuzianismus, die wir heute als »Neo-Konfuzianismus« bezeichnen.

Als die Song an die Macht kamen, »erbte« die Dynastie ein Konfuziusbild, welches ganz das Gepräge der Vorgängerdynastien trug. Dieser Konfuzius war der Schutzpatron der Intellektuellen, der Künder guter Regierungsführung und Stifter einer schlüssigen Ethik. Seine Zöglinge waren angehalten, die *Analekten* zu studieren, die Examenskandidaten wurden über die Fünf Klassiker des Konfuzius befragt, wie Kaiser Wu es vor mehr als 1000 Jahren bestimmt hatte. Der konfuzianische Nachwuchs verinnerlichte die überlieferten Lehren des Weisen über moralische Regierungsführung, edles Verhalten und korrekte Zeremonialpraxis. Die songzeitlichen Anhänger des Weisen aber brachen mit diesem Konfuzius. Als eifrige Reformer lehnten sie den Konfuzianismus, wie er sich nach der Han-Zeit darstellte, ab, weil sie darin eine grobe Verzerrung der ursprünglichen Lehren ihres Meisters sahen. Ihrer Ansicht nach war das Wissen um den Wahren Weg nach Menzius verloren gegangen, die korrekte Anwendung desselben habe sogar schon sehr viel früher aufgehört. Um die Weisheit, die in den Worten des Konfuzius liegt, wirklich verstehen zu können, so die Song-Gelehrten, müsse man seine Schriften neu lesen. Also machte man sich mit dem Enthusiasmus einer kulturellen Erneuerungsbewegung an die Exegese. Es dauerte allerdings eine ganze Weile, bis sich ihre Lesart verbreitet hatte, denn der Neo-Konfuzianismus fand erst in der späten Song-Zeit wirkliche Akzeptanz. Dann aber erfuhr die konfuzianische Lehre eine grundlegende Veränderung – und mit ihr die chinesische Gesellschaft und ihre Geschichte.

Die Neo-Konfuzianer taten vor allem eines: Sie brachten Konfuzius unters Volk. Sie gestalteten seine Lehren universeller und spiritueller, um der Anziehungskraft von Buddhismus und Daoismus etwas entgegenzusetzen. Nun blieb das Wirken des Konfuzius nicht mehr auf die hohen Hallen der Akademien und kaiserlichen Verwaltungsgebäude begrenzt. Jetzt erreichte es jeden Chinesen und jeden Haushalt im gesamten Reich. Nach dem Wandlungsprozess der Song-Zeit sahen die Konfuzianer sich nicht mehr darauf beschränkt, das Ohr der Herrschenden gewinnen zu müssen, um etwas in der Welt zu bewegen. Der Neo-Konfuzianismus ging davon aus, dass jedes Individuum eine positive Wirkung auf die Gesellschaft ausüben konnte, indem es Menschlichkeit lebte und den Weg des Konfuzius beschritt. Konfuzius und seine Anhänger hatten stets die weltbewegende Kraft moralischer Wandlung gepredigt. Der Neo-Konfuzianismus baute dieses Motiv zu einem praktikablen Weg der Selbstvervollkommnung aus. »Bis zu jener Zeit hatte der Konfuzianismus sich auf den Weg der weisen Könige der Vorzeit konzentriert oder auf den Weg des Edlen, der eine soziale oder politische Führungspersönlichkeit war«, heißt es in einer Studie zur chinesischen Philosophie. »Die Neo-Konfuzianer aber machten daraus ein spirituelles Ideal, das Weisheit für jedermann versprach.«[121]

Diese Entwicklung wurde vor allem von einer Handvoll Denker vorangetrieben: Da war zum einen der ebenso brillante wie eingebildete Cheng Yi, zum anderen der exzentrische Shao Yang, der als Einsiedler lebte, sein eigenes Gemüse anbaute und sich selbst »Herr Glück« nannte. Doch die alles überragende Gestalt war zweifelsohne Zhu Xi. In der langen Geschichte des Konfuzianismus gibt es vermutlich keine einzelne Gestalt, die dessen Entwicklung stärker beeinflusst hat – von den beiden Weisen Konfuzius und Menzius einmal abgesehen. Zhu Xi »verlieh dem Konfuzianismus eine neue Bedeutung und dominierte jahrhundertelang nicht nur das chinesische, sondern auch das koreanische und japanische Denken«, schreibt Professor Chan Wing-tsit in seiner klassischen Anthologie chinesischer Philosophie. »Praktisch jede zentrale konfuzianische Idee wurde von Zhu Xi auf eine höhere Ebene gebracht.«[122]

Zu seinen Lebzeiten aber erlangte Zhu Xi keineswegs die ihm später zugeschriebene Bedeutung. Er kam 1130 in der Provinz Fujian als Sohn eines Polizisten zur Welt. Nachdem er die Beamtenprüfungen bestanden hatte, wurde er einer der Beamtengelehrten der Song-Dynastie. Doch er zog das intellektuelle Leben, das Schreiben und Studieren, der bürokratischen Tretmühle vor und tat daher nur neun Jahre Dienst. Und selbst in dieser kurzen Zeit gefährdete er ständig seine Stellung, indem er fleißig Konfuzius' Beispiel folgte und die ihm übergeordneten Beamten schulmeisterte – was diese natürlich nicht gerade für ihn einnahm. 1181 beklagte er sich beim Kaiser über die Unfähigkeit seines Vorgesetzten und wurde auf einen niedriger dotierten Posten strafversetzt. Was aber Gelehrsamkeit anging, hatte Zhu Xi zu jener Zeit nicht seinesgleichen. Als ausgesprochen fruchtbarer Schriftsteller verfasste er Kommentare zu den konfuzianischen Klassikern wie auch eigene Werke. Zhu Xis Handbuch der Familienrituale, das jede Familie, die auf sich hielt, zu Hause hatte, trug viel dazu bei, die Ideen des Konfuzianismus in Ostasien breiteren Bevölkerungsschichten zugänglich zu machen. Der Historiker Dieter Kuhn wertet Zhu Xis Abhandlung von 1176, *Überlegungen über die Dinge des Alltags*, als die »erste und bestorganisierte Präsentation des Wissens zur chinesischen Philosophie, die es bis dato gegeben hatte«[123]. Doch ein Großteil von Zhu Xis Lehren entsprang nicht unbedingt seiner eigenen Feder. Seine wichtigste Leistung war es, dass er die verschiedenen Gedanken der Neo-Konfuzianer zum »Lernen des Weges« zusammenfasste – und dadurch einen kohärenten Konfuzianismus schuf, der einheitlicher war, als dies bislang der Fall gewesen war.

Zhu Xis Konfuzianismus stellte das »Prinzip« oder *li* in den Vordergrund, das es zu verstehen galt, und zwar sowohl in sich selbst als auch in den Dingen. Alles besitzt *li*. Dieses kommt vom Himmel und verbindet jedes Individuum mit dem Universum und allem, was auf Erden ist. Das Prinzip ist sowohl universell als auch individuell. Es ist Teil des großen Ganzen, nimmt aber in den einzelnen Dingen oder Individuen eine charakteristische Ausprägung an. Zhu Xi nannte das Prinzip in seiner universellen Form das »Höchste Letztendliche«. »Es gibt nur ein Höchstes, und doch ist jedes der tausend Dinge davon durchweht und jedes dieser Dinge besitzt das Höchste Letztendliche ganz«, erklärte Zhu Xi. »Dies ist vergleichbar dem Mond. Es gibt nur einen Mond am Himmel, doch wenn sein Licht auf Flüsse und Seen fällt, wird es überall wahrgenommen.«[124] Im Menschen hat sich das *li* als moralische Natur konkretisiert. Daher glaubte Zhu Xi wie Menzius, dass der Mensch grundlegend gut sei. Das *li* kann nicht mit den Sinnen wahrgenommen werden, da es keine Form hat. Es lässt sich nur entdecken, wenn man intensive Studien betreibt und sich selbst vervollkommnet – das ist mit der »Erforschung der Dinge« gemeint. Ein Weiser ist ein Mensch, der nicht nur sein eigenes *li* erkennt, sondern auch das aller Dinge und Wesen um ihn herum – was nur gelingt, wenn er die Einheit zwischen dem Menschen und allen Dingen im Kosmos erkannt hat.

Zwischen dem Menschen und der Weisheit steht das *qi*. Alle Dinge im Universum bestehen aus *qi*. Die Form, die das *qi* annimmt, wird von seinem *li* bestimmt. Doch das *qi* verschleiert auch das *li*. Aus dem *qi* entstehen die Leidenschaften, die den Menschen davon abhalten, sein *li* zu erkennen. Nur wer diese irdischen Leidenschaften überwindet, kann zum Weisen werden. Der Weg dorthin besteht in der Kultivierung der eigenen Menschlichkeit und Güte. Wer nach dieser höchsten Tugend strebt, reinigt sich selbst von Selbstsucht, die den Geist daran hindert, das universelle Prinzip zu begreifen. Durch extreme Selbstdisziplin und stete Übung sollte der Mensch einen Bewusstseinszustand erreichen, der ihm ermöglicht, unmittelbar das Gute vom Bösen zu unterscheiden und dann aufgrund dieser Erkenntnis zu handeln. Für diesen Menschen wäre gerechtes Handeln dann so natürlich wie Sehen oder Hören. Eine Methode zur Erreichung dieses Bewusstseinszustandes war das »ruhige Sitzen« – ein anderer Ausdruck für Meditation. Wer dies mit Hingabe tat, dem sollte es den Weg zu einer Offenbarungserfahrung eröffnen. »Der Lernende muss, wenn er mit den Dingen der Welt in Berührung kommt, von den bereits bekannten Prinzipien ausgehen und diese weiter schärfen, bis er an seine Grenzen gelangt«, schreibt Zhu Xi. »Nachdem er sich eine lange Zeit geübt hat, wird er eines Tages einen Durchbruch zum umfassenden Verständnis erzielen. Dann wird er die Qualitäten aller Dinge, ob innen oder außen, fein oder grob, verstehen, und der Geist in seiner ganzen Substanz und seiner umfassenden Funktion wird sich klar manifestieren.«[125]

Offensichtlich nahmen Zhu Xi und seine neokonfuzianischen Kollegen so manche Anleihe beim Buddhismus, den sie so sehr verabscheuten. Die Praxis der Meditation als Weg zur Offenbarung der Wahrheit, die Vorstellung, dass es eine Art Erleuchtungserfahrung gibt, die eintritt, wenn man das Wirken des Kosmos begreift, und der Glaube, dass die Überwindung der Leidenschaften der Weg zu persönlicher Vervollkommnung ist, wurden samt und sonders aus der rivalisierenden religiösen Strömung übernommen. Anders als der Buddhismus behielt der Neo-Konfuzianismus allerdings seine grundlegend weltliche Ausrichtung bei. Der erleuchtete Neo-Konfuzianer sollte sich nicht von der Gesellschaft zurückziehen, wie die buddhistischen Mönche dies taten, sondern sein Schicksal erfüllen, indem er sein Wissen zum Wohl der Gesellschaft einsetzte. So wie Konfuzius selbst zu Lebzeiten der Versuchung widerstand, als Einsiedler zu leben, gingen auch die Neo-Konfuzianer davon aus, dass wahre Weisheit nur in der Welt verwirklicht werden könne, und zwar durch intensives Studium und soziales Engagement. Ein wahrer Neo-Konfuzianer vervollkommnete sich selbst, um die Welt zu vervollkommnen. »Das Weisheitsideal sollte zur heldenhaften Selbstaufgabe im Dienste des großen Ganzen inspirieren«, heißt es in einer modernen Studie zur chinesischen Philosophie. »Der Neo-Konfuzianismus erklärte einmal mehr und mit viel weiter reichenden Konsequenzen, was Konfuzius und seine Schüler seit jeher lehrten – dass der menschliche Sinn für Ordnung und Werte uns nicht dem Universum entfremdet, sondern uns vielmehr damit verbindet.«[126]

Zhu Xis Version des Konfuzianismus scheint von den Lehren des Meisters erheblich abzuweichen, doch Zhu Xi und seine Mitstreiter sahen das anders. Sie waren davon überzeugt, dass sie die lang verlorene Wahrheit in Konfuzius' Lehren freigelegt hätten. »Was unseren Meister Konfuzius angeht, so verleiht die Tatsache, dass er zwar selbst keine hohe Stellung erlangte, aber trotzdem die Lehren der Weisen der Vorzeit wieder aufnahm, um sie an spätere Schüler weiterzugeben, ihm einen noch höheren Rang als [den Weisheitskönigen]«, schreibt Zhu Xi. Nichtsdestotrotz waren nicht alle zeitgenössischen Konfuzianer mit Zhu Xis Sicht der Dinge einverstanden. Zu seiner Zeit wurde er sogar heftig angefeindet. Andere Reformer beriefen sich auf den Meister persönlich und kritisierten, dass solche metaphysischen Spekulationen wenig praktischen Wert hätten. »In einer Zeit, in der der Weltfrieden davon abhängt, dass man für Herrscher und Vater Rache übt, heben sie [Zhu Xis Anhänger] nur die Augenbrauen, stecken die Hände in den Ärmel ihres Gewands und reden von der menschlichen Natur und dem Schicksal«, beschwert sich ein höfischer Beamter 1178 in einer Denkschrift an den Thron. »Sie wissen nicht, was die menschliche Natur und das Schicksal wirklich ausmacht.« Zhu Xi wurde angeklagt, »falsche Lehren« zu verbreiten. 1196 verbannten die Song ihn und seine Ideen von ihrem Hof. Man verlangte sogar Zhu Xis Hinrichtung.[127]

Am Ende behielt aber doch Zhu Xi die Oberhand. Er starb 1200, doch seine Lehren gewannen weiter an Popularität, vor allem in den Privatschulen. Zhu Xis Einfluss lenkte die konfuzianische Gelehrsamkeit in eine andere Richtung. Waren seit der Han-Zeit die Fünf Klassiker die Grundlage konfuzianischen Wissens, so konzentrierte Zhu Xi sich auf die kleineren Schriften, die seiner Ansicht nach dem Individuum auf dem Weg zur Selbstvervollkommnung besser dienlich waren. Er nannte dieses Textkorpus die »Vier Bücher« (*sishu*): die *Analekten*, das Buch des Menzius und zwei Kapitel aus dem *Buch der Riten*, die einen eigenen Namen erhielten: *Das Große Lernen* und *Das Buch von Maß und Mitte*. Alle vier waren viel direkter mit Konfuzius und seinen Schülern verbunden als die Fünf Klassiker. Dass Zhu Xi Menzius fast denselben Rang einräumte wie dem Konfuzius selbst, sicherte dessen Schriften ein für alle Mal einen Platz im konfuzianischen Kanon. (Und damit hatte Menzius den lange schwelenden Streit mit Xunzi über die Natur des Menschen für sich entschieden.) Zusammen mit Zhu Xis Lehren gewannen die Vier Bücher immer stärker an Popularität. Heute gelten sie als die wichtigsten Texte des Konfuzianismus.

Die breite Verehrung, die Zhu Xi genoss, hatte zur Folge, dass die Song-Kaiser ihn nach seinem Tod teilweise rehabilitierten, doch offiziell blieben seine Ideen vonseiten der Song-Dynastie weiterhin nur geduldet. Es war ein Regimewechsel nötig, um Zhu Xi an die Spitze der konfuzianischen Strömung zu katapultieren. Ironischerweise verdankte er dies ausgerechnet jenen nördlichen »Barbaren«, die Zhu Xi und seine Neo-Konfuzianer so verzweifelt von China fernzuhalten versucht hatten. Zuerst wurden die nördlichen Provinzen Chinas an das Tungusenvolk der Jurchen verloren, dann wurden die südlichen Bastionen der Song von Dschingis Khans Enkel Kublai Khan überrollt. Dieser rief 1271 die neue Dynastie der Yuan aus.

Kublai Khan war kein Chinese. Als Außenseiter blieb ihm gar nichts anderes übrig, als sich auf die konfuzianische Bürokratie der Song zu verlassen, um sein neues Reich zu regieren. Die konfuzianischen Beamtengelehrten arbeiteten darauf hin, die Beamtenprüfungen wieder einzuführen, die während der späten Song-Herrschaft abgeschafft worden waren. Aber sie machten sich für eine reformierte Examensform stark, die auf Zhu Xis Lernen des Weges beruhte. »Die richtige Methode für die Auswahl der Gelehrten sind die klassischen Studien, die den Weg der Selbstdisziplin für die Beherrschung der Menschen lehren«, schrieb ein Gelehrter 1313 an den Thron. Unter den traditionellen Prüfungsanforderungen, meinte er, »haben die Gelehrten sich an Oberflächlichkeit gewöhnt. Was wir vorschlagen ... wird tugendhaftes Verhalten und das Verständnis der Klassiker fördern. Wenn Gelehrte auf diese Weise ausgewählt werden, werden sie die richtigen Menschen sein.«[128]

Der Yuan-Kaiser ließ sich überzeugen. Im selben Jahr noch ordnete der Hof die Wiedereinführung der Examen an, wobei die Vier Bücher neben den Fünf Klassikern eine Sonderstellung einnahmen. Zhu Xis Kommentare galten dabei als Standard-Lesart, mit deren Hilfe die Kenntnisse der Kandidaten abgeprüft wurden. So machten die Mongolen Zhu Xis Version des Konfuzianismus zur Staatsdoktrin, was sie bis zum Ende des Kaiserreichs sechshundert Jahre später bleiben sollte. Zhu Xis Anhänger triumphierten. Einer schrieb, diese Entscheidung des Hofes sei nichts weniger als »der größte Segen, der den Gelehrten im Laufe der Zeiten je zuteil wurde«[129].

Der Einfluss des Konfuzius reichte nunmehr über die Grenzen Chinas hinaus. Möglicherweise waren Teile des konfuzianischen Gedankenguts schon während der Han-Zeit in Chinas Nachbarländern studiert worden, doch erst durch die Bewegung der Neo-Konfuzianer wurden die Lehren des Weisen in allen Ländern

Ostasiens bekannt, vor allem nach dem 14. Jahrhundert. Das geschah zum Teil durch chinesische Migranten, die ihre Familienrituale und -zeremonien in ihre neue Heimat in Thailand, Indonesien, Malaysien, auf den Philippinen und anderswo mitbrachten. Doch letztlich waren es nicht nur Chinesen, die Konfuzius' Lehren schätzten. Seine Ideen verbreiteten sich ganz von selbst in der Region und beeinflussten die Regierungspolitik ebenso, wie sie Erziehungs- und Familienstrukturen, Sitten und Gebräuche, die philosophische Entwicklung und vor allem die moralischen Maßstäbe prägten.

Die Verbreitung des Konfuzianismus über Chinas Grenzen hinaus hat natürlich mit dem nachhaltigen Einfluss der chinesischen Kultur auf den Rest Asiens zu tun. China war während des Großteils seiner Geschichte das größte, reichste, mächtigste und am höchsten entwickelte Land in Ostasien. Was dort geschah, wurde natürlich von den Nachbarn mit Interesse verfolgt und häufig auch nachgeahmt. Kunst, Architektur, Sprache, Literatur, Regierungssystem – und natürlich die Philosophie – der ostasiatischen Länder waren stark beeinflusst durch chinesische Vorstellungen und Ideen. So übernahmen beispielsweise sowohl Japan als auch Korea chinesische Schriftzeichen in ihre Schriftsysteme. Die politische Wissenschaft nennt dies »Soft Power« oder »weiche Macht« – diese wird dann ausgeübt, wenn ein Land ohne militärische oder diplomatische Interventionen Einfluss auf andere Staaten ausübt. Konfuzius war lange Zeit Chinas »Soft Power« und wurde zum wichtigsten Botschafter seines Landes. Er gab die chinesische Kultur weiter und schuf somit posthum ein Bild Chinas als fortgeschrittener, ja überlegener Gesellschaft. Damit aber wuchs auch das Gewicht, das China im regionalen und globalen Austausch zukam.

Doch von allen Ländern wurde vermutlich keines stärker durch den Konfuzianismus geprägt als Korea, wo er heute wohl mehr

Einfluss hat als in China selbst. Konfuzius' Lehren könnten schon während der Regierungszeit von Kaiser Wu nach Korea gelangt sein.[130] Der ehrgeizige Monarch hatte eine Kolonie von Chinesen dort angesiedelt, wo heute Pjöngjang liegt. Diese Kolonisten sollen konfuzianische Texte ins Land gebracht haben. Tatsächlich scheint Konfuzius schon im 1. nachchristlichen Jahrhundert in Korea bekannt gewesen zu sein. Taejo, der König des Goguryeo-Reiches, der von 53 bis 146 regiert haben soll, ließ jedenfalls in seinen »Zehn Regeln der Regierungsführung« verlautbaren, der Hof solle sich vom Prinzip der Menschlichkeit leiten lassen und den »königlichen Weg« des Konfuzius beschreiten. Die Goguryeo-Herrscher ließen wohl schon im 4. Jahrhundert eine konfuzianische Schule errichten. Doch im ersten Jahrtausend nach Christus blieb der Konfuzianismus in Korea eine Randerscheinung. Die Lehren des Weisen blieben auf Akademien und Ämter beschränkt und hatten auf die Gesellschaft als Ganzes nur wenig Einfluss.

Das änderte sich mit der Ankunft des Neo-Konfuzianismus im 13. Jahrhundert. Diese Lehren wurden angeblich von einem Lehrer namens An Hyang nach Korea gebracht. Koreanische Annalen aus jener Zeit beschreiben An Hyang als »gesetzten und feierlichen Menschen, vor dem jeder große Ehrfurcht hegte ... Er hielt es für seine oberste Pflicht, zu lernen und die Werte in Ehren zu halten.«[131] An lernte den Neo-Konfuzianismus kennen, als er zusammen mit dem damaligen König von Goryeo zum offiziellen Staatsbesuch am Hofe des Kublai Khan in Beijing weilte. Goryeo war damals das beherrschende Reich auf der koreanischen Halbinsel. Die Eroberung Chinas durch die Mongolen hatte die Nebenwirkung, dass Korea sich China mehr öffnete als je zuvor. Zwar war das Goryeo-Reich nicht von den Mongolen erobert worden, doch nach einer Serie vernichtender kriegerischer Auseinandersetzungen war das Reich nun den Khans tributpflichtig. Der Hof der Yuan und der von Goryeo mit seiner Hauptstadt Kaesong knüpften engere Beziehungen, als sie früher zwischen China und Korea bestanden hatten.

Auf der erwähnten diplomatischen Mission jedenfalls bekam An Hyang Zhu Xis Schriften zum ersten Mal zu Gesicht. »Als An sie [Zhu Xis Werke] entdeckte, versenkte er sich vollkommen darin und begann, sie aus ganzer Seele zu achten«, heißt es in einer alten Biografie. »Er erkannte, dass sie die wahre Tradition von Konfuzius und Menzius enthielten. Daraufhin schrieb er sie mit eigener Hand ab ... und nahm die Schriften mit nach Hause.«[132] Nach seiner Rückkehr nach Korea 1289 begann er, Zhu Xis Version des Konfuzianismus bei Hof und an den Akademien zu verbreiten – mit folgenschweren Konsequenzen für das Land.

Die Koreaner schätzten den Neo-Konfuzianismus wohl aus denselben Gründen wie die chinesischen Gelehrten. Vor allem die Kombination von praktischem Reformprogramm des Staates und spirituellem Streben nach menschlicher Vervollkommnung. Diese Philosophie kam zudem in einem entscheidenden geschichtlichen Moment nach Korea. Im 13. Jahrhundert begann die Goryeo-Dynastie allmählich zu wanken. Die koreanischen Konfuzianer suchten – wie alle Konfuzianer in Zeiten der Unordnung – nach einem Weg, dem Land seine Ordnung und Stärke zurückzugeben. Auch sie schätzten den Buddhismus und seinen Einfluss auf das religiöse Leben Koreas nicht besonders. Zhu Xis metaphysische Synthese bot hier eine umsetzbare konfuzianische Alternative. Die koreanischen Neo-Konfuzianer schlossen auf den Seiten der konfuzianischen Klassiker Bekanntschaft mit den weisen Königen aus Chinas Vorzeit, und wie ihre chinesischen Vorgänger zeigten sie sich von diesen fasziniert. Sie folgten Wang Anshis Vorbild und versuchten, mit einer aggressiven Reformagenda das Korea ihrer Zeit dem altchinesischen Modell anzugleichen. Eine Gruppe von neokonfuzianischen Beamtengelehrten machte sich daran, die koreanische Gesellschaft von oben nach unten »durchzukonfuzianisieren«.[133]

Sie hatten in den letzten Jahrzehnten des Goryeo-Reiches durchaus Erfolg damit, doch erst als eine neue Dynastie den Thron bestieg, konnten sie ihre Pläne vollständig umsetzen. 1388 führte Yi Seong Gye, ein Militärführer, seine Männer gegen die Hauptstadt Kaesong und riss die Regierungsgewalt an sich. Vier Jahre später entthronte er den letzten Goryeo-König und regierte von nun an in eigenem Namen. Kurz darauf rief er die Joseon-Dynastie aus, die fünfhundert Jahre lang regieren sollte. Die neue Dynastie schloss bereits in den ersten Tagen eine enge Allianz mit den Neo-Konfuzianern. Die Anzahl der Beamtengelehrten, die zu jener Zeit in Korea für das Reformprogramm eintraten, war noch vergleichsweise gering, doch einige der Leitgestalten hatten wichtige Positionen bei Hofe inne und jederzeit Zutritt zum Kaiser. Dieser erkannte bald, dass sich die Interessen der Neo-Konfuzianer mit denen des Herrscherhauses deckten. Yi Seong Gye wollte die Regierung durch frisches Blut neu beleben. Gleichzeitig brauchte er eine Ideologie, die seine Herrschaft legitimierte. Die Konfuzianer waren nicht nur davon überzeugt, dass die Ideen des Konfuzianismus das Land retten konnten, sie sahen die Unterstützung der Regierung für konfuzianische Reformen auch als die beste Möglichkeit, ihre eigene Stellung bei Hofe entsprechend zu stärken. Wie Cheng Yi und seine Zeitgenossen am Hofe der Song-Kaiser, so betrachteten sich auch die koreanischen Konfuzianer als Hüter der Weisheit in Bezug auf gute Regierungsführung. In ihren Augen verlieh ihnen dies das Recht, über die Staatsangelegenheiten zu bestimmen.

Mit Unterstützung der neuen Dynastie übten die Konfuzianer ihren Einfluss bald nicht nur in der Regierung aus, sondern in der gesamten koreanischen Gesellschaft. Es erging eine Flut neuer Gesetze und Regulierungen, die nahezu jeden Aspekt des Lebens in Korea veränderten. Die Gesetze wurden mit aller Umsicht entworfen, damit sie auch gewiss den Grundsätzen der weisen Könige der Vorzeit entsprachen, wie sie sich im konfuzianischen Kanon widerspiegeln – zumindest dachten das die Konfuzianer. Im Zuge dieser Umgestaltungen wurden auch Maßnahmen eingeführt, die für das konfuzianische China selbstverständlich waren, nicht aber für Korea. Diese setzten die Gesetzgeber der Joseon-Dynastie nötigenfalls auch mit Gewalt durch. So war in Korea früher keine Ahnenverehrung praktiziert worden. 1390, in den letzten Jahren des Goryeo-Reiches, aber wurde diese von den konfuzianischen Reformern für Regierungsbeamte zur Pflicht erklärt. 1397 wurde diese Bestimmung bereits in das erste Joseon-Gesetzbuch aufgenommen. Die Reformer wollten auch in Korea patrilineare Familienstrukturen nach konfuzianischem Muster einführen. So wurde zum Beispiel das existierende Erbrecht dahingehend geändert, dass nach dem Tod des Familienvaters künftig der älteste Sohn zum Oberhaupt der Familie wurde. Macht und Reichtum wurden nun über diese patrilineare Erbfolge an die nächste Generation weitergereicht. Die Regierung folgte der konfuzianischen Agenda ohne Wenn und Aber. 1421 beispielsweise erging ein königlicher Erlass, wonach der Kronprinz am Schrein des Konfuzius zu beten habe.

Die Koreaner fanden wohl nicht alle diese Reformen gut. So äußerten die Konfuzianer mehrmals ihre Unzufriedenheit, weil ihnen die Beamten des Landes bei der Errichtung von Tempeln und Schreinen für die Ahnenverehrung nicht schnell genug zu Werke gingen. Doch über die Jahrhunderte sorgte der unaufhörliche Druck der Beamtengelehrten dafür, dass Heirat, Tod und Bestattung, Erbfolge und andere wichtige gesellschaftliche Rituale schließlich zur Gänze »konfuzianisiert« waren. Was wir heute als »traditionelle Kultur« Koreas kennen, sind in Wirklichkeit also Fremdimporte, getätigt von Konfuzianern, die sich vom Glanz eines vermeintlichen Goldenen Zeitalters einer fremden Kultur blenden ließen. Das Resultat war ein Land, das als Modellfall einer konfuzianischen Kultur gedacht war. Oder wie die Korea-Expertin Martina Deuchler schreibt: »Die Beamtengelehrten [in Korea] schafften es, das soziopolitische Umfeld so umzugestalten, wie die Neo-Konfuzianer der Song-Zeit dies nie zu träumen gewagt hätten.«[134]

Auch nach Japan fand der Konfuzianismus seinen Weg. Traditionell nehmen die Japaner an, dass der Konfuzianismus im 5. Jahrhundert durch einen koreanischen Gelehrten namens Wang In nach Japan kam. Dieser sollte einen der Prinzen am Königshof unterrichten und brachte die *Analekten* mit sich. Doch diese Auffassung wird nicht von allen Historikern geteilt. Man nimmt an, dass die Kenntnis konfuzianischer Lehren schon früher nach Japan gelangte. Doch wie auch immer: Sie blieben für den größten Teil der japanischen Geschichte ohne größere Wirkung. Nicht einmal die neokonfuzianische Reformation verfing in Japan. Obwohl Zhu Xis neokonfuzianische Synthese in Japan ab dem 13. Jahrhundert bekannt war, wurde sie fast nur in den zen-buddhistischen Tempeln studiert, wo die Mönche natürlich schnell die Ähnlichkeiten mit ihrer eigenen Lehre erkannten.

Die Aussichten des Konfuzianismus, in Japan zu Einfluss zu gelangen, verbesserten sich schlagartig, als 1603 das Tokugawa-Shogunat errichtet wurde. Tokugawa Ieyasu, der Shogunatsgründer und Kriegsherr, wird von japanischen Historikern als geborener Konfuzianer bezeichnet, der schon früh von den Lehren des Weisen fasziniert war. »Ieyasu hatte die Nation auf dem Rücken eines Pferdes erobert, doch weil er ein erleuchteter und weiser Mann war, merkte er schnell, dass er das Land nicht von einem Pferd aus regieren konnte«, heißt es in den *Wahren Aufzeichnungen über die Tokugawa* – und erinnert uns an das, was vom ersten Kaiser der Han-Dynastie berichtet wurde. »Er hatte stets die Wege der Weisen respektiert, und so entschied er weise, dass er, um das Land zu regieren und dem dem Menschen dargelegten Weg zu folgen, den Pfad des Lernens beschreiten musste.«[135]

Ieyasus Interesse an Konfuzius war mehr oder weniger durch dieselben Überlegungen inspiriert, die schon den Kaiser Taizu aus der Song-Dynastie dazu bewogen hatten, sich dem Konfuzianismus zuzuwenden. Ieyasu hatte Japan nach langen Jahren des Krieges und innerer Wirren geeint und suchte nun nach Wegen, die Legitimität seines Shogunats zu sichern und dem Land wieder Stabilität zu verleihen. Der Konfuzianismus mit seiner langen und innigen Verbindung zu Chinas Herrscherhäusern wurde diesen Anforderungen am ehesten gerecht. Und so lud Iyeasu konfuzianische Gelehrte ein, allen voran Hayashi Razan, einen früheren Mönch, der einen unüblichen Weg beschritten hatte: Tatsächlich hatte er sich vom Buddhismus gelöst, um sich ganz dem Studium des Neo-Konfuzianismus zu widmen. Bei einer Audienz im Jahr 1605 überschüttete der neue Shogun Hayashi mit Fragen über China. Während Ieyasus verblüffte buddhistische Entourage nur vage Antworten bereithatte, lieferte Hayashi dem Shogun genau, was er hören wollte. »Dieser junge Mann weiß vieles«, rief Ieyasu aus und ernannte ihn zu einem seiner Berater.[136]

Hayashi diente den ersten vier Tokugawa-Shogunen und förderte so die Rezeption Konfuzius' gegen seine buddhistischen Rivalen am Tokugawa-Hof. Seine Anstrengungen trugen bald Früchte. Tokugawa Iemitsu, der dritte Shogun, überließ Hayashi wohl Mittel, um eine konfuzianische Akademie in der Hauptstadt Edo (heute Tokio) zu gründen. Diese wurde zum wichtigsten Zentrum konfuzianischer Gelehrsamkeit in Japan. Im Laufe des 17. Jahrhunderts wurde der Konfuzianismus somit zu *der* ideologischen Strömung, bei der die Tokugawa-Shogune sich Rat holten. Tokugawa Tsunayoshi, der fünfte Herrscher, belehrte seine Minister regelmäßig bei Hofe über neokonfuzianische Positionen.

Dennoch scheint der Aufstieg des Konfuzianismus im Japan der Tokugawa-Zeit nicht die ganz große Erfolgsstory gewesen zu sein. Ähnlich wie im Falle von Kaiser Wu scheinen auch Hayashi und

spätere Anhänger Ieyasus Wendung zum Konfuzianismus aufge-
bauscht zu haben, um den Einfluss, den Konfuzius in den frühen
Jahren des Shogunats ausübte, bedeutsamer erscheinen zu lassen,
als er tatsächlich war. Viele moderne Wissenschaftler glauben, dass
der Konfuzianismus damals nur eine Lehre unter vielen am Hof
der Tokugawa war. Ieyasu und seine Nachfolger beschäftigten
auch buddhistische Berater und solche, die dem lokalen Shinto-
Glauben angehörten. Und sie erhielten teils weit mehr Mittel, als
Hayashi sie erhalten hatte.[137]

Wie in China gewannen die Lehren des Konfuzius nur allmählich Einfluss in Regierung und Gesellschaft, begünstigt durch bestimmte historische Umstände und eifrige Beamte. Der Historiker
Kiri Paramore schloss daraus, dass der Konfuzianismus erst gut
zweihundert Jahre nach der Herrschaft von Ieyasu im Tokugawa-
Reich Fuß fasste, und zwar nach einer konfuzianisch inspirierten
Reform der japanischen Politik, die als Kansei-Reformen bekannt
wurden.[138] Diese Reformen wurden vor allem von einem Feudal-
herrn namens Matsudaira Sadanobu durchgesetzt, der 1787 zum
obersten Berater des Shogunats aufstieg. Matsudaira, der in chinesischer Geschichte und konfuzianischer Philosophie sehr beschla-
gen war, glaubte, dass eine ordentliche Dosis konfuzianischer Ethik
das Shogunat aus schwerem Fahrwasser retten und die Nation moralisch erheben würde. Daher ermutigte er die Samurai zum Studium konfuzianischer Texte, fuhr übermäßige Staatsausgaben herunter und startete eine puritanische Moralkampagne, indem er
Pornografie untersagte und gemischt-geschlechtliche Badehäuser
schließen ließ.

Am bekanntesten ist Matsudaira jedoch für seinen Versuch, jeg-
liche intellektuelle Diskussion zu unterdrücken, die seiner Ansicht
nach die Menschen nur vom rechten Weg abbrachte. »Wer soll die
Gelehrten angesichts ihrer Überzahl noch ernst nehmen: Man zählt
sie im Dutzend und verschifft sie im Fuder. Außerdem bekämpfen

und beschimpfen sie einander. Mit ihren verschiedenen Theorien sind sie wie kochendes Wasser oder ausgefranste Kordeln«, schimpfte Matsudaira einmal.[139] Und so erließ er eines Tages ein Edikt an den Leiter von Hayashis Konfuzianismus-Schule: Alle »abweichlerischen« Lehren wurden mit dem Bannstrahl belegt und Zhu Xis Version als einzig gültige Lesart etabliert, die an der Schule studiert werden durfte. Dieses Edikt machte den Neo-Konfuzianismus in gewisser Weise zur »offiziellen« Doktrin des Shogunats. Der standardisierte Neo-Konfuzianismus wurde dadurch zum Rückgrat eines neuen, an chinesischen Gebräuchen orientierten Prüfungssystems, das, 1792 eingeführt, fähige Beamte für die allmählich anwachsende Verwaltung hervorbringen sollte.

Trotzdem erreichte der Konfuzianismus in Japan nie dieselbe Durchdringung des Staatsapparats, wie dies in China der Fall war. Das Prüfungssystem sollte nie dieselbe Bedeutung erhalten wie in China. Doch der Konfuzianismus fand trotzdem Eingang in die japanische Gesellschaft und prägte ihre Literatur, ihre Familientraditionen, das religiöse Leben und die intellektuelle Auseinandersetzung.

Bis zum 18. Jahrhundert war Konfuzius' Stellung in Regierung und Gesellschaft Ostasiens unangreifbar geworden. Studenten und Intellektuelle diskutierten die *Analekten*, das Buch *Mengzi* und Zhu Xis Kommentare. Jeder einzelne Haushalt war nach den strengen Regeln der Hierarchie und Geschlechtertrennung organisiert, die die Eckpfeiler konfuzianischer Familientradition bildeten. Die Regierungsbeamten opferten dem Weisen in zahllosen Tempeln. Konfuzius war nun tatsächlich der »ungekrönte König«.

Der 1644 gegründete Hof der Qing-Dynastie war das Symbol schlechthin für die Dominanz des Konfuzius. Die Könige selbst waren keine Chinesen, sondern Mandschuren, ein Stamm im Norden Chinas, den die Chinesen selbst als »Barbaren« betrachteten.

Doch die neuen Kaiser begeisterten sich ebenso für Konfuzius wie ihre Untertanen. Die frühen Qing taten viel dafür, dass die konfuzianischen Lehren von der chinesischen Elite akzeptiert wurden. Sie unterstützten die konfuzianische Gelehrsamkeit und förderten die Sammlung und Herausgabe wichtiger traditioneller Texte. Der Sinologe James Legge hat uns eine Beschreibung geliefert, wie eine typische Qing-Zeremonie zu Ehren des Konfuzius ablief, bei der der Kaiser selbst vor dem Konfuzius-Schrein in der Kaiserlichen Universität in Beijing auf die Knie sank und sich verbeugte, bis seine Stirn den Boden berührte. »Groß bist Du, o vollkommener Weiser«, sprach er dabei. »Deine Tugend ist vollkommen, Deine Lehre ist vollkommen. Unter den Sterblichen ist keiner Dir gleich. Alle Könige zollen Dir Verehrung. Deine Vorschriften und Gesetze sind in herrlicher Weise auf uns gekommen.« An diesem Punkt der Zeremonie glaubte man den Geist Konfuzius' anwesend und brachte ihm Opfer dar. Dabei wurde von einem hohen Beamten ein Gebet verlesen: »Ich, ..., der Kaiser bringe dem Philosophen Kong [Konfuzius] ein Opfer dar, dem altvorderen Lehrer, dem vollkommenen Weisen, und bete mit diesen Worten: ›Oh Lehrer, dessen Tugend der Erde und dem Himmel gleich ist, dessen Lehren Vergangenheit und Gegenwart umfassen, Du hast die sechs Klassiker durchdrungen und überliefert, Du hast uns Lehren für alle kommenden Generationen erteilt.‹«[140]

Doch trotz der Bemühungen der Qing war die Position des Konfuzius in Ostasien nicht so unumstößlich, wie es scheinen mochte. Tatsächlich zeigten sich bald die ersten Risse im Sockel, auf den so viele Kaiser den großen Weisen gestellt hatten. Denn das chinesische Kaiserreich, das einst in vielerlei Hinsicht so fortgeschritten war, fiel zunehmend hinter Nationen zurück, die man als hoffnungslos unzivilisiert betrachtet hatte. Neue, fremde Technologien und Ideen begannen, das politische und soziale System Chinas zu bedrohen – und die Stellung der Männer, die es repräsentierten.

4

KONFUZIUS, DER UNTERDRÜCKER

Konfuzius lebte im feudalen Zeitalter. Die Ethik,
die er fordert, ist die Ethik der Feudalzeit.

CHEN DUXIU

Nur selten hatte China in seiner vieltausendjährigen Geschichte eine größere Demütigung hinnehmen müssen. Im April 1895 wurde in der japanischen Stadt Shimonoseki von den Delegationen Chinas und Japans ein Friedensabkommen unterzeichnet, das einen kurzen, aber umso kostspieligeren Krieg zwischen zwei asiatischen Staaten beenden sollte. Was ein Jahr zuvor als Auseinandersetzung über die Vorherrschaft über Korea begonnen hatte, endete damit, dass Chinas Armee zerschlagen war und die teure neue Flotte auf dem Grund des Meeres lag. Die Japaner hatten keinerlei Mühe gehabt, in die Mandschurei im äußersten Nordosten Chinas einzudringen und die chinesische Armee zu überrollen, die eigentlich modernisiert und mit modernsten Waffen hätte ausgestattet sein sollen. In dem vernichtenden Friedensvertrag musste China die Kontrolle über Korea aufgeben, das man in Beijing lange als Vasallenstaat betrachtet hatte. Man musste sich bereit erklären, eine enorme Summe als Kriegsreparationen zu bezahlen, und die Formosa-Insel (heute Taiwan) an Japan abtreten. Beijing hatte Japan stets hochmütig als zurückgeblieben betrachtet. Und nun wurde das große Kaiserreich China von einem Volk in die Knie gezwungen, in dem man nie etwas anderes als Barbaren gesehen hatte. China war tief gestürzt.

Das schmachvolle Abkommen sandte Schockwellen durchs Land und bewog nicht wenige Chinesen zu der Annahme, dass China sich verändern müsste, wenn es überleben wollte. Einer, der so dachte, war der konfuzianische Gelehrte Kang Youwei. Die jüngste Niederlage war in seinen Augen nur ein weiterer Beleg dafür, dass die Reformen, die er schon seit Jahren predigte, für die Zukunft des Landes nötiger waren denn je. Die Unterwerfung durch Japan war bloß die letzte in einer ganzen Reihe von Demütigungen, die das einst so mächtige Reich von der Hand fremder Herrscher hatte hinnehmen müssen. Für Kang war dies der Tropfen, der das Fass zum Überlaufen brachte. Zur Zeit des Friedensvertrages trommelte er in Beijing 1300 Kandidaten für das Beamtenexamen zusammen. Diese unterzeichneten eine Petition an den Qing-Hof, in der man gegen die Prüfungen protestierte. Dann gründeten Kang und seine Anhänger eine »Studiengesellschaft«, die Chinas Intelligenz für eine Bewegung gewinnen sollte, welche auf umfassende Reformen abzielte.

Kang glaubte, dass Chinas Elite sich zu sehr in ihre Klassiker vergrub, weil man sich auf inhaltlich überholte Prüfungen vorbereiten musste. Die Fixierung auf eine ferne Vergangenheit verhindere, sinnvolle Lösungen für die drückenden Probleme der Gegenwart zu finden. »Unser geschwächtes China ist umringt von Großmächten und schläft selig auf einem Haufen Kienspäne«, schrieb er. »Seine Gelehrten haben sich auf das Studium der Vorgeschichte spezialisiert, statt ihr Augenmerk auf das Verständnis der Gegenwart zu richten ... Oh, ihr Gelehrten der verriegelten Studierstuben, werden einige von euch hervorkommen, um uns über die dem Kaiser zustehenden Ehren und die Zurückschlagung der Barbaren zu belehren? Wenn ja, dann werden nicht nur die Lehren der geheiligten Qing-Dynastie, der zwei Kaiser, der drei Könige und des Konfuzius, sondern auch die vierhundert Millionen Menschen Chinas endlich etwas erhalten, worauf sie sich stützen können.« Wenn man nicht sofort tätig werde, so Kang, würden die Chinesen imperialistischen Mächten zum Opfer fallen, wie das so vielen anderen Völkern bereits geschehen war. »Nicht mehr lange«, so sagte er vorher, »und wir werden Türken und Neger sein.«[141]

Kangs Maßnahmen markieren einen Wendepunkt in der chinesischen Geschichte. Liang Qichao, sein begabtester Schüler, verkündete, Kang stehe für »den Beginn der politischen Massenbewegungen« in China.[142] Kang trug viel dazu bei, die politische Energie des chinesischen Volkes zu entfesseln und eine Entwicklung einzuleiten, die für China und Konfuzius weitreichende Folgen haben sollte.

China hatte das ganze 19. Jahrhundert über mit den Begehrlichkeiten kriegslüsterner ausländischer Staaten zu kämpfen. Das Land hatte zwei Opiumkriege gegen Großbritannien verloren – den ersten zu Beginn der 1840er-Jahre, der die Chinesen die Insel Hongkong kostete. Der zweite Opiumkrieg, in dessen Verlauf britische Truppen den beliebten kaiserlichen Sommerpalast vor den Toren Beijings niederbrannten, dauerte von 1856 bis 1860. Franzosen, Amerikaner, Deutsche und Russen schlossen sich den Briten an und zwangen den Chinesen sogenannte »Ungleiche Verträge« auf, die ihnen die Kontrolle über Teile des chinesischen Reiches gaben oder Handelskonzessionen und andere Rechte einräumten. Doch mit der Niederlage gegen Japan hatte China seinen absoluten Tiefpunkt erreicht. War es schon schlimm genug, dass die Barbaren aus dem Westen China ausbluteten, war das Land jetzt auch noch einer anderen asiatischen Nation unterlegen, die ihrerseits bis vor Kurzem noch zum Kreis der konfuzianisch strukturierten Länder gehört hatte, nach welchen die Kolonialmächte gierig ihre Finger ausgestreckt hatten. Während das 20. Jahrhundert heraufdämmerte, lief China Gefahr, gleich einem besonders fetten Truthahn in von Fremdmächten kontrollierte Kolonien aufgeteilt zu werden. Die schmählichen Niederlagen lösten bei den chinesischen Führern einen schmerzhaften Prozess der Selbsterforschung aus. Den Großteil seiner Geschichte war China das mächtigste und reichste Land Ostasiens gewesen, führend in Technik, Kunst, Medizin sowie – dank Konfuzius und anderer brillanter Denker – Philosophie. Doch die klaren Siege der europäischen Mächte hatten bloßgelegt, wie weit China mittlerweile zurückgefallen war. Noch erschreckender allerdings war, dass der Aufstieg des Westens für das kaiserliche China ja nicht nur politisch, wirtschaftlich und militärisch eine Bedrohung darstellte, sondern das Land auch in seinen ideologischen Grundfesten erschütterte. Die Kanonenboote und Handelsbeauftragten aus dem Westen brachten gefährliche neue Ideen wie Demokratie und Menschenrechte mit und sie verbreiteten neue Lehren wie den Kapitalismus und das Christentum. Europäische Missionare mussten ins Land gelassen werden, wo sie um neue Glaubensbrüder warben und die chinesischen Traditionen kritisierten. Der Aufstieg des Westens bedrohte Chinas überkommene Institutionen und Prinzipien – ja seine ganze Zivilisation. Frühere Invasoren waren – wie die Mandschuren, die Herrscher der Qing-Dynastie – assimiliert worden. Sie hatten sich, sobald sie im Land fest im Sattel saßen, der chinesischen Kultur angepasst und waren durchweg überzeugte Konfuzianer geworden. Der Westen aber zeigte China ein anderes Gesicht: Zum ersten Mal behauptete eine fremde Macht, nicht nur militärisch und technologisch, sondern auch intellektuell und kulturell überlegen zu sein. Die Menschen aus dem Westen waren zutiefst davon überzeugt, dass ihr politisches System, ihre Religion und ihre kulturellen Errungenschaften der Kulminationspunkt der Moderne seien, und so waren sie taub für die konfuzianische Botschaft. Nie zuvor hatte China eine derart dramatische Bedrohung seiner eigenen philosophischen Fundamente erlebt.

Wie man auf diese Herausforderung reagieren sollte, war eine Frage, die den politischen und sozialen Diskurs Chinas im gesamten 19. Jahrhundert bestimmte. Diese Debatten wurden größtenteils zwischen Konfuzianern geführt. Während der Qing-Dynastie hatte sich ein einhelliger Konsens herausgebildet: Die Bewahrung der Lehren des Konfuzius sei zentral für das Überleben Chinas und seiner Zivilisation. Doch die Beamtengelehrten und Intellektuellen waren sich nicht einig, wie das am besten zu bewerkstelligen war. Es gab erbitterte Fronten in der Frage, wie eine Reform zur Stärkung der Nation aussehen müsste und was Konfuzius wohl getan hätte, um das strauchelnde China aufzufangen. Kang Youwei gehörte dem radikalen konfuzianischen Spektrum an. Er trat für eine umfassende Reform des chinesischen Kaisertums durch den Import westlicher Methoden ein. Lieb gewordene Institutionen müssten abgeschafft werden, wenn sie nicht länger zweckdienlich seien. Kang schlug vor, die Qing-Dynastie in eine konstitutionelle Monarchie nach westlichem Vorbild mit einer vom Volk gewählten Abgeordnetenkammer umzuwandeln. Das Erziehungssystem solle mehr auf praktische Erfordernisse ausgerichtet werden.

So radikal diese Forderungen auch sein mochten: Kang war überzeugter Konfuzianer, und der große Weise stand im Mittelpunkt auch seines Reformprogramms. Kang pflegte nur eine höchst unorthodoxe Sicht auf Konfuzius' Lehren und auf den Weisen selbst. In Kangs Augen war er nicht länger der weise Erztraditionalist, der seine Lehren aus einem längst vergangenen Goldenen Zeitalter bezog. Für ihn war Konfuzius vielmehr der Messias, der den Weg in eine erleuchtete Zeit voller Frieden und Harmonie wies. Kang schöpfte seine ganze Energie aus der Vorstellung, dass er Konfuzius' Auftrag erfülle.

Kangs Reformen lösten eine Kette von Ereignissen aus, die ihn zwar beinahe an die Macht gebracht hätten, jedoch auch Effekte zeitigten, die noch jahrzehntelang nachwirken sollten. Von ihm völlig unbeabsichtigt, führten seine Ideen und die dadurch angestoßene Debatte über die Rolle der Tradition in einem sich modernisierenden China dazu, dass zum ersten Mal seit Jahrhunderten der Primat des Konfuzius in der chinesischen Gesellschaft infrage gestellt wurde. Und so drehte sich die Diskussion bald nicht mehr darum, wie man dem darniederliegenden China wieder aufhelfen könne, sondern um die Frage, wie man mit Konfuzius und seinem anhaltenden Einfluss umgehen solle. Wieder einmal war die Zukunft Chinas eng verknüpft mit Konfuzius, mit der Rolle, die er in Politik und Gesellschaft spielen sollte, mit der korrekten Auslegung seiner Philosophie und der Pflege seines Erbes. Aus dieser Debatte ging ein Konfuzius hervor, der mit dem, den China seit Jahrhunderten gekannt hatte, nicht mehr viel gemein hatte.

Wie es zuging, dass China und der Westen so schnell die Rollen getauscht hatten, wird wohl eines der großen Rätsel der Geschichte bleiben. Für den Großteil unserer Zeitrechnung war China dem Westen sowohl technologisch als auch wissenschaftlich überlegen. Während im mittelalterlichen Europa feudalistisch-rückständige Zustände herrschten, wurden im Reich der Mitte das Schießpulver und der Kompass erfunden. Doch im 19. Jahrhundert wendete sich das Blatt. Die Industrielle Revolution, der Aufstieg des modernen Kapitalismus und die im Gefolge der Aufklärung erzielten wissenschaftlichen Fortschritte machten die europäischen Nationen zur Speerspitze moderner Technologie, während China sich zum landwirtschaftlichen Museum vormoderner Produktionsweisen und Ausbildungsmethoden entwickelte, dessen fremdenfeindliche Regierungen das Land in Isolation hielten. Die Chinesen hatten den Europäern zunächst alles voraus, sowohl Ressourcen als auch

Sachkenntnis, doch irgendwie schafften sie es, ihre Vorteile zu verspielen. Was also ist da schiefgelaufen? Oder wie der britische Historiker Joseph Needham 1942 auf einen Brief kritzelte: »Wissenschaft in China im Allgemeinen – warum nicht entwickelt?«[143] Er war so besessen davon, die Antwort auf diese Frage zu finden, dass man von dieser bald nur noch als vom »Needham-Rätsel« sprach.

Needham und andere Wissenschaftler haben viele Theorien aufgestellt, die Chinas unterbliebene technologische Entwicklung erklären sollten – und natürlich bekam Konfuzius dabei einiges ab. »Der Beitrag [der Konfuzianer] zur Wissenschaft war fast durchweg negativ«, schrieb Needham in seinem Grundlagenwerk *Science and Civilization in China*[144]. Das Problem habe seine Wurzeln offensichtlich in Konfuzius selbst. »Das Interesse an Naturerscheinungen wird gewöhnlich geweckt durch die Entdeckung erstaunlicher oder erschreckender Abweichungen vom normalen Lauf der Dinge«, erläutert Needham. »Konfuzius aber hatte nicht die Absicht, sich auf Diskussionen über solche Erscheinungen einzulassen, da sie offensichtlich keine Auswirkungen auf die Probleme der menschlichen Gesellschaft hatten. Und seine Anhänger folgten 2000 Jahre lang seinem Beispiel.«[145] Needham verwendet Konfuzius' eigene Worte gegen ihn, denn er zitiert eine Passage aus den *Analekten*, in der es heißt, Konfuzius spreche nie über »außergewöhnliche Dinge«. Needham schloss daraus, dass es dem Weisen an Neugier an der Natur gefehlt habe, welche die Voraussetzung sei, um wissenschaftliche Experimente durchzuführen. Needham führt dann eine zweite Stelle an, in der Konfuzius einen seiner Schüler kritisiert, weil dieser ihm Fragen über die Landwirtschaft stellt, um zu beweisen, dass der Meister die Bedeutung dieser Fragen unterschätzte und seine Schüler zu Unrecht von der Beschäftigung damit abhielt. »Nachdem Fan Chi gegangen war, sagte Konfuzius: ›Fan Chi denkt wahrhaftig wie die gewöhnlichen Leute. Werden oben die Regeln des Anstandes, der Sitte und Ordnung geachtet, dann wird auch unten niemand wagen, ohne Achtung und Ergebenheit zu sein. Hat man oben ein richtiges Verhältnis zu Recht und Pflicht, dann wird sich im Volk niemand erkühnen, Ungehorsam zu zeigen. Wird oben die Aufrichtigkeit hochgehalten, dann wird es unten niemand wagen, unaufrichtig zu sein. Wenn aber die Zustände so sind, dann werden die Menschen aus allen vier Himmelsrichtungen, ihre Kinder auf dem Rücken tragend, herbeigelaufen kommen. Wieso braucht man dazu Kenntnisse über den Ackerbau?‹«[146]

Andere Wissenschaftler sehen die Ursache in der Sozialstruktur einer konfuzianischen Gesellschaft, die die Gebildeten daran hinderte, zu tüfteln und zu experimentieren. Ohne dies aber seien keine neuen Entdeckungen möglich. Der konfuzianische Edle war in erster Linie Gelehrter, und Gelehrte beugen sich über Bücher, statt ihre Energie in Werkstätten und Laboratorien zu vergeuden. Die konfuzianische Erziehung zusammen mit Konfuzius' Vorliebe für den Staatsdienst sei die Wurzel des Problems. Die hellsten Köpfe des Landes wollten die Beamtenprüfungen bestehen. Und so studierten und lernten sie die *Analekten* auswendig, ohne ein Interesse an Mathematik und Naturwissenschaften zu entwickeln.[147]

Im 19. Jahrhundert allerdings, als das Land einen Weg suchte, dem imperialistischen Westen etwas entgegenzusetzen, gab es in China nur wenige, die Konfuzius und seiner Rolle, die er im Leben der Menschen spielte, die Schuld am Niedergang des Landes gaben. Tatsächlich waren nicht wenige Konfuzianer davon überzeugt, das Heilmittel für Chinas Leiden sei nicht weniger, sondern *mehr* Konfuzianismus. Chinas Probleme rührten ihrer Ansicht nach nicht aus der traditionellen chinesischen Kultur oder seinen Institutionen, sondern aus den moralischen Verfehlungen der Regierenden. Die Lösung wäre also, das Studium des Konfuzius zu vertiefen und die Beamten zurück auf den konfuzianischen Weg zu bringen. Dieses Argument stützt sich auf ein wichtiges Thema konfuzianischen Denkens – gute Regierungsführung kommt von guten Menschen, weniger von guten Institutionen. Würde Chinas ethischer Kern neu belebt, dann würde das Land als Ganzes einen neuen Aufstieg erleben. Fremde Ideen, Institutionen oder auch nur Technologien zu importieren sei nicht nur nutzlos, sondern gefährlich. Das fremde Wissen würde die Chinesen von Konfuzius abbringen und dem Land damit das Herz herausschneiden.

Woren, der Mitte des 19. Jahrhunderts Großsekretär des Qing-Hofes und Führer der Konservativen war, legte diese Gedanken in einer Denkschrift an den Thron dar: »Astronomie und Mathematik nützen wenig«, protestierte er. »Wenn diese Disziplinen von Westlern regulär unterrichtet werden, wird daraus großer Schaden erwachsen … Euer Diener hat gelernt, dass es, um eine Nation aufzubauen, wichtig ist, die Aufmerksamkeit auf die Riten und die Rechtschaffenheit zu richten, nicht auf Macht und Intrigen. Das Ziel unserer Anstrengung sollte der Geist der Menschen sein, nicht die Technik … Von der Zeit der Altvorderen an bis heute hat Euer Diener noch nie vernommen, dass die Mathematik dazu gedient hätte, eine Nation vor dem Niedergang zu bewahren oder sie in Zeiten der Schwäche zu stärken.« Ohne Konfuzius, so Woren, würden die Chinesen nur Sklaven des Westens werden. »Das Einzige, worauf wir uns verlassen können, ist, dass unsere Gelehrten dem Volk die Lehren des Konfuzius in klaren Worten erklären … Wenn diese brillanten und begabten Gelehrten aber von ihren gewohnten Studien abweichen sollen, um es den Barbaren nachzutun, dann kann sich der rechte Geist nicht entwickeln, und der unrechte Geist wird immer stärker werden. Nach einigen Jahren wird dies unweigerlich darin enden, dass die Massen des chinesischen Volkes sich den Barbaren zuwenden.«[148]

Doch die Reformer schlugen zurück. In ihren Augen war China dem Untergang geweiht, wenn es nicht vom Westen lernte und die westliche Technologie und Methodik übernahm. Man verlachte

Worens Ideen als hoffnungslos naiv. Moralische Ermahnungen allein würden China nicht vor den Barbaren retten. Nur moderne Waffen und Wissen konnten dies leisten. Und so konterten sie: »Wenn er [Woren] keinen anderen Plan hat, als Treue und Aufrichtigkeit als Panzer zu nutzen und Riten und Rechtschaffenheit als Schild, ... und wenn er meint, diese Worte könnten diplomatische Verhandlungen zu einem guten Ende bringen und seien ausreichend, um das Leben unserer Feinde unter Kontrolle zu bringen, dann sollten Eure Minister sich nicht erdreisten, dies zu glauben.«[149]

Anfangs war das Ziel der Reformbewegung keineswegs, das konfuzianische System Chinas insgesamt zu verwerfen, man wollte es ganz im Gegenteil verteidigen. Die Reformer sahen keinerlei Widerspruch darin, westliche Ideen zur Modernisierung von Chinas Schulen, Wirtschaft und Regierung zu nutzen und weiterhin dem Konfuzianismus verbunden zu bleiben. Zhang Zhidong, ein kaiserlicher Beamter, der sowohl überzeugter Konfuzianer wie auch Reformer war, fasste diesen Standpunkt in die Worte: »Chinesisches Lernen für die Substanz, westliches Lernen für die Funktion.« Er warnte davor, die überkommenen Institutionen Chinas mit seinen traditionellen Lehren zu verwechseln. Die Regierung ließe sich auch reformieren, ohne die konfuzianische Kultur zu zerstören. »Gesetz und Institutionen sind das, was wir brauchen, um dem Wandel zu begegnen. Daher müssen sie nicht gleich bleiben«, schrieb Zhang. »Der Weg ist das, worauf wir die Fundamente gründen. Daher muss er stets derselbe sein.« Zhang und andere Reformer glaubten, dass Konfuzius, wäre er mit den aktuellen Problemen Chinas konfrontiert gewesen, nicht stur auf der Beibehaltung alter Denkmuster und Methoden beharrt hätte, sondern sich der Reformbewegung angeschlossen hätte. Die Gegner der Reformen »wissen nicht, dass der Weg der Weisen nur deshalb so wertvoll ist, weil er jederzeit an die Erfordernisse der Zeiten angepasst werden kann«, schrieb der einflussreiche Journalist Wang Tao um 1870. »Würde Konfuzius heute leben, könnten wir sicher sein, dass er nicht sklavisch an überkommenen Traditionen hängen und sich dem Wandel in den Weg stellen würde.«[150]

Trotz des heftigen Widerstands der Konservativen war die Notwendigkeit von Reformen nicht zu leugnen. China lag vor den Westmächten im Staub. Wenn das Land nicht mit denselben Waffen zurückschlug, was würde dann noch alles geschehen? Die Qing-Regierung öffnete die Schulen für die westliche Wissenschaft und Technik, schickte Studenten und Diplomaten rund um die Welt, um dort zu lernen, baute eine moderne Armee und Marine auf und förderte neue Industrien. China versuchte, zur modernen Welt aufzuschließen, indem es die Methoden des Westens kopierte.

Doch Chinas Niederlage im Krieg mit Japan machte nur allzu deutlich, dass die Reformen nicht weit genug gegangen waren. Das war Wasser auf die Mühlen jener, die für eine radikale Umstrukturierung von Chinas Regierung und Gesellschaft plädierten wie Kang Youwei.

Kang war davon überzeugt, dass es nicht ausreichte, ein paar neue Gewehre anzuschaffen und eine Handvoll Chinesen zum Studium in den Westen zu schicken, um China wiederaufzubauen. Das Land musste mit dem Westen gleichziehen, und zwar nicht nur beim Kaliber seiner Kanonen, sondern ebenso bei der Stärke jener Institutionen, die diese Kanonen geschaffen hatten, und anderen zweckdienlichen modernen Dingen. Chinas gesamte Gesellschaft – die Qing-Administration, das Bildungssystem, die religiösen Riten – musste von Grund auf reformiert werden. Selbst Konfuzius benötigte eine Überholung. Die Rolle Konfuzius' in der chinesischen Gesellschaft zu stärken war der einzige Weg, China wiederzubeleben und zu schützen.

Doch der Konfuzius der Kaiserzeit war nicht länger der Konfuzius, den China brauchte. Und so beschwor Kang, wie so viele andere konfuzianische Gelehrte vor ihm, einen neuen Konfuzius herauf, der auf der Höhe der neuen Zeit und ihrer Anforderungen war. Kangs Ansicht nach waren die vorherigen Reformen zur Wiedergeburt Chinas ins Leere gelaufen, weil die Regierung einfach nur importiertes Wissen auf das von innen her verfaulende Kaiserregime aufgepfropft hatte. Eine echte Lösung für Chinas Probleme aber erforderte einen tieferen Wandel – Konfuzius' Lehren mussten mit den fremden Ideen verknüpft werden, um so eine Mischung zu schaffen, die genug Kraft entfalten würde, China in die Moderne zu katapultieren. Eine Synthese aus Globalisierung und traditioneller chinesischer Kultur würde Chinas Misere ein Ende bereiten und die Nation in ein lichteres Zeitalter führen.

Zu dieser Auffassung war Kang nach einer tiefen persönlichen Krise gelangt. Wie alle Söhne prominenter Familien verlegte Kang sich als junger Mann ganz auf das Studium der konfuzianischen Klassiker, weil er die Beamtenprüfungen bestehen wollte. Aber er wurde dabei immer unruhiger und begann allmählich, das Lernen für die Prüfungen infrage zu stellen. »Mein Verstand und meine Einsicht verwirrten sich immer mehr, weil ich jeden Tag unter dicken Stapeln alter Papiere begraben war, bis ich eine regelrechte Abneigung dagegen entwickelt hatte«, erinnert er sich in seinen Memoiren. »Also hörte ich einfach auf. Tief in meinem Herzen suchte ich nach einem Ort, wo mein Geist zur Ruhe kommen würde und ich über mein Schicksal entscheiden könnte. Also gab ich ganz unvermittelt meine Studien auf, räumte meine Bücher weg, schloss die Tür, zog mich von meinen Freunden zurück und gab mich der Kontemplation hin, die meinen Geist stärkte.«[151]

Auf diese Weise in tiefer Meditation versunken erfuhr er eine (ausgesprochen neokonfuzianische) Offenbarung. »Plötzlich sah ich, dass Himmel, Erde und die tausend Dinge mit mir eins waren.

Eine große Erleuchtung überkam mich und ich sah mich als Weisen und lachte vor Freude. Dann dachte ich an das Leid und Elend aller fühlenden Wesen und ich weinte vor Traurigkeit.«[152] Kangs Offenbarung führte ihn auf einen (höchst konfuzianischen) Weg des Lernens. Er reiste nach Hongkong und Schanghai, wo er das quirlige Leben in den Städten bestaunte. Und er begann, philosophische Texte westlicher Tradition zu studieren. Aus dieser Auseinandersetzung entstand ein Konfuzianismus, den der alte Weise wohl nicht wiedererkannt hätte.

In Kangs Augen vollzog sich der Fortschritt in der Welt in Phasen. Am Ende stand das Zeitalter des Großen Friedens (oder der Großen Einheit), in dem alle Konflikte sich in universeller Liebe aufgelöst hätten. Dieses Zeitalter würde anbrechen, wenn der Prozess der Globalisierung fortschreite. Die moderne Technik würde die Nationen verbinden, und man würde eine einheitliche Welt schaffen. Dann würden die Unterschiede zwischen den Völkern verschwinden, und alle Menschen seien gleich. »Es wird der Tag kommen, an dem alles auf der Erde, ob groß oder klein, weit oder fern, eins ist«, schrieb Kang. »Dann wird es keine Nationen mehr geben, keine Unterscheidungen der Rasse, und die Sitten werden überall dieselben sein. Mit dieser Einheit bricht das Zeitalter des Großen Friedens an.« Diese Vision nahm Kang als Argument für eine drastische Reform Chinas: »Es ist daher nötig, die Lehre von der Selbstbestimmung und der Unabhängigkeit weiter zu verbreiten und öffentlich über eine konstitutionelle Regierung zu debattieren«, behauptete er streitbar. »Wenn die Gesetze nicht reformiert werden, wird daraus große Unordnung entstehen.«[153]

Kang gab sich größte Mühe, seine Theorien mit Konfuzius in Verbindung zu bringen, um seine Reformagenda ideologisch zu legitimieren. So behauptete er, Konfuzius selbst habe das Zeitalter des Großen Friedens in den klassischen Texten vorhergesagt. Kangs Vorstellung der universellen Liebe war in seinen Augen nur eine

Erweiterung von Konfuzius' zentraler Tugend der Menschlichkeit, die in der Familie beginne und sich dann auf den Rest der Menschheit ausdehne. Kang schrieb, Menschlichkeit heiße, »dass der Mensch zum Zusammenleben geboren ist ... Sie ist die Macht der Liebe«[154].

Doch Kang führte Konfuzius' Denken in eine Richtung, die seine Philosophie jeglicher Grundlage beraubte. Konfuzius hatte geglaubt, dass eine gerechte und blühende Gesellschaft auf starken Institutionen beruhe – auf der Familie und dem Staat. In Kangs Vision vom Zeitalter des Großen Friedens waren die Institutionen hinderlich für den Entwicklungsprozess und mussten daher aufgegeben werden. »Wenn wir die Schönheit vollkommener Gleichheit, Unabhängigkeit und die Vervollkommnung der (menschlichen) Natur wollen, dann kann das nur durch Abschaffung des Staates, durch Abschaffung der Familie [geschehen]«, meinte Kang. Vor allem gegen die Ehe hatte er etwas. Seiner Ansicht nach sollten Männer und Frauen nur ein Jahr zusammenleben und dann den Partner wechseln, statt eine dauerhafte Verbindung einzugehen. »Wenn es weder Ehemänner noch Ehefrauen gibt«, so Kang über seine neue Gesellschaft, »dann gibt es keinen Streit über Frauen mehr, keine Notwendigkeit, den Ehebruch zu verhindern oder sexuelle Gelüste zu unterdrücken.«[155]

Kang gestaltete Konfuzius so um, wie es der Sache der Reformer am besten diente. In seinem 1897 erschienen Buch *Confucius as a Reformer* tritt uns der Weise nicht mehr länger als Purist entgegen, der die Ordnung in China auf der Grundlage der geschätzten Prinzipien der Vorväter wiederherstellen wollte, sondern als eifriger Reformer, der das Land umwandelte. »Jeder Begründer einer Lehre reformierte die Institutionen und erließ neue Gesetze«, schrieb Kang. »Chinesische Prinzipien und Institutionen wurden von Konfuzius niedergelegt. Seine Schüler erhielten von ihm Belehrungen und gaben sie weiter, sodass sie im Land ausgeführt und die alten

Sitten geändert werden konnten.« Aus diesem Grunde sei »Konfuzius ein gottgleicher weiser König«, schrieb er. »Er ist ... der vollkommenste und am höchsten verwirklichte Weise in der Geschichte der Menschheit.« Kang wollte aus dem Konfuzianismus eine Staatsreligion nach christlichem Vorbild machen, mit konfuzianischen »Kirchen« und einer Priesterschaft, die dem Staatsministerium für Religion unterstand. Statt während des Sonntagsgottesdienstes Stellen aus der Bibel zu lesen, würden konfuzianische Priester aus den *Analekten* predigen. Kang glaubte, dass das Christentum für Europas Erfolg verantwortlich war, und so versuchte er, Konfuzius mit Christus gleichzusetzen.[156]

Viele von Kangs Ideen hören sich ziemlich unkonfuzianisch an. Wie konnte ein treuer Schüler des Weisen einen Konfuzianismus ersinnen, dessen Zentrum nicht mehr die Familie war? Ohne Kindespietät und heiligmäßige Könige? Doch Kang und seine Schüler behaupteten wie so viele Konfuzianer vor ihnen, Konfuzius sei über die Jahrhunderte vollkommen missverstanden worden und sie hätten schließlich entdeckt, was der große Weise *tatsächlich* im Sinn gehabt hätte. Konfuzius, so glaubten sie, habe nie das Kaisertum unterstützen wollen – er sei ein Demokrat gewesen. Hierarchien seien ihm zuwider und der Gleichheitsgedanke sein oberstes Anliegen gewesen. Konfuzius sei nie das gewesen, was aus ihm gemacht worden war. »Als Konfuzius seine Lehren verkündete, verwarf er das alte Lernen, reformierte existierende Institutionen, lehnte die Monarchie ab, trat für die Republik ein und machte aus Ungleichheit Gleichheit«, schrieb Kangs Schüler Tan Sitong. Konfuzianische Gelehrte, so Tan weiter, hätten unverantwortlicherweise zugelassen, dass der große Weise vom kaiserlichen Hof umgekrempelt wurde, um seine archaische und repressive Herrschaft zu rechtfertigen. Einige Konfuzianer hätten »vollkommen die wahre Bedeutung von Konfuzius' Lehren vergessen und sich an ihre oberflächlichste Form geklammert«, schrieb er. »Sie erlaubten dem Herrscher höchste, unbegrenzte Macht und versetzten ihn so in die Lage, mithilfe des Konfuzianismus das Land zu kontrollieren.«[157]

Kangs Version des Konfuzianismus erschütterte das konfuzianische Establishment. Kangs Schüler Iang Quichao erklärte, die Wirkung seiner Werke sei »wie ein Zyklon ... ein gewaltiger Vulkanausbruch und ein mächtiges Erdbeben« gewesen. Er verglich Kang gar mit Martin Luther.[158] Und tatsächlich wurde Kang von den Konfuzianern genauso kontrovers betrachtet wie Luther von den katholischen Kardinälen. Die Konfuzianer sahen Kang sogar als Bedrohung für Chinas Zukunft. Die Umsetzung seiner Reformen hieße, dass man den Konfuzianismus nicht mehr als das philosophische Herzstück der chinesischen Regierung und Kultur betrachten würde. Und das konnte das konfuzianische Establishment natürlich nicht akzeptieren.

Zhu Yixin, ein angesehener konfuzianischer Gelehrter, bezichtigte Kang, er missbrauche den Namen des Weisen für einen fehlgeleiteten Plan, China mit fremden Ideen zu überfrachten. »Indem Sie Konfuzius als Reformer missdeuten, versuchen Sie nur, neue Institutionen einzuführen«, schrieb Zhu. »Dass Konfuzius ein Reformer gewesen sein soll ist eine Idee, die aus apokryphen Texten stammt und daher nicht anerkannt werden kann. Doch selbst wenn der Weise diese Worte gesprochen haben sollte, dann nahm er sie nur als Muster und arbeitete sie weiter aus, um schließlich zu den alten Institutionen der weisen Könige der Vorzeit zurückzukehren. Wie können Sie nur auf ›barbarische Methoden‹ setzen, um China zu reformieren?« Die fremden Ideen, fuhr Zhu fort, seien von den Grundprinzipien konfuzianischer Lehren grundverschieden und würden China ins Unglück stürzen. »Meinen Sie etwa, die Klassiker unserer Weisen und die Lehren unserer Philosophen seien zu banal, um ihnen zu folgen, und wir müssten sie ändern, um etwas Neues zu erhalten? ... Barbarische Institutionen beruhen auf barbarischen Prinzipien ... Statt den Dingen auf den Grund zu gehen, plappern Sie fröhlich davon, die Institutionen verändern zu wollen. Wenn die Institutionen verändert werden, werden sich dann nicht auch die Prinzipien, auf denen sie beruhen, ändern?« Die einzig wahre Lösung für Chinas Probleme, so die Konservativen, könne nur in der moralischen Wiederherstellung des Landes und seiner Führer liegen. »Der Weg zu guter Regierungsführung ist vor allem die Aufrichtung von Herz und Geist des Volkes und die Einführung tugendhafter Sitten. Erst dann kann die Vervollkommnung der Institutionen erfolgen.«[159]

Im Mittelpunkt der konservativen Argumente gegen Kang stand stets der Gedanke, dass Konfuzius' Lehren allen anderen überlegen seien. »Eine gründliche Überprüfung der Ursachen für Erfolg oder Misserfolg in der Regierungsführung zeigt klar, dass im Allgemeinen die Aufrechterhaltung des Konfuzianismus eine gute Regierungsführung mit sich bringt, während die Übernahme von fremden Prinzipien zu Chaos führt«, schrieb ein Beamter namens Xe Dehui. »Die Essenz des Konfuzianismus wird weiterleuchten, da sie sich von Tag zu Tag erneuert ... Nur Narren können behaupten, dass die westliche Religion dem Konfuzianismus überlegen sei. Wenn es noch eine Moral gibt, dann muss es auch den Konfuzianismus geben.«[160]

Kangs Ideen-Potpourri gewann Anhänger, als China gegen Ende des 19. Jahrhunderts in eine verzweifelte Lage geriet. Obwohl die kaiserliche Regierung Kang und seine Anhänger zunächst verfolgt hatte, interessierten sich der Qing-Kaiser Guangxu und einige seiner Hofbeamten immer mehr für seine radikalen Ideen, als die Westmächte über dem strauchelnden China kreisten gleich hungrigen Geiern. Wie Konfuzius selbst es vor Jahrtausenden getan hatte, verfasste auch Kang Denkschriften an den Thron und bat darum, dass der Kaiser ihn anhöre. »Eure Majestät weiß, dass unter den

gegebenen Umständen Reformen unverzichtbar sind und dass alte
Institutionen abgeschafft werden müssen«, bat Kang Anfang 1898.
»Nachdem ich alte und neue Institutionen in China und im Ausland studiert habe, bin ich zu dem Schluss gekommen, dass die Institutionen der weisen Könige der Vorzeit exzellent waren, doch
diese Zeit unterscheidet sich massiv von unserer heutigen.«[161]
Kang schlug vor, dem Land eine Verfassung zu geben. Seiner Ansicht nach sollte der Kaiser sich an die Spitze der Reformer setzen
und die hinderliche Bürokratie der Beamtengelehrten einfach übergehen.

Und damit erregte Kang tatsächlich Kaiser Guangxus Aufmerksamkeit. Am 16. Juni 1898 wurde Kang zu seiner ersten persönlichen Begegnung mit dem Kaiser gerufen. Die beiden unterhielten
sich fünf Stunden lang. Dabei versprach Kang, seine Methoden
würden China zu altem Reichtum und Einfluss verhelfen. »Die
Voraussetzung für eine Reform ist, dass alle Gesetze sowie das
politische und soziale System verändert und erneuert werden,
sonst ist es keine Reform«, sagte Kang dem Kaiser. »Die meisten,
die von Reformen sprechen, wollen nämlich nur das eine oder andere verändern und nicht die Institutionen.« Kang blies zum Angriff auf das altmodische Prüfungssystem für die Beamtenlaufbahn, das die Wurzel aller Übel in China sei. »Das Problem heute
ist vor allem die mangelnde Bildung des Volkes, und die Ursache
dafür sind … die Beamtenprüfungen«, sagte er. Die Kandidaten
»lesen keine Bücher, die seit der Zeit der Qin und Han geschrieben wurden. Sie studieren auch nicht die Fakten über die Nationen in aller Welt … Heute ist unter den zahllosen Beamten und
Ministern keiner, der sich an die heutigen Umstände anpassen
könnte.«[162]

Beeindruckt gewährte der Kaiser Kang das ungewöhnliche Privileg, seine Denkschriften direkt an ihn zu richten. Auf diese Weise
konnte er die feindlich gesonnenen Hofbeamten umgehen. Kangs

Unterredung mit Guangxu führte zu einem radikalen Wandel in der kaiserlichen Politik, den man als die »Hundert-Tage-Reform« bezeichnet. Der Kaiserhof gab eine Reihe von Erlassen heraus, die in manchen Fällen möglicherweise sogar von Kang selbst verfasst worden waren. Mit diesen Erlassen wollte der Kaiser das Militär stärken, die Industrialisierung fördern und eine neue nationale Universität gründen. Die üblichen philosophischen Aufsätze, die das Kernstück der Beamtenexamen bildeten, wurden durch Aufsätze über aktuelle Themen ersetzt. Im August schaffte der Kaiser eine Reihe von Regierungsämtern ab und verkündete seine Absicht, den kaiserlichen Staat neu zu organisieren.

Doch diese Maßnahmen stellten eine direkte Bedrohung für einige sehr mächtige Interessengruppen am Qing-Hof dar – die Bürokratie, die eifersüchtig über ihre Privilegien wachte; die Hofeunuchen und -beamten, die vom Kaiser entmachtet worden waren; und vor allem für Kaiser Guangxus herrschsüchtige Tante, die Kaiserinwitwe Cixi. Am 21. September 1898 führte sie einen Putsch gegen den Kaiser an und übernahm selbst die Macht über die Qing-Regierung. Kaiser Guangxu wurde in Einzelhaft gehalten. Cixi machte die meisten Reformen ihres Neffen rückgängig und rächte sich an den Reformern, von denen sie einige hinrichten ließ. Kang entkam in die Sicherheit des von den Briten kontrollierten Hongkong. In einem kaiserlichen Erlass von 1901 bezeichnete Cixi Kang und seine Schüler als »Rebellen«, und seine Reformen weniger »reformierte Gesetze als Gesetzlosigkeit«[163].

Hätten Kang Youwei und sein unorthodoxer Konfuzianismus das Kaiserreich retten können? Diese Frage lässt sich kaum beantworten. Doch nach Cixis Putsch brach die Dynastie zusammen. 1911 dankte der letzte Qing-Kaiser ab. 2100 Jahre, nachdem der erste Qin-Kaiser das Land geeint hatte, war das Kaiserreich in China an sein Ende gelangt. Der Zusammenbruch der Qing-Dynastie endete in einer Zeit der Kriege und des politischen Chaos, die siebzig Jahre dauern sollte und Millionen Leben kostete.

Wie Konfuzius im 5. Jahrhundert v. Chr., suchten auch jetzt die Politiker, Denker und Schriftsteller nach Wegen, das Land zu retten. Anders als Konfuzius aber fanden sie die Antwort nicht in den Traditionen der chinesischen Vorzeit, sondern eben in der Ablehnung jeglicher Tradition. Und das hieß auch: Ablehnung von Konfuzius. Die Reformer stritten nicht länger darum, welche Inkarnation des Konfuzius das Land wiederauferstehen lassen könnte. Nun war man der Ansicht, der einzige Weg zum Wiederaufbau Chinas sei, den Weisen ein für alle Mal loszuwerden. Konfuzius wurde zum Symbol für alles, was an China nicht stimmte, zur Ursache für den Verfall und Niedergang des Landes. Er war es, der zwischen den Chinesen und der modernen Welt stand.

Die treibende Kraft hinter diesem einschneidenden Wandel in der Konfuzius-Rezeption war ein nationalistischer Aufstand von Chinas Jugend im Gefolge des Niedergangs der Qing-Dynastie. Die Versuche, China unter einer republikanischen Regierung zu vereinen, scheiterten. Bald zerfiel das Land wieder in einzelne Machtbezirke, die von Kriegsherren kontrolliert wurden. Chinas Jugend, seine Studenten wurden allmählich ungeduldig, warteten sie doch auf Reformen, die das Land modernisieren sollten. Am 4. Mai 1919 machte sich diese Unzufriedenheit Luft in massiven Protestmärschen der Studenten in Beijing. Der Zorn der Jugend richtete sich gegen Chinas Behandlung in den Verträgen von Versailles. Den chinesischen Delegierten war es nicht gelungen, die Alliierten daran zu hindern, jene Teile des chinesischen Territoriums, die zuvor von der Verlierernation Deutschland beherrscht worden waren, Japan zuzuschlagen. Doch die Bewegung des Vierten Mai, wie die Studentenbewegung später genannt wurde, war weit mehr als eine einfache Demonstration. Sie war eine intellektuelle Revolution.

Die jungen Denker und Aktivisten der Bewegung sahen den einzigen Weg zur Rettung des gefallenen Chinas in der Beschneidung des Einflusses einer Gruppierung, die Hu Shi, einer der kreativsten Strategen des Vierten Mai, »Konfuzius und Söhne« nannte. Und so schrien die demonstrierenden Studenten anti-konfuzianische Parolen wie »Nieder mit dem Antiquitätenladen des Konfuzius!«. Solche Parolen wurden zum Soundtrack der Bewegung. »Konfuzius lebte in einem feudalen Zeitalter. Die Ethik, die er fordert, ist die Ethik der Feudalzeit«, tönte Chen Duxiu, einer der Begründer der Kommunistischen Partei Chinas, 1916. »Die Ziele, ethischen und sozialen Normen, die Lebensweise und die politischen Institutionen waren auf die Privilegien und das Prestige einiger weniger Herrscher und Aristokraten ausgerichtet und nie auf das Wohl der Bevölkerung.« Für Chen und andere waren Konfuzius' Lehren schlicht unvereinbar mit modernen politischen Idealen. »Um Herrn Demokratie endlich begrüßen zu können, müssen wir uns gegen den Konfuzianismus wehren, gegen die kodifizierten Zeremonien, die Keuschheit der Frauen, die traditionelle Ethik und die altmodische Politik«, schrieb Chen 1919. Falls China sich nicht endlich vom Konfuzianismus befreite, würde die Nation unter der Faust des imperialistischen Westens landen. »Es ist klar, dass jene Rassen, die an antiquierten Methoden hängen, verfallen oder untergehen werden«, schrieb Chen 1915. »Unser Land ist immer noch nicht aus seinem langen Traum erwacht und isoliert sich selbst, indem es weiterhin dem alten Trott folgt ... Ich persönlich würde lieber die überholte Kultur unseres Landes aussterben sehen als unsere Rasse.« Dass die chinesische Tradition mit ihren alten Weisen ihren Anfang genommen hatte, so Chen, hieße doch nicht, dass sie in modernen Zeiten noch brauchbar war. »Was im Alltagsleben eines Menschen oder der Gesellschaft keine Verwendung findet, ist nur leerer Formalismus und Stoff für allerlei Illusionstheater«, fuhr er fort. »Und auch wenn er von unseren Ahnen weitervererbt wurde, von den Weisen gelehrt, von der Regierung befürwortet und von der Gesellschaft verehrt, so ist der Stoff der Betrüger doch immer noch keinen Pfennig wert.«[164]

Lu Xun, ein weiterer einflussreicher Schriftsteller, griff die Kultur des Konfuzianismus in seinen Werken an. Der Protagonist und Erzähler seiner klassischen Kurzgeschichte *Tagebuch eines Verrückten* aus dem Jahr 1918 scheint nicht alle fünf Sinne beisammenzuhaben. Er glaubt, dass seine Nachbarn, ja sogar sein älterer Bruder ihn essen wollen. Schnell aber wird deutlich, dass der Tagebuchschreiber sich nur bildlich aufgefressen fühlt – von den repressiven chinesischen Traditionen, die seine Familie und das Dorf ihm aufzwingen. Sie stehen ihm feindselig gegenüber, weil er die sozialen Normen Chinas infrage stellt. Wenn nur, so klagt er, die anderen ebenfalls gegen die Tradition aufstehen würden, dann wäre bald Schluss mit der Repression, doch der Zwang zur Konformität ist einfach zu stark. »Wie schön das Leben doch für sie wäre, könnten sie sich von diesen Obsessionen befreien und ungezwungen arbeiten, gehen, essen und schlafen«, meint der Erzähler. »Sie müssten nur diesen einen Schritt tun. Aber Vater und Söhne, Gatten und Gattinnen, Brüder, Freunde, Lehrer und Schüler, eingefleischte Feinde und sogar Fremde haben sich alle zu dieser Verschwörung zusammengeschlossen, um sich gegenseitig zu entmutigen und daran zu hindern, diesen Schritt zu tun.« Schließlich dämmert dem Erzähler eine erschreckende Erkenntnis: »Ich habe all diese Jahre an einem Ort gelebt, an dem seit 4000 Jahren Menschenfleisch verzehrt wird.«

Eine andere Geschichte von Lu Xun ist nach ihrem Protagonisten Kong Yiji benannt. Sie wurde 1919 veröffentlicht und erzählt von einem älteren konfuzianischen Gelehrten, der die Beamtenprüfungen nicht bestanden hat und daraufhin verarmt. Kong wird deshalb von den anderen Stadtbewohnern gnadenlos verspottet. Der Erzähler berichtet, dass er »so viele altmodische Worte in seine

Sprache einstreute, dass man die Hälfte von dem, was er sagte, nicht verstand«. Er wiederholte ganz offensichtlich die Worte des Meisters Konfuzius, die in einem normalen Umfeld nur schallendes Gelächter hervorriefen. Da er keine Möglichkeit findet, sein Brot zu verdienen, sieht Kong sich am Ende gezwungen zu stehlen. Doch natürlich gesteht er seine Verbrechen nicht, und so hat er jedes Mal, wenn er in die Taverne kommt, in der der Erzähler arbeitet, mehr Narben im Gesicht, weil man ihn mit Schlägen bestraft. Das Letzte, was er von Kong sieht, ist, dass dieser auf Händen und Füßen aus der Taverne krabbelt. Der Erzähler nimmt an, dass er wohl gestorben ist. Kong Yiji ist Lu Xuns Vorstellung von einem konfuzianischen Gelehrten, der in seinen Augen den Schaden, den er in der Welt anrichtet, noch nicht einmal bemerkt. Genauso wenig ist er sich darüber im Klaren, dass er für alle nur noch Gegenstand des Gelächters ist.[165]

Da Kong Yiji denselben Familiennamen trägt wie Konfuzius selbst, könnte man durchaus annehmen, dass Lu Xun damit auch über den Meister selbst ein Urteil abgeben wollte. Einige der Angriffe auf Konfuzius vonseiten jüngerer Schriftsteller des 20. Jahrhunderts fallen auch erstaunlich persönlich aus. Nun schreibt man dem Höchsten Weisen keine übernatürlichen Kräfte mehr zu oder macht ihn zur Quelle grenzenloser Weisheit und unvergleichlicher Tugend. Konfuzius wird nun zum »lebendigen, irrenden, kämpfenden, widersprüchlichen Sterblichen«, wie der Schriftsteller Lin Yutang in einer 1930 gehaltenen Rede es ausdrückte. Lin untersuchte Konfuzius' Leben, wie es sich aus den überlieferten Texten ergibt, und meinte: »Konfuzius tat viele Dinge, die sowohl gegen den Anstand als auch gegen die Ehrbarkeit verstießen.« Außerdem fügte Lin hinzu: »Ich glaube, kein modernes Mädchen würde einen Mann heiraten, wenn sie vorher wüsste, dass er so anspruchsvoll und penibel wäre wie Konfuzius.« Tatsächlich seien Konfuzius' Sünden so schwerwiegend, dass Lin dafür keine Rechtfertigung sah. »Wenn ich die leidenschaftlichen Verteidiger des Konfuzius sehe, wie sie sich allerlei Entschuldigungen für seine Skandale ausdenken, obwohl sie in den *Analekten* selbst verzeichnet sind, kommt mir unwillkürlich ein vierzigjähriger Beamter in den Sinn, der sich urplötzlich im Hürdenlauf versuchen will. Dummerweise sind die Skandale so zahlreich und die Hürden so hoch, dass der arme konfuzianische Beamte von Anfang an keine Chance hat.«[166]

Mao Zedong wurde mit diesem fanatischen Anti-Konfuzianismus groß. Als er 1949 die von den USA unterstützten Nationalisten besiegte und die Volksrepublik China ausrief, erklärte er gleichzeitig Konfuzius den Krieg. Für die Kommunisten war Konfuzius ein gefährlicher Konterrevolutionär, ein elitäres Individuum aus einem feudalen Zeitalter, das zur Unterdrückung der Massen beigetragen und eine soziale Ordnung zu ihrer Ausbeutung geschaffen hatte. In Maos Augen konnte China nicht in das glorreiche Zeitalter des Kommunismus voranschreiten, solange der Einfluss des Weisen fortdauerte. Über China schrieb Mao in einem berühmt gewordenen Essay von 1940 mit dem Titel *Über die Neue Demokratie*:

> *Es gibt ferner in China eine halbfeudale Kultur, die die halbfeudale Politik und die halbfeudale Wirtschaft widerspiegelt; zu ihren Vertretern gehören jene, die den Kult um Konfuzius und das Studium des konfuzianischen Kanons befürworten, die alte Ethik und die alten Ideen predigen, gegen die neue Kultur und die neuen Ideen auftreten. Die imperialistische Kultur und die halbfeudale Kultur sind sehr einträchtige Brüder, sie haben auf dem Gebiet der Kultur ein reaktionäres Bündnis geschlossen und bekämpfen die neue Kultur Chinas. Diese reaktionäre Kultur dient dem Imperialismus und*

der Feudalklasse, sie muss hinweggefegt werden.
Wird sie nicht hinweggefegt, dann kann keinerlei
neue Kultur aufgebaut werden.[167]

Unter Mao wandelte sich dieser allgemeine Eindruck zur offiziellen Staatspolitik. Er lancierte die umfassendste Diffamierungskampagne gegen Konfuzius in der ganzen chinesischen Geschichte. Während der gesamten zweiten Hälfte des 20. Jahrhunderts wurde den Chinesen das Wissen über ihr eigenes philosophisches Erbe und ihre Geschichte vorenthalten. Jene Gesellschaft, die einst von dem Geist des großen Weisen durchdrungen war, vergaß den Mann, seine Ideen und seine moralische Mission. Die Zeremonien zu Ehren des Konfuzius, die fast 2000 Jahre lang das chinesische Leben geprägt hatten, wurden verboten. Die neue Staatsdoktrin war der Marxismus, und Maos *Kleines Rotes Buch* ersetzte die *Analekten* als meistgelesenen philosophischen Text Chinas. Konfuzianische Bücher verschwanden aus den Klassenzimmern, konfuzianische Gelehrte wurden verfolgt wie Kriminelle und ins Arbeitslager gesteckt. Konfuzianische Tempel wurden geschleift, Andenken an den Großen Weisen öffentlich verbrannt. Die Lehren des Konfuzius waren mit einem Mal »ein reaktionäres ideologisches System, das altes Denken, alte Kultur und alte Traditionen verkörpert«, wie es in einem Artikel von 1975 in der *Peking Review* hieß. »Frühere Reaktionäre nahmen sie auf und formten sie kontinuierlich um, um das Volk zu beherrschen und zu verdummen und die dekadente wirtschaftliche Basis und reaktionäre Politik aufrechtzuerhalten ... Die Lehren des Konfuzius ..., die am Alten hängen, an der Restauration und am Rückschritt, müssen vernichtet, traditionelle Vorstellungen der ausbeutenden Klassen ausgelöscht werden; nur dann kann der neue Weg des Proletariats beschritten werden und der Geist der kommunistischen Revolution voll zum Tragen kommen.«[168]

Die Roten Garden waren Maos Fußvolk im Kampf gegen Konfuzius. Mao rief sie 1966 ins Leben, als er zur zerstörerischen Kulturrevolution blies. Die Roten Garden, bei denen es sich meist um Studenten handelte, überschwemmten das Land, um alles, was sie als Spuren der korrupten, präkommunistischen Vergangenheit betrachteten, auszurotten. Dazu gehörten unter anderem die »vier Relikte« – alte Gebräuche, alte Gewohnheiten, alte Kultur und altes Denken. Dabei gingen sie meist gewaltsam vor. Die Roten Garden verprügelten Professoren, Intellektuelle und weniger radikale Regierungsmitglieder. Obwohl heute die meisten Chinesen sich von der Kulturrevolution distanzieren, glaubten die Roten Garden sich zu ihrer Zeit auf einer edlen Mission. Schließlich halfen sie Mao, das alte, schwache China zu zerstören und das Land damit in ein neues, aufgeklärtes Zeitalter zu führen, frei von Korruption, Unterdrückung – und Konfuzius.

Niemand stand eindeutiger für die »vier Relikte« als Konfuzius selbst, und so wurde der große Weise für die Roten Garden Staatsfeind Nr. 1. Bald nach Ausrufung der Kulturrevolution kamen die Roten Garden nach Qufu, Konfuzius' Heimatstadt, in der drei der wichtigsten historischen Stätten der Konfuzius-Verehrung liegen – das Grab des Weisen, der Konfuzius-Tempel und das alte Haus der Familie Kong. Wer die »vier Relikte« ausmerzen wollte, für den war es Ehrensache, diese drei Gedenkstätten zu zerstören. Der Kampf, der sich in der zweiten Jahreshälfte 1966 in Qufu entwickelte, war typisch für die Angriffe auf Konfuzius, die in ganz China stattfanden.[169]

Die Unruhen in Qufu begannen in der Nacht des 23. August, als Mitglieder der lokalen Führung der Kommunistischen Partei mitten in der Nacht mit einer schlimmen Nachricht aus dem Schlaf gerissen wurden. Die Roten Garden einer Marine-Akademie hatten Stelen und Inschriften auf einem nahe gelegenen Berg zerstört und zögen nun auf die drei berühmten Gedenkstätten zu. Die Parteiführer in Qufu waren tief besorgt. Was die Roten Garden als die gefährlichen »vier Relikte« betrachteten, war für die Kommunisten der historischen Stadt ein kostbares Nationalheiligtum und Quelle des Stolzes der ganzen Region. Und so traten die Parteimitglieder in Qufu in Aktion, um Konfuzius' Andenken zu schützen.

Die Studenten in Qufu versuchten, die Roten Garden mit ihren eigenen Waffen zu bekämpfen: Sie befestigten am Haupteingang des Tempels Transparente, auf denen stand: »Lang lebe die proletarische Kulturrevolution!« Und: »Notfall-Brigaden erhebt euch! Verhindert die zerstörerischen Aktivitäten des Klassenfeindes!« Am Haus der Familie Kong marschierten die Mitglieder einer landwirtschaftlichen Produktionsgenossenschaft auf, um das Haus zu bewachen. Sie trugen auf ihrer Brust rote Stoffstreifen mit der Aufschrift: »Wir sind arme Bauern.« So hoffte man, an das Klassenbewusstsein der Roten Garden zu appellieren. Nachdem am 24. August die Sonne aufgegangen war, teilte Li Xun, der Sekretär des Kreiskomitees von Qufu, vor einer Versammlung lokaler Beamter mit, dass der Staatsrat, also die Regierung in Beijing, die Gedenkstätten in Qufu zu den geschützten kulturellen Andenken des Landes zählte, und gelobte öffentlich, Recht und Gesetz aufrechtzuerhalten. »Diese Gedenkstätten sind tatsächlich unschätzbar wertvoll, nicht nur für China, sondern für die ganze Welt«, erklärte Li. »Niemand darf sie so einfach zerstören.« Gleichzeitig aber sorgten Li und der Rest der kommunistischen Führer in Qufu sich ernsthaft über mögliche brutale Zusammenstöße mit den Roten Garden. Li bat die Einwohner Qufus, Gewalt möglichst zu vermeiden. Wenn die Roten Garden kämen, meinte er, »müssen wir mit ihnen reden, sie in den revolutionären Dialog einbinden und sie wohlbehalten weiterschicken«[170].

Die Roten Garden aber waren eine fanatische, gut organisierte und gewaltbereite Truppe, die sich sicher nicht durch ein freundliches Gespräch von ihrem Vorhaben abbringen ließ. Was in Qufu stattfinden sollte, war im Grunde ein Kampf zweier Auffassungen vom Verlauf der Revolution. Die Roten Garden glaubten, dass alles, was sich zwischen China und seine große kommunistische Zukunft zu drängen drohte, mit der Wurzel ausgerissen werden musste, selbst wenn dies hieße, die Autorität des chinesischen Staates herauszufordern. Li Xun und seine Mitstreiter hingegen gingen davon aus, dass die Revolution nur gelingen konnte, wenn man eben diesen Staat respektierte. Ironischerweise hieß das auch, dass Li bereit war, mit kommunistischen Ideen einen Mann – Konfuzius – zu verteidigen, der von den Kommunisten selbst als Konterrevolutionär bezeichnet wurde. Doch Li betrachtete den Schutz für die Gedenkstätten nicht als Schutz für Konfuzius und den Konfuzianismus. Mehr als zwei Jahrzehnte später sagte Li einem Journalisten, er habe damals geglaubt, dass Konfuzius »ein Symbol des Feudalismus« sei, doch er habe die konfuzianischen Gedenkstätten als Nationaleigentum bewahren und so die nationale Ordnung aufrechterhalten wollen.[171]

Doch bald nachdem Li Xun seine Anordnungen gegeben hatte, wurde er von den Ereignissen überrumpelt. Die Roten Garden der Pädagogischen Universität Qufu, die ursprünglich Lis Bemühungen unterstützt hatten, liefen nämlich über. Beschämt darüber, dass andere Rote Garden nach Qufu kommen mussten, um die »vier Relikte« zu zerstören, beschlossen die Roten Garden Qufus nun, die Sache selbst in die Hand zu nehmen. Am nächsten Tag, dem 25. August, marschierten die Roten Garden aus Qufu auf das Haus der Familie Kong zu und fanden dort Mitglieder des Komitees für kulturelle Denkmäler vor, die den Eingang blockierten. Wang Huatian, ein Mitglied der Stadtverwaltung, teilte den Garden mit, dass das Haus unter dem Schutz der Regierung stehe. »Wer auch immer versucht, hier etwas zu zerstören, handelt gegen das Gesetz«, warnte er.[172] Die Roten Garden wichen nicht zurück. »Überrennt den Wachhund des Alten Kong!«, schrien sie. Daraufhin eilten Arbeiter im Auftrag des Denkmalschutz-Komitees Wang zu Hilfe. Wie ihre Vorfahren vor ihnen seien sie für die Bewahrung der Gedenkstätte zuständig, sagten sie den Garden. Ein älterer Arbeiter verkündete, der Große Vorsitzende Mao hätte niemals gesagt, die Gedenkstätten seien Teil der »vier Relikte«. Die Arbeiter mit ihrem makellosen proletarischen Stammbaum konnten die Roten Garden überzeugen, sich zurückzuziehen.

Doch nicht für lange. In der Nacht zum 26. August starteten die Roten Garden einen weiteren Versuch, ins Haus zu gelangen. Dabei brüllten sie Parolen wie: »Nieder mit dem alten Kong!« Dieses Mal traten ihnen die Roten Garden der Landbevölkerung entgegen, eine revolutionäre Gruppe von Bauern. Die streitenden Parteien debattierten heftig, schließlich kam es zum Handgemenge. Einige Studenten wurden ins Haus geschleppt und ordentlich vermöbelt. Nach ein Uhr morgens wankten die Roten Garden zurück in ihre Schlafsäle.

Der Sieg der Verteidiger des Kong-Hauses erwies sich bald als ein vorläufiger. In den folgenden Wochen wurde das Schicksal der konfuzianischen Gedenkstätten zu einer Frage von nationaler Tragweite, als die mächtigen Roten Garden aus Beijing ihren unterlegenen Kameraden zu Hilfe eilten. Am 9. November führte Tan Houlan, eine der vier Führer der Roten Garden der Hauptstadt, zweihundert Mitglieder der Pädagogischen Universität Beijing nach Qufu, um dort ein für alle Mal die konfuzianischen Denkmäler zu zerstören. Bald nach ihrer Ankunft begaben Tan und ein paar ihrer Begleiter sich ins Büro des Kreiskomitees, wo sie von den Kadern freundlich willkommen geheißen wurden, um mögliche Konfrontationen von vornherein zu vermeiden. Doch Tan war nicht versöhnlich gestimmt. Sie verlas eine Erklärung vor der versammelten Menge, in der sie die Verbrechen des Konfuzius aufzählte. Dann bestand sie darauf, dass die historischen Stätten in Qufu zerstört würden, damit Maos revolutionäres Denken endlich den Sieg davontragen würde. »Zieht den ›Ungekrönten König‹ von seinem Pferd und zerstampft ihn zu Brei!«, forderte sie. »Verbrennt die konfuzianischen Gelehrten, ebnet die Gräber der Kong-Familie ein. Gebt die Anhänger des Kong heraus und die reaktionären Beamten, die Konfuzius anbeten, und führt sie durch die Straßen!«[173] Als Antwort begannen die Funktionäre des Revolutionären Kreiskomitees, die Worte des Großen Vorsitzenden zu rezitieren. So ironisch es klingen mag, aber tatsächlich versuchten beide Parteien, die Rhetorik des Kommunistenführers anzuwenden, um ihre jeweilige Position zu stärken.

Doch die Mitglieder des Kreiskomitees gerieten schnell in die Defensive. Als Tan das Haus der Familie Kong untersuchte, fanden ihre eifrigen Mitstreiter Fahnen der Nationalistischen Partei Chinas sowie ein Handbuch dieser Partei für den Kampf gegen den Kommunismus und noch andere Beweisstücke, die die Familie Kong als Verräter an der Sache des Kommunismus auswiesen. Im politischen Klima jener Tage ließen sich diese Dinge nicht einfach wegdiskutieren. Die Mitglieder des Kreiskomitees verfielen in Panik. Da sie einen Angriff der Roten Garden auf die Gedenkstätten fürchteten, versteckten sie die wichtigsten Ausstellungsstücke, so gut sie konnten. Sie vergruben zeremonielle Gefäße und versteckten alte Fotografien und Gemälde. Statuen wurden in den Brunnen hinabgelassen. Am 11. November beschloss das Kreiskomitee des Weiteren, in der Auseinandersetzung mit den Roten Garden den Staatsrat um Hilfe zu ersuchen.

Doch diese Hoffnung zerschlug sich schnell. In den frühen Morgenstunden des 12. November erhielt das Kreiskomitee eine Mitteilung vom Zentralkomitee für die Kulturrevolution der Kommunistischen Partei Chinas, die anordnete, dass die drei Gedenkstätten für Meister Kong als Erinnerung an die feudale Vergangenheit von Konfuzius und seiner Familie bewahrt werden sollten. Doch man empfahl auch, dass die Partei den Konfuzius-Tempel »renovieren«

solle. Verhängnisvollerweise gab die Mitteilung den Roten Garden auch die Erlaubnis, Konfuzius' Leichnam zu exhumieren. Als sie das hörte, wusste Tan, dass sie gewonnen hatte. In der Tradition der kommunistischen Rhetorik und ihrer Vorliebe für unglaublich lange Bezeichnungen gründete Tan die »Nationale Rote-Garden-Revolutions-Rebellions-Kontaktzelle für die Endgültige Zerstörung des Kong-Familienunternehmens und die Sicherstellung der Absoluten Autorität des Denkens von Mao Zedong«. Deren Ziel war es, die Roten Garden in Qufu und auf dem Land dazu zu bringen, sich dem Angriff auf Konfuzius anzuschließen. Bald darauf fiel den Parteimitgliedern von Qufu die Parteileitung der Provinz in den Rücken: Sie befahl ihnen, stillzuhalten. Nun gab es niemanden mehr, der die Roten Garden aufhalten konnte.

Am 15. November 1966 begann die Zerstörung der historischen Stätten des Konfuzianismus. Eine Gruppe von Roten Garden plünderte den Tempel des Konfuzius. Sie schlitzten einer Statue im Hauptschrein sozusagen Kehle und Bauch auf. Bücher und Münzen wurden auf die Straße geworfen. Andere Statuen wurden umgestoßen und zerschlagen. Uralte Exemplare der *Analekten* und anderer Klassiker wurden zerstört. Dann ordneten die Roten Garden in Qufu landesweite, zweitägige Festlichkeiten an, um den endgültigen Sieg über Konfuzius zu feiern. Sie befahlen, dass alle die Arbeit niederlegen sollten, damit jeder an den Festlichkeiten teilnehmen konnte. Am 28. November war der erste Tag des großen Ereignisses. Die Roten Garden stellten die zerstörte Statue von Konfuzius, dessen Gesicht mit roter Farbe beschmiert war, auf die Ladefläche eines LKW und befestigten ein Transparent daran, auf dem stand: »Nieder mit dem schlimmsten Unruhestifter, dem Alten Kong!« So fuhren sie ihn durch die Stadt. Dann brachte man das Standbild auf eine kleine Brücke in der Nähe von Konfuzius' Grab. Unterhalb der Brücke hatte man ein Feuer angesteckt, und so wanderte die Statue von Meister Kong unter den lauten Gesängen der

Roten Garden in die Flammen zusammen mit zahllosen alten Büchern, Gemälden und anderen Erinnerungsstücken.

Zwei Tage später erfolgte die letzte Beleidigung des Weisen: Das Grab des Konfuzius wurde geöffnet. Arbeiter entfernten die Steinplatten mit Schaufeln und Seilen. Sie hatten einen Mundschutz angelegt, falls bei der Öffnung des lange versiegelten Sargs giftige Dämpfe ausströmen sollten. Seine sterblichen Überreste wurden ans Licht gezerrt, doch da der Weise schon mehr als 2500 Jahre tot war, fand sich ohnehin nur Staub im Sarg. Vermutlich ging es eben darum – man wollte dem chinesischen Volk beweisen, dass von Chinas größtem Weisen nichts mehr übrig war.

Das Sakrileg in Qufu war nur der Anfang von Maos Initiative gegen Konfuzius. 1973 stellte er sich persönlich hinter die »Anti-Konfuzius-Kampagne«, die das Andenken an den Weisen mehr beschädigte als alles andere zuvor. Konfuzius stand stellvertretend für alle Feinde des kommunistischen Regimes, vor allem einen mächtigen Parteifunktionär namens Lin Bao. Der vormalige General wurde als Maos wahrscheinlichster Nachfolger gehandelt – bis 1971, als er unter ungeklärten Umständen bei einem Flugzeugabsturz ums Leben kam. Mao behauptete, Lin Bao habe sich gegen ihn verschworen, um selbst die Macht zu übernehmen. Im Versuch, den Verstorbenen und seine Anhänger zu diskreditieren und aus der Regierung zu entfernen, stellte man Lin Bao als heimlichen Anhänger des Konfuzius hin. Die gleichgeschalteten Regierungsmedien enthüllten, eines von Lin Baos Verbrechen sei gewesen, die Wand seines Arbeitszimmers mit einem gerahmten Spruch des Konfuzius zu schmücken. Eine ganze Reihe von Büchlein, Plakaten und anderem Propagandamaterial brachte Lin Bao mit dem alten Philosophen in Verbindung. Zeichnungen zeigten die beiden, wie sie gemeinsam hinterhältige Pläne aussheckten. Auf diesen Darstellungen wurden ihre Körper mitunter sogar als mit Waffen oder

Schlangen gefüllt gezeigt. Doch natürlich zeigten sie auch, welchen Preis die beiden für ihren angeblichen Verrat zu zahlen hatten. Lin und Konfuzius wurden von Vertretern der Arbeiterklasse mit einer Axt stilgerecht enthauptet. Auf dem Cover eines solchen Büchleins triefen die Köpfe noch – von Blut oder Tränen. Die Regierung gab ein bebildertes Buch mit Kinderliedern heraus, das den vielsagenden Titel trug: *Schweres Gewehrfeuer zur Kampagne »Kritisiert Lin Bao, kritisiert Konfuzius«: Ausgewählte Kinderlieder für die Roten Garden Shanghais.* Eines der Liedchen nennt sich »Zielübungen« und ist für Zweitklässler bestimmt. Es erzählt die herzerwärmende Geschichte eines kleinen Jungen und eines kleinen Mädchens, die Strohpüppchen von Lin Bao und Konfuzius machen, um an ihnen erste Schießübungen mit dem Gewehr zu absolvieren. Die beiden Kinder der Revolution »blasen Konfuzius in den Himmel«, lautet die letzte Zeile des Lieds.

Solch brutale Bilder waren für die Propaganda jener Zeit ganz normal. Konfuzius wurde jahrelang nur mit Tod und Verderben assoziiert. Häufig stellte man ihn als gebrechlichen alten Mann dar oder einfach nur als Skelett, nicht selten zusammen mit Grabsteinen, Schädeln und Särgen. Die Propagandisten verballhornten die Ehrentitel, die man Konfuzius in der Kaiserzeit verliehen hatte. So zeigt ein Bild einen Grabstein, auf dem ursprünglich stand »Vollkommener Weiser und Erster Lehrer«. Darüber hat jemand geschrieben: »Vollkommenes Opfertier und Erster Toter«.

Konfuzius war nun am tiefsten Punkt seiner Wirkung seit der Qin-Dynastie angekommen. Tatsächlich brüstete Mao sich, er habe mehr dafür getan, Konfuzius' Andenken zu zerstören als Qin Shihuangdi, der berüchtigte Erste Kaiser, mit seiner Bücherverbrennung vor 2000 Jahren. Der Qin-Kaiser habe, so Mao 1948 in einer Ansprache vor Parteifunktionären, »nur 460 Konfuzianer lebendig begraben, während wir 46 000 Konfuzianer lebendig begraben haben«. Und weiter: »Haben wir denn nicht auch während der Unterdrückung der Konterrevolutionäre einige konterrevolutionäre Intellektuelle einen Kopf kürzer gemacht? Ich habe darüber einmal mit demokratischen Persönlichkeiten diskutiert: ›Ihr beschimpft uns, wir seien wie der Erste Kaiser der Qin – falsch, wir haben den Ersten Kaiser der Qin noch um ein Hundertfaches übertroffen.‹«[174]

Maos Kampagne hat, zusammen mit dem Einfluss der Globalisierung und Verwestlichung (wie wir noch zeigen werden), dazu geführt, dass Konfuzius' Bedeutung in Asien auf ein Niveau absank, das nur wenige Jahrzehnte vorher undenkbar gewesen wäre. Nach den Sechzigerjahren war »der Konfuzianismus in Ostasien tot, und zwar für alle außer ein paar Gelehrten, die man leicht als Antiquare abtun konnte«, schreibt der große amerikanische Sinologe William Theodore de Bary. »Praktisch tabu für jeden, der in Maos China ernsthafte Forschung treiben wollte, überlebte der Konfuzianismus andernorts, doch in erster Linie – wie es oft hieß – als Museumsstück.«[175]

Das mag für Akademikerkreise und Regierungsämter zutreffen, doch in vielen anderen Bereichen war Konfuzius immer noch sehr lebendig. Nach den Jahrhunderten konfuzianischer Bildung und Ausbildung war es gar nicht so einfach, der Gesellschaft Asiens den großen Weisen auszutreiben. Seine Ideen waren so sehr Teil der ostasiatischen Kultur, so sehr natürlicher Bestandteil des Lebens, dass die Menschen ganz automatisch dazu Zuflucht nahmen. In der zweiten Hälfte des 20. Jahrhunderts kam es dann zu einer international geführten Debatte darüber, welche Rolle Konfuzius und sein Erbe in einer modernen Gesellschaft spielen sollten oder auch nicht.

TEIL II

KONFUZIUS FÜR DEN HAUSGEBRAUCH – MIT LEICHTEN ABSTRICHEN

5

KONFUZIUS, DER VATER

Gib deinen Eltern keinen anderen Grund zur
Sorge als Krankheit.

KONFUZIUS

Vincent Lo ist ein klassischer Hong-
kong-Tycoon – außer am Sonntagabend. Der Spross eines promi-
nenten Business-Klans hat das Immobilienunternehmen Shui On
Group gegründet, das Einkaufszentren, Bürokomplexe und Apart-
menthäuser in ganz China entwickelt. Für sein Imperium ist er die
ganze Zeit auf Achse, sucht er doch ständig nach neuen Möglichkeiten, sein Vermögen von geschätzt 2,7 Milliarden Dollar zu vermeh-
ren.[176] Doch wo immer er auch sein mag und welche Deals er gerade
unter Dach und Fach bringt, Vincent versucht regelmäßig, zum Wochenende wieder in Hongkong zu sein, um am Sonntagabend mit
seiner dreiundneunzigjährigen Mutter Lo To Lee-kwan zu essen.
»Die Familie ist unglaublich wichtig«, erklärt Vincent. »Mein Vater
hat sich immer sehr respektvoll gegenüber meinem Großvater und
meiner Großmutter verhalten. Er hat uns stets gelehrt, unsere Vorfahren zu achten.«[177]
Vincent und seine acht Geschwister nehmen die Ermahnungen

ihres Vaters ernst. An einem heißen Juniabend ist das Esszimmer des Hauses am Victoria's Peak auf Hongkong Island brechend voll. Vincents Brüder und Schwestern, Enkel und Urenkel besuchen die Mutter – insgesamt vier Generationen. Vincents Sohn Adrian kommt gerade von seiner Graduierten-Abschlussfeier am Trinity College in den Vereinigten Staaten. Die meisten seiner amerikanischen Altersgenossen saßen jetzt vermutlich vor dem Computer und ließen ein Spiel laufen oder gingen mit Freunden aus. »Ich kann mir das Leben ohne das sonntägliche Familiendinner gar nicht vorstellen«, sagt Adrian. »Als meine [amerikanischen] Freunde siebzehn oder achtzehn wurden, wollten sie alle sofort [von zu Hause] ausziehen. Dort hat man in der Familie kein so starkes Zusammengehörigkeitsgefühl.«

Doch auch diese sonntagabendlichen Zusammenkünfte der Familie verlaufen nicht mehr so traditionell wie einst. Vincents verstorbener Vater, Lo Ying-shek, führte früher als Einziger das Wort. Vincent erinnert sich noch gut daran, wie er und seine Geschwister stumm auf ihren Stühlen saßen, den Blick auf den Teller gerichtet, während ihr Vater sie über die Bedeutung einer guten Erziehung belehrte oder mit ihnen ihre Zukunft diskutierte. Solche Szenen waren (und sind heute noch) in der Region ganz normal. Vincent beschreibt seinen Vater als »typischen chinesischen Vater«. Yingshek ermahnt seine Kinder noch aus dem Grab heraus. Tatsächlich hängen an einer Wand zwei Kalligrafien von seiner Hand. Die Ratschläge, die der Magnat ihnen hinterlassen hat, lesen sich, als hätte er sie direkt aus den *Analekten* abgeschrieben. Einer beschwört den Leser, auch ja hart zu arbeiten und sparsam zu sein, der andere hält zum Lernen und Studieren an.

Da der Vater nicht mehr länger am Abendbrottisch präsidiert und fast alle der Anwesenden ihre Ausbildung irgendwo in den Vereinigten Staaten oder in Australien genossen haben, haben sich ein paar weniger strenge westliche Sitten eingeschlichen. Die Kleinsten starren nicht mehr nervös aufs Essen, sondern spielen und platzen auch mal lautstark ins Gespräch, während sich über dem Tisch eine tosende Gewitterwolke aus Geschichten, Meinungen und Argumenten entlädt. Gerade wird über den nächsten Ferienort gestritten. Mama Lo macht trotz ihres fortgeschrittenen Alters einmal im Jahr Urlaub und der Großteil des Klans schließt sich ihr an. Die nächste Reise soll nach Singapur gehen, aber Vincent rät davon ab, denn Singapur leidet zurzeit unter enormer Luftverschmutzung durch die Waldbrände in Indonesien. Und schon ist eine lebhafte Diskussion über die Ausweichmöglichkeiten im Gange. Nur die Mutter schafft es, die Geschwister zum Schweigen zu bringen. Obwohl sie nicht streng das Szepter schwingt, wie ihr Mann das tat, ist Vincents Mutter als Familienmatriarchin die höchste Autorität im Raum. Wenn sie spricht, hört der Rest zu. Auch in anderen Dingen ist die Familie erstaunlich konservativ. Drei von Vincents Brüdern leben mit ihren Frauen im Haus ihrer Mutter, das in vier Wohnungen aufgeteilt worden ist. Und Vincent und seine Geschwister bezeugen ihrer Mutter zweimal im Jahr ganz offiziell durch eine Verbeugung ihren Respekt – an ihrem Geburtstag und zum chinesischen Neujahrsfest. »Wir haben einfach das Beste beider Welten«, sagt Vincent. »Wir sind schon recht verwestlicht, aber die Traditionen halten wir trotzdem aufrecht.«

Und diese Traditionen gehen auf Konfuzius zurück. Den größten Einfluss auf die asiatische Gesellschaft nämlich übt der Weise durch seine Rolle innerhalb der Familie aus. Bei einem amerikanischen Immobilienmagnaten kann man sich kaum vorstellen, dass er jeden Sonntagabend mit seiner Mutter verbringt oder gar noch bei ihr lebt. In Ostasien allerdings hat die Familie im Allgemeinen mehr Gewicht als im Westen. Das liegt daran, dass keine von Konfuzius' Lehren dem ostasiatischen Geist in den letzten 2000 Jahren gründlicher eingeimpft worden ist als das Ideal der harmonischen Familie. Die konfuzianisch geprägte Familie ist durch ein Netz ge-

genseitiger Verantwortung verbunden. Die Eltern sehen ihr höchstes Ziel darin, ihre Kinder zu erziehen und sie zu unterstützen. Im Gegenzug wird von den Kindern erwartet, dass sie sich im Alter um ihre Eltern kümmern. Wer nicht mit seinen alten Eltern lebt, gilt – anders als im Westen – als moralisch fragwürdig. Darüber hinaus gliederte Konfuzius die innerfamiliären Beziehungen streng hierarchisch. Der Vater, distanziert und streng wie der Vater Vincent Los, verlangt Ehrerbietung von seinen Kindern, gleichzeitig aber tut er alles für ihre Zukunft. Die Mutter ist zwar ihrem Gemahl unterstellt, führt aber ansonsten das Regiment in der Familie. Auch sie ist eine starke, liebende Gestalt, der Verehrung gebührt. Die Kinder sind eifrig darauf bedacht, den Eltern zu gefallen und ihre Wünsche zu befolgen. Sie stellen häufig die elterlichen Bedürfnisse über ihre eigenen. Diese Ergebenheit endet auch nicht mit dem Tod der Eltern. Man erwartet von den Kindern, dass sie dem Geist ihrer verstorbenen Eltern im Rahmen der Ahnenverehrung weiterhin ihre Achtung erweisen.

Einzelne Aspekte des konfuzianischen Familienschemas sind uns nicht unbekannt. Dominante Väter sind kennzeichnend für traditionelle Familienstrukturen, das gilt für Indien und den Nahen Osten ebenso wie für den Westen. Überall auf der Welt werden Kinder dazu angehalten, ihren Eltern zu gehorchen. Lautet nicht das vierte der Zehn Gebote: »Du sollst Vater und Mutter ehren«? Diese Worte hätten auch aus Konfuzius' Feder stammen können. In heutiger Zeit vernimmt man manchmal Sprüche wie »Vater weiß es am besten« oder »Kinder soll man sehen, aber nicht hören«. Teenager, die ihre Hausaufgaben nicht machen und zu spät nach Hause kommen, gelten auch bei uns als rebellisch. Jede Kultur betont die Bedeutung guter familiärer Beziehungen und fördert den Zusammenhalt zwischen den Generationen.

Aber Konfuzius' Vorstellung der vollkommenen Familie ist ein Aspekt seines Denkens, der der westlichen Erfahrung ansonsten eher fremd ist. Was den Konfuzianismus so anders erscheinen lässt, ist vor allem die zentrale Rolle, die die Familie für seine ganze Philosophie spielt. Denn die Loyalität zu den Eltern stellt Konfuzius über jede andere gesellschaftliche Verpflichtung. Daraus hat sich unter seinem Einfluss ein starkes System familiärer Beziehungen entwickelt. Für Konfuzius ist die Familie das Fundament einer glücklichen und gesunden Welt. Sind die Familienbande stark, friedlich und – wie die Konfuzianer sagen – »wohlgeordnet«, dann wird die gesamte Gesellschaft stark, friedlich und daher wohlhabend sein. Und der Umkehrschluss: Wenn es in der Familie nicht zum Besten steht, stürzt die ganze Gesellschaft ins Chaos. Konfuzius verbreitete sich zwar ausführlich über gute Regierungsführung und die weisen Könige der Vorzeit, doch eine wahrhaft konfuzianische Gesellschaft ist keine, die von einer starken Staatsmacht angeführt wird. Sie wird vielmehr dominiert von einer Vaterfigur, die ihre Schutzbefohlenen lenkt und leitet. Menschen und Institutionen in Ostasien sind geprägt vom konfuzianischen Familienideal. »Das System der Familie ist und bleibt eben die Wurzel der chinesischen Gesellschaft, aus der alle besonderen Merkmale des Gemeinschaftslebens bei den Chinesen entspringen«, erklärt der Schriftsteller Lin Yutang 1936. »Das System der Familie (und das des Dorfes, das ja nur die Familie auf eine höhere Ebene verlagert) kann uns alles erklären, was im sozialen Leben der Chinesen sonst unerklärlich schiene. Aus dem Familiensystem nämlich entspringt die Familiengesinnung, und dieser wieder entstammen ganz bestimmte Gesetze des sozialen Verhaltens.«[178]

Die wohlgeordnete konfuzianische Familie gründet auf dem Konzept der Kindespietät, auf Chinesisch *xiao*. Man kann durchaus sagen, dass die kindliche Pietät das Herzstück der konfuzianischen Philosophie ist. In einer guten konfuzianischen Familie erwartet man von den Kindern, dass sie gegenüber den Eltern Ehrerbietung zeigen und deren Interessen und Bedürfnisse über die eigenen stellen. Die Kindespietät ist der oberste Maßstab, an dem ein Konfuzianer die ethischen Qualitäten eines Menschen misst. Für die Konfuzianer wurde die Kindespietät zur Wurzel aller anderen Tugenden und zur Grundlage angemessenen sozialen Verhaltens in allen Lebensbereichen. Wer als Kind seinen Eltern die gebührende Achtung zollt, der wird auch einen guten Bürger abgeben, einen ehrenwerten Mann und einen hingebungsvollen Ehegatten.

Daher floss sehr viel Tinte, um all die Traktate zu verfassen, die lehren, wie sich aus konfuzianischer Sicht ein Kind gegenüber seinen Eltern zu verhalten habe. Die Kindespietät war bis ins kleinste Detail geregelt, und dieses Regelwerk war streng und unumstößlich. Die Macht der Eltern über die Kinder war absolut. Im vormodernen China hatten Kinder quasi keine Handlungsfreiheit. Die Eltern entschieden, wen ihre Söhne und Töchter heirateten, welchen Beruf sie ergriffen und wo sie lebten. »Es gibt sehr wenige Wahlmöglichkeiten und ganz wenige Ungewissheiten« in der chinesischen Familie, schrieb der Anthropologe Francis Hsu noch 1971. »Alle Wege sind sozusagen verbaut mit der Ausnahme des einen, der den Fußstapfen des Vaters folgt und des Vaters des Vaters und der ganzen Linie der männlichen Vorfahren. Wenn man diesen Pfad beschreitet, ist das Leben angenehm. Alle anderen Wege führen ins Unglück und zur Selbstzerstörung.«[179] Offensichtlich kannte die Verpflichtung zur Kindespietät im konfuzianischen China keine Grenzen. Seit der Tang-Dynastie (618–907) sind sogar Fälle von Kindes-Kannibalismus bekannt. Wenn die Eltern unter einer unheilbaren Krankheit litten, dann sollte ein ehrerbietiges Kind einen Teil seines eigenen Fleisches aus dem Körper schneiden, kochen und es den kranken Eltern zu essen geben.

Nun, vermutlich mussten nur wenige Kinder zu solch extremen Maßnahmen greifen, doch für das heutige Ostasien ist die konfuzianische Kindespietät immer noch von entscheidender Bedeutung, da sie sämtliche Bereiche des Lebens betrifft. Der Historiker Keith

Knapp schrieb, dass die Kindespietät »nahezu jeden Aspekt des chinesischen Soziallebens prägt: die Haltung gegenüber Autoritätspersonen, das Wohnen, das Selbstbild, die Ehe, die Geschlechteridentität, das Gefühlsleben, die Religion und die Beziehungen zu anderen Menschen«[180]. Vereinfacht ausgedrückt bestimmt die Kindespietät, welchen Platz man in der Welt einnimmt. Sie strukturiert letztlich die gesamte ostasiatische Gesellschaft, denn in Ostasien nehmen alle menschlichen Beziehungen eine gewisse familiäre Qualität an – das Verhältnis zwischen Regierenden und Regierten; das Management der Unternehmen, die sozialen Interaktionen zwischen beliebigen Menschen, ob sie sich nun im Büro, auf einer Party oder auf der Straße begegnen.

Es gibt immer irgendwo einen »Vater«, dem Ehrerbietung zukommt – dem Chef in der Arbeit, einem Lehrer, einem Regierungschef oder einem beliebigen älteren Menschen, der gerade in der Nähe ist. Beziehungen werden stets nach dem Muster »Vorgesetzter – Untergebener« geführt, das die Bindung zwischen Vater und Sohn nachahmt. Daraus ist eine zutiefst hierarchische Gesellschaft entstanden. Ihr Status im Vergleich zu dem der Person, die Sie vor sich haben, bestimmt, wie Sie sich dieser Person gegenüber verhalten müssen. Sind Sie älter oder jünger? Üben Sie eine höhere Tätigkeit aus oder stehen Sie in Ihrem Unternehmen ganz unten in der Kette der Befehlsempfänger? Konfuzius war der Ansicht, dass jeder Mensch in der Gesellschaft eine bestimmte Rolle zu erfüllen habe, die darauf beruht, wer er ist und was er tut. Die Gesellschaft würde dann Frieden erlangen, wenn jeder Mensch diese Rolle richtig erkannte und ausfüllte. Aus diesem Grunde nennt man den Konfuzianismus manchmal eine »Religion der Namen«[181]. Die Status-Besessenheit ist in Ostasien bis heute spürbar. Wenn Sie dort an irgendeiner geschäftlichen Unterredung teilnehmen, werden als Erstes Visitenkarten ausgetauscht – die dort aufgeführte Berufsbezeichnung regelt Ihr Verhältnis zu den anderen Personen im Raum.

Da das Regulativ der Kindespietät so allgegenwärtig ist, wurde es natürlich auch zur Zielscheibe von Kritik. Der Kindespietät und der Hierarchie, die sie hervorgebracht hat, wurden schon alle möglichen negativen Auswirkungen angelastet: Sie würge die unternehmerische Initiative ab, führe dazu, dass Kinder auf dem Spielplatz schikaniert werden, verhindere Wettbewerb im Unternehmen und zementiere überhaupt die autoritären Regimes Asiens. »Die Idee der Kindespietät« schreibt ein Kritiker des 20. Jahrhunderts, »hat aus China eine gewaltige Fabrik für die Produktion gehorsamer Untertanen gemacht.«[182]

Der Streit über die Auswirkungen der konfuzianischen Kindespietät geht an vielen Fronten unvermindert weiter. Obwohl Familien wie die Los ihre ausgewogene Mischung von konfuzianischem und westlichem Familienverständnis genießen, gibt es doch auch Traditionalisten, die meinen, der westliche Individualismus untergrabe die Stärke der Gesellschaft und bringe Missstände mit sich wie vereinsamte ältere Mitbürger und straffällige Jugendliche. Andere wiederum sind der Ansicht, dass die chinesische Gesellschaft immer noch nicht ausreichend von der Kindespietät gesäubert wurde. Sie verhindere immer noch die Unabhängigkeit und Initiative, die für das 21. Jahrhundert so bitter benötigt werden. Wer sich heute trotzdem noch nach konfuzianischen Lehren richtet, traut sich das nicht immer zuzugeben, weil er nicht traditionalistisch oder unmodern erscheinen möchte. Selbst heute, wo die Welt von der Globalisierung überrollt wird, ist es fast unmöglich, die ostasiatische Kultur und Gesellschaft zu verstehen, ohne die Kindespietät zu verstehen und mit ihr die Rolle, die sie im konfuzianischen Denken spielt.

Konfuzius hat die asiatische Kindespietät nicht erfunden. Archäologische Fundstücke lassen vermuten, dass die Chinesen schon zu Beginn des 3. Jahrtausends v. Chr. Ahnenverehrung betrieben. Bereits in der Zeit der frühen Zhou-Dynastie, also fünfhundert

Jahre vor Konfuzius, war die Vorstellung, dass man den Eltern zu dienen habe, als moralische Verantwortung voll ausgeprägt. Allerdings entwickelte der große Weise diesbezüglich ganz eigene Vorstellungen, die nahelegen, dass er der Idee eine Rundumerneuerung verpasste. Denn Kindespietät hieß für ihn weit mehr als nur Unterhalt und Verehrung der Elterngeneration. Wer seine Kindespflichten wahrhaft erfüllen wollte, musste sich den Eltern gegenüber ehrerbietig, achtungsvoll und gehorsam zeigen. In den *Analekten* tritt dies klar zutage: »Was man heute im Allgemeinen unter Erfüllung der Pflichten gegenüber den Eltern versteht, ist die Sorge um deren Unterhalt. Doch die Menschen füttern auch ihre Hunde und Pferde. Wenn man gegenüber den Eltern keine Ehrfurcht hat – welcher Unterschied besteht dann zwischen der Sorge um den Unterhalt der Eltern und der Aufzucht von Hunden und Pferden?« Und bei anderer Gelegenheit: »Man soll sich so verhalten, dass die Eltern nur dann Sorgen um die Kinder haben müssen, wenn sie krank sind.« Als man ihn einmal direkt nach den Pflichten der Kindespietät befragte, antwortete er lapidar: »Man soll die Regeln der Achtung und des Gehorsams nicht verletzen.«[183]

Praktisch aber war es sehr viel schwieriger, seine Kindespflicht zu erfüllen, als das bei Konfuzius klingt. Er und seine späteren Schüler erfanden nämlich alle möglichen Regeln und Rituale, die man zu befolgen hatte. Die Erfüllung der Kindespflicht entwickelte sich bald zu einer Lebensaufgabe, die Einfluss auf so gut wie jede wichtige Entscheidung hatte. In einem klassischen konfuzianischen Text erklärt der Weise: »So verhält sich ein ergebener Sohn gegenüber seinen Eltern: Im allgemeinen Umgang mit ihnen legt er höchsten Respekt an den Tag. Wenn er sie ernährt, so bemüht er sich um höchste Gaumenfreuden. Wenn sie krank sind, leidet er die ärgsten Ängste. Wenn er um sie trauert, so tut er das mit voller Hingabe.« Die Kindespietät nahm bei Konfuzius eine so zentrale Stellung ein, dass sie sogar bestimmte, wo die Kinder leben und arbeiten sollten: »Zu Lebzeiten der Eltern soll man nicht in die Ferne ziehen. Verlässt man sie aber doch, dann muss man einen festen Wohnsitz haben.«[184]

Und selbst mit dem Tod der Eltern war man nicht aus seiner Kindespflicht entlassen. Der eigentliche Prüfstein für die Ergebenheit der Kinder war es, ob sie auch nach dem Tod der Eltern deren Wünsche befolgten. »Zu Lebzeiten des Vaters folge seinem Willen; nach dem Tode des Vaters orientiere dich an seinen Tagen«, sagte Konfuzius. »Wenn du lange Zeit nicht vom Weg des Vaters abweichst, kann man sagen, dass du dich ehrfürchtig und pietätvoll verhältst.« Die Trauer um die Eltern war das wichtigste unter den konfuzianischen Ritualen. Konfuzius schrieb eine ausgedehnte Trauerzeit von drei Jahren vor. Während dieser Zeit »bereiten erlesene Gerichte [dem Edlen] keinen Genuss, und wenn er Musik hört, erfreut sie ihn nicht; an behaglichem Wohnen findet er kein Gefallen. Darum tut er solche Dinge nicht.« Als einer seiner Schüler meinte, drei Jahre sei eine viel zu lange Trauerzeit, wartete der Weise, bis der Querkopf den Raum verlassen hatte, und erklärte dann kurz angebunden, dass eine Trauerphase von drei Jahren das Wenigste sei, was ein Kind seinen Eltern, die es aufgezogen hatten, schulde. »Ein Kind wird drei Jahre alt, ehe es nicht mehr getragen werden muss«, sagte Konfuzius. »Hat denn Zai Wo [der getadelte Schüler] nicht jene drei Jahre lang die liebevolle Fürsorge seiner Eltern erfahren?«[185]

Mit der Zeit wuchsen sich die Vorschriften der Kindespietät zu einem komplexen Regelwerk aus. Einer der Fünf konfuzianischen Klassiker, das *Buch der Riten*, das in seiner vorliegenden Form wohl in den frühen Jahren der Han-Dynastie (206 v.Chr. bis 220) zusammengestellt wurde, lehrt, dass der Sohn und seine Frau in der Morgendämmerung aufstehen, sich waschen und sich angemessen kleiden sollen. Dann:

> *Wenn die beiden dort [bei den Eltern] angekom-*
> *men sind, so fragen sie mit verhaltenem Atem und*
> *freundlicher Stimme, ob ihre Kleider warm genug*
> *seien, ob ihnen nichts fehle, ob sie nirgends Schmer-*
> *zen oder Jucken haben, und sie reiben und kratzen*
> *sie in aller Ehrfurcht. Beim Aus- und Eingehen ge-*
> *hen sie ihnen voran oder folgen ihnen und stützen*
> *sie in Ehrfurcht. Wenn die Eltern sich waschen, so*
> *halten die jüngeren Töchter die Waschschüssel, die*
> *älteren das Wasser, sie bitten um Erlaubnis, das*
> *Wasser in die Schüssel zu gießen. Sind die Eltern*
> *gewaschen, so reichen sie ihnen ein Abtrockentuch,*
> *sie fragen sie, was sie wünschen, und bringen es*
> *ehrfurchtsvoll herbei mit freundlichen Mienen, um*
> *sie zu erfreuen.*

Beim Essen darf der Sohn sich nur von dem ernähren, was die Eltern übrig lassen, und sein Benehmen hat sorgfältig zu sein: »Bei Kälte wagen sie [der Sohn und seine Frau] nicht, sich über-mäßig einzuhüllen; wenn es sie juckt, wagen sie nicht, sich zu kratzen.«[186]

Wie aber bringt man Männer und Frauen dazu, ihre Eltern zu krat-zen, wenn es diese juckt, und das, was sie auf dem Teller gelassen haben, mit »verhaltenem Atem« zu verzehren? Religiöse Lehren und Moralkodizes dienen gewöhnlich dazu, uns dahin zu bringen, dass wir Dinge tun, die unseren eigenen Wünschen zuwiderlaufen. Der Konfuzianismus erwies sich hierin als sehr erfolgreich. Väter, Gelehrte und Regierungsbeamte überzeugten die Söhne und Töch-ter Chinas, dass die Kindespietät den Interessen von Eltern und Kindern gleichermaßen diene. Natürlich fanden die Söhne Trost in dem Gedanken, dass sie irgendwann in der Zukunft – vorausgesetzt, sie lebten lange genug – ihre Eltern an der Spitze der konfuzianischen Familie ablösen würden. Dann würden sie selbst im eigenen Hause wie die Könige schalten und walten. Konfuzius' Bestreben, die Kindespietät fest in der chinesischen Gesellschaft zu verankern, war so erfolgreich, dass es für die jungen Leute schwierig gewesen wäre, sich den an sie gestellten Erwartungen zu entziehen, selbst wenn sie nicht auf den Altersbonus hinarbeiteten. Dass die Kindespflicht die oberste Pflicht ist, wurde den Kindern zu Hause ebenso wie in der Schule schon von klein auf eingebläut. Mit der Zeit war das Konzept so sehr ins Denken jeder ostasiatischen Familie eingesickert, dass es nicht mehr infrage gestellt wurde. Es wurde quasi zum Reflex, ein ganz normaler Teil des täglichen Lebens.

Eine der effektivsten Methoden, die Kindespietät dem kindlichen Gehirn einzuprägen, waren populäre Fabeln, die pflichtgetreue Kinder als Paradebeispiele der Rechtschaffenheit hinstellten. In der Zeit der Späten Han begannen solche erzieherischen Schriften in den Häusern der gebildeten Eliten zu zirkulieren. Schließlich wurden sie Teil des chinesischen Volksgutes, da sie in Dörfern und Städten wieder und wieder erzählt wurden, in China ebenso wie in den ostasiatischen Ländern unter konfuzianischem Einfluss. Wirklich absolut jeder konnte, ob gebildet oder nicht, eine oder zwei solcher Fabeln wiedergeben. Eine illustrierte Sammlung solcher Geschichten mit dem Titel *Vierundzwanzig Beispiele kindlicher Pietät* – entstanden vermutlich während der Yuan-Dynastie (1279–1368) – war eines der populärsten Bücher der gesamten chinesischen Geschichte. Die meisten dieser Erzählungen beschreiben unglaubliche Opfer, die ehrerbietige Söhne vollbringen, um ihrer kindlichen Pflicht Genüge zu tun. In einer Geschichte kämpft ein Sohn mit bloßen Händen gegen einen Tiger, um seinen Vater zu retten, in einer anderen lässt der Sohn sich willig von Mücken stechen, damit seine schlafenden Eltern ihren Frieden haben. In vielen

Geschichten legen die Protagonisten ein Verhalten an den Tag, das extrem, ja teils sogar abartig wirkt. In einer der weniger appetitlichen Erzählungen probiert ein Sohn den Stuhlgang seines Vaters, um die Schwere seiner Erkrankung festzustellen.[187]

Für die Fälle, in denen der moralische Appell nicht so zugkräftig ist, winkt man mit Belohnung: In den Geschichten heißt es nämlich, dass all jene, die ihrer Kindespflicht Genüge täten, mit Reichtum und Glück überhäuft würden. Eine Geschichte erzählt von einem Mann namens Shun, der seine Eltern ehrte, obwohl »sein Vater dickschädelig war und seine Mutter rüpelhaft«. Der Kaiser von China höchstselbst war davon so beeindruckt, dass er »neun seiner Söhne entsandte, die dem Manne aufwarten sollten, und ihm zwei seiner Töchter zu Frauen gab. Später dankte er dann zu seinen Gunsten ab und überließ ihm seinen Thron.« Eine andere Geschichte berichtet vom armen Guo Ju, der sich bis auf die Knochen schinden muss, um genug Essen für seine alte Mutter und seinen dreijährigen Sohn auf den Tisch zu bringen. Als er sich nicht mehr zu helfen weiß, entschließt er sich zu einem grausamen Kindesopfer und will seinen Sohn schlachten, um seine Mutter nicht um das zu bringen, was ihr zusteht. »Unser Sohn teilt sein Essen mit unserer Mutter«, sagt er zu seiner Frau. »Warum sollten wir diesen Sohn nicht begraben?« Doch als er das Grab für ihn aushebt, findet er einen Topf voller Gold – ein Geschenk des Himmels als Gegengabe für seine kindliche Ergebenheit.[188]

Man sah in der kindlichen Ergebenheit eine derart starke Kraft, dass man ihr sogar Wunder zuschrieb. Eine Geschichte berichtet von dem Überfluss, den ein Mann namens Meng Zong erlangt, weil er aufopfernd für seine alte, kranke Mutter sorgt. Sie hat einen unglaublichen Appetit auf Suppe aus Bambussprossen, doch es ist mitten im Winter und es wachsen keine Bambussprossen. Meng weiß einfach nicht, wie er ihren Wunsch erfüllen soll, und so geht er hinaus in den Bambuswald und weint bitterlich: »Seine Kindespiotät erschütterte Himmel und Erde«, heißt es. »Im nächsten Moment riss die Erde auf und zahllose Bambussprossen schossen hervor.« Er sammelt die magischen Sprossen, und die Suppe, die er daraus zubereitet, heilt die Krankheit seiner Mutter.[189]

In einer anderen Geschichte will der arme Dong Yong seinem Vater ein anständiges Begräbnis geben, doch er muss sich das Geld dafür leihen. Um es zurückzahlen zu können, verdingt er sich bei seinem Gläubiger. Auf seinem Weg dorthin lernt er eine Frau kennen, die ihn fragt, ob er sie nicht heiraten würde. Schließlich gehen sie beide zu seinem Gläubiger, der von ihnen verlangt, für ihn dreihundert Ballen Seide zu spinnen. »Seine Frau webte einen Monat lang und war dann fertig«, erzählt die Geschichte. Auf dem Weg nach Hause begleitete sie Dong bis zu dem Johannisbrotbaum, wo sie sich kennengelernt hatten. Dort verabschiedete sie sich von ihm und verschwand. Dongs kindliche Liebe zu seinem Vater hatte den Himmel dazu bewogen, ihm eine »feengleiche Konkubine« zu schicken.[190]

Dass die Vorstellung der kindlichen Pietät so selbstverständlich mit dem Kern der chinesischen Kultur verschmelzen konnte, macht für uns nachvollziehbar, wie Konfuzius zum wichtigsten Philosophen Ostasiens hat werden können. Ein paar Regierungserlasse und die ernsthaften Ermahnungen einiger Gelehrter hätten China wohl nicht zu einer konfuzianischen Gesellschaft gemacht. Dazu bedurfte es erstens der Zeit – tatsächlich hat es einige Jahrhunderte gedauert – und zweitens mussten viele weitere Voraussetzungen erfüllt sein. Eine davon war die Tatsache, dass Konfuzius die Kindespietät zum zentralen Moment der Familie erhob. Natürlich hat Konfuzius seinerseits die Familienstruktur in Ostasien geprägt, aber genauso verdankt sich die Verbreitung des Konfuzianismus den Eigenheiten der ostasiatischen Familie. Die Kindespietät war eine Lehre, die Konfuzius auch für das einfache Volk verständlich machte. Als die konfuzianischen Familienrituale in ganz China Fuß fassten, wuchs damit auch die Verehrung und Bedeutung von Konfuzius.

Im Grunde kommt uns dieses Problem irgendwie bekannt vor: ja, ganz richtig, die Henne und das Ei. Hat Konfuzius die typisch ostasiatische Familie erst geschaffen oder war die hierarchische Struktur der ostasiatischen Familie der tiefere Grund für die Verbreitung der konfuzianischen Lehren? Die Geschichte lehrt uns, dass in diesem Fall wohl beides zutrifft. Das Wesen der chinesischen Familie war in den Jahrhunderten vor unserer Zeitrechnung wohl gerade dabei, sich massiv zu verändern, was die Idee der Kindespietät so attraktiv machte. Konfuzius' Lehre von der harmonischen Familie fand Akzeptanz, weil sie für die Familien, die sich an die veränderten politischen und wirtschaftlichen Gegebenheiten Chinas anpassen mussten, Vorteile bot. So wie Kaiser Wu entdeckte, dass die konfuzianischen Prinzipien der Festigung der Macht der Han-Dynastie dienten, machte die chinesische Familie die Feststellung, dass konfuzianische Ideen sowohl politisch als auch sozial und wirtschaftlich sinnvoll waren.

Wir nehmen für gewöhnlich an, dass ein asiatischer Haushalt groß und komplex ist. Und tatsächlich findet man in Asien häufig mehrere Generationen unter einem Dach vereint – wie im Falle von Vincent Los Familie. Die Großeltern leben mit ihren Kindern und Enkeln. Doch zu Konfuzius' Zeit war dies keineswegs die Norm. Die Familienstruktur von damals glich eher der, wie wir sie heute kennen – kleine Einheiten von vier bis fünf Personen. Das lag unter anderem an der Regierungspolitik, die solche Kernfamilien förderte. Während die Ordnung des Zhou-Reiches sich allmählich auflöste, versuchten die Kriegsherren in ihren kleinen Fürstentümern, die großen Familien aufzusplitten, denn der Kriegsdienst musste pro Haushalt geleistet werden. Je mehr Haushalte es gab, desto mehr Soldaten konnten folglich ausgehoben werden. Gerade die Qin-Dynastie (221–206 v. Chr.) ersann ständig neue Steuern, um die Familiengröße zu reduzieren.

Während der Han-Dynastie (206 v. Chr.–220 n. Chr.) aber kehrte man zurück zum Ideal der Mehrgenerationenfamilie. Warum das so war, darüber gibt es eine ganze Reihe von Theorien. Technologische Innovationen wie der Ochsenpflug machten die Landwirtschaft produktiver, erforderten aber auch mehr Arbeitskräfte. Der Bedarf an landwirtschaftlichen Arbeitskräften hat die Familien möglicherweise dazu gebracht, sich wieder zusammenzutun, um auf mehr Ressourcen zurückgreifen zu können. Eine andere Möglichkeit ist, dass die Familiengröße wieder zunahm, als die Han-Dynastie im Niedergang war. Die vermehrte politische Ungewissheit, die auch die chinesische Wirtschaft in schweres Fahrwasser brachte, veranlasste die Familien, sich wieder zu großen Haushalten zusammenzuschließen. Große Familien konnten mehr Einfluss bei den örtlichen Behörden geltend machen, sodass es leichter war, Angehörige in Staatsstellungen zu bringen. Die lokale politische und wirtschaftliche Szene wurde gewöhnlich von großen Familienklans beherrscht. Zu jener Zeit ging die Macht vom kaiserlichen Staat über in die Hand großer, einflussreicher Familien – und die Han waren zu schwach, um dies zu verhindern.

Was auch immer der Grund gewesen sein mochte, zu Beginn des 2. Jahrhunderts war dieser Übergang vollzogen: Je mehr Verwandte unter einem Dach lebten, desto einflussreicher war die Familie. Bedeutende Familien bezeichneten sich selbst metaphorisch als »hundert Münder« – und nicht selten war dies auch tatsächlich der Fall. Auf großen Anwesen lebten mitunter Hunderte von Angehörigen zusammen – Großeltern, Eltern, Kinder, Enkel, Brüder und ihre Gemahlinnen, Vettern und Basen zuhauf. Aber natürlich war es extrem schwierig, in solch großen Gruppierungen den Zusammenhalt zu wahren. Es kam zu Rivalitäten zwischen den Geschwistern. Die Frauen schritten stets zugunsten ihrer Kinder ein, was nicht selten zu Spannungen zwischen den Brüdern führte. Und so war der Anreiz für die Söhne, sich vom Elternhaus zu lösen und einen eigenen, unabhängigen Klan zu gründen, durchaus da. Natürlich hätten sie dabei einen Teil des Familienvermögens mitgenommen und dadurch die Macht der Familie geschmälert. Der soziale und materielle Gewinn, den eine große Familie brachte, war aber so enorm, dass man den Zusammenhalt zur obersten Priorität erklärte. Wie aber konnten die Väter ihren Nachwuchs im eigenen Haus halten?

In dieser Situation kam Konfuzius gerade recht. Den Patriarchen war klar, dass sie eine strenge Hierarchie brauchten, in der sie unangefochten herrschen konnten und Söhne und Enkel es als ihre Pflicht empfanden zu gehorchen. Vor diesem Hintergrund erschienen die konfuzianischen Ideen zur Kindespietät ausgesprochen attraktiv. Das Konzept der Kindespietät machte aus dem Gehorsam gegenüber dem Vater oder dem Familienältesten eine moralische Pflicht, an der sich der Wert eines Mannes ermisst, sozusagen den Goldstandard zivilisierten Verhaltens. Ein maßgefertigtes Modell, um die Söhne zu überzeugen, ihre persönlichen Interessen zugunsten des großen Ganzen hintanzustellen. Die Anforderungen, die mit dem Zusammenhalt einer großen Familie verbunden waren, spielten also eine zentrale Rolle bei der Durchdringung der chinesischen Gesellschaft mit konfuzianischen Ideen. Die hierarchische Familie war schon im Aufbau begriffen – Konfuzius lieferte nur den Mörtel, um das Konstrukt zusammenzuhalten.[191]

Nicht nur dominante Väter fanden die Kindespietät nützlich. Jede Autoritätsperson konnte das Konzept der konfuzianischen Ehrerbietung gegenüber den Eltern für ihre eigenen Zwecke instrumentalisieren – bis hinauf zum Kaiser. Das erkannten die chinesische Regierung und ihre konfuzianischen Berater relativ früh. Wenn die

Kindespietät gehorsame Söhne und Töchter hervorbrachte, ließ sie sich nicht auch dafür gebrauchen, dass die Untertanen ihrem Herrscher treu ergeben waren? Dass sich die Idee der Kindespietät so nahtlos in das bestehende Herrschaftsmodell einfügen ließ, war sicher ein weiterer Grund, weshalb sie so schnell die gesamte chinesische Gesellschaft durchdringen konnte – und mit ihr das konfuzianische Denken. Der rasche Bedeutungszuwachs der Kindespietät in China hing direkt zusammen mit der Rolle, die sie in der dynastischen Ordnung spielte.

Unter der Han-Dynastie förderten die Kaiser die Kindespietät nach Kräften. Schon in der Schule wurden die Kinder entsprechend unterwiesen. Ehrerbietiges Verhalten den Eltern gegenüber wurde mit Steuererlassen und anderen Vergünstigungen belohnt. Außerdem wurde die Kindespietät zur Kardinaltugend für jeden künftigen Beamten erklärt. Dem Namen eines jeden Han-Kaisers (mit Ausnahme des Begründers der Dynastie) wurde nach dessen Tod das Wort *xiao* (Kindespietät) beigegeben, um seine Ehrerbietung gegenüber seinen Eltern zu betonen. Auch in den folgenden zwei Jahrtausenden förderten die Kaiser die kindliche Pietät. Im späten 14. Jahrhundert erließ der Begründer der Ming-Dynastie ein Edikt, das vorschrieb, die Kindespietät von Haus zu Haus zu predigen – und zwar buchstäblich. »Eine Holzklapper soll vorbereitet werden«, hieß es in der Proklamation. »Alte Menschen, behinderte Menschen, die im Alltagsleben eingeschränkt sind, oder blinde Menschen sollen ausgewählt werden. Kinder sollen sie dann [durch die Nachbarschaft] führen und dabei die Klapper betätigen … Sie sollen laut rufen, sodass jeder sie hören kann, und die Menschen mahnen, Gutes zu tun und das Gesetz nicht zu brechen. Ihre Botschaft soll sein: ›Sei ehrerbietig gegenüber deinen Eltern. Achte ältere Menschen und Vorgesetzte. Lebe in Harmonie mit deinen Nachbarn. Lehre und diszipliniere Kinder und Enkel …‹ Dies soll jeden Monat sechs Mal geschehen.«[192]

Ziel dieser kaiserlichen Strategie war es, das chinesische Volk davon zu überzeugen, dass der Gehorsam dem Kaiser gegenüber denselben Stellenwert besaß wie die Achtung für den eigenen Vater. Die Konfuzianer lieferten dem Kaiserhof reichlich ideologische Unterstützung für diese Bestrebungen. Als sehr zweckdienlich in dieser Hinsicht erwies sich ein Werk mit dem Titel *Xiao Jing* oder *Klassiker der kindlichen Pietät*. Es ist in Form einer Niederschrift eines Gespräches gehalten, das Konfuzius angeblich mit einem seiner Schüler führte. Der große Weise erklärt darin ausführlich das Prinzip der Kindespietät. Traditionell geht man davon aus, dass die Ratschläge in dem Buch tatsächlich von Konfuzius selbst stammen, daher fand das Buch in China zeitweise hohe Verehrung. Heute glauben die Sinologen aber, dass der *Klassiker der kindlichen Pietät* lange nach Konfuzius' Tod entstanden ist, vermutlich unter der frühen Han-Dynastie. Wie viel davon tatsächlich von Konfuzius stammt, ist heute heiß umstritten. Doch aus wessen Feder der *Klassiker der kindlichen Pietät* auch stammen mag, der Text entfaltete eine enorme historische Wirkung, weil er die Kindespietät mit einer Bedeutung auflud, die ihr vermutlich nicht einmal Konfuzius selbst zuschrieb.

In den *Analekten* unterstreicht Konfuzius die Menschlichkeit als Grundlage jedes tugendhaften Verhaltens. Im *Klassiker der kindlichen Pietät* hört sich das ganz anders an. »Von allen Taten, die ein Mensch vollbringen kann, ist keine wichtiger als die Kindespietät«, behauptet er da und rückt sie ins Zentrum aller anderen Tugenden: »eine vollkommene Tugend und die jederzeit gültige Verhaltensmaßregel«. Und als reiche dies noch nicht aus, um ihre überragende Stellung zu zementieren, lädt Konfuzius sie auch noch mit universeller kosmischer Bedeutung auf. Die »wohlgeordnete« Familie mit dem Vater, dessen Autorität unhinterfragt an der Spitze steht, ist der Wille des Himmels und unverzichtbar, wenn die Gesellschaft als Ganzes gedeihen soll. Sie ist das zentrale Bollwerk gegen das Chaos. Konfuzianische Gelehrte behaupteten gar, die Kindespietät mache das Land fruchtbar und die Flüsse fischreich. Fehle sie, würden Katastrophen die Menschheit verderben. Die Kindespietät wurde zur Nabelschnur, die den Menschen mit Himmel und Erde verband. Aus diesem Grund konnte ohne sie keine Ordnung im Universum einkehren. »Die Kindespietät ist die Konstante [zentrale Tugend, A.d.Ü.] des Himmels, die Rechtschaffenheit der Erde und die praktische Pflicht des Menschen«, erklärt Konfuzius im *Klassiker der kindlichen Pietät*.[193]

Der Text allerdings hob nicht nur darauf ab, welche bedeutende Rolle die Ehrerbietung gegenüber den Eltern spielte. Er illustrierte vielmehr, wie sie in den verschiedenen Lebensbereichen praktiziert werden sollte, und schuf dabei einen nahtlosen Übergang zum Gehorsam gegenüber dem Kaiser. Für die Konfuzianer nämlich beschränkte sich das Gebot der Kindespietät nicht nur auf die eigenen vier Wände. Denn wie man sich in der Welt zu verhalten hatte, lerne man zuallererst zu Hause. Die innerfamiliären Beziehungen bereiteten den Menschen auf das richtige Verhalten in der Arbeit, in der Schule, im Umgang mit Freunden und bei anderen gesellschaftlichen Gelegenheiten vor. Die Moral, die man im eigenen Haushalt lernte, wurde auf die Gesellschaft als Ganzes übertragen. Anders ausgedrückt war die eigene Familie sozusagen das Trainingsgelände für den tugendhaften Menschen. Gute Söhne und Töchter waren nicht nur gute Kinder, sondern auch gute Schüler, gute Kollegen und gute Staatsbürger. »Wer seinen Eltern auf gute Weise dient, wird in einer hohen Stellung frei von Stolz sein. In einer niedrigen Stellung aber wird er frei sein von Unbotmäßigkeit. Und unter Gleichgestellten wird er nicht streitsüchtig sein«, erläutert Konfuzius im *Klassiker der kindlichen Pietät*. »Wer seine Eltern liebt, wird nicht wagen, sich der Gefahr auszusetzen, von jemand anderem gehasst zu werden.« Wenn jeder, vom einfachen Bauern bis zum Kaiser, innerhalb wie außerhalb des Hauses die

Regeln der kindlichen Pietät beachte, dann würde die Gesellschaft ihre natürliche Ordnung entfalten und Frieden die Welt erfüllen. Wenn kindliche Ehrerbietung geübt werde, dann »werden die Menschen in Frieden und Harmonie leben«, heißt es da aus Konfuzius' Mund.[194]

Das große konfuzianische Geheimnis, das der Gesellschaft zu Wohlergehen verhelfen sollte, war die Anwendung des Musters der Vater-Sohn-Beziehung auf das gesamte Spektrum sozialer Beziehungen. Jeder Mensch in einer Autoritätsposition verdiente dieselbe Loyalität und Ehrerbietung, die man auch den Eltern entgegenbrachte, ob dies nun im Beruf, im Staatsleben oder in der persönlichen Existenz der Fall war. In einem der zahllosen Beispiele, die sich im *Klassiker der Kindespietät* finden, erklärt Konfuzius, dass jüngere Beamte den Kaiser und seine Minister behandeln sollten wie ihren eigenen Vater: »So wie ein [junger Beamter] seinem Vater dient, so soll er seinem Herrscher dienen und ihn genauso verehren«, sagt Konfuzius. »Wenn er seinem Herrscher mit der Achtung eines Sohnes dient, dann ist er loyal. Wenn er seinen Vorgesetzten mit Ehrerbietung dient, dann ist er gehorsam.« Die Konfuzianer taten also einen gewaltigen systemrelevanten Schritt – sie dehnten das Gebot der Achtung, die ein Sohn seinem Vater bezeugen soll, auf die Loyalität aus, die ein Bürger seinen politischen Führern schuldet. So heißt es im Klassiker der kindlichen Pietät: Die Ehrerbietung des Kindes »beginnt mit dem Dienst an den Eltern und setzt sich fort im Dienst am Herrscher«. Und weiterhin lesen wir: »Die kindliche Pietät, mit der der Edle seinen Eltern dient, wird als Loyalität auf den Herrscher übertragen. So wie er seine Familienangelegenheiten regelt, so kann er auch in jeder offiziellen Stellung die Regierungsangelegenheiten behandeln.«[195]

So wurde der Staat im konfuzianischen Denken das vergrößerte Abbild der Familie. Wenn der Staat genauso funktioniert wie die Familie, dann kann die Regierungsführung gut sein und die Ordnung der Gesellschaft bleibt bestehen. Im *Großen Lernen*, einer der bedeutendsten konfuzianischen Abhandlungen, heißt es einfach: »Eltern des Volkes sein heißt: lieben, was das Volk liebt.« An der Spitze der Familie steht ein autoritärer, aber fürsorglicher Vater, der sich um seine Kinder kümmert. An der Spitze des Landes steht der Kaiser, der ebenfalls unumschränkte Macht über das Volk ausübt, doch dem Bürger nach bestem Wissen und Gewissen dient. Im *Klassiker der kindlichen Pietät* wird ein altes chinesisches Gedicht zitiert, das den Herrscher als »Vater des Volkes« bezeichnet. Und so wie die Kindespietät wohlerzogene, gehorsame Kinder hervorbringen sollte, die sich der elterlichen Autorität nicht widersetzten, so sollte sie die Chinesen zu gleichermaßen loyalen Untertanen machen, die sich gegen den Staat nicht auflehnten. In Kapitel I, Vers 2 der *Analekten* sagt einer der Schüler des Konfuzius: »Es gibt selten Menschen, die ihren Eltern mit Ehrfurcht begegnen, die ihren älteren Brüdern mit Achtung begegnen und die trotzdem gegen die Obrigkeit rebellieren. Das aber hat es noch nie gegeben: dass einer, der die Rebellion gegen die Obrigkeit nicht will, dennoch Aufruhr und Unordnung stiftet.«[196]

Oberflächlich betrachtet gab das konfuzianische Konzept der Kindespietät jeder Autoritätsperson unbegrenzte Macht. Der Sohn hatte seinem Vater stets ehrerbietig zu dienen, der Untertan schuldete dem Kaiser unbedingte Loyalität. Gehorsam und Kindespietät waren ein und dasselbe. Aber verhält es sich wirklich so? Die vermutlich schwierigste Frage für die Konfuzianer war wohl, ob die Kindespietät Grenzen hatte und wenn ja, wo sie lagen. Die Antwort darauf ist entscheidend, da sie die konfuzianische Sicht von Autorität berührt: Wie sollte sie ausgeübt werden und welches Recht hatten die Menschen, sich dagegen aufzulehnen? An diesem Punkt rühren wir an den Kern konfuzianischer Vorstellungen über die Menschenrechte. In einer Gesellschaft, die geordnet ist wie eine

Familie, ist die Frage, welche Rechte ein Sohn gegenüber seinem Vater besitzt oder nicht besitzt, gleichbedeutend mit der Frage, welche Rechte das Volk gegenüber die Regierung hat. Wie Väter und Söhne miteinander umgehen, gibt das Modell dafür ab, wie der Staat seine Bürger zu behandeln hat, wie Menschen sich gegen staatliche Übergriffe zur Wehr setzen können und welche Tragweite die bürgerlichen Freiheiten in der ostasiatischen Gesellschaft haben. Im Grunde hat die konfuzianische Vorstellung der kindlichen Pietät direkte Auswirkungen auf die Frage der Demokratisierung Ostasiens.

Dabei ist Konfuzius' Sicht der Kindespietät sehr viel komplexer, als dies auf den ersten Blick scheinen mag. Denn einerseits hat Konfuzius der Kindespietät in praktischer Hinsicht nie Grenzen gesetzt. In den meisten der ihm zugeschriebenen Aussagen empfiehlt er absolute Fügsamkeit. Allein daraus könnte man schon entnehmen, dass Konfuzius von den Söhnen erwartete, dass sie ihren Vätern unter allen Umständen gehorchten. Andererseits war der große Weise auch kein Fürsprecher blinden Gehorsams – weder gegenüber den Eltern noch gegenüber anderen Autoritätspersonen. Im *Klassiker der kindlichen Pietät* stellt sein Schüler ihm ganz offen die Frage, ob Kindespietät mit blindem Gehorsam gleichzusetzen sei. »Was sollen denn diese Worte!«, ruft Konfuzius im Text da unvermittelt aus und erklärt seinem Schüler, es sei die Pflicht jedes Sohnes, gegen unangemessenes Verhalten vonseiten des Vaters zu protestieren und »Widerspruch einzulegen«. Das sei die einzige Möglichkeit, Fehler zu korrigieren und moralisches Verhalten zu fördern. Was für den Sohn gelte, gelte im Übrigen auch für jeden Menschen in einer untergeordneten Stellung – vor allem für die Minister, die für den Herrscher tätig seien. »Wenn der Sohn des Himmels [der Kaiser] sieben Minister hätte, die ihm entsprechend Vorhaltungen machten, dann würde er sein Reich nicht verlieren, selbst wenn er nichts von den Regierungsgeschäften verstünde«, erklärte Konfuzius. »Und ein Vater, der einen Sohn hat, welcher ihm gegenüber Widerspruch erhebt, wird nicht im Abgrund unsittlicher Taten versinken. Wo immer es also um unredliches Verhalten geht, darf ein Sohn keinesfalls davon Abstand nehmen, seinem Vater Vorhaltungen deswegen zu machen. Das gilt auch für den Minister des Kaisers. Da diese Art von Widerspruch gegen unredliches Verhalten erforderlich ist, wie sollte da der blinde Gehorsam gegenüber den Befehlen des Vaters vollkommene Kindespietät sein?«[197]

Wie weit aber durfte dieser »Widerspruch« gehen? Und was sollte ein Sohn tun, wenn der Vater seinen Rat ignorierte und sein unrechtes Tun fortsetzte? Erlaubte Konfuzius dem Sohn, gegen den Vater aufzubegehren? Stach die Trumpfkarte der Sittlichkeit also die der Kindespietät? Konfuzius' Antwort darauf war ein klares Nein. In seinen Augen hatte der Sohn zwar die Verpflichtung zu *versuchen*, das Verhalten des Vaters zu ändern – aber nicht mehr. Im konfuzianischen Denken gab es Grenzen, wenn es um den Widerspruch gegen Autorität ging, und zwar sowohl für den Sohn als auch für den Untertan. Am Ende hatte der Sohn nicht aus der Reihe zu tanzen, ganz egal, welche unrechtmäßigen Taten sein Vater verüben mochte. In den *Analekten* heißt es dazu ganz klar: »Dienst du deinen Eltern, dann kannst du ihnen auch in gebotener Zurückhaltung widersprechen. Siehst du aber, dass sie nicht gewillt sind, dir zu folgen, dann sei weiterhin ehrerbietig und widersetze dich nicht.« Im *Buch der Riten* führt er noch weiter aus: »Wenn ein Elternteil einen Fehler hat, dann sollte [der Sohn] ihn mit angehaltenem Atem und möglichst sanfter Stimme beiläufig darauf hinweisen.« Wenn der Vater diesem Hinweis nicht folgt, dann »sollte [der Sohn] ihm nicht erlauben, einen Verstoß gegen die Gesetze der Nachbarschaft oder Dorfgemeinde zu begehen, sondern noch deutlicher widersprechen. Wenn der Elternteil dann wütend wird und ihn schlägt, bis das Blut fließt, dann sollte [der

Sohn] sich nicht einfallen lassen, gar selbst wütend oder nachtragend zu werden, sondern seine Ehrerbietung noch stärker zeigen.« In den *Analekten* aber sagt einer von Konfuzius' Schülern ganz klar: »Wer einem Herrscher Vorwürfe macht, fällt in Ungnade.«[198] Kein konfuzianisches Lehrstück aber unterstreicht die Rolle der Kindespietät bei Konfuzius besser als ein Gespräch, das der Weise mit dem Präfekten der Provinz She führt, während er auf seiner langen Reise durch China ist. Dieses Gespräch findet sich in den *Analekten*. Der Präfekt brüstet sich vor Konfuzius, wie aufrichtig die Menschen in seiner Provinz seien: »Der eigene Sohn bringt es zur Anzeige, wenn sein Vater ein Schaf gestohlen hat.« Erstaunlicherweise findet Konfuzius das gar nicht gut. »Bei uns ist das anders«, sagt der Weise. »Bei uns deckt der Vater den Sohn, und der Sohn deckt den Vater. Darin liegt Aufrichtigkeit.« Das heißt, dass die Ehrenpflicht des Sohnes gegenüber seinem Vater mehr wiegt als seine Treue zum Gesetz, ja mehr als grundlegende Moralbegriffe. Auf den ersten Blick scheint dies den Lehren des Konfuzius zu widersprechen. Heißt es da nicht, dass man unter allen Umständen richtig handeln solle, welche Folgen sich daraus auch ergäben? Cheng Yaotiang, ein konfuzianischer Gelehrter aus dem 18. Jahrhundert, versucht, diese Stelle zu erklären, indem er darauf verweist, dass es ja nur natürlich sei, Blutsbande über die Loyalität dem Staat oder der Gesellschaft gegenüber zu stellen. Opfere hingegen ein Sohn seinen eigenen Vater dem Gemeinwohl, täte er dies nur aus Selbstsucht.[199]

Die Kritiker des Konfuzius allerdings waren entsetzt, dass in seinen Augen die Familie über allem anderen stehen sollte. Vor allem der legalistische Philosoph Han Feizi kritisierte das Konzept der Kindespietät heftig. Konfuzius ging ja davon aus, dass es zwischen den Interessen der Familie und denen des Staates oder der Gemeinschaft keinen Konflikt geben könne – sie seien schließlich ein und dasselbe. Han Feizi hingegen war gegenteiliger Auffassung. Zwischen den Anforderungen des Staates und denen der Familie gebe es einen Unterschied, daher würde die konfuzianische Kindespietät, so Han Feizi, letztlich die soziale Ordnung untergraben. Indem er, was Familienangelegenheiten anginge, das Individuum von seiner Verpflichtung dem Staat gegenüber freisprach, würde Konfuzius die Opposition gegen staatliche Autorität fördern.

Um sein Argument zu untermauern, erzählt Han Feizi eine Geschichte aus Konfuzius' Heimatprovinz Lu. Ein Mann sei dort seinem Herrscher in den Krieg gefolgt, habe in drei Schlachten gekämpft und sei dreimal geflohen. Als er von Konfuzius daraufhin angesprochen wurde, antwortete der Mann: »Ich habe einen alten Vater. Sollte ich sterben, hätte er niemanden, der sich um ihn kümmern würde.« Han Feizi zufolge »betrachtete der Weise ihn als Mann von großer Kindespietät und lobte und ehrte ihn«. Die Auswirkungen auf den Staat Lu seien katastrophal gewesen, meinte Han Feizi: »Nachdem [Konfuzius] den Fahnenflüchtigen geehrt hatte, fühlten sich alle Krieger aus Lu berechtigt, sich zu ergeben oder zu fliehen.« In diesem Fall, schrieb Han Feizi, sei »der ergebene Sohn des Vaters ein pflichtvergessener Untertan gewesen.« Doch Han Feizi ging noch weiter, denn in seinen Augen war die Vorstellung, die Familie sei eine Quelle der Ordnung, ohnehin töricht. Die meisten Väter müssten ständig kämpfen, nicht die Autorität über ihre Söhne zu verlieren, obwohl das Band zwischen Vater und Sohn doch das stärkste sei. Wie könne diese Beziehung da zum Vorbild für die Ordnung einer Gesellschaft im Ganzen taugen? »Es ist nur menschlich«, so Han Feizi, »dass niemand liebevoller ist als die Eltern. Wenn beide Eltern ihren Kindern wirklich Liebe bezeugen, und es doch in der Familie nicht immer Ordnung gibt, wie sollte es da im Staat keine Unordnung geben, selbst wenn der Herrscher die Liebe zu seinen Ministern verstärkt?«[200]

Konfuzius' Ideen zu Gehorsam und Autorität sind ein neuralgischer Punkt, an dem wir im Westen meist anfangen, ihn als sehr fremd zu empfinden. Der hohe Wert, den er der Kindespietät beimisst, und der unbedingte Gehorsam, den diese erfordert, stellen wohl den grundlegendsten Unterschied zwischen westlicher Lebensweise und konfuzianischer Denkungsart dar. In den Vereinigten Staaten hält man Kinder nicht dazu an, ihren Eltern, Lehrern, Vorgesetzten oder politischen Führern sklavisch zu gehorchen. Wer sich gegen Übergriffe oder unrechtmäßigen Machtgebrauch wehrt, gilt als Held. Man erwartet von den Kindern vielmehr, dass sie ihren eigenen Weg im Leben finden, von ihren Eltern unabhängig werden und ihre eigene Meinung und Persönlichkeit entwickeln. Die konfuzianische Vorstellung, man müsse Menschen in übergeordneter Stellung gehorchen, ist der westlichen Mentalität fremd.

Doch hatte Konfuzius denn tatsächlich im Sinn, eine Gesellschaft unterwürfiger Lemminge zu schaffen, die von ihren machtbesessenen Herren dirigiert wurden? Wollte er tatsächlich, dass Menschen sich vor Ungerechtigkeit und Brutalität ducken? Ganz und gar nicht. In Konfuzius' Moralsystem darf keiner tun, was ihm einfällt, gleichgültig, welche Position er innerhalb der sozialen Ordnung innehat. Der Vater kann zwar Ehrerbietung und Achtung erwarten, doch er muss diese Loyalität durch Güte vergelten, muss aufrichtig Sorge tragen für das Wohlergehen seiner Familie und Großzügigkeit zeigen. Konfuzianische Kindespietät ist keine Einbahnstraße, wenn man diesen Vergleich benutzen will. Die Väter dürfen sich nicht wie Diktatoren gerieren – und das gilt natürlich auch für den Herrscher eines Landes. Wenn ein Vater die Verantwortung hat, gütig zu sein und für seine Kinder zu sorgen, dann hat der König, der »Vater der Nation«, dieselbe Verpflichtung: Er muss seine Untertanen tugendhaft regieren.

In den *Analekten* finden sich hierfür zahlreiche Beispiele. Zigong fragt Konfuzius einmal: »Gibt es ein Wort, das ein ganzes Leben lang als Richtschnur des Handelns dienen kann?« Und der Meister antwortet: »Das ist ›gegenseitige Rücksichtnahme‹«. Konfuzius predigte die berühmte Goldene Regel also lange, bevor sie im Westen zum ersten Mal ausformuliert wurde: »Was man mir nicht antun soll, will ich auch nicht anderen Menschen zufügen.« Ausnahmen gab es nicht – nicht für die Väter bzw. Könige und nicht für Söhne bzw. Untertanen. Die Achtung, die Söhne ihren Vätern entgegenbringen sollten, ist die Grundlage für unser Verhalten allen anderen Menschen gegenüber. »Wenn der Edle gewissenhaft seine Pflicht tut, ohne zu fehlen, und anderen Menschen stets mit Achtung und Höflichkeit begegnet, wie es den bewährten Regeln des Zusammenlebens entspricht, dann sind innerhalb der vier Meere alle Menschen seine Brüder«, sagt ein Schüler des Konfuzius in den *Analekten*. Niemand, nicht einmal ein Mensch in einer hohen Machtposition, darf diese Macht missbrauchen. Der Weise selbst sagte: »Der Edle geht unbeirrbar den rechten Weg, er ist aber nicht stur.« Außerdem sollte der Edle selbst seine sittlichen Maßstäbe bestimmen, indem er den Menschen um ihn herum hilft. »Wer den Grundsätzen des sittlichen Verhaltens folgt, will sich und andere daran aufrichten.« Und weiter meint der Meister: »Er will, dass ihm das gelingt und dass es auch anderen gelingt.« Konfuzius erwartete selbst vom Kaiser, dass er sich an diese Gebote hält: »Die Sohnesehrfurcht ist die Gesinnung, mit der man dem Fürsten dienen soll; die brüderliche Unterordnung ist die Gesinnung, mit der man seinen Vorgesetzten dienen soll; die väterliche Liebe ist die Gesinnung, mit der man die Menge leiten muss«, heißt es im *Großen Lernen*. Konfuzius trat zwar für hierarchische Beziehungen in Familie und Gesellschaft ein, doch das bedeutete nicht, dass der Vater tyrannisch und der Kaiser diktatorisch herrschen und Söhne bzw. Untertanen in Angst und Schrecken versetzen durfte.[201]

Doch natürlich klaffen auch hier Wirklichkeit und Philosophie weit auseinander. Die von den Konfuzianern eingeforderte Kindespietät wurde in den Händen der Herrschenden zur scharfen Waffe, die sie gegen die Untertanen einsetzten. Der Teil, der die übergeordnete Position einnahm – ob nun Vater oder Herrscher –, reklamierte alle Rechte und Privilegien für sich. Dem untergeordneten Part – Sohn oder Untertan – blieben nur die Pflichten. Konfuzius mochte die besten Absichten gehabt haben, aber er hatte nicht begriffen, wie leicht seine Vorstellung von kindlicher Pietät sich zurechtbiegen und missbrauchen ließ. Für derlei Pervertierungen gibt es in seinen Gesprächen und seinem Moralsystem keinen Platz. Und so war der gravierendste Fehler, dessen Konfuzius sich schuldig machte, wohl seine unglaubliche Naivität.

Seine Kritiker allerdings erhoben weit heftigere Vorwürfe gegen Konfuzius. Als China und seine Nachbarn unter dem Ansturm westlicher Kultur, Ideale und Ideologien im 19. Jahrhundert fast in die Knie gingen, wurde die Kindespietät von asiatischen und nichtasiatischen Kritikern gleichermaßen angegriffen. Statt als höchste aller Tugenden verehrt zu werden, brandmarkte man sie als sozialen Anachronismus, der China zur Rückständigkeit verdammte. »Die Kindespietät und das starke Gewicht der Familie im Allgemeinen sind vermutlich der größte Schwachpunkt in der konfuzianischen Ethik, der einzige Punkt, wo das ganze System massiv dem gesunden Menschenverstand widerspricht«, schrieb Bertrand Russell 1922. »Die Loyalität zur Familie unterminiert das Engagement für das Gemeinwohl, und die Autorität des Alten ist zur Tyrannei uralter Sitten und Gebräuche erstarrt. In diesen Tagen, in denen China vor Problemen steht, die einen radikal neuen Ansatz erfordern, sind es eben diese Eigenheiten des konfuzianischen Systems, die zum Hindernis der Umgestaltung werden.«[202]

Der chinesische Schriftsteller Lin Yutang stieß ins selbe Horn.

Mit ähnlichen Worten wie der Legalist Han Feizi kritisierte er 1936, dass die Konfuzianer durch ihre Konzentration auf die Familie das Engagement für Gemeinwohl und Nation ausgehöhlt hätten, das im Westen so zentral war. »Es lohnt sich zu überlegen, wie der Mensch als soziales Lebewesen bestehen kann, wenn es ihm doch an sozialer Gesinnung fehlt«, schrieb Lin in *Mein Land und mein Volk*. Und weiter: »Was der Konfuzianismus nach moderner Auffassung ganz außer Acht ließ, war die soziale Verpflichtung des Menschen dem Fremden, den Mitmenschen gegenüber, und die Folgen waren verhängnisvoll. Die Gesinnung des barmherzigen Samariters war unbekannt und wurde geradezu unterbunden ... So wurde die Familie mit den sie umlagernden Freundschaften mehr und mehr zu einer festen ummauerten Burg, in deren Innerem eine geradezu kommunistische Zusammenarbeit und gegenseitige Hilfsbereitschaft herrschte, die aber gegen außen mit kalter Gleichgültigkeit befestigt war.« Das Ergebnis war nach Lins Auffassung, dass sich eine ausufernde Korruption entwickelte, die die Institutionen von innen her zersetzte und den Widerstand gegen jede Art von Modernisierung stärkte. Minister füllten ihre Ämter mit arbeitssuchenden Verwandten. Auch das machte sie zu entschiedenen Gegnern von jeder Art des politischen Wandels. »Auf solche Weise haben sich Sinekurenwirtschaft und Nepotismus immer mehr ausgedehnt und sind, zusammen mit dem wirtschaftlichen Druck, zu einem übermächtigen Faktor geworden, der jede politische Reformbewegung untergräbt, weit eher als dass er von ihr untergraben würde«, schrieb er. »Seine Macht ist so groß, dass zahlreiche, in bester Absicht unternommene Reformversuche erfolglos geblieben sind.« Und Lin fuhr fort: Bestechung »mag im öffentlichen Leben ein Vergehen sein, von der Familie her gesehen ist es eine Tugend«[203].

Die konfuzianische Familie, so ihre Kritiker, ersticke die Unabhängigkeit, die die Chinesen brauchten, um mit der modernen Welt fertig zu werden. »Das Familiensystem ist die völlige Verneinung des Individualismus, und es hält den Menschen im Zaum, wie die Zügel des Jockeys das pullende Rennpferd zurückhalten«, schrieb Lin. Die Modernisierer richteten ihren Blick gen Westen und sahen, dass die dortigen politischen und ökonomischen Systeme auf der Grundlage persönlicher Freiheit errichtet worden waren. Die Demokratie funktionierte nur, wenn es Menschen gab, die ihr Votum abgeben und sich frei ihre Meinung bilden konnten. Der Kapitalismus brauchte die Initiative frei agierender Individuen, die nach eigenem Gewinn strebten. Indem er die Söhne unter die Herrschaft der Väter gestellt habe, so seine Kritiker, habe Konfuzius China jener Kräfte beraubt, die es für die Modernisierung brauchte. »Wenn Menschen durch die konfuzianischen Vorstellungen von kindlichem Respekt und Gehorsam gebunden sind, sodass sie noch drei Jahre nach dem Tod des Vaters nicht von seinen Ideen abweichen durften, wie sollen sie dann eine politische Partei gründen oder selbstständig zur Wahl gehen?«, schrieb der radikale Schriftsteller Chen Duxiu 1916.[204]

Und auch heute noch schlagen kritische Stimmen dieselben Töne an. Der koreanisch-amerikanische Schriftsteller Wesley Yang nennt die Unterwürfigkeit, die die Kindespietät hervorgebracht habe, als Grund dafür, dass Asiaten in den Vereinigten Staaten bislang kaum Führungspositionen in amerikanischen Unternehmen und in der Gesellschaft im Allgemeinen innehaben. »Mein Gesicht ist für andere Amerikaner vermutlich ein Signal: Hier kommt ein Unsichtbarer, den man von der Masse kaum unterscheiden kann«, schrieb Yang 2011. »Ein Symbol für das, was die Kultur angeblich schätzt, in Wirklichkeit aber nur ausbeutet und herabsetzt. Wir sind nicht nur ›die Leute, die gut in Mathe und im Geigespielen sind‹. Wir sind eine Masse unterdrückter, stummer, ausgebeuteter, konformistischer Beinahe-Roboter, die einfach nicht zählen, weder sozial noch kulturell … Wenn ich meine Einstellung zu asiatischen Werten einmal zusammenfasse, kommt Folgendes heraus: Zum Henker mit der Kindespietät.«[205]

Diese scharfen Angriffe blieben natürlich nicht ohne Folgen. Die Kindespietät galt bald als anti-modern, und junge Leute begannen, ihren Wert für die zeitgenössische Gesellschaft infrage zu stellen. Doch an den konfuzianischen Familientraditionen nagt schon mehr als nur der Zahn leidenschaftlicher Rhetorik. Hier sind starke soziale und wirtschaftliche Kräfte am Werk. Die Ängste kaiserlicher Beamter des alten China wie des schwerfälligen Woren, der sich im 19. Jahrhundert beharrlich gegen Reformen stemmte, weil der Einstrom westlicher Ideen den Einfluss von Konfuzius und seinen Lehren untergraben würde, haben sich bewahrheitet. Die asiatischen Nationen haben vom Westen politische Systeme und Ideologien übernommen (die Demokratie und den Kommunismus), Wirtschaftssysteme (Kapitalismus) und soziale Normen (die Dating-Praxis und Frauen am Arbeitsplatz). Das alte konfuzianische Familienideal wurde so ausgehöhlt. Aber auch die Anforderungen, die die moderne Gesellschaft heute stellt, stehen im Widerspruch zur konfuzianischen Kindespietät. Konfuzius mahnte noch, gute Kinder würden sich ihren Wohnsitz nicht fern von den Eltern suchen. Doch der Kampf um Jobs in unserer globalisierten Wirtschaft lässt den Kindern meist gar keine andere Wahl: Sie müssen an andere Orte ziehen, manchmal sogar in ein anderes Land, wenn sie studieren oder einen interessanten Job haben wollen. Das reißt Familien manchmal für lange Zeit auseinander. Der Druck des 21. Jahrhunderts »setzt auch der letzten Hoffnung auf Konfuzius' Lehren ein Ende«, meint Feng Wang, ein Soziologe an der Brookings Institution, einem Thinktank in Washington.[206]

Mit der Folge, dass ostasiatische Familien mehr und mehr funktionieren wie westliche. Kinder werden lange nicht mehr so häufig durch den Vater verheiratet wie früher. Heute gehen sie mit verschiedenen Datingpartnern aus, bis sie den Richtigen / die Richtige gefunden haben. Immer öfter ziehen die Kinder von zu Hause aus und nehmen sich ein Zimmer im Studentenwohnheim oder eine Wohnung mit Freunden. Doch obwohl die jungen Menschen in Ostasien viel an persönlicher Freiheit dazugewonnen haben, bringt der Niedergang der Kindespietät auch erhebliche soziale Probleme mit sich. Einer der Gründe, weshalb Konfuzius auf die kindliche Pietät so großen Wert legte, war seine Befürchtung, die Söhne würden sich dann mehr um die eigenen Kinder und um die eigene Frau kümmern. Im heutigen Ostasien ist dies bittere Realität geworden. Die Zeiten, in denen sich in China vier Generationen einer Familie unter einem Dach drängten, sind ein für alle Mal Geschichte. 2013 ergab eine Studie, dass von den 85 Millionen Chinesen über sechzig nur 38 Prozent im selben Haushalt leben wie ihre Kinder. Die Versorgung der ständig wachsenden Anzahl alter Menschen bereitet den Politikern in Ostasien einiges Kopfzerbrechen, können sie sich doch nicht mehr darauf verlassen, dass die Familie diese Aufgabe übernimmt. In Singapur erließ die Regierung sogar ein Gesetz, um sicherzustellen, dass das verantwortungslose Jungvolk seinen Unterhaltspflichten gegenüber den Eltern nachkommt. Der Maintenance of Parents Act von 1995 ermöglicht den Eltern, ihre undankbaren Sprösslinge vor Gericht zu schleifen, wenn sie ihnen nicht ausreichend finanzielle Mittel zur Verfügung stellen.

Walter Woon, ein ehemaliger Abgeordneter, der an der Abfassung des Gesetzestextes beteiligt war, sieht das Gesetz als Resultat der Erosion traditioneller familiärer Werte. »Ich habe Fälle gesehen, in denen Kinder die Eltern ohne einen Pfennig gelassen haben. Mir schien das nicht gut«, so Woon. »Der Widerstand [gegen das Gesetz] kam vor allem von gebildeten Chinesen, die meinten, solche Dinge könne man doch nicht per Gesetz regeln. Und dass wir versuchten, die konfuzianische Ethik auf dem Gesetzesweg durchzusetzen, obwohl sie doch aus dem Gefühl der kindlichen Pietät kommen sollte. Meine Antwort war, dass das gar nichts mit Kindespietät zu tun hatte, sondern eher mit deren Niedergang. Wäre der Konfuzianismus heute noch lebendig, dann bräuchten wir kein Gesetz. In Wirklichkeit aber ist das alles [die Kindespietät] im Zusammenbruch begriffen, und deshalb brauchen wir das Gesetz.«[207]

Singapurs Entscheidungsträger treten in die Fußstapfen der kaiserlichen Funktionäre des alten China und versuchen, die Kindespietät durch Propaganda zu befördern, unter anderem mithilfe einer TV-Kampagne. Ein kurzes Video von 2010 mit dem simplen Titel »Kindespietät – Vater und Sohn« erzählt die Geschichte eines Mannes, der sich um seine ältere Mutter kümmert – er hilft ihr ehrerbietig über die Straße, macht beim Abendessen viel Aufhebens um sie (wobei er selbst seine Frau vor den Kopf stößt) und sitzt an ihrem Bett, als sie ins Krankenhaus muss. Sein noch junger Sohn beobachtet all die Szenen. Als er seinen Vater fragt, weshalb er seiner Mutter so ergeben sei, erfolgt eine Rückblende in die Kindheit des Mannes. Wir sehen seine Mutter durch den Regen ins Krankenhaus laufen, den fieberkranken Sohn im Arm. Am Ende sehen wir den Mann, wie er seiner tödlich erkrankten Mutter ein Lied vorsingt, während ihm Tränen in die Augen steigen. Sein Sohn steht daneben. Am Ende des Films heißt es dann: »Wie eine Generation liebt, lernt die nächste.«[208]

Und die Regierung von Singapur ist nicht die einzige, die die Kindespietät wiederzubeleben sucht. So mancher Entscheidungsträger in Ostasien sieht die Rückkehr zu konfuzianischen Werten als Gegenmittel gegen die negativen Tendenzen, die sie auf den westlichen Einfluss zurückführen. Südkoreas Ministerin für Kultur, Sport und Tourismus und die Bürgermeister vieler Gemeinden haben Hunderte einstiger konfuzianischer Akademien zu lokalen Schulen umgestaltet, in denen der Konfuzianismus unterrichtet wird. Zu den Zeiten der koreanischen Joseon-Dynastie waren die Akademien gefüllt mit Schülern, die die konfuzianischen Klassiker studierten, um sich auf die Beamtenprüfungen vorzubereiten. Die neuen Schulen allerdings lehren eine vereinfachte Form des Konfuzianismus, die Lee Hui Bok »konfuzianische Sitten« nennt.[209]

Lee leitet eine dieser neuen Schulen in Gwacheon, einem Vorort von Seoul. Sie ist in einem modernen Bürogebäude untergebracht, ganz in der Nähe einer der alten Akademien. In dem Klassenzimmer, in das man mich führt, lernen an diesem Vormittag etwa zwei Dutzend Frauen, wie konfuzianische Familienbeziehungen aussehen. Der Lehrer unterstreicht mehrfach den klassisch konfuzianischen Gedanken, dass positive Familienbeziehungen die Grundlage für eine harmonische Gesellschaft bilden. An anderen Tagen gibt es Kurse für Eltern und Kinder, in denen die zentrale Bedeutung der Kindespietät unterrichtet wird. In einer Broschüre mit hübschen Zeichnungen und möglichst einfacher Sprache wird die Funktion traditioneller familiärer Rollen gelobt. Ein Bild zeigt Vater und Sohn, wie sie zusammen für die Großmutter ein Lied singen. »Eltern mögen ihre Kinder, Kinder mögen ihre Eltern – so werden sie beste Freunde«, steht darunter. Ein anderes Bild greift eines der *Vierundzwanzig Beispiele kindlicher Pietät* auf: Auf der Zeichnung hält die Mutter einen Stock in der Hand, ihr Sohn neben ihr weint bitterlich. Doch er weine nicht, so der Sohn, weil sie ihn geschlagen habe, sondern weil ihm das keine Schmerzen mehr bereite – ein klares Anzeichen dafür, dass sie alt und hinfällig geworden ist.

Die Erziehung in dieser Art von Konfuzianismus, meint Lee, sei wichtig, wenn man die Moral im veränderten Asien wiederherstellen wolle. »Die Kindespietät ist ausgesprochen wichtig für eine gute Gesellschaft«, erklärt er. »Vor zwanzig Jahren waren die Menschen hier noch höflicher. Junge Leute standen im Bus auf und boten älteren Leuten ihren Platz an. Heute macht das niemand mehr. Dafür haben wir jetzt jede Menge sozialer Probleme. In der modernen Familie haben die Leute keine Manieren mehr. Sie besuchen nicht einmal ihre Großeltern. Kinder respektieren Vater und Mutter nicht mehr. Die Gesellschaft ist wirklich ziemlich chaotisch geworden. Wir brauchen mehr Ordnung.« Daher habe man auf höherer Ebene beschlossen, so Lee, die koreanische Jugend wieder an die Kindespflichten zu erinnern. »Die Regierung glaubt, dass wir den Konfuzianismus brauchen, um den Kindern Höflichkeit beizubringen.«

Selbst chinesische Beamte würden dies heute vermutlich unterschreiben. Sogar die chinesischen Kommunisten, die Konfuzius in den Tagen Maos heftig verunglimpften, setzen nun erneut auf das Konzept der Kindespietät, um den sozialen Zusammenhalt zu stärken. Beijing tat es Singapur nach und führte 2013 eigene Gesetze ein, die die Kindespietät stärken sollen. »Familienmitglieder, die weit weg von ihren Eltern leben, sollten sie häufig besuchen oder ihnen Grüße schicken«, heißt es im Chinesischen Gesetz zum Schutze älterer Menschen. In einem weiteren Artikel verbietet man den Angehörigen, »ältere Verwandte zu übersehen oder zu vernachlässigen«[210].

Das Gesetz ist Teil einer größeren Kampagne der Regierung, die den Chinesen wieder kindliche Gefühle einflößen soll. »Zugegebenermaßen übte die feudale Kindespietät einen erheblichen negativen Einfluss aus«, heißt es in einem Artikel in der staatlichen Zeitschrift *People's Daily* 2012. Doch »es ist keine schlechte Idee, unseren Geist stärker zu öffnen und Dinge wie die Kultur der ›kindlichen Pietät‹ neu zu bewerten, sie von ihren negativen Aspekten zu befreien, ihre universellen Werte herauszudestillieren und ihre Funktionen so weiterzuentwickeln, dass sie den heutigen Anforderungen der Entwicklung einer sozialistischen Marktwirtschaft und des Aufbaus einer harmonischen Gesellschaft genügen.« Da überrascht es wenig, dass auch die autoritäre chinesische Staatsregierung die Kindespietät als Mittel zur Erziehung loyaler Untertanen betrachtet, ganz wie es die Mandarine der kaiserlichen

Dynastien taten. Selbst *People's Daily* greift heute auf den *Klassiker der kindlichen Pietät* zurück und unterstreicht den engen Zusammenhang zwischen Ehrerbietung den Eltern gegenüber und Gehorsam gegenüber dem Staat: »Nur wer seine Eltern respektiert, zeigt sich loyal gegenüber seinem Land«, heißt es dort neuerdings.[211]

Chinas Kommunisten haben noch ein schweres Stück Arbeit vor sich, wenn sie tatsächlich die Kindespietät wiederbeleben wollen. Denn die Obrigkeit in China hat nicht nur jahrzehntelang ihr Möglichstes getan, um konfuzianische Werte auszulöschen, man hat auch noch Maßnahmen zur Geburtenkontrolle eingeführt, die die traditionelle Familie buchstäblich ausgehöhlt haben. 1979 versuchte man, das Bevölkerungswachstum in China zu beschneiden. Das chinesische Volk hatte damals gerade die kritische Zahl von 1 Milliarde überschritten, und so verordnete die Regierung dem Land die Ein-Kind-Politik: Mehr als ein Kind war den meisten Paaren nicht erlaubt. Das reduzierte zwar die Zahl der zu fütternden Mäuler und der Arbeitssuchenden, es kam auch der wirtschaftlichen Entwicklung Chinas zugute, doch gleichzeitig beschleunigte es die Überalterung der Bevölkerung. 2012 war das erste Jahr, in dem die arbeitende Bevölkerung zu schrumpfen begann, was negative Auswirkungen für künftiges Wachstum haben wird. Daher beschloss die Kommunistische Partei Chinas, die Ein-Kind-Politik zu lockern. Manche Familien dürfen heute mehr als ein Kind bekommen. Doch der Schaden ist bereits angerichtet. Aufgrund der Ein-Kind-Politik muss heute jeder Sohn bzw. jede Tochter zusammen mit seinem Ehepartner vier ältere Menschen pflegen und erhalten, was die meisten nicht leisten können. »Die Ein-Kind-Politik veränderte die Verwandtschaftsbeziehungen und das familiäre Netzwerk und hat damit sowohl kurz- als auch langfristige Auswirkungen auf Eltern und Kinder«, erklärt Feng Wang von der Brookings

Institution. »Mit nur einem Kind ist den meisten Eltern klar, dass sie im Alter nicht mit diesem Kind zusammenleben werden. Die Herausforderung besteht nun darin, dass sie jemanden finden, der sich um sie kümmert. Denn es werden Zeiten kommen, in denen sie das selbst nicht mehr tun können. Das wird ein sehr einsames Leben werden. Wir werden viele ältere chinesische Mitbürger erleben, die solch ein Leben führen werden.«

Und Einsamkeit ist nur eine Seite des Problems. Die 2013 veröffentlichte Umfrage zum Alter im heutigen China zeichnete auch ein deprimierendes Bild, was die finanzielle Situation der alten Leute angeht. Fast 23 Prozent, also 42 Millionen ältere Menschen, führen ein Leben unterhalb der Armutsgrenze was bedeutet, dass sie am Tag weniger als 1,50 Dollar zum Leben haben. Anders als in den Vereinigten Staaten oder Europa, wo der Staat einspringt, wenn älteren Mitbürgern das Geld zum Leben nicht mehr ausreicht, hat China kein umfassendes soziales Netz. Die Renten sind zu niedrig, das Gesundheitswesen funktioniert nicht, und Arztrechnungen können schnell sehr hoch werden. Wo es um die Sorge für ältere Mitbürger geht, hat China schlichtweg keine Alternative zur konfuzianischen Kindespietät entwickelt. »In westlichen Gesellschaften haben die Alten eigenes Vermögen, sie sind daran gewöhnt, unabhängig zu leben«, erklärt Wang. »Beim chinesischen System aber fragt man sich, wovon die alten Leute leben werden, wenn man von den älteren Menschen einmal absieht, die vom jüngsten Wirtschaftsboom profitiert haben. Und das ist noch nicht mal eine konfuzianische Idee. Das Leben sollte schließlich besser werden im Alter. Ältere Menschen sollten nicht nur respektiert, sondern vor allem unterstützt werden. Die konfuzianischen Lehren sind zum Teil sehr schön. Sie drehen sich um das Wesentliche im Leben. Die konfuzianischen Lehren zeichnen einen sinnvollen Lebensverlauf vor. In einem Netz von Verwandtschaftsbeziehungen kümmern sich Menschen um die älteren Mitbürger. Heute aber haben die unterschiedlichsten Kräfte dazu beigetragen, dieses Netz reißen zu lassen.«[212]

Nicht ganz. Gerade die Umfrage von 2013 zeigt, dass die Kindespietät in China noch nicht ganz verschwunden ist. Fast 89 Prozent der älteren Menschen, die auf Hilfe im Alltag angewiesen sind, erhalten diese von Familienmitgliedern. 47 Prozent der älteren Mitbürger, die nicht bei ihren Kindern leben, werden von diesen zumindest finanziell unterstützt. »Im Gegensatz zu westlichen Ländern wie den Vereinigten Staaten, wo die Ressourcen von der Eltern- zur Kindgeneration fließen, werden diese in China in umgekehrter Richtung, von den Kindern zu den Eltern, verteilt«, heißt es in diesem Bericht.[213]

In einigen Fällen finden die Kinder auch Mittel und Wege, ihren Pietätspflichten durch moderne Einrichtungen Genüge zu tun. So entstehen mittlerweile auch in China immer mehr Pflegeheime, was für die chinesische Kultur ein Novum ist. Na Na, Co-Managerin des Yiyangnian-Pflegeheims für ältere Menschen in Beijing, meint, Heime wie dieses seien die ganz normale Antwort auf das hektische Leben, das viele Chinesen heutzutage führten. »Viele Menschen haben einfach nicht die Zeit, sich um ihre Eltern zu kümmern, oder die Eltern vereinsamen, weil sie allein zu Hause sitzen«, meint Na. »In der Vergangenheit war es traditionell so, dass, wenn Sie einen Sohn hatten, dieser für Sie verantwortlich war [wenn Sie alt wurden]. Wenn Sie heute einen Sohn oder eine Tochter haben, müssen sie arbeiten und Geld verdienen.«[214]

Einige der 150 Bewohner des Pflegeheims scheinen das akzeptiert zu haben. Zhang Zizhong will mit seinen zweiundachtzig Jahren lieber im Yiyangnian wohnen als im eigenen Appartement oder im Haus seines Sohnes. Ihm ist klar, dass sein Sohn, der Ingenieur ist, und dessen Frau, die als Journalistin tätig ist, nicht die Zeit haben, sich um ihn zu kümmern. Doch als 2012 seine Frau starb, wollte er nicht immer nur allein zu Hause sitzen. Obwohl er nicht bei seinem Sohn lebt, wie es die Tradition will, glaubt Zhang nicht, dass die konfuzianischen Traditionen aussterben. Sein Sohn besucht ihn häufig und er will seinem Vater sogar die Reise in die Vereinigten Staaten bezahlen, die das Heim für seine Bewohner plant. »Er kümmert sich ganz wunderbar um mein Wohlbefinden«, sagt Zhang. Tatsächlich hat Zhang das Gefühl, sein Sohn sei einer der Vorreiter eines neuen Trends: Die jungen Leute in China kümmerten sich heute wieder mehr um ihre Eltern, als Zhangs eigene Generation dies tat, die stark von der anti-konfuzianischen Rhetorik Maos beeinflusst war. »Die Menschen damals achteten ihre Eltern nicht«, sagt Zhang. »Konfuzianische Ideen im Kopf der Leute wurden nach Möglichkeit ausgelöscht.« In jüngerer Zeit allerdings »wandelt sich die Einstellung der jungen Leute zu Konfuzius wieder. Mittlerweile wird die Kindespietät wieder mehr respektiert. Die Kinder sind toleranter geworden und unterstützen ihre Eltern wieder mehr«, sagt er. »Natürlich erwartet man heute nicht mehr, dass jemand die Lehren des Konfuzius befolgt, aber genau das geschieht im Moment.«[215]

Na selbst gehört wohl auch zu den neuen Anhängern der Kindespietät. Bevor sie sich zu ihrer Mutter im Pflegeheim gesellte, lebte die Sechsundzwanzigjährige nämlich im australischen Sydney, wo sie ihr Leben als Managerin eines Duty-free-Shops genoss und jeden Abend Poker spielte und mit ihren Freunden Karaoke sang. Doch ihre Mutter hatte sie immer wieder gebeten, doch nach Hause zu kommen. 2011 hatte Nas Mutter das Yiyangnian-Pflegeheim gegründet – ihr zweites Heim für Altenpflege – und brauchte Nas Hilfe zur Führung des Familiengeschäfts. »Sei doch nicht immer so faul«, schalt ihre Mutter damals.

Und so packte Na zum Entsetzen ihrer australischen Freunde ihre Sachen, verkaufte ihr nagelneues Auto und zog zurück nach Beijing. »Ich respektiere meine Mutter und sehe auf zu ihr«, meint Na. »Und deshalb wollte ich wieder hier leben.«

In Nas Gefühlen für ihre Mutter finden wir vielleicht die wahre Essenz kindlicher Pietät. Vielleicht ging Konfuzius ja zu weit, als er den Gehorsam zum Herzstück der Kindespietät machte. Seine Nachfolger verschärften das Problem dann noch, indem sie diese Tugend zu einem praktischen Instrument sozialer Kontrolle für die kaiserliche Politik machten. Was in den Jahrhunderten der Regierungspropaganda und des hierarchischen Denkens aber verloren ging, ist die eigentliche Absicht hinter Konfuzius' Idee: dass die Mitglieder einer Familie sich lebenslang respektieren, unterstützen und einander helfen sollten zum Besten des Hauswesens und der Gesellschaft als Ganzem. Denn letztlich wollte der Weise nur sicherstellen, dass Männer und Frauen ihre moralische Verantwortung gegenüber Eltern wie Kindern gleichermaßen ernst nahmen.

Wie so viele von Konfuzius' Ideen – wie wir in den restlichen Kapiteln dieses Buches noch sehen werden – führt der Weg der Versöhnung des großen Weisen mit der Moderne nicht über die radikale Abkehr von seinen Lehren. Sinnvoller ist es, die jahrhundertelangen Umdeutungen und Interpretationen, die ganz bestimmten Interessen dienten, beiseitezulassen, um zum Kern seiner Lehre vorzudringen – zu den universellen Werten, die tatsächlich die Jahrhunderte überdauern. Natürlich könnte ein Zyniker fragen, welchen Sinn es habe, die Ideale eines Mannes zu studieren, der vor 2500 Jahren lebte. Die Antwort darauf finden wir im Speisezimmer von Vincent Lo und seiner Familie. Was soll denn falsch daran sein, wenn man jeden Sonntagabend mit seiner Großmutter speist oder mit Geschwistern und Cousins Ferien macht? Was soll schlimm daran sein, dass eine ältere Matriarchin von ihrer liebenden Familie versorgt wird?

Denn dies ist der eigentliche Grund, weshalb die Idee der Kindespietät im Herzen und im Denken so vieler Ostasiaten lebendig geblieben ist – trotz Globalisierung, wirtschaftlichem Wandel und politischer Revolution. Und selbst bei jenen, die man zuallerletzt konfuzianischer Umtriebe und Familienriten verdächtigt hätte.

Wang Huifeng gehört zur letztgenannten Gruppe. Er kam in Ho-Chi-Minh-Stadt in Vietnam zur Welt. Seine Eltern waren Einwanderer aus Shantou in der chinesischen Provinz Guangdong. Als er drei Jahre alt war, zog Wang mit seiner Familie nach Deutschland. Er wuchs dort auf und assimilierte sich. Er lernte Deutsch und hatte viele deutsche Freunde. Aber diese Anpassung ging nur bis zu einem gewissen Punkt. Die Familie bewahrte ihre chinesische Identität und die konfuzianischen Werte, mit denen sie nach Deutschland gezogen war. 2011 erhielt Wang plötzlich einen Anruf von seinem Vater, der auf Besuch nach Shantou gefahren war. Er erzählte seinem Sohn, er habe hier ein junges Mädchen kennengelernt, das seiner Ansicht nach eine wunderbare Frau für ihn abgeben würde. Ob Wang nicht Lust hätte, sie mal anzurufen? Zunächst war Wang skeptisch, wie die meisten Söhne im Westen es wohl gewesen wären. Er sagte seinem Vater, er würde sich seine Frau selbst aussuchen. Doch so einfach war das Ganze nicht. Das Mädchen war die Tochter eines Freundes von Wangs Vater, und die beiden älteren Herren hatten eine Vereinbarung getroffen: Ihre Kinder würden sich nicht auf andere Beziehungen einlassen, bevor sie einander nicht zumindest kennengelernt hätten. Wang befand sich also in einer heiklen Lage. Er konnte nicht einfach »Nein, danke« sagen und seiner Wege gehen. Das würde seinen Vater dumm dastehen lassen. Andererseits war Wang wild entschlossen, sich von seinem Vater nicht dreinreden zu lassen.

Bald darauf flog Wang nach Shantou. Da die Reputation seines Vaters auf dem Spiel stand, konnte er dem Mädchen nicht einfach telefonisch absagen. Er würde sie schon treffen und ihr seinen Standpunkt erläutern müssen. Doch als er das Mädchen schließlich kennenlernte, stellte Wang zu seinem Erstaunen fest, dass sein Vater als Heiratsvermittler gar nicht so untalentiert war. Die beiden verliebten sich auf der Stelle ineinander und heirateten nach einer kurzen, intensiven Kennenlernphase im Januar 2013. Wang zog nach Shanghai, wo er nun (passenderweise) als Trainer für Interkulturelle Beziehungen auf Unternehmensebene arbeitet.

Wang liebt seine Frau von Herzen, doch er gibt auch unumwunden zu, dass er sich den Plänen seines Vaters nicht widersetzte, um seine Eltern glücklich zu machen. »Ein Grund [dass ich sie geheiratet habe] war, dass ich wusste, wie sehr es meine Eltern freuen würde«, meint Wang. »Aus chinesischer Sicht heiraten nämlich nicht einfach nur zwei Menschen, sondern zwei Familien. Sie sind mit ihrer Familie innig verbunden.« Und was ist mit dem westlichen Einfluss, der Unabhängigkeit und Individualismus predigt? Wang merkte irgendwann, dass diese Werte nicht seine eigenen waren. »Wir sagen ja alle, dass unsere Eltern uns wichtig sind, aber für einen Chinesen ist dies Teil seiner Identität«, erklärt er. »Solange sie uns beschützen, begegnen wir ihnen mit Achtung und Hingabe. Selbst heute noch wäre es für mich schwierig, eine Entscheidung zu treffen, die dieses Band infrage stellt. Sie wissen in jeder Sekunde ihres Lebens, wo Sie stehen. Das ist die ganz altmodische konfuzianische Kindespietät. Und doch hat sie 2000 Jahre lang prima funktioniert.«[216]

Die Kindespietät war sicher das konfuzianische Ideal, das die ostasiatische Familie am grundlegendsten prägte – aber keineswegs das einzige. Der Weise hat auch anderen Aspekten innerfamiliärer Beziehungen seinen Stempel aufgedrückt, und dieser Einfluss wird heute nicht minder kontrovers diskutiert wie die Forderung nach kindlicher Ehrerbietung. Eine dieser konfuzianischen Tugenden, die das Bild Asiens im Westen geprägt und so manchen »Westler« veranlasst hat, seine eigenen Werte und Familientraditionen infrage zu stellen, ist der Primat der Erziehung im konfuzianischen Weltbild.

6

KONFUZIUS, DER LEHRER

Wenn der Edle umfassende Studien betreibt und
sich jeden Tag gründlich selbst erforscht, wird
seine Weisheit klar und sein Verhalten tadellos.

XUNZI

Oh Dong Jin hat das letzte Opfer
für seine Tochter gebracht: Er lebt 11000 Kilometer von ihr entfernt. Als Ji Hae elf Jahre alt war, verließen sie und ihre Mutter ihr
Heim im südkoreanischen Seoul und zogen nach New York City
zu Ohs Schwägerin. Zehn Jahre später leben sie immer noch dort.
Oh lebt in Seoul alleine in einer kleinen Einzimmerwohnung und
sieht Frau und Tochter nur wenige Wochen im Jahr. Warum aber
trennt man ein Kind von seinem Vater und das für so viele Jahre?
Oh ist Filmkritiker. Er glaubt, dass seine Tochter in Amerika ein
besseres Leben haben wird. Und die Koreaner tun alles dafür, dass
ihre Kinder die bestmögliche Erziehung genießen – in Ohs Fall bedeutete das, dass er seine Tochter ans andere Ende der Welt schickte
und damit ihre ganze Teenagerzeit verpasste. Oh sparte, wo er nur
konnte, und schickte seiner Frau jeden Cent, den er entbehren
konnte, um Ji Haes Studium zu bezahlen. »Ich habe das nie als Op-

fer betrachtet«, sagt Oh. »Ich denke, es ist einfach richtig, dass die Eltern die Erziehung ihrer Kinder an erste Stelle setzen. Das ist uns sozusagen in die DNS übergegangen.«[217]

Und Oh ist da beileibe keine Ausnahme. Viele koreanische Väter leben allein, während ihre Kinder im Ausland studieren, vor allem in den Vereinigten Staaten. Man hat ihnen sogar einen Spitznamen verpasst: *gireogi* oder »Wildgänse«, denn sie ziehen wie die Wildgänse von Korea ins Ausland und wieder zurück, um ihre Familien in der Ferne zu besuchen. Diese Väter führen meist ein einsames und aufreibendes Leben. Sie müssen ja den Aufenthalt von Frau und Kind im Ausland finanzieren und arbeiten daher meist zu viel. Die lange Trennung von ihrer Familie verursacht nicht selten Depressionen. Und doch glauben diese Väter, dass ihr persönliches Glück nichts zählt im Vergleich zur Erziehung ihrer Kinder. »Das Beste, was ich für meine Tochter tun kann, ist, ihr die bestmögliche Erziehung zukommen zu lassen. Das ist Teil der koreanischen Kultur«, sagt auch Lee Bang Soo, Manager in einem koreanischen Elektronikkonzern und ebenfalls Teil der Wildgans-Herde.[218]

Die »Wildgänse« Koreas sind nur ein Merkmal der Bildungsbesessenheit, der ganz Ostasien erlegen ist – eine Obsession, die direkt von Konfuzius ererbt scheint. Konfuzius' Betonung der Wichtigkeit des Lernens ist vermutlich, im Gegensatz zu vielen anderen seiner Ideen, die einzige, die es bis in die moderne Zeit geschafft hat, ohne Opfer zahlloser Angriffe und Debatten zu werden. Das liegt wohl daran, dass dieses Konzept bislang nur positive Auswirkungen für Ostasien zeitigte. Der allgemein hohe Bildungsstand in diesen Ländern hat eben jene Investitionen angezogen, die das astronomische Wachstum dieser Region anstießen. Später garantierte er, dass stets genügend gut ausgebildete Arbeitskräfte für die Technologie-Industrien vorhanden waren, die heute für den internationalen Handel so wichtig sind. Studenten aus Ostasien legen ihre Prüfungen an den besten Universitäten der Welt ab.

Und die Regierungen Ostasiens haben sich ebenfalls vom konfuzianischen Denken beeinflussen lassen und eröffnen ihren Bürgern
ständig bessere Chancen, indem sie die Bildungspolitik ganz oben
auf ihre Agenda setzen und viel Geld ausgeben für ein starkes
Schulsystem. Das Bildungsvirus infiziert sogar die Kinder selbst.
Anders als in den Vereinigten Staaten, wo die Klassenbesten häufig
als »Streber« verspottet werden, während die coolen Kids in der
Schultoilette rauchen, ernten in Asien die Klassenbesten reihum
Bewunderung. Kinder, die den rechten Lerneifer vermissen lassen,
bekommen den nötigen Motivationsschub von den asiatischen
»Tiger-Moms«, die für ihre Techniken berühmt (in Einzelfällen
auch berüchtigt) sind, mit denen sie Kinder zu Bestleistungen in
der Schule und im Sport antreiben. Die Juraprofessorin Amy Chua
von der Yale University hat einen regelrechten Aufruhr verursacht
mit ihrem Buch *Die Mutter des Erfolgs*. Darin beschreibt sie die
notenversessenen Erziehungstechniken chinesischer Mütter: »Im
Gegensatz zur typisch westlichen Hausfrau-und-Mutter im Dauer-
einsatz für die Kinder ist die chinesische Mutter überzeugt, dass
1. Hausaufgaben grundsätzlich an erster Stelle stehen, 2. eine 1 mi-
nus eine schlechte Note ist, 3. ihre Kinder in Mathe den Mitschü-
lern immer um zwei Jahre voraus sein müssen«, schreibt Chua.[219]
Chuas Methoden sind in ostasiatischen Familien auf der ganzen
Welt durchaus üblich. Doch ihr Buch rief viele Kritiker auf den
Plan. Sie zeigten sich entsetzt von dem Druck, dem sie ihre Kinder
aussetzt. Doch die deutlich besseren Leistungen ostasiatischer Kinder – auch der von Amy Chua – überzeugten nicht wenige neidi-
sche Eltern im Westen, dass ihre eigenen Kinder im Wettbewerb
besser bestehen würden, wenn sie selbst auch »Tiger-Moms« würden. »Es gibt Augenblicke«, schrieb die Journalistin Allison Pearson, »in denen [Chua] einen dazu bringt, sich zu fragen, was die
Chinesen richtig und wir falsch machen. Amy Chuas Philosophie
der Kindererziehung mag brutal sein, doch fragen Sie sich mal: Ist

sie denn wirklich grausamer als die Laissez-faire-Gleichgültigkeit und die Fernseh-Babysitterei, die man heutzutage häufig als Elternschaft verkauft? Millionen scheiternder britischer Kinder hätten eine Tiger-Mutter im Tank ganz gut gebrauchen können.«[220]

Das Lernen war der zentrale Punkt in Konfuzius' Programm zur Vervollkommnung des eigenen Selbst und der Gesellschaft. Ein Edler war kein Edler, wenn er keine gute Erziehung genossen hatte. »Handwerker brauchen die Werkstatt, um ihre Arbeit zu vollbringen. Der Edle lernt, um den rechten Weg zu gehen«, sagt uns einer von Konfuzius' engsten Schülern in den *Analekten*. Wissen war entscheidend, wenn jemand sein moralisches Urteil verfeinern wollte. Die Erziehung vermittelt den Leitfaden, anhand dessen der Edle Richtig von Falsch unterscheiden und so den besten Weg einschlagen kann. Selbst das Streben nach den meistgeschätzten konfuzianischen Tugenden konnte einen Menschen auf Irrwege führen, wurde es nicht durch das Lernen vervollständigt. »Gut sein wollen, aber keine Bildung haben – das führt zu Einfalt«, lehrt Konfuzius. »Aufrichtig sein zu wollen, aber keine Bildung haben – dadurch fügt man sich selbst Schaden zu.«[221]

Menzius und Xunzi waren sich in vielen Dingen nicht einig, doch beide waren gleichermaßen der Ansicht, dass das Lernen die Moral eines Menschen stärkt und ihn daher zu gutem Verhalten führt. »Da die Natur des Menschen böse ist, muss er auf die Unterweisung eines Lehrers warten, bevor er aufrichtig werden kann«, schrieb Xunzi. Aus diesem Grund war das Lernen für Konfuzius und seine Schüler ein niemals endender Prozess der Selbstvervollkommnung. Man sitzt nicht einfach nur pflichtschuldig seine Schulzeit ab und hört mit dem Abschluss auf zu lernen. Es gab immer etwas zu lernen, immer und überall Gelegenheit, sich selbst zu verbessern. »Der Edle sagt: Das Lernen sollte niemals aufhören«, schrieb Xunzi. »Wenn Holz gegen eine ebene

Fläche gedrückt wird, wird es selbst gerade. Wenn Metall mit dem Schleifstein bearbeitet wird, wird es zur scharfen Klinge. Wenn der Edle umfassende Studien betreibt und sich selbst jeden Tag gründlich erforscht, dann wird seine Weisheit klar und sein Verhalten tadellos.«²²²

Lernen war Teil eines viel umfassenderen Tuns, das Konfuzius für unverzichtbar hielt: die Selbstvervollkommnung. Und tatsächlich ist dies eine der ansprechendsten Ideen im konfuzianischen Lehrgebäude. Konfuzius glaubte, man solle stets alle Fehler zuerst bei sich selbst suchen. Wenn ein Problem auftritt – man meinetwegen mit dem Partner streitet, die Kinder schimpft oder der Chef nicht von einer Idee überzeugt werden kann –, dann sollte man nicht die Schuld bei anderen suchen oder gegen die Ungerechtigkeit der Welt wüten. Man sollte seinen Blick lieber nach innen richten und versuchen herauszufinden, was man selbst falsch gemacht hat. Und dann etwas tun, damit man diesen Fehler nicht mehr macht. »Triffst du einen wertvollen Menschen«, riet Konfuzius, »dann sei darauf bedacht, ihm gleich zu werden. Siehst du hingegen einen Unwürdigen, dann wende dich deinem Inneren zu und prüfe dich selbst.« Denn der größte Fehler sei es, denselben Fehler zweimal zu machen. »Einen Fehler machen und ihn nicht korrigieren, das erst heißt wirklich, einen Fehler machen.«²²³

Bildung und die Arbeit an sich selbst aber bringen auch Verantwortung mit sich. In Konfuzius' Augen haben Gelehrte nämlich die Pflicht, ihr Wissen für das Wohlergehen der Gesellschaft und all jener Menschen zu verwenden, die weder die Möglichkeiten noch die Fähigkeiten zum Studium besitzen. Daher ist letztlich das Lernen das Fundament jeder guten Regierungsführung. Wer ein tugendhafter und erfolgreicher Herrscher sein will, muss mit der »Erforschung der Dinge« beginnen – nur dieses Suchen, dieses ständige Infragestellen führe letztlich zu Weisheit. »Da die Alten auf der ganzen Erde die höchsten Tugenden klären wollten, ordneten sie zuerst ihren Staat«, heißt es in *Das Große Lernen.* »Um ihren Staat zu ordnen, regelten sie zuerst ihre Familie. Um ihre Familie zu regeln, bildeten sie zuerst ihre Persönlichkeit; um ihre Persönlichkeit zu bilden, machten sie zuerst ihr Herz recht; um ihr Herz recht zu machen, machten sie zuerst ihre Gedanken wahr; um ihre Gedanken wahr zu machen, brachten sie zuerst ihre Erkenntnis auf den höchsten Stand. Höchste Erkenntnis wird gewonnen, wenn die Dinge eingehend erforscht werden. Sind die Dinge eingehend erforscht, ist die Erkenntnis vollständig.«[224]

Im *Buch von Maß und Mitte* heißt es ebenfalls, dass Bildung das Geheimnis guter Führerschaft ist: »Liebe zum Lernen führt zur Weisheit, entschlossenes Handeln führt zur Großmut, sich schämen können führt zur Stärke. Wer diese drei Dinge kennt, der weiß, wie er seine Persönlichkeit zu bilden hat. Wer weiß, wie er seine Persönlichkeit zu bilden hat, der weiß, wie er die Menschen regieren kann. Wer weiß, wie er die Menschen regieren kann, der weiß, wodurch er sein Reich mit all seinen Staaten und Familien in Ordnung halten kann.« Bildung und Selbstvervollkommnung sind also die Grundlagen einer friedlichen, harmonischen Gesellschaft. »Vom Himmelssohn bis zum gewöhnlichen Mann gilt dasselbe: Für alle ist die Bildung der Persönlichkeit die Wurzel von allem.«[225]

Doch wenn man von den praktischen Aspekten der Regierungsführung einmal absieht, war Lernen für Konfuzius einfach ein höchst persönliches Unterfangen. Tatsächlich führte der Weg des Lernens Konfuzius zufolge zu einer Art Erleuchtung. Buddha mochte die Antworten auf die bewegenden Fragen des Lebens entdeckt haben, während er unter dem Bodhibaum in Meditation versunken saß. Konfuzius aber suchte sein Nirwana in Gedichtbänden, Geschichts- und Philosophiebüchern. »Ich habe schon tage- und nächtelang über die rechte Art zu leben nachgedacht, dabei nichts gegessen und nicht geschlafen. Ich versuchte, selbst darauf zu kommen«, sagte der Meister einmal. »Das aber hat keinen Nutzen. Besser ist es, von anderen zu lernen.« Das letztendliche Ziel des Menschen sollte weder Status noch Reichtum sein, sondern ein guter Mensch zu werden, ganz egal, welche Härten oder Glücksfälle das Leben ihm bringe. »Was der Edle sucht, sucht er in sich selbst. Was der gemeine Mann sucht, sucht er in anderen.«[226]

Konfuzius' Vorstellung vom Lernen hilft uns, sein Menschenbild besser zu verstehen. Er glaubte, dass der Mensch sich durch Wissen selbst vervollkommnen könne. Durch unermüdliche Studien könne jeder seine Fehler und hinderliche Umstände überwinden und ein edler Mensch werden – ja selbst ein großer Weiser. »Es ist nicht leicht, jemanden zu finden, der drei Jahre gelernt hat, ohne dabei ein guter Mensch zu werden.«[227]

Konfuzius selbst gab das beste Vorbild eines eifrig Lernenden. Er war sehr stolz darauf, dass er zeit seines Lebens nicht aufgehört hatte, nach Wissen zu streben, und hielt seinen unermüdlichen Lerneifer für den Charakterzug, der ihn vor anderen auszeichnete. »Selbst wo nur zehn Familien zusammenwohnen, gibt es bestimmte Leute, die mir in Treue und Aufrichtigkeit gleichen. Aber keiner strebt danach, zu lernen wie ich.« Sima Qian schreibt, Konfuzius habe sein Exemplar vom *Buch der Wandlungen* (*Yijing*) so häufig gelesen, dass er die Lederschnüre, die die Bambusblätter zusammenhielten, dreimal ersetzen musste. Für Konfuzius waren Lernen, Lesen und die Diskussionen mit seinen Schülern eine Quelle der Freude. »Ruhig alles Wissen zu bewahren, lernen, ohne zu erlahmen; andere unterweisen, ohne zu ermüden – das gelingt mir ohne jede Mühe«, sagte er einmal.[228]

Vermutlich hat Konfuzius sehr viel mehr gelernt, als dies zu seiner Zeit üblich war. In alter Zeit waren Bücher seltene und geschätzte Kostbarkeiten, selbst in einer Gesellschaft, in der die Schriftstellerei so verbreitet war wie in China. Konfuzius hatte vermutlich einen besseren Zugang zu den Werken der Geschichte und

Dichtkunst als die meisten seiner Zeitgenossen. Der Durchschnittschinese hatte damals wohl kaum genügend Zeit, sich hinzusetzen und zu lesen, warteten doch draußen die Felder auf ihn, die gepflügt werden mussten, und zu Hause die vielen Mäuler, die alle gestopft werden wollten. Daher war Konfuzius schon zu seinen Lebzeiten für sein enzyklopädisches Wissen bekannt. In den alten Legenden kommen immer wieder Menschen zu ihm und stellen ihm irgendeine absurde Frage, die Konfuzius unweigerlich beantworten kann. Einmal zum Beispiel fiel am Hofe des Herzogs von Chen ein Falke vom Himmel, der von einem Pfeil durchbohrt worden war, und der Herzog wollte wissen, was das zu bedeuten habe. Der Meister wusste sofort, woher der Pfeil kam. »Der Falke muss von weither gekommen sein, denn der Pfeil, der ihn traf, stammt von den Su-Schen [Jurchen, Vorfahren der Mandschuren aus dem Norden Chinas, A.d.Ü.]«, klärte er den Herzog auf. Wieso aber wusste Konfuzius so banale Dinge? Die Jurchen, so Konfuzius, hatten ähnliche Pfeile mit einer Steinspitze als Tribut an einen alten König Chinas geschickt. Dieser habe sie dann unter seinen Fürsten verteilt, sodass auch in der Schatzkammer von Chen solche Pfeile liegen müssten. Der Herzog ging höchstpersönlich und sah nach: Tatsächlich fand er in seiner Schatzkammer ähnliche Pfeile.[229]

Doch der größte Teil von Konfuzius' Wissen war höchst brauchbar. Er kannte sich in Geschichte ebenso gut aus wie mit dem Hofzeremoniell und der Kultur der chinesischen Vorzeit. Dieses Wissen machte ihn zum begehrten Lehrer. Den Großteil seines Lebens verbrachte er als Erzieher. Fung Yu-lan, ein Konfuzianer des 20. Jahrhunderts, schließt daraus, dass Konfuzius vermutlich Chinas erste Vollzeit-Lehrkraft war. So sei der Weise das Vorbild für eine bestimmte Art von Gelehrtem geworden, den man als *ru*, als Belesenen, bezeichnete. Dieser Gelehrtentypus sollte in der chinesischen Geschichte eine bedeutende Rolle spielen. »Konfuzius war der erste Mensch in China, der aus dem Lehren einen Beruf machte und so Kultur und Bildung unters Volk brachte«, schrieb Fung. »Er war also der Erste dieser Klasse von gebildeten Männern im alten China, die weder Bauer noch Handwerker, Händler oder tatsächlich im Staatsdienst waren, sondern einfach nur Berufslehrer und damit potenzielle Beamte.«[230]

Damit schießt Fung vielleicht ein wenig übers Ziel hinaus, doch tatsächlich beeinflusste Konfuzius die Struktur der chinesischen Gesellschaft durch den großen Wert, den er der Bildung beimaß, massiv. Seine Nachfolger nahmen sich an Konfuzius selbst ein Beispiel und entwickelten sich zu leidenschaftlichen Befürwortern der Bildung im Kaiserreich. Damit aber wuchs auch die Bedeutung der gebildeten Klasse in Regierung und Gesellschaft. Während der Han-Dynastie begannen die Konfuzianer, die Menschen nach deren Tätigkeit in vier Gruppen einzuteilen, abgestuft nach ihrer Tugend und angeblichen Leistung für die Gesellschaft. Ganz oben in dieser Hierarchie standen natürlich die Gelehrten, denen aufgrund ihrer höheren Bildung die Verantwortung oblag, die anderen zu führen. Ihnen folgten in absteigender Reihenfolge Bauern, Handwerker und Händler. Das Prestige, das die Gebildeten so erlangten, dürfte mit ein Grund sein, weshalb die Menschen in Ostasien heute noch so viel Wert auf Bildung legen. Es gibt keinen besseren Weg, in den Gesellschaften Ostasiens aufzusteigen, erfolgreich zu sein und seiner Familie Ehre zu machen, als einen Doktortitel von einer angesehenen Universität zu erwerben.

Entscheidend für die Gesellschaft aber war, dass die Konfuzianer davon ausgingen, jeder Mensch habe, unabhängig von seiner Herkunft, ein Recht auf Bildung – und die Chancen, die daraus entstehen. Konfuzius wollte den Massen den Zugang zum Lernen eröffnen. Zu seinen Lebzeiten war die Gelehrsamkeit Luxus für einige wenige, die sich erlauben konnten, in die Bildung ihrer Söhne zu investieren, weil sie auf ihre Arbeitskraft auf dem Hof oder in der Werkstatt verzichten konnten. Konfuzius allerdings ließ alle

Menschen an seinen Vorlesungen teilnehmen, welcher Klasse sie auch angehören mochten. »Ich habe niemandem, sofern er nur etwas, und war es noch so wenig, mitbrachte, jemals die Unterweisung verweigert«, sagte er. Indem er Bildung also auch für die unteren Schichten zugänglich machte, öffnete er ihnen das Tor zum sozialen Aufstieg. Aus diesem Grund schreibt Fung auch, Konfuzius' Einfluss auf die Bildung sei »wahrhaft ein großer Schritt hin zur Emanzipation [des Volkes]« gewesen. Das konfuzianische Gesellschaftsideal war die Meritokratie, in der der Erfolg der Menschen an ihr Wissen und ihre Fähigkeiten gebunden war und nicht, wie es im alten China und anderswo üblich war, an ihre Abstammung, ihren sozialen Status, ihren Wohlstand oder ihre politischen Verbindungen.[231]

Durch das Primat des Lernens beeinflusste Konfuzius selbst die Art, wie China regiert wurde. Aus seinem Bestreben, die öffentlichen Angelegenheiten ganz in die Hände der Gebildetsten zu legen, entstand eine Klasse von Beamtengelehrten, denen er das Wissen und die moralische Urteilskraft zusprach, über andere Menschen zu bestimmen. Diese konfuzianischen Ideen fanden ihren höchsten Ausdruck im berühmten Beamtenprüfungssystem Chinas. Nahezu während der gesamten Kaiserzeit – vor allem seit der Song-Dynastie im 10. Jahrhundert – musste ein Mann, wenn er Regierungsbeamter werden wollte, eine Reihe schwieriger Examen bestehen, bei denen er seine akademische Qualifikation unter Beweis zu stellen hatte. Der Einfluss, den dieses System auf die chinesische Gesellschaft hatte, ist kaum zu überschätzen. Die konfuzianische Bildung entschied darüber, wer in die höchsten Regierungskreise aufstieg. Außerdem stärkten die Prüfungen auch die Rolle Konfuzius' in Ostasien. Denn die Beamtenprüfungen waren letztlich Tests, wie gut einer die konfuzianischen Klassiker beherrschte, und das bedeutete, dass jeder, der eine anspruchsvollere Regierungstätigkeit anstrebte, sich in diese Lehren vertiefen musste.

Dank dieses Prüfungssystems verbreiteten sich die konfuzianischen Lehren bald in der chinesischen Gesellschaft. Der gesamte bürokratische Apparat des Kaiserhauses war in konfuzianischem Denken ausgebildet worden. Das heißt nun nicht, dass jeder Beamter ein heiligmäßiger Edler nach konfuzianischem Muster war, doch Konfuzius' Lehren wurden dadurch zur Staatsdoktrin.

Diese enge Verknüpfung von konfuzianischem Wissen und Beamtentum sorgte dafür, dass die Kenntnis konfuzianischer Lehren der schnellste Weg zu einer steilen Karriere wurde. Konfuzius selbst mochte an die läuternde Kraft des Lernens geglaubt haben, im kaiserlichen China aber war der Konfuzianismus gleichbedeutend mit materiellen Verbesserungen und sozialem Status. Landauf, landab trieben die Familien ihre Söhne zum Studium des Konfuzius an in der Hoffnung, dass sie die Prüfungen schaffen und zu kaiserlichen Beamten würden. Damit stiegen auch der Wohlstand und das Ansehen der Familie. In einer Familien-Genealogie aus der Ming-Zeit (1368–1644) heißt es an die Adresse der Familienmitglieder: »Die jungen Leute, die konfuzianisches Gelehrtentum als ihre rechtmäßige Beschäftigung erachten, sollten ehrlich sein und hart arbeiten. Sie sollten fleißig lernen, während sie bei einem Lehrer studieren. Denn der Konfuzianismus ist der einzige Weg, dem es zu folgen gilt, wenn sie ihrer Familie Ehre machen wollen.«[232]

Auch dieses Prüfungssystem ist eine Realisierung des konfuzianischen Gedankens, dass Verdienst mehr zählen sollte als sozialer Status und Abstammung. Die Prüfungsanmeldung nämlich unterlag so gut wie keinen Einschränkungen (mit einer großen Ausnahme: Frauen waren nicht zugelassen). Auch die Noten wurden ohne Ansehen der Herkunft oder etwaiger Beziehungen vergeben. Durch Bildung konnte also jeder Chinese, ganz gleich aus welcher Familie und aus welchem Dorf er kam, einen prestigeträchtigen und lukrativen Posten in der kaiserlichen Verwaltung erlangen. Die Klügsten hatten es also selbst in der Hand, das Glück ihrer

Familie zum Guten zu wenden. Doch so egalitär, wie seine Befürworter es darstellten, war das Beamtenprüfungssystem natürlich nicht. Ein armer Bauer hatte gewöhnlich nicht die finanziellen Mittel, seine Tage über die Klassiker gebeugt zubringen zu können. Und im Normalfall galt dies auch für seine Söhne. Und doch ebnete das chinesische Beamtenprüfungssystem den Armen theoretisch den Weg zum Aufstieg, eine Möglichkeit, die es in anderen Ländern erst in moderner Zeit gab. Daher existierte im alten China eine Form sozialer Mobilität, die im Europa der Feudalzeit gänzlich unbekannt war.

Das Volksgut Chinas ist reich an Geschichten von armen, aber intelligenten Jungen, die ihr Glück in die eigenen Hände nahmen, die Prüfungen bestanden und zu Reichtum und Ruhm gelangten. Eine solche Legende aus der Tang-Dynastie (618–907) erzählt uns die Geschichte zweier junger Männer: Lu Zhao und Huang Po, die aus derselben Präfektur stammten. Beide bereiteten sich auf die Prüfungen vor und beschlossen, gemeinsam zum Prüfungsort zu reisen. Die beiden kamen aus sehr unterschiedlichen Familien. Huang Po war reich, während Lu Zhao quasi mittellos war. Daher wurde in der Gemeinde nur Huang Po mit Ehren überschüttet. »Der Präfekt gab ein Abschiedsessen in seinem Palast, doch nur Huang Po war eingeladen«, erzählt die Legende. »Als das Fest an seinem Höhepunkt angelangt war, flossen Ströme von Wein und die Musik erklang durch den ganzen Ort. Da kam Lu Zhao auf einem altersschwachen Pferd am Palast vorbei.« Er ritt zur Stadtgrenze und wartete auf Huang Po. Ein Jahr später begegnen wir Lu Zhao wieder. Das Schicksal wollte es, dass Lu Zhao und nicht Huang Po als Bester bei den Prüfungen abschnitt. Nun freilich hatte er die Aufmerksamkeit der Würdenträger in seiner Gemeinde. Doch Lu Zhao hat nicht vergessen, wie man ihn einst behandelte, und so kann er sich einen kleinen Seitenhieb nicht verkneifen. »Als der Präfekt ihn einlud, am Drachenbootrennen teilzunehmen«, heißt es weiter, »verfasste Lu Zhao ein kleines Gedicht und trug es beim Bankett vor:

> *»Es ist ein Drache«, habe ich Ihnen gesagt,*
> *aber Sie haben es vorgezogen, mir nicht zu glauben.*
> *Nun kehrt der Drache mit der Trophäe zurück,*
> *genauso, wie ich es vorhergesagt habe.*[233]

Die Bewerber standen in scharfer Konkurrenz. Während der Qing-Dynastie (1644–1911) schaffte es nur einer von 3000 Kandidaten, die höchste Qualifikation zu erlangen. Die tapferen Kerle, die sich mühten, das Examen zu bestehen, verbrachten den größten Teil ihrer Jugend damit, sich darauf vorzubereiten. Der Historiker Ichisada Miyazaki meinte einmal, die Vorbereitung begänne schon im Mutterleib.[234] Schon während der Schwangerschaft erwartete man von der werdenden Mutter, in ihrer Freizeit Gedichte und die konfuzianischen Klassiker zu lesen – in der Hoffnung, so einen besonders schlauen Fötus heranzuziehen. Kam ein Junge zur Welt, ließ die Familie Münzen mit der Prägung »Als Erster Graduiert« als glückverheißendes Geschenk an die Diener verteilen. Der Unterricht für Söhne begann zu Hause, wenn die Kinder drei Jahre alt waren. Der Schulbesuch dauerte acht Jahre und begann nach dem siebten Lebensjahr.

Den Großteil dieser Zeit brachte man damit zu, die Fünf Klassiker auswendig zu lernen, die *Analekten* und das *Buch Mengzi* zu studieren. Dazu musste ein chinesischer Junge Miyazaki zufolge sage und schreibe 431286 Schriftzeichen lernen. Selbstverständlich erforderte es beinahe ebenso viel Einsatz, heranwachsende Jungs dazu zu bringen, fast ihre gesamte Jugend mit Lernen zuzubringen. Lehrer, Eltern und Schriftsteller dachten sich alle möglichen Kniffe aus, um die Jugend bei der Stange zu halten. Ein Kaiser der Song-Dynastie ersann zu diesem Zweck sogar ein Liedchen, das den jungen Herren großen Reichtum und die schönsten Mädchen verspricht:

Willst du deine Familie reich machen,
musst du kein Land kaufen;
Bücher sind so viel wert wie tausend Scheffel
Getreide ...
Willst du heiraten, so ärgere dich nicht,
weil du keinen guten Heiratsvermittler hast:
In den Büchern findest du Mädchen
mit Gesichtern rein wie Jade.
Ein Junge, der etwas werden will,
widmet sich den Klassikern,
setzt sich vors Fenster und liest.[235]

Für viele Ostasiaten ist Bildung das wichtigste Glied ihrer Verbindung zu Konfuzius. Konfuzius gilt als Chinas höchster Lehrer und Weiser. Daher ist er schon seit gut 2000 Jahren der Schutzpatron der Gelehrsamkeit. Selbst heute suchen Schüler noch bei ihm Rat. Obwohl es natürlich heute keine Beamtenprüfungen mehr gibt, bereiten die ostasiatischen Studenten sich auch heute noch auf die Zulassungsprüfungen für die guten Universitäten vor. Auch dafür muss mit demselben unermüdlichen Eifer gelernt werden wie zur Kaiserzeit, und der Stress ist sicher kein bisschen geringer. Und so suchen die Schüler Zuflucht bei Konfuzius wie zu Zeiten der Dynastien. Wang Jian und Zaho Wei zum Beispiel, zwei Schüler aus Beijing, statten aus diesem Grund an einem sonnigen Juninachmittag dem historischen Konfuzius-Tempel vor Ort einen Besuch ab. Zhao kniet vor der Gedenktafel in der Haupthalle nieder, während Wang neben ihr steht. Beide beten still und ehrerbietig. Die Prüfungen sollen schon in einer Woche stattfinden, da halten es die beiden Achtzehnjährigen durchaus für nötig, sich ein bisschen Zeit vom

Lernen abzuzwacken und den großen Weisen um Beistand in ihren akademischen Bestrebungen zu bitten. »Ich habe Konfuzius um Hilfe gebeten, damit ich an einer der Elite-Universitäten aufgenommen werde«, sagt Wang. »Er ist ein großer Lehrer, bewandert in den alten Schriften«, fügt Zhao hinzu. »Eigentlich ist er wie ein Gott. Er muss doch helfen können.« Und die beiden jungen Leute sind nur zwei in einem Strom von jungen und alten Menschen, Schülern, Eltern und Großeltern, die gekommen sind, um sich vor Konfuzius zu verneigen in der Hoffnung auf Unterstützung. »Bitte schenk mir Glück, damit ich an einer guten Universität genommen werde«, bittet Andy Liu, ebenfalls achtzehn, den Weisen. »Wenn du wirklich daran glaubst«, mahnt seine Mutter Lin Yan, »dann wird es auch Wirklichkeit.«[236]

Junge Leute wie Andy Liu brauchen alle Hilfe, die sie kriegen können. Das Bildungssystem in ganz Ostasien wurde durch die von Konfuzius beeinflussten Prüfungsmodelle der Vergangenheit geprägt – nicht immer mit positiven Resultaten. Obwohl Asiens junge Leute nicht mehr länger über die Fünf Klassiker gebeugt sitzen, hängt ihr ganzes Leben immer noch davon ab, ob sie eine Reihe von Prüfungen bestehen. Mit einem guten Punktwert wird man zu einer der Top-Universitäten zugelassen und damit zu besten Stellungen in der Regierung oder in den Großkonzernen, wo auch das Salär deutlich höher ausfällt. Mit einer schlechten Punktzahl hingegen wird man schnell an den Rand gedrängt und kann in der statusverliebten Gesellschaft Ostasiens nicht mehr mithalten. Der Wettbewerb bei den modernen Prüfungen ist kein bisschen weniger hart als früher. In Südkorea zum Beispiel gelten nur vier Universitäten als prestigeträchtig genug, um eine lukrative Karriere zu sichern. Ungefähr 700000 junge Leute machen Jahr für Jahr die Zulassungsprüfungen, doch nur etwa 10000 schaffen es an eine dieser vier Institutionen. Das sind nur 1,4 Prozent aller Prüflinge, eine Zahl, die schon nervös machen kann. Und die sich gar nicht mal so sehr von den Zahlen der Kaiserzeit unterscheidet.

Die Folge ist, dass die Jugend Ostasiens unter Druck steht und die jungen Leute sich zu gestressten, erschöpfungsgefährdeten Lernmaschinen entwickeln. Teenager bringen ihre Pubertät hinter Bücherwällen zu und haben kaum Zeit für Sport oder ein Sozialleben. Denn nach der Schule besucht jedes Kind, das auch nur die leiseste Hoffnung hat, diese Prüfungen zu bestehen, Nachhilfe-Institute, die man in Korea *hagwon* nennt. Eine jüngere Studie hat ergeben, dass Highschool-Schüler in Südkorea täglich fünfzehn bis sechzehn Stunden lernen. »Ich stehe jeden Tag um 6 Uhr morgens auf und mache mich fertig für die Schule, die um 8 Uhr beginnt«, erzählt Kim Jong Hun, der in die elfte Klasse geht. »Um 17 Uhr ist der Unterricht zu Ende, wenn ich Nachhilfe habe, geht es um 18 Uhr los und dauert bis 21 oder 22 Uhr. Danach muss ich noch lernen oder Hausaufgaben machen.« Zeit, Freunde zu treffen, hat er nur zwei- oder dreimal im Monat. Und doch fürchtet er, dass er es vielleicht nicht schafft, in die besten koreanischen Schulen zu kommen. »Ich liege irgendwo zwischen den besten 10 und 20 Prozent. An einigen Universitäten reicht das nicht aus«, klagt Kim. »Ich weiß nicht, wie andere Kinder mit schlechteren Noten leben. Man lernt nur noch, um gute Resultate bei der Universitäts-Zulassungsprüfung zu erzielen, für nichts anderes sonst.«[237]

Und doch glaubt Kim, dass das aktuelle Bildungssystem so sehr Teil der koreanischen Kultur ist, dass es quasi nicht zu ändern sein wird. »So funktioniert unsere Gesellschaft eben«, meint Kim. »So funktioniert das ganze System. Wir können nicht einfach rebellieren und sagen, wir wollen nicht mehr lernen. Ich glaube nicht, dass man da etwas machen kann.« Und doch sei der Druck, so Kim, mitunter unerträglich. Ihm sei häufig nach Hinwerfen zumute. »Das ist für jeden anders, ich persönlich empfinde den Druck am stärksten, wenn ich mit meinen Freunden zusammen bin«, sagt er.

»Einige sind wirklich gute Schüler. Sie haben schon Preise bekommen und sind immer die Besten. Ich bin einfach nicht so gut, ganz egal, was ich mache. Und dann fühle ich mich mies. Aber auch meine Eltern bauen ganz schön Druck auf, weil sie wollen, dass ich besser werde. Und so bin ich halt einfach nie gut genug. Das macht mich ganz fertig. In diesen Augenblicken denke ich mir dann: Es ist ja nicht, als ob ich tot wäre, wenn ich mit der Lernerei mal aufhören würde.«

Dabei ist der Druck auf die Eltern keineswegs geringer. Wie man in der Kaiserzeit die chinesischen Mütter nach dem Talent der Söhne beurteilte, das sie bei den Beamtenprüfungen bewiesen, so misst man heute Familien in Ostasien daran, auf welche Universität die Kinder gehen. Jeon Yong Eun, Kims Mutter, sagt, in ihrem Viertel im Süden Seouls würden Freunde und Nachbarn mit den Leistungen ihrer Kinder prahlen und dadurch auch ein ständiges Klima des Wettbewerbs aufbauen. »Alle Mütter in der Nachbarschaft diskutieren nur über die besten Englischlehrer oder die besten Nachhilfeschulen, in die man sein Kind schicken soll. Oder wie man seine Kinder am besten dazu bringt, dass sie dies oder jenes tun«, meint sie. »Wenn dann die Prüfungen näherrücken, sind alle Cafés und Restaurants leer. Jeder sitzt zu Hause und passt auf, dass die Kinder auch ja lernen.«[238]

Und trotz Geld, Schweiß und Mühen wird das Bildungssystem Ostasiens heute genauso scharf kritisiert wie vor 1000 Jahren, als Wang Anshi gegen die Beamtenprüfungen der Song-Dynastie wetterte: Wang klagte, dass »der gesamte Unterricht darauf ausgerichtet ist, die Aufsätze zu vermitteln, die für die Prüfungen gebraucht werden, doch diese Art von Aufsatz lässt sich nicht lernen ohne mühevolles Studium und eifriges Auswendiglernen … Und eben diese Fähigkeiten sind in Regierungsstellungen bestenfalls unnütz.« Auch heute kritisiert man, dass ein Lernen, das sich ausschließlich an der Vorbereitung auf die Zulassungsprüfungen orientiert und die jungen Leute zum Auswendiglernen anhält, nicht jene kreativen Denker und jenen Unternehmergeist hervorbringen, den die Wirtschaft heute braucht. Morris Chang, Gründer der Taiwan Semiconductor Manufacturing Co., beschwert sich über die Frustration, die er immer wieder erfährt, wenn er versucht, in seinem Unternehmen für Computerchips und Halbleiter innovatives Denken zu fördern. Er ist der Ansicht, dass das Bildungssystem »kaum unabhängiges Denken hervorbringt und wenig Kreativität«. In den Schulen gibt es einfach keine Möglichkeit, sich früh zu spezialisieren, sodass man talentierte Studenten kaum zu Experten ausbilden kann.[239]

Kim Eun Sil ist Beraterin und Autorin zahlreicher Bücher über das koreanische Bildungssystem. Sie meint, was sich ändern müsse, sei vor allem die noch höchst konfuzianische Vorstellung von der Überlegenheit der »Schriftgelehrten«. Grundsätzlich habe diese Idee zwar Asiens Bildungshunger gefördert, gleichzeitig aber seien dadurch andere Formen der Arbeit im Ansehen gesunken. Daher sei es schwierig, einen anderen Weg zum Erfolg einzuschlagen. »Es gibt einfach Menschen, die nicht für den schulischen Erfolg gemacht sind«, sagt sie, und weiter:

> *Es gibt Menschen mit anderen Talenten – als Friseur, Basketballspieler oder Künstler –, für die diese Fixierung auf das Studium negative Folgen zeitigt. Koreanische Schulen bieten keine alternative Möglichkeit, auch andere Begabungen zu schulen. Die Kinder sollen lernen, und letztlich führen auch nur die Zulassungsprüfungen zum Erfolg. Um dieses Problem zu lösen, muss vor allem die Trennung zwischen Gelehrten, Bauern, Handwerkern und Händlern verschwinden. Es muss endlich wieder okay sein, wenn jemand die Highschool abschließt*

und dann Bäcker werden will. In Korea ist das
nicht so. Wenn Sie so etwas tun, sieht man Sie als
Verlierer an. Diese Sicht der Dinge muss sich wan-
deln, wenn sich das System wandeln soll.[240]

Ironischerweise könnten die für Bildungsfragen Zuständigen in
Ostasien durchaus noch das ein oder andere von Meister Konfuzius lernen. Der Weise ging nämlich keineswegs davon aus, jeder
habe das Zeug zum lebenslangen Lernen, das allein einen Menschen zum Edlen macht. Auch machte er keinerlei Vorschriften,
was das Lernen als solches anging. Auswendiglernen jedenfalls
war nicht seine Methode, er setzte vielmehr auf Auseinandersetzung und Diskussion. Seine Schüler betrachteten ihn zwar als ihren
Meister, doch hatten sie keinerlei Scheu, ihm Fragen zu stellen oder
ihre Meinung zu äußern. Wer sklavisch allem folgte, was er sagte,
wurde von Konfuzius scharf kritisiert. »Nehmen wir an, ich zeige
jemandem eine Ecke, und er vermag es nicht, dadurch auf die anderen drei Ecken zu schließen, dann wiederhole ich nicht«, sagt der
Meister in den *Analekten.*[241]

Bedauerlicherweise scheint Ostasien Konfuzius' Methoden weitgehend vergessen zu haben. Aus eben diesem Grund geben Väter
wie Oh Dong Jin alles, damit ihre Kinder *nicht* in Asien zur Schule
gehen. Die koreanischen »Wildgänse« stehen für den positiven
Einfluss Konfuzius' auf Ostasien, die Hingabe an die akademischen Studien, aber gleichzeitig auch für deren Schattenseiten. Oh
wollte seine Tochter einfach nicht dem Stress von Koreas schweiß-
treibendem Schulsystem aussetzen. »In Südkorea ist das Bildungssystem sehr elitär«, klagt er. »Du weißt, dass es im Grunde nur einen Weg zum Erfolg gibt. Und du musst dich auf diese Ordnung
einlassen, wenn du überleben willst. Du kannst keine persönlichen
Neigungen entwickeln. Das System macht die Menschen durch-
schnittlich und nimmt ihnen ihre Einzigartigkeit.« Und was könnte

ihn veranlassen, seine Familie nach Hause zu holen? Auf jeden Fall nicht die bloße Reform des Bildungssystems. Da müsste sich schon die Kultur ändern, die dahintersteht. »Korea müsste eine andere Gesellschaft sein«, meint er.

Obwohl Konfuzius auf die Schulsysteme in Ostasien noch einen gewissen Einfluss ausübt, hat er mit dem, was die jungen Leute an diesen Schulen lernen, nicht mehr viel zu schaffen. Die Lehrpläne haben sich seit der Kaiserzeit massiv verändert. In den Zeiten der Dynastien war Bildung gleichzusetzen mit Kenntnis des konfuzianischen Kanons. Praktische Übungen oder andere Fächer gab es einfach nicht. Heute lernen die Schüler Mathe, Lesen und Physik und nur gelegentlich einen konfuzianischen Spruch. Die meisten Studenten kennen höchstens ein paar Passagen aus den *Analekten*. Und das ist weiter nicht verwunderlich. Wie viel Platon oder Aristoteles liest denn der Durchschnittsamerikaner in der Highschool? Was den konfuzianischen Kanon indes von den alten Griechen unterscheidet, ist die Tatsache, dass es zu heftigen Kontroversen kommt, wenn man den alten Chinesen auf den Lehrplan setzt. In amerikanischen Schulen wäre vermutlich nicht mit einer Protestwelle zu rechnen, wenn Homers *Ilias* auf den Lektürekanon gesetzt würde – zumindest nicht in philosophischer Hinsicht. Konfuzius hingegen brandet vonseiten der Eltern, Lehrer und Schüler eine Woge der Ablehnung entgegen.

Zumindest musste sich das Bildungsministerium in Taiwan mit einer solchen auseinandersetzen, als es 2011 beschloss, das Studium der Vier Bücher (*Analekten, Das Große Lernen, Buch von Maß und Mitte, Buch Mengzi*) für alle Schüler verpflichtend zu machen. Die Ministerialbeamten dachten offensichtlich, dass eine gesunde Dosis Konfuzianismus den Teenagern von heute helfen würde, dem Druck des modernen Lebens standzuhalten. Außerdem sollte so das Wissen der jungen Leute um die eigenen kulturellen Wurzeln gestärkt werden. »Für uns in Taiwan ist die Renaissance der chinesischen Kultur ein wichtiger Teil unserer Bestrebungen«, erläutert Chen I-hsing, stellvertretender Bildungsminister.

> *Aus Sicht des Ministeriums ist es wichtig, die Lehren des Konfuzius weiterzugeben. Wir halten es für wichtig und angemessen, dass die Schüler die Vier Bücher und die Theorien des Konfuzianismus kennen, um eine gute Grundlage für ihre moralische Erziehung zu haben. Die jüngere Generation hat ihre kulturellen Wurzeln eingebüßt. Wir machen uns Sorgen, dass die nächste Generation ihre eigene chinesische Kultur nicht mehr kennt, geschweige denn sie umsetzen kann. Da unser Land so viele politische Wandlungen durchlaufen hat, sorgen wir uns, dass die jüngere Generation die Verbindung zu unserer ursprünglichen Kultur verloren haben könnte.*[242]

Doch der Widerstand war erbittert und kam schnell. Die Schüler beschwerten sich, sie hätten ohnehin schon viel zu viel zu lernen, warum also noch mehr pauken? Kritiker sahen hinter der Lehrplanänderung ein politisches Manöver und warfen der herrschenden Nationalistischen Partei vor, junge Leute konfuzianisch indoktrinieren zu wollen, um die eigene Position zu stärken, wie es die chinesischen Kaiser seit jeher getan hatten. Selbst regierungsferne Konfuzianer stellten die Entscheidung infrage, weil sie fürchteten, es könne sich negativ auswirken, wenn die Kinder die Vier Bücher zwangsweise studieren müssten. »Indem man junge Menschen zwingt, diese Bücher zu lesen, Bücher, die sie unter solchen Umständen kaum schätzen lernen, werden die konfuzianischen Konservativen die jungen Leser nur vergraulen«, schrieb Sam Crane, der Politikwissenschaftler des Williams College. »Die Schüler werden sich an die Klassiker nur als trockenes, abstruses Zeug erinnern, die man sie zu lesen zwang, während sie mit den Stürmen der Pubertät zu kämpfen hatten. Die Erinnerung daran wird jedenfalls keine gute sein.«[243]

Zum größten Teil aber lief die Kritik in eine bestimmte Richtung: Konfuzius' Lehren stünden im Widerspruch zu den Gebräuchen und Idealen einer modernen Gesellschaft und seien deshalb für junge Leute von heute überflüssiger Ballast. Konfuzius sei irrelevant, ja gefährlich. »Ich glaube nicht, dass man in einer modernen Gesellschaft die Vier Bücher kennen muss«, argumentiert Peter Lai, der an der Highschool Computerunterricht gibt und sich gegen das Vorhaben des Ministeriums engagierte. »Manche Dinge sind ohnehin total veraltet. Wenn heute Unordnung in der Gesellschaft herrscht, muss man doch nicht mehr auf die alten Philosophen zurückgreifen, um die Ordnung wiederherzustellen.«[244]

Chen, der stellvertretende Minister für Bildung, kontert, dass das Fundament von Konfuzius' Lehren auch für die moderne Welt noch relevant sei, da es im Wesentlichen darum gehe, wie Menschen miteinander umgehen sollten. »Das Wesentliche im Konfuzianismus ist doch, wie man seine Pflicht erfüllt und mitfühlend handelt. Er lehrte, dass wir uns vervollkommnen sollten, um bessere Menschen zu werden. Daher ist seine Philosophie auch heute noch aktuell.« Doch Chen hatte auch ein Ohr für die Kritiker, denn er fügte hinzu, dass man Konfuzius heutzutage natürlich nicht mehr so lehren könne wie in der Vergangenheit. In den Schulen Taiwans würde ein modernisierter Konfuzius vermittelt werden, der auf zeitgenössische Ideen wie Menschenrechte und soziale Normen abstelle. »Einzelne Teile von Konfuzius' Lehren passen nicht zur modernen Gesellschaft«, räumt Chen bereitwillig ein. Um dieses Problem zu lösen, habe das Ministerium eigens einen Sonder-Lehrplan erstellt und ein Lehrerbildungsprogramm eingerichtet mit dem Ziel, die Lehren des Konfuzius um unerwünschte Ideen zu bereinigen. »Wenn konkret Kommentare des Konfuzius für die moderne Zeit nicht geeignet sein sollten, dann werden wir das korrigieren«, meint Chen. »Wir finden sicher einen Weg, der gangbar ist.«

Denn sowohl Befürworter als auch Gegner haben einen wichtigen Aspekt in den Lehren des Konfuzius ausgemacht, der dringend einer Korrektur bedarf: seine Haltung gegenüber Frauen, die Chen als »sehr voreingenommen« bezeichnet. Welchen Angriffen Konfuzius in der Vergangenheit auch ausgesetzt war, sicher hat keiner das hehre Bild von ihm mehr beschädigt als der Vorwurf, ein unverbesserlicher Frauenfeind zu sein.

7

KONFUZIUS, DER FRAUENFEIND

Mit Frauen sowie mit Untergebenen umzugehen
ist schwierig. Ist man vertraut mit ihnen,
so werden sie anmaßend. Hält man auf Distanz,
sind sie unzufrieden.

KONFUZIUS

Als Judy Pae 1996 zu dem süd-
koreanischen Mega-Konzern LG Electronics kam, stellte sie erstaunt fest, dass sie eine Ausnahmeerscheinung war. Und zwar
nicht, weil sie sehr viel besser ausgebildet gewesen wäre als ihre
Kollegen, mehr Geld verdient oder über besondere Fähigkeiten
verfügt hätte. Nein, einfach nur, weil sie eine Frau war. Von den
30 000 Angestellten, die zu jener Zeit für den Fernseh- und Haus-
haltsgerätehersteller in Korea arbeiteten, waren weniger als
100 Frauen wie Pae, die ein abgeschlossenes Studium vorzuweisen
hatten und Karriere machen wollten. In ihrem Team, das sich um
das Technik-Marketing kümmerte, war Pae die einzige Frau. Es
gab zwar noch andere Frauen im Büro, doch die waren meist
Bürokräfte und trugen wie Stewardessen eine schicke Uniform. Sie
kochten Tee, machten Fotokopien und hörten auf zu arbeiten,

wenn sie heirateten. Pae war eine Kollegin, wie ihre Mitarbeiter sie nur selten kennengelernt hatten – eine beruflich engagierte Frau, die keine Zuarbeiterin war, sondern gleichberechtigt mit ihnen auf einer Stufe stand und in Wettbewerb trat. Ihre Kollegen wussten einfach nicht, wie sie mit ihr umgehen sollten. »Sie waren einfach nicht bereit, weibliche Kollegen zu akzeptieren«, erzählt Pae.[245]

Anfangs kämpfte Pae noch darum, Anerkennung zu finden. Ihre Kollegen wandten sich häufig in herablassendem Ton an sie, als mache ihr Geschlecht es ihr unmöglich zu begreifen, was in ihrer Stellung von ihr verlangt sei. »Sie wussten nicht, wie sie mit mir reden sollten«, erinnert sie sich. »Zwischendrin warfen sie mir immer scheele Blicke zu, so als wollten sie sagen: ›Versteht sie denn wirklich, wovon ich da rede?‹ Sie haben mich behandelt wie ein kleines Kind.« Bald merkte sie, der einzige Weg aus dem Dilemma war, dass sie sich verhalten musste wie ein Mann – ewig im Büro bleiben, nach der Arbeit mit den Kollegen weggehen und alle persönlichen Interessen für die Firma opfern. »Da ich eine Frau war, musste ich zunächst einmal beweisen, dass ich nicht schlechter war als ein Mann«, meint Pae. »Ich tat alles, was meine Kollegen auch taten. Ich musste beweisen, dass ich nicht anders war, dass ich schaffen würde, was verlangt war.« Also stürzte sie sich in die Arbeit und bemühte sich, ihre männlichen Kollegen zu übertreffen, nur um zu zeigen, dass sie auch dazugehörte. »Mein Spitzname war damals ›200 Prozent‹«, erinnert sie sich heute.

Doch Pae konnte nicht wirklich werden wie ein Mann. In koreanischen Unternehmen gehört es verpflichtend zum guten Ton, dass die Kollegen abends miteinander essen gehen und dabei auch mal einen heben. Man nahm Pae schon mit, aber das ging immer nur bis zu einem gewissen Punkt. Denn ihre männlichen Kollegen gingen dann schon mal gemeinsam in Hostessen-Bars, die man in Korea als »Room-Salon« bezeichnet. Dort trinkt man in Gesellschaft spärlich bekleideter Mädchen, die natürlich auch für andere käufliche Dienstleistungen zur Verfügung stehen. Diese Salons waren für Pae tabu. Selbst im Büro hatte die von ihr angewandte Taktik nur zur Folge, dass sie noch weniger ins Bild passte als vorher. Von »dazugehören« konnte nicht die Rede sein. Bald nannten Paes Kollegen sie »Gold Miss« – so bezeichnet man in Korea Frauen, die keinen Mann finden, weil sie mit ihrem Beruf verheiratet sind. »Die Leute sahen mich an und sagten Sachen wie: ›Judy heiratet nicht, weil sie ein Workaholic ist.‹ Das ging mir ganz besonders auf die Nerven«, sagt sie. In der Zwischenzeit war auch die Anzahl der Frauen in ihrem Alter, die ebenfalls bei LG Electronics tätig waren, gesunken, weil die meisten eben geheiratet, Kinder bekommen und ihren Beruf aufgegeben hatten. »Eine nach der anderen verschwand«, erinnert sich Pae. »Und sie sagten: ›Ich kann hier nicht mehr arbeiten, ich habe weniger Chancen. Man befördert mich nicht, weil ich eine Frau bin.‹ Die Frauen hatten wirklich das Gefühl, an eine Glasdecke zu stoßen. Ich fragte mich am Ende selbst, wie lange ich hier noch durchhalten würde.«

Aber Pae hielt durch. Das lag sicher auch daran, dass Paes Vorgesetzte sie unermüdlich unterstützten und sie regelmäßig beförderten, durchaus ein wenig schneller als viele ihrer männlichen Kollegen. Nichtsdestotrotz war es irgendwann so weit: Pae akzeptierte, dass sie nicht mehr weiter vorankommen würde. Sollte sie tatsächlich eine höherrangige Stellung erlangen, wäre sie noch heftiger mit der Realität der koreanischen Geschäftswelt konfrontiert, die immer noch weitgehend eine Männerwelt ist. »Auch ich hatte das Gefühl, an eine Glasdecke zu stoßen«, sagt sie. »Wenn es um eine Führungsposition geht, dann sind da 20 oder 30 [männliche] Manager, die mit mir konkurrieren. Ob sie da ausgerechnet mich nehmen? [Auf der nächsthöheren Stufe] muss man wieder Beziehungen knüpfen, und da sind dann nur noch Männer. Ich glaube nicht, dass man das als Frau schafft. Es gab für mich einfach keine Stufen mehr, die ich erklimmen konnte.« 2010 verließ sie LG und nahm einen Job beim US-amerikanischen Consultingunternehmen Accenture an, weil sie glaubt, dass ihre Aufstiegschancen dort besser sind als bei einer koreanischen Firma.

Tag für Tag machen die arbeitenden Frauen Ostasiens dieselben Erfahrungen wie Pae. Es ist nichts Außergewöhnliches, die Büros eines südkoreanischen oder japanischen Unternehmens zu betreten und dort überhaupt keine Frau anzutreffen. Die Kluft zwischen der Anzahl arbeitender Männer und Frauen ist von allen OECD-Mitgliedsstaaten nirgendwo höher als in Korea. (Gleich gefolgt von Japan.) Die meisten Frauen arbeiten im Sekretariat oder haben andere subalterne Positionen inne, die keinerlei Aufstiegsmöglichkeiten an die Spitze der Geschäftswelt bieten. Meist erwartet man von Frauen auch, dass sie ihren Beruf aufgeben, wenn sie heiraten, vor allem, wenn sie Kinder haben. Das Resultat ist, dass die Management-Ebene ein reiner Männerklub ist. Nur 9 Prozent der Managementpositionen in Japan und Südkorea sind mit Frauen besetzt. In den Vereinigten Staaten sind es immerhin 43 Prozent, will man einer 2012 veröffentlichten Studie des Internationalen Währungsfonds glauben.[246]

Ein nicht unbeträchtlicher Teil der frustrierten weiblichen und arbeitenden Bevölkerung glaubt, dass Konfuzius den Schlüssel zur Chefetage in der Hand hat und diese so schnell nicht für sie aufschließen wird. Mehr als 2000 Jahre lang hat der Konfuzianismus gelehrt, dass der Platz einer Frau im Heim ist, während die Sphäre des Geschäfts- und öffentlichen Lebens eine Männerdomäne ist. Diese Weltsicht stirbt einen recht langsamen Tod. Viele Frauen sind der Ansicht, dass sie am Arbeitsplatz keine Gleichberechtigung erfahren werden, solange Konfuzius' Lehren nicht endlich Geschichte werden. »Der Konfuzianismus hat eine große Rolle dabei gespielt, dass Frauen so selten hinausgehen und im Beruf Erfolg haben wollen«, meint Pae. »Aber heute glaubt man, dass der Konfuzianismus für unser Land nicht mehr gut ist. Ich denke auch, wir sollten uns von diesen alten Vorstellungen verabschieden.«

Doch die Wurzeln des Problems gehen weit tiefer, als der erste Blick auf die männerdominierte Arbeitswelt vermuten lässt. Konfuzius hat für beide Geschlechter eine klare Rollenverteilung vorgesehen. Frauen, die sich im Beruf verwirklichen wollen, stoßen meist auch im Privatleben auf Widerstand. Im konfuzianischen Leben hat der Ehemann die Führungsrolle inne und die Frau folgt ihm. Diese Auffassung lässt viele Ehemänner in Ostasien den beruflichen Ambitionen ihrer Frau Steine in den Weg legen. »Es gibt in Korea ein Sprichwort, demzufolge die Familie untergeht, wenn die Henne lauter kräht als der Hahn«, schimpft Pae. »So wirkt der Konfuzianismus innerhalb der Familie. Nehmen wir mal an, die Frau verdient mehr als der Mann, dann wird der Mann sauer, weil er das Gefühl hat, unterlegen zu sein. Und weil die Frau ihrem Mann nicht gehorcht. An diesem Punkt muss mit dem Konfuzianismus jetzt endlich mal Schluss sein.«

Eben dieser Druck hat dazu geführt, dass viele Frauen der Region denken, sie müssten sich zwischen Familie und Karriere entscheiden. Fiona Bae hat eine eigene Public-Relations-Firma in Seoul gegründet. Sie hat sich gegen Ehe und Kinder entschieden, um sich ganz ihrem Unternehmen widmen zu können. »Der Konfuzianismus erlaubt Frauen nicht, dieselbe Arbeit zu machen wie Männer. Dort ist die Rolle der Frau die der Mutter und Gattin. Und das wirkt immer noch nach«, erklärt Bae. »Ich aber nehme meinen Beruf sehr ernst. Das steht für mich an erster Stelle. Es wäre für mich schwierig, ein Kind zu haben. Ich hatte das Gefühl, dass es nicht machbar ist, beides unter einen Hut zu bringen. Schließlich erwartet die ganze Familie, dass die Mutter sich um die Kinder kümmert. Wenn man sich mal ansieht, was von einem Vater erwartet wird, wenn es um die Zeit geht, die man mit seinen Kindern verbringt, dann gibt es da schon deutliche Unterschiede.

Und dass ein Mann mal mithilft, und sei es nur am Wochenende, das gibt es wirklich kaum.«[247]

Die Kritik der beiden hoch qualifizierten Frauen an Konfuzius fällt noch sanft aus im Vergleich zu den Vorwürfen, die andere Frauen gegen ihn erheben. Die feministische Philosophin Julia Kristeva bezeichnete Konfuzius gar als »Frauenfresser«. Eine chinesische Feministin nannte seine Lehren »mörderische«. Für viele Autoren beider Geschlechter ist die Geschichte des Konfuzianismus gleichbedeutend mit der Geschichte der zunehmenden Unterdrückung von Frauen im Ostasien der Kaiserzeit. Konfuzius' Einstellung zum schönen Geschlecht und zu den Rechten der Frauen hat seinem Ruf in der Moderne sicher mehr geschadet als jeder andere Aspekt seiner Lehren. Viele Frauen, die nicht immer nur aus Asien stammen, halten ihn für ausgesprochen patriarchalisch und frauenfeindlich, ein Fossil, das Frauen noch immer daran hindert, den ihnen zustehenden Platz in der Welt einzunehmen. Oder mit den Worten der Philosophieprofessorin Li-hsiang Lisa Rosenlee: Der Konfuzianismus ist »die Wurzel der geschlechtsbedingten Unterdrückung in der Geschichte chinesischer Frauen«[248].

Tatsächlich trägt der Konfuzianismus wohl zumindest einen Teil der Verantwortung dafür, dass Frauen in ganz Ostasien jahrhundertelang misshandelt wurden. Konfuzius' Lehren schufen während der Kaiserzeit eine Gesellschaft, in der Frauen auf die Rolle der Dienerin reduziert wurden, wenn sie nicht gleich wie bewegliches Hab und Gut als Konkubinen verkauft wurden. Sie standen den Ansprüchen von Vater und Ehemann machtlos gegenüber, wurden in Küche und Schlafzimmer weggesperrt und hatten kaum Hoffnung, am öffentlichen Leben teilzunehmen. Viele Frauen konnten sich ja noch nicht einmal auf ihren eigenen Füßen fortbewegen, weil sie durch das Füßebinden, eine brutale und schmerzhafte Prozedur, die allein dem erotischen Vergnügen der Männer diente, keine gesunden Füße mehr hatten. Wenn ein Mädchen geboren wurde, war dies für die Familie kein Grund zum Feiern, sondern Anlass zu Trauer und Scham. Da das Erbe nur auf männliche Nachkommen übergehen konnte, waren Mädchen eine finanzielle Last, ein Maul mehr, das es zu füttern galt, von der Mitgift völlig abgesehen. Ein Mädchen war zur Ehe bestimmt und hatte im Haushalt des Ehemannes zu arbeiten, solange sie dazu in der Lage war. Doch ihr Beitrag zum wirtschaftlichen Erfolg der Familie wurde als gering betrachtet. Die Folge war, dass viele Mädchen bei der Geburt einfach getötet wurden. Die Ermordung weiblicher Nachkommen ist ein Schandfleck, der Jahrhunderte der ostasiatischen Geschichte überschattet. Und sie ist auch heute noch gang und gäbe, denn nun erlauben Ultraschallaufnahmen schon relativ früh, das Geschlecht des Babys zu bestimmen. Und man kann Mädchen abtreiben, ohne bis zur Geburt warten zu müssen. Die Ein-Kind-Politik in China hat das Problem noch verschärft. Viele Paare entschlossen sich, ihren einzig möglichen Versuch nicht an ein Mädchen zu »verschwenden«. Seit diese Regelung 1979 eingeführt wurde, werden signifikant mehr Jungen als Mädchen geboren, was das Gleichgewicht zwischen den Geschlechtern in China massiv verschoben hat. Tatsächlich wird das Land 2020 einen Männerüberschuss von 30 Millionen verzeichnen, was unter Umständen zu sozialen Problemen führen wird.

Die niedrige Stellung der Frau in ganz Ostasien ist vermutlich das blutigste und drückendste Erbe des Konfuzianismus. Die gnadenlose Diskriminierung der Frau durch die konfuzianische Praxis hat vermutlich am meisten dazu beigetragen, die Relevanz von Konfuzius' Lehren für die heutige Zeit infrage zu stellen. Im letzten Jahrhundert verbreitete sich die Idee der Gleichberechtigung auch in Ostasien und ließ die konfuzianischen Vorstellungen über die Rolle der Frau ebenso wie die der Kindespietät als archaisch und vorvorgestrig erscheinen. Die Frauenrechtsdiskussion zeigt wohl am deutlichsten, wie die Globalisierung Konfuzius' einst unhinterfragten Status in Ostasien unterminierte. Wenn der Weise seinen Einfluss in der Region behalten will, muss er sich wohl oder übel mit den Frauen aussöhnen.

Aber war Konfuzius denn tatsächlich ein Frauenfeind? Diese Frage ist letztlich gar nicht so einfach zu beantworten, wie man annehmen mag. Konfuzius selbst hat uns nämlich kaum einschlägige Indizien hinterlassen. In den *Analekten* zumindest, der verlässlichsten Quelle seiner Lehren, kommt die Rede nur selten auf Frauen. Vielleicht ist dieses Schweigen ja auch ein Zeichen dafür, dass er keine prinzipiellen Unterschiede zwischen Männern und Frauen machte, wie viele Exegeten heute glauben. Jeder Mensch, welchen Chromosomensatz er auch haben mochte, sollte denselben Regeln von Anstand und Menschlichkeit folgen und seine Version der Goldenen Regel umsetzen (»Was man mir nicht antun soll, will ich auch anderen Menschen nicht zufügen«).[249] Weniger wohlwollende Interpretatoren legen diesen Sachverhalt dahingehend aus, dass Frauen seiner Aufmerksamkeit nicht wert waren. Denn in Konfuzius' Leben spielten sie nur eine untergeordnete Rolle. Obwohl er für Bildung und Lernen für alle eintrat, hatte er keine einzige Schülerin. Die Herrscher und Minister, die er aufsuchte, waren durchweg männlich. Trotz der Abertausende von Seiten, die in den Jahrhunderten nach seinem Tod über ihn und seine Lehren geschrieben wurden, machte sich niemand die Mühe, an die Namen seiner Töchter zu erinnern. Konfuzius' Welt war eine reine Männerwelt.

Und die wenigen Male, bei denen Konfuzius Frauen erwähnt, fallen – zumindest soweit sie uns überliefert sind – nicht gerade schmeichelhaft aus. Berüchtigt ist mittlerweile ein Ausspruch, nach dem Frauen eine niedere Gattung Mensch sind und so behandelt werden sollten. »Mit Frauen sowie mit Untergebenen umzugehen ist schwierig«, sagt Konfuzius in den *Analekten*. »Ist man vertraut mit ihnen, so werden sie anmaßend. Hält man sie auf Distanz, sind sie unzufrieden.«[250] Diese Aussage ist vermutlich die umstrittenste überhaupt. Allein die Tatsache, dass Konfuzius Frauen und »Untergebene«, damals wohl Dienstboten, auf eine Stufe stellt, stört den modernen Leser. Und dass er sich darüber beschwert, dass sie auch noch »unzufrieden« werden, wenn man sie auf Distanz hält, verschärft die beleidigende Einschätzung noch.

Eine andere Geschichte in den *Analekten* legt nahe, dass Konfuzius Frauen nicht für würdig hielt, an wichtigen Staatsangelegenheiten teilzuhaben. König Wu nämlich, einer der vielen Herrscher, denen Konfuzius persönlich begegnete, rühmte sich einst, dass er zehn tüchtige Minister habe, einen Stab von Beamten, deren Talente höher einzuschätzen seien als selbst jene der weisen Könige der Vorzeit. Konfuzius allerdings antwortete darauf: »Was die zehn Berater des Königs Wu betrifft: Hier war eine Frau darunter, sodass es nur neun fähige Beamte waren.«[251] In Konfuzius' idealer Gesellschaft waren Regierungs- und Verwaltungsposten offensichtlich nur für Männer vorgesehen.

Die Frauen, die in den biografischen Aufzeichnungen über Konfuzius vorkommen, werden häufig als Verführerinnen dargestellt, die den Geist der Männer verwirren und sie vom rechten Weg abbringen. Konfuzius selbst gab doch, wenn wir uns recht erinnern, seinen Ministerposten im Fürstentum Lu auf, weil sein Herrscher lieber mit jungen Schönheiten umging, als die staatlichen Kulthandlungen korrekt auszuführen. Die bekannteste Frau aus den *Analekten* ist die manipulative und verführerische Nanzi, die den Herrscher von Wei korrumpiert hatte. Konfuzius scheint geglaubt zu haben, dass eine Leidenschaft für Frauen nicht mit tugendhaftem Verhalten zu vereinbaren war. »Ich habe noch niemanden gesehen, der innere Werte genauso liebt wie äußere Schönheit [der Frauen]«, klagt er in den *Analekten*. Wenn ein junger Mann sich tatsächlich zum edlen Menschen entwickeln wolle, »hütet er sich vor der Anziehung durch die Schönheit der Frauen«. Wie lockende Sirenen, fürchtete er, würden Frauen die Männer ins Verderben stürzen lassen.[252] (Natürlich ist ein solches Frauenbild nicht auf den Konfuzianismus beschränkt. War es in der jüdisch-christlichen Tradition nicht ebenfalls Eva, die Adam im Paradies überredete, von den verbotenen Früchten zu naschen?)

Die Diskriminierung von Frauen allerdings beginnt nicht erst mit Konfuzius. In mancher Hinsicht war Konfuzius seiner Zeit weit voraus – zum Beispiel, wenn er dafür eintrat, dass ein Mensch nach seinen Verdiensten und nicht nach seiner Herkunft beurteilt werden sollte. In puncto Frauen dagegen war er eher das Kind seiner Zeit. Seine Einstellung zu Frauen war die damals in China übliche. Als Konfuzius die Szene betrat, war die Gesellschaft seit Langem patriarchalisch bestimmt. Die Ahnenverehrung der Chinesen bezog sich nur auf die männlichen Vorfahren väterlicherseits. Die Abstammungslinie ging vom Vater zum Sohn und von diesem wieder zum Enkel. Die Frauen durften nur den Bauch zur Verfügung stellen, um die Söhne auszutragen, die den Namen der Familie weiterführen würden. Das Ziel des Weisen war es, die nach traditionellen sozialen Normen lebende Familie zu stärken, die das Fundament einer harmonischen Gesellschaft bilden sollte. Revolutionäre oder umstürzlerische Ideen waren nicht sein Fall.

Dazu gilt es noch anzumerken, dass der Weise sich an keiner einzigen Stelle der *Analekten* zu den Beziehungen zwischen Mann und Frau oder Gatte und Gemahlin äußerte. Das geschah erst in späteren Texten, die Konfuzius mitunter Aussagen zuschrieben, die ihm nicht verlässlich zugeordnet werden können. Und selbst hier lässt das, was uns überliefert ist, Spielraum für Interpretation: »Was sind die Dinge, die ›die Männer für recht erachten‹?«, fragt Konfuzius im *Buch der Riten*. »Güte vonseiten des Vaters und kindliche Ehrerbietung vonseiten des Sohnes. Freundlichkeit vonseiten des älteren Bruders und Gehorsam vonseiten des jüngeren.

Rechtschaffenheit vonseiten des Ehemanns und Unterordnung vonseiten der Frau. Güte vonseiten der Älteren und Ehrerbietung von den Jüngeren. Wohlwollen vonseiten des Herrschers und Loyalität vonseiten der Beamten.«[253]

Natürlich bleibt man sofort bei dem Begriff »Unterordnung« hängen, der darauf hinweist, dass Konfuzius Frauen in einer den Männern untergeordneten Position sah. Doch wir sollten uns hier den gesamten Satzbau ansehen. Die ideale konfuzianische Beziehung war vermutlich nicht auf Gleichberechtigung ausgelegt, doch sie sollte auch nicht ungerecht oder missbräuchlich sein. Wie die Beziehung zwischen Vater und Sohn sollte auch die zwischen Ehemann und Gemahlin auf gegenseitigem Verständnis beruhen. Obwohl Konfuzius in diesem Text Frauen »Unterordnung« ans Herz legt, musste der Ehemann doch auch dem Gebot der Rechtschaffenheit folgen. Die Verantwortung in der Beziehung war also wechselseitig.

Denn tatsächlich war für die Konfuzianer vor allem von Bedeutung, welche Aufgaben und Pflichten die Frau zu erfüllen hatte. Menzius wies auf die unterschiedlichen Rollen von Mann und Frau hin, die beide gleich wichtig, aber eben unterschiedlich waren. Dieses Modell von Menzius wurde unter der Bezeichnung die »Fünf Beziehungen« bekannt. Bei den »Beziehungen der Menschheit«, sagte er, ginge es darum, »dass zwischen Vater und Sohn die Liebe ist; zwischen Fürst und Diener Pflicht; zwischen Mann und Frau der Unterschied der Gebiete der Tätigkeit; zwischen Alt und Jung der Abstand; und zwischen Freund und Freund die Treue«.[254] Im Grunde ging es Menzius hier um eine sinnvolle Aufgabenverteilung und nicht um die Errichtung einer drückenden Hierarchie. Es handelt sich bei diesem Textausschnitt um seine Antwort auf die Auslassungen eines Fragestellers, der meint, ein guter Herrscher solle seine Nahrung durch seiner Hände Arbeit selbst verdienen. Für Menzius war das lächerlich. Es sei eine ungeheure Verschwendung und nicht besonders produktiv, wenn jeder in der Gesellschaft alles selbst machen müsse. Die Menschen sollten ihre Rollen in der Gesellschaft vielmehr nach ihren Begabungen und ihrer Stellung übernehmen. Ein König sollte die Regierungsgeschäfte führen, nicht die Felder pflügen. Das sei Aufgabe der Bauern, die sich auf den Landbau spezialisiert hätten. Dasselbe gelte für Mann und Frau. Jeder hatte in der Welt seinen Part zu spielen. Aus diesem Grund beruhe die angemessene Beziehung zwischen Ehemann und Ehefrau auf der Beachtung ihrer unterschiedlichen Rollen.

Diese »Gebiete der Tätigkeit« legten fest, welchen Beitrag Mann und Frau zur Gesellschaft leisteten. In der konfuzianischen Welt wurde den Geschlechtern ein jeweils unterschiedlicher Bereich zugewiesen. Öffentliche Angelegenheit, Staatsdinge und Handel waren Aufgabe der Männer; den Haushalt am Laufen zu halten, Kinder zu bekommen und großzuziehen war wiederum Aufgabe der Frau. »Ein Mann spricht nicht über die Angelegenheiten der inneren Gemächer, eine Frau nicht über äußere Angelegenheiten«, heißt es im *Buch der Riten*. Und im *Buch der Lieder* wird ganz offen gesagt: »Frauen sollten nicht an öffentlichen Angelegenheiten teilhaben. Sie sollten sich darauf beschränken, die Seidenraupen zu hüten und zu weben.«[255]

Für moderne Ohren hört sich das nach einer Verschwörung an, die zum Ziel hat, die Frauen barfüßig und schwanger zu halten. In der Praxis war das ja dann auch durchaus so. Jemand musste sich um die Kinder kümmern, kochen, sauber machen, nähen und den alternden Eltern helfen. In den wohlhabenderen Haushalten mussten die Frauen die Aufsicht über die Dienstboten führen. Ähnlich wie bei der »Richtigstellung der Bezeichnungen« oder der Kindespietät ging es Konfuzius darum, dass jeder seinen Bereich verantwortlich ausfüllte und nicht nur um das eigene Wohl besorgt war – vor allem die Frauen nicht. In ihrem Bereich aber war die Frau

unumschränkte Herrscherin. Wie das *Buch der Riten* unmissverständlich klarmacht, hatte auch der Mann über die Angelegenheiten der inneren Gemächer zu schweigen, dort nämlich, wo seine
Frau das Szepter führte. (Dies verleitete den Reformer Hu Shi im
20. Jahrhundert zu der Aussage, dass in China »die Frau immer der
Familientyrann war ... Kein Land der Welt tut es China diesbezüglich gleich: Wir sind die Nation der von den Hennen gepiesackten
Ehemänner.«²⁵⁶) Die »wohlgeordnete« Familie konnte einfach
nicht funktionieren, wenn die Frau und Mutter ihren Part nicht
übernahm. Vor diesem Hintergrund war die gute Ehefrau für die
Stabilität und das Wohlergehen der Welt nicht weniger wichtig als
der ehrerbietige Sohn, ein tugendhafter Herrscher oder ein loyaler
Minister.

Spätere Konfuzianer allerdings bedienten sich recht ungeniert bei
Konfuzius, um Frauen zu Menschen zweiter Klasse abzustempeln.
Konfuzianische Gelehrte betonten stets, die Frau müsse sich dem
Mann beugen und sei auch in Ehe, Haushalt und der Welt im Allgemeinen zweitrangig. Selbst der gütige Menzius stimmte bereitwillig in diesen Chor ein: »Wenn ein Mädchen sich verheiratet, so
redet zu ihr ihre Mutter, begleitet sie bis an die Tür und spricht die
mahnenden Worte: ›Wohin du jetzt gehst, das ist deine Familie; du
musst achthaben, du musst dich hüten, dass du deinem Manne
nicht widerstrebst.‹« Und dann fährt der Meister fort: »Der Wei-
ber Art ist es, dass Anpassung für sie das Rechte ist.«²⁵⁷
 Frauen wurden nun auf die Position der helfenden Hand ver-
wiesen, deren Aufgabe es war, die Männer bei ihren wichtigeren
Aktivitäten in der großen, weiten Welt zu unterstützen, während
ihnen diese Möglichkeit verwehrt blieb. Männer konnten Minister
werden, Gelehrte und Beamte, Frauen mit ganz wenigen Ausnahmen konnten das nicht. Stattdessen mussten sie sich um den Haushalt kümmern, um die Männer von solch unbedeutenden Kleinig-

keiten zu entlasten. Männer konnten sich selbst vervollkommnen, konnten zum edlen Menschen werden; Frauen würden dieses letztendliche Ziel jedes Konfuzianers nie erreichen. Frauen hatten rundum wenige Möglichkeiten, unabhängig zu handeln. In gewissem Maße wurde ihnen nicht einmal eine eigene Identität zugestanden. Eine Frau war immer irgendjemandes Tochter, Frau oder Mutter. Sie hatte stets einen Meister, dem sie gehorchen musste. »Wenn sie durch das große Tor (von ihres Vaters Haus) heraustritt, geht er (der frischgebackene Ehemann) ihr voran, und sie folgt ihm. Damit beginnt die richtige Beziehung zwischen Mann und Frau«, legt das *Buch der Riten* fest. »Die Frau folgt dem Mann: in ihrer Jugend folgt sie dem Vater und dem älteren Bruder; als verheiratete Frau folgt sie ihrem Ehemann; wenn ihr Ehemann gestorben ist, folgt sie ihrem Sohn.«[258]

Mit der Zeit trieben die Konfuzianer dem Beziehungsmodell des Konfuzius die gegenseitige Verpflichtung aus und machten die hierarchische Gliederung zum obersten Gebot. Während der Han-Dynastie reduzierte man Menzius' Fünf grundlegende Beziehungen auf die Drei Bindungen (auch die Drei Stützen[259] genannt): die Beziehung zwischen Herrscher und Untertan, Vater und Sohn und Mann und Frau. Das war mehr als eine simple Vereinfachung, denn damit war ein substanzieller Wandel verbunden: die Abkehr von Menzius' ursprünglicher Absicht. Die Idee zu den Drei Bindungen hatte zuerst der Schriftsteller Dong Zhongshu, der vor allem die »höhere« und »niedere« Qualität jeder Paarung herausstrich. »Obwohl die fünf menschlichen Beziehungen des Konfuzianismus auf der Grundlage wechselseitiger moralischer Verpflichtung aufbauen, so kann man doch sagen, der Gedanke, dass Herrscher, Vater und Ehemann Untertan, Sohn und Frau überlegen seien, sei schon ursprünglich darin angelegt gewesen«, erklärt der Gelehrte Chan Wing-tsit in seiner Anthologie chinesischer Philosophie. »Diese Unterscheidung wird von Dong Zhongshu noch weitergetrieben, denn eine ›Bindung‹ ist nicht nur eine Beziehung, sondern signalisiert einen bestimmten Standard.«[260]

In der Dynastie der Späteren Han (25–220) waren die Drei Bindungen im konfuzianischen Denken nun fest verankert. Sie bildeten das Herzstück eines größeren sozialen Netzwerks von Beziehungen, die eine stabile Gesellschaft ausmachten wie die Fäden eines Netzes. Dieses System wurde in *Gespräche im Pavillon des Weißen Tigers* weiter ausgeführt, eine Aufzeichnung von Unterredungen am Hof der Han während des 1. Jahrhunderts n. Chr. Mit den Drei Bindungen wird die Stellung »des Über- und Untergeordneten ausgeweitet und geregelt, auf dass die Wege des Menschen ausgerichtet und geordnet werden«, heißt es dort. »Allen Menschen ist das Streben nach den Fünf Konstanten Tugenden eigen, sie besitzen die grundlegende Fähigkeit zu lieben; beides wird von den Drei Bindungen in die richtigen Bahnen geleitet … wie ein Netz, das mithilfe feiner Fäden seine zehntausend Maschen spinnt.« In den Gesprächen werden auch die grundlegenden Pflichten für Mann und Frau in der Ehe festgelegt: »Was heißt ›Ehemann‹ oder ›Ehefrau‹? ›Ehemann‹ heißt ›Unterstützung‹; der Ehemann sorgt durch Beschreiten des Rechten Pfades für diese Unterstützung. ›Ehefrau‹ aber heißt ›Unterordnung‹.«[261]

Dong versah die ungleichen Drei Bindungen darüber hinaus noch mit kosmischem Segen, indem er sie mit der Yin-und-Yang-Theorie kombinierte, die er in den Konfuzianismus einführte. Yin und Yang sind zwei komplementäre Kräfte, und das Zusammenspiel zwischen ihnen verursacht allen Wandel in der Welt – das Kommen und Gehen der Jahreszeiten, aber auch das Aufeinanderfolgen von Leben und Tod. Yang ist das starke Element und ist eher aktiv oder positiv. Es steht für Intelligenz und Selbstbewusstsein. Yin ist das schwache Element und ist passiv oder negativ. Es symbolisiert Dunkelheit und Nachgiebigkeit. Natürlich manifestierten sich diese beiden Kräfte Dong zufolge auch in der Dichotomie der

Geschlechter – Yang ist männlich und die dominante Kraft, Yin weiblich, die untergeordnete Kraft. Yang und Yin sind gleichermaßen wichtig – die Welt würde nicht funktionieren, wenn es nicht beide Kräfte gäbe. Doch indem Dong das Yin-und-Yang-Konzept mit der konfuzianischen Theorie der menschlichen Beziehungen vermengte, verwandelte er die Überlegenheit des Mannes und die Unterlegenheit der Frau in eine von der Natur gewollte Situation, so ursprünglich wie die Zweiteilung in Frühling und Herbst oder Licht und Schatten.

Die Drei Bindungen wurden im chinesischen Denken und in der Gesellschaft so ernst genommen, dass die Idee Chinas Selbstbild als zivilisierte Nation bestimmte. Diese paarweise geordneten hierarchischen Beziehungen waren es, die das Land in den Augen der Chinesen von den »Barbaren« rundherum unterschieden. Gleichzeitig waren die Drei Bindungen ein probates Instrument sozialer Kontrolle. Indem die konfuzianischen Denker die Kindespflichten dem Vater gegenüber zum Modell für die Beziehung des Einzelnen zum Staat nahmen, übertrugen sie die familiäre Loyalitätspflicht auf das Reich des Politischen, um ein stabiles Reich zu schaffen. Indem sie die Beziehung zwischen den Ehegatten hierarchisch umdeuteten, versuchten sie, eine friedliche Gesellschaft erstehen zu lassen. Doch die Ungleichheit in den Drei Bindungen lässt die Lehren des Konfuzius frauenfeindlich und ungerecht erscheinen. »Aus einer modernen egalitären und liberalen Sicht heraus sind die Drei Bindungen jener Teil der konfuzianischen Lehren, der am allerwenigsten zu verteidigen ist«, meint Tu Wei-Ming, einer der wichtigsten konfuzianischen Gelehrten des 20. Jahrhunderts. »Die Drei Bindungen bezeichnet man heute als drei Fesseln und die konfuzianische Ethik als despotisch, autokratisch, patriarchal, gerontokratisch und männlich-chauvinistisch.«[262]

Tu schreibt die Drei Bindungen letztlich dem konfuzianischen Streben nach politischem Einfluss im kaiserlichen System zu. Sobald die Konfuzianer sich in den Palästen gemütlich eingerichtet hatten, hielten sie es für nötig, Strategien zu ersinnen, die den Regierungsinteressen entsprachen, um damit ihre eigene Position bei Hofe zu sichern. Die Formulierung der Drei Bindungen entspringt einem dauerhaft schwelenden Konflikt, der im konfuzianischen System angelegt ist und sich auftat, sobald die Konfuzianer erreicht hatten, was sie wollten: den Umzug vom eigenen Studierstübchen an den Herrscherhof. Der Konflikt entspringt der Spannung zwischen den idealistischen Wurzeln der Lehre und den politischen Erfordernissen, die das Lenken von Staaten und Kaisern mit sich bringt. Das Resultat dieser Spannung, meint Tu, sei ein stark veränderter Konfuzius und Konfuzianismus gewesen. »Der Begriff ›konfuzianisch‹ nahm eine ganz neue Bedeutung an«, schreibt Tu. »Er stand nicht mehr länger nur für die Schriften des Konfuzius und seiner Schüler … Die Konfuzianer, die die Logik der Drei Bindungen schmiedeten, waren berühmte Gelehrte am Hof der Han-Dynastie, die der Kaiser eingeladen hatte, weil sie eine neue politische Ideologie begründen sollten, einen nationalen Konsens im Hinblick auf die lebenswichtigen kosmologischen und ethischen Fragen, die auf den Staat zukamen.«[263]

Die Konfuzianer verschwendeten keine Zeit, um Frauen auf ihre untergeordnete Rolle in der Gesellschaft vorzubereiten – die Gehirnwäsche begann schon wenige Tage nach der Geburt. »Am dritten Tag nach der Geburt eines Mädchens legte man dieses ans Fußende des Betts, gab ihr eine Tonscherbe zum Spielen und brachte ein Opfer dar, um ihre Geburt zu verkünden«, erläuterte Ban Zhao, eine Gelehrte der Han-Dynastie in ihrer Abhandlung *Ermahnungen für Frauen*, dem wohl wirkmächtigsten konfuzianischen Text über korrektes Benehmen für Frauen. »Man legte sie ans Fußende, damit sie lernte, dass sie von geringer Stellung und schwach war und sich vor anderen zu erniedrigen hatte. Man gab ihr eine Tonscherbe zum Spielen, damit sie sich an harte Arbeit und eifrigen Dienst gewöhnte.« Die Jungen wurden in eine Schule geschickt, wo sie die Klassiker studieren konnten, Mädchen aber wurden zu Hause in den Anforderungen des Haushalts unterwiesen. »Töchter bleiben in den Frauengemächern, und man sollte ihnen nicht allzu oft erlauben, hinauszugehen«, heißt es in den *Analekten für Frauen*, einem ebenso einflussreichen Traktat, den man der Hoflehrerin Song Ruozhao aus der Tang-Dynastie zuschreibt. »Bringt ihnen das Nähen und Kochen bei, unterweist sie in der Etikette ... Erlaubt ihnen nicht, auszugehen, sonst wird bald ein Skandal ihren guten Namen beflecken.« Diese Anleitungen bereiteten die Mädchen auf die harte Arbeit vor, die sie für den Rest ihres Lebens zu leisten hatten. »Eifrig sein heißt, spät zu Bett zu gehen, früh aufzustehen, weder morgens noch abends die Arbeit zu scheuen, sich niemals weigern, Hausarbeit zu tun, und alles, was getan werden muss, sauber und gründlich zu erledigen«, lehrte Ban Zhao.[264]

Konfuzianische Ritualtexte zählen die Verantwortlichkeiten und Regeln eines Frauenalltags in erschöpfender Genauigkeit auf. Die *Analekten für Frauen* geben Unterweisung im *fudao*, dem »Weg der Frau«, und belehren die Frauen darüber, wie sie die Hausarbeit zu machen haben: »Um eine Frau zu sein, muss man die Frauenarbeit genau kennen«, heißt es da. »Lerne, wie man mit Hanf und Ramie webt. Vermenge nicht grobe und feine Fasern. Ziehe das Webschiffchen nicht so schnell, dass du das Webstück kaputt machst .... Lerne, wie du Schuhe schneidest und Socken machst. Lerne, wie du Stoff schneidest und Kleider nähst. Lerne zu sticken, zu flicken und zu stopfen.« Eine ordentliche Frau stand frühmorgens auf und machte sich sofort an die Arbeit. »Geh in die Küche, mach Feuer und bereite das Frühstück zu«, befiehlt der Text. »Scheuere die Töpfe, wasch die Pfannen, koche das Teewasser und bereite den Brei. Plane die Mahlzeiten je nach Mitteln der Familie und nach Jahreszeit. Sorge dafür, dass sie duftend und wohlschmeckend sind, in den richtigen Gefäßen aufgetragen und richtig serviert werden. Wenn du früh anfängst, gibt es nichts, was du den Tag über nicht schaffen würdest.«²⁶⁵

Und nun waren nicht mehr nur die Aufgabenbereiche von Männern und Frauen getrennt, sondern weitgehend auch ihre alltäglichen Lebensbereiche. Die Regeln zur Geschlechtertrennung in alten Ritualtexten erscheinen erstaunlich komplex. Die muffige konfuzianische Moral diktierte, dass die Geschlechter weder öffentlich noch im Haus miteinander Berührung haben sollten. »Männer und Frauen sitzen nicht beieinander [in ihrer eigenen Wohnung]. Sie benützen nicht denselben Kleiderhaken oder Kleiderständer. Sie benützen nicht dasselbe Handtuch oder denselben Kamm. Sie reichen einander nichts mit der Hand«, ordnet das *Buch der Riten* an. »Junge Männer und Mädchen wissen, außer wenn es sich um eine Verlobung handelt, nicht die Namen voneinander, und ehe die Hochzeitsgeschenke überreicht werden, haben sie keinen Verkehr und kein Liebesverhältnis.« Tatsächlich waren die Frauen fast vollständig den Augen der Männer entzogen, wenn sie nicht mit ihnen verwandt waren. »Die inneren und äußeren Gemächer sind voneinander getrennt, die Geschlechter haben keine Berührung miteinander«, heißt es in den *Analekten für Frauen*. »Spähe nicht über die äußere Mauer oder verlasse den äußeren Hof. Wenn du hinausgehen musst, bedecke dein Gesicht.«²⁶⁶

Die einzige Beziehung, die eine Frau zu einem Mann haben durfte, wurde von einem anderen Mann, nämlich ihrem Vater, bestimmt. Bei der Wahl des Ehemannes hatte das Mädchen nichts zu melden. Die Eltern trafen diese Entscheidung sowohl für die Braut als auch für den Bräutigam. Die Vorstellungen von der Ehe im kaiserlichen China waren grundverschieden von denen, die wir heute im Westen kennen. Damals ging es eher um die Vereinigung zweier Familien als um die zweier Menschen. Ob Mann und Frau sich verstanden, war zweitrangig – wenn es denn überhaupt zählte. Sobald die Verbindung geschlossen war, verließ die Braut das Haus ihres Vaters. Von nun an gehörte sie zur Familie ihres Mannes. Dort war sie der Befehlsgewalt ihrer Schwiegereltern unterstellt, denn sie wurde deren persönliche Dienerin. Auch für den Umgang mit den Schwiegereltern gab es einen ausgefeilten und strengen Regelkanon. »Keine Schwiegertochter darf sich [von den Schwiegereltern] zurückziehen, wenn man ihr nicht befohlen hat, in ihre eigenen Gemächer zu gehen«, heißt es im *Buch der Riten.* »Was immer sie zu tun hat, sie muss die Schwiegereltern um Erlaubnis bitten. Wenn jemand ihr etwas gibt, sei es zu essen oder anzuziehen, ein Stück Tuch oder Seide, ein Taschentuch für den Gürtel, eine Iris oder Orchidee, dann sollte sie es entgegennehmen und ihren Schwiegereltern anbieten. Wenn sie es zu nehmen geruhen, freut sie sich, als würde sie es wieder geschenkt bekommen. Wenn sie es ihr wiedergeben, soll sie es ablehnen. Wenn sie ihr nicht erlauben, das zu tun, dann soll sie es wie ein zweites Geschenk entgegennehmen, beiseitelegen und warten, ob sie es wiederhaben wollen.« Die *Analekten für Frauen* warten mit noch mehr Regeln auf: »Bediene deinen Schwiegervater voller Achtung. Sieh ihn nicht direkt an [wenn er mit dir spricht] ... und sprich ihn selbst nicht an. Wenn er dir einen Befehl erteilt, höre aufmerksam zu und gehorche. Wenn deine Schwiegermutter sitzt, solltest du stehen. Wenn sie dir einen Befehl erteilt, sollst du ihn sofort ausführen.«[267]

Wenn eine verheiratete Frau nicht gerade damit beschäftigt war, ihren Schwiegereltern aufzuwarten, war es ihre Pflicht, Kinder zu bekommen und großzuziehen. Kinder zu haben war praktisch eine konfuzianische Pflicht. Kinderlos zu bleiben war der schlimmste vorstellbare Verstoß gegen die Kindespietät. »Drei Dinge verstoßen gegen die Pflicht der Kindesehrfurcht: Keine Nachkommen zu haben ist das schlimmste davon«, sagt Menzius.[268] Die Folge war, dass Frauen in ihrem Leben häufig bis zu zehnmal schwanger wurden. Aber natürlich sollte es nicht irgendein Kind sein. Eine Frau erfüllte ihre Pflichten gegenüber ihrem Ehemann nicht, wenn sie ihm keinen männlichen Erben gebar. Töchter zählten da einfach nicht.

Ein Leben weggesperrt in den Frauengemächern, den Launen von Ehemann und Schwiegereltern hilflos ausgeliefert, zur Sklavenarbeit in der Küche verdammt und fleißig ein Kind nach dem anderen gebären – in unseren Ohren klingt das nach Herabsetzung, Erniedrigung und erstickender Enge. Doch es wäre irreführend, das konfuzianische Frauenideal ausschließlich durch die Brille des 21. Jahrhunderts zu betrachten. Obwohl die meisten Frauen keinerlei Möglichkeit zur Selbstverwirklichung hatten, übertrug Konfuzius ihnen gleichwohl eine äußerst wichtige Aufgabe: Sie waren die Hüter der Moral in der Gesellschaft. Ihnen oblag die immense Verantwortung, Kinder und mitunter sogar den Ehemann in den Regeln des rechten Verhaltens im Heim zu unterweisen. Frauen waren es, die den edlen Menschen formten. Sie wurden damit zu selbstlosen Mentorinnen, die die Moral vermittelten, welche Söhne und Ehemänner brauchten, wenn sie auszogen, um die Welt zu beherrschen. Denn der Großteil dessen, was ein Mann über die Verhaltensweisen eines Edlen wissen musste, lernte er in Konfuzius' Augen in der Familie. Und es waren die Frauen und Mütter, die ihn dies lehrten.

Sehr deutlich kommt dieser Gedanke im *Klassiker der kindlichen Pietät für Frauen* zum Ausdruck. Die Version für das weibliche Geschlecht folgte dem Muster des großen Vorbilds und wurde vermutlich von Chen Miao, der Gattin eines Hofbeamten der Tang-Dynastie, verfasst. Die Abhandlung gibt vor, die Niederschrift eines Gespräches zwischen Ban Zhao und einigen jungen, unerfahrenen Mädchen zu sein. Ban Zhao also nimmt hier die Rolle des Konfuzius als Quelle des Wissens ein und erklärt, wie tugendhafte Frauen die Gesellschaft als Ganzes verwandeln können: »Indem du ihn mit Achtung und Liebe führst, wird dein Edler [Ehemann] die Ehrerbietung gegenüber seinen Eltern nicht vergessen«, sagt sie. »Indem du ihm tugendhaftes Verhalten vorlebst, wirst du sein Verhalten verbessern .... Indem du ihm den Unterschied zwischen Gut und Böse zeigst, wird er begreifen, welche Verhaltensweisen unannehmbar sind.« Wie ihr großes Vorbild reagiert Ban Zhao mit Empörung, als man ihr Unterwürfigkeit als weibliche Tugend präsentiert. Frauen seien – wie die Söhne – verpflichtet, unumschränkt ihre Meinung zu sagen, wenn sie mit Fehlverhalten konfrontiert seien. Die Mädchen fragen: »Wir wagen, Euch zu fragen, ob wir tugendhaft genannt werden können, wenn wir allen Befehlen unserer Gatten Folge leisten?« Und Ban Zhao antwortet: »Was soll denn das für eine Frage sein? Wenn ein Mann eine Frau hat, die Widerspruch erhebt, wird er nicht im Abgrund unsittlicher Taten versinken.«[269]

Aus konfuzianischer Sicht ist eine Frau wie eine Heilige – demütig ja, aber zu einem höheren Zweck. Sie opfert sich für das Wohlergehen der Familie und der Welt. »Lass eine Frau bescheiden anderen nachgeben. Lass sie andere achten. Lass sie andere immer an erste Stelle setzen, sich selbst aber an die letzte«, schreibt Ban Zhao. »Lass eine Frau von gesetztem Benehmen sein und aufrecht im Dienst an ihrem Gatten.« Die breite Mehrheit der Frauen ergab sich duldend in ein Leben der Hausarbeit und des Dienens. Sie gehorchten willig ihren Vätern, Ehemännern und Schwiegereltern, um dem konfuzianischen Ideal der Frau nahezukommen. Natürlich sagt man heute, sie hätten auch gar keine andere Wahl gehabt. Doch gleichzeitig gehorchten die Frauen damit sozialen Normen, die im China jener Zeit in hohem Ansehen standen. Sie hielten die moralischen Standards aufrecht, die damals unhinterfragt Geltung besaßen. »Man übertrug den Frauen die Aufgabe, ihre Töchter zu lieben, netten, ehrerbietigen und zurückhaltenden Frauen zu erziehen«, erklärt Patricia Ebrey, Spezialistin für die Geschichte der Frauen in China. »Die Mütter machten sich nicht etwa zu Komplizinnen der weiblichen Unterdrückung. Sie waren stolz darauf, Töchter erzogen zu haben, die andere als schön und weiblich priesen.« Gu Ruopo, Dichterin und hingebungsvolle Mutter, erläutert diese Gefühle 1632 in einem Brief an ihre Söhne: »Ich habe alle Leiden geschmeckt und jede Unbill erfahren«, schrieb sie. »Voller Furcht und Sorgfalt erhob ich mich am Morgen, um hart zu arbeiten, und ging abends spät ins Bett, um über den Tag nachzudenken. Mein einziger Gedanke war es, jeden Fehler zu vermeiden, auf dass das Gesetz meiner Ahnen nicht gebrochen werde und die liebevolle Fürsorge meiner Eltern nicht umsonst war. Glaubt ihr denn, ich hätte all die Mühsal erduldet, weil es mir Freude bereitete? Jede Faser, jedes Getreidekorn, das diese Familie besitzt, ist Frucht meines Fleißes und meiner Anstrengungen über mehrere Jahrzehnte hinweg. Bewahrt und vergrößert sie. Das sind die großen Hoffnungen, die ich für meine Söhne hege.«[270]

Diese begeisterte Gefolgschaft erreichten die Konfuzianer, indem sie den Frauen Beispiele tugendhaften weiblichen Verhaltens an die Hand gaben, an denen die Frauen sich maßen und gemessen wurden. Als eine der effektivsten Formen der Indoktrinierung haben sich die Volkserzählungen erwiesen, die in den Höfen und Wohnstuben im ganzen Land immer wieder vorgetragen wurden. Die *Vierundzwanzig Beispiele kindlicher Pietät* taten das ihre, um Kinder gehorsam zu machen. Die *Biografien beispielhafter Frauen* bewirkten dasselbe für das schöne Geschlecht. Sie wurden im 1. Jahrhundert v. Chr. von Liu Xiang gesammelt, einem Gelehrten der Han-Dynastie, und stammten teils aus sehr viel älteren Quellen. Die Biografien stellten tugendhafte Frauen vor, die den Konfuzianern zufolge Vorbild für alle Frauen waren. Die Geschichten berichten von hingebungsvollen Müttern, pflichtbewussten Gattinnen, gehorsam, weise und natürlich fraglos bescheiden und keusch. (Für die stocksteifen Konfuzianer war weibliche Keuschheit genauso unverzichtbar wie für die Leiter von Sonntagsschulen.)

Ein klassisches Beispiel ist die Biografie der Mutter des Menzius. Mutter Meng, so heißt es, zog zweimal um, weil die Umgebung ihrem Sohn wenig förderlich war (einmal war dies ein Friedhof, das andere Mal ein Marktplatz). Schließlich ließ sie sich in der Nähe eines Schulhauses nieder – genau der richtige Ort für eine Mutter, die ihrem Sohn eine gute Erziehung angedeihen lassen möchte. Als der junge Menzius einmal zu faul zum Lernen war, griff Mutter Meng zum Messer und schnitt das Tuch entzwei, das sie gerade gewebt hatte. »Deine Faulheit ist genauso schädlich wie mein Zerschneiden des Tuches«, schalt sie ihn. Der erschrockene Menzius lernte von da an »fleißig von morgens bis abends ohne Unterlass«, erzählt uns der Biograf, und wurde »der berühmteste Gelehrte des ganzen Landes«. Alles nur dank des zeitigen Eingreifens seiner Mutter. Als Mutter Meng alt geworden war, hätte Menzius gerne eine Stellung in einer anderen Stadt angenommen, aber er wies das Angebot zurück, weil er es für seine Pflicht hielt, bei seiner geliebten Mutter zu bleiben. Als sie seine Verzagtheit bemerkte, ergriff Mutter Meng die Gelegenheit, alle Frauen auf ihre Stellung hinzuweisen: »Es ist nicht an der Frau, über irgendetwas zu bestimmen außer sich selbst«, sagte sie zu Menzius. »Wenn sie verheiratet ist, muss sie ihrem Mann gehorchen. Wenn ihr Mann tot ist, dem Sohn.«[271]

Ähnlich wie in den Geschichten zur Kindespietät zeigen auch die Frauen, die als vorbildhaft gepriesen werden, ein mitunter extremes Verhalten. Eine dieser Geschichten erzählt von der unglücklichen Jiang, der Frau von König Zhao aus dem Staate Chu. Der König ging auf Reisen und ließ Jiang in einem Palast am Fluss zurück. Während seiner Abwesenheit ließ ein Hochwasser den Fluss so anschwellen, dass er drohte, die Uferbefestigung einstürzen zu lassen. Jiang war in Lebensgefahr. Der König schickte einen Offizier zu ihrer Rettung. Als jedoch der Offizier eintraf, weigerte Jiang sich, mit ihm zu kommen. In seinem Eifer, die Königin zu retten, hatte der junge Mann nämlich das Siegel des Königs vergessen. Jiang sagte ihm, es sei Teil ihres Ehegelübdes, dass sie nur Männern folgen dürfe, die das königliche Siegel mit sich trügen. Der Offizier warnte sie, dass jede Verzögerung nun lebensgefährlich sei. »Der Fluss ist schon stark gestiegen«, meinte der besorgte Soldat. »Wenn ich mit dem Siegel zurückkehre, wird es, fürchte ich, zu spät sein.« Doch die Königin weigerte sich, ihn zu begleiten. Und natürlich ergriff sie die Gelegenheit beim Schopf, dem Leser zu erklären, was wahre Loyalität sei, selbst im Angesicht des Todes. »Ich habe gehört, es sei die Pflicht einer keuschen Frau, ihr Ehegelübde nie zu brechen«, belehrt sie den Offizier. »Das Gelübde zu brechen und die Pflicht zur Rechtschaffenheit zu verletzen ist schlimmer, als hier zu bleiben und zu sterben.« Also eilte der Offizier davon, um das Siegel zu holen. Das Wasser stieg natürlich und riss Jiang mit. Als der bestürzte König die Nachricht vernahm, pries er seine Gattin in den höchsten Tönen und verlieh ihr den Ehrentitel »Jiang, die Keusche«.[272]

Mit der Zeit nahm die Anpassung an das konfuzianische Weiblichkeitsideal immer extremere Formen an, vor allem während der Song-Dynastie (960–1279). Doch die sicherlich barbarischste Praxis war der Lotusfuß. Schon im Alter von nur fünf Jahren begann man, den jungen Mädchen die Füße einzubinden. Man wickelte Stoffstreifen eng um den Fuß, damit er nicht mehr weiterwachsen konnte. Die schmalen, zerbrechlichen Füße, die nicht länger als zehn Zentimeter sein sollten, galten als erotisch und wurden von den Männern als Zeichen einer guten Abstammung hoch geschätzt. Doch diese Prozedur war extrem schmerzhaft: Die Mädchen litten nicht nur körperlich Schmerzen, sondern waren auch seelisch am

Boden zerstört. Einige hinterließen uns herzzerreißende Geschichten von Widerstreben, Unglück und Hoffnungslosigkeit und berichten über ihre verzweifelten, aber sinnlosen Versuche, dem ständigen Schmerz ein Ende zu bereiten.

»Nachts wurden beide Füße heiß und schmerzten von der Schwellung«, berichtet ein Dienstmädchen namens Chang. »Mutter band meine Füße jede Woche ein, jedes Mal noch fester als das Mal zuvor. Ich fürchtete mich immer mehr davor. Einmal versuchte ich, dem Einbinden zu entkommen, indem ich mich im Haus des Nachbarn versteckte. Wenn ich die Bandage lockerte, schimpfte meine Mutter, ich könne wohl darauf verzichten, gut auszusehen ... Ich bekam Hühneraugen, die täglich dicker wurden ... Dann öffnete Mutter die Bandagen und stach die Hühneraugen mit einer Nadel aus ... Ich hatte Angst davor, aber Mutter packte meine Füße, sodass ich mich nicht mehr bewegen konnte.« Chang wurde im Alter von neun Jahren dem Sohn des Nachbarn versprochen und diente von da an im Haus ihres künftigen Ehemannes, wo sie ein noch härteres Schicksal erwartete.

Meine Schwiegermutter band meine Füße sehr viel enger, als meine Mutter es je getan hatte. Sie meinte, ich hätte das übliche Maß noch nicht erreicht. Wenn ich weinte, schlug sie mich. Wenn ich die Stoffstreifen lockerte, wurde ich geschlagen, bis mein ganzer Körper voller blauer Flecken war ... Als ich auf meine Füße sah, merkte ich, dass jeder Zeh bis auf den großen gebrochen und entzündet war ... Ich musste mit Fäusten geschlagen werden, bevor ich es ertrug, die Binden zu lösen, die vom Blut und Eiter verklebt waren. Um sie abzumachen, musste man fest anreißen. Dabei ging nicht selten die ganze Haut mit, und ich blutete wieder.

*Der Gestank war kaum zu ertragen, der Schmerz
bohrte sich tief in meine Eingeweide ... Doch
meine Schwiegermutter ließ sich davon nicht beeindrucken. Sie wickelte vielmehr Tonscherben in die
Bandagen, um den Entzündungsprozess voranzutreiben.*

Am Ende maßen Changs Füße nur noch siebeneinhalb Zentimeter.[273]

Solche Geschichten entsetzen spätere Beobachter, ob nun aus
China oder aus dem Ausland. Lin Yutang, der einflussreiche Autor
des 20. Jahrhunderts, verdammte das Füßebinden als »ungeheuer-
liche, widernatürliche Einrichtung«. Dennoch banden sich viele
Frauen die Füße freiwillig. Wie so viele Moden (ästhetische Chir-
urgie zum Beispiel) erhöhte auch das Füßebinden die Chancen
einer Frau, sich einen guten Ehemann zu angeln. Dass eine solch
gewaltsame Mode die Zustimmung des Konfuzius gefunden hätte,
darf jedoch bezweifelt werden. Vermutlich hätte er das Füßebinden als Verletzung der Kindespflicht betrachtet. Im *Klassiker der
kindlichen Pietät* heißt es, dass wir »unseren Körper mit jedem
Haar und jedem Zoll unserer Haut – von unseren Eltern bekommen haben, und daher darauf achten müssen, ihn nicht zu verletzen«. Konfuzius und die Konfuzianer traten also nicht für den Lotusfuß ein, wie man das deformierte Resultat dieser Praxis nannte.
Manche Wissenschaftler gehen allerdings davon aus, dass die Konfuzianer zur Popularität des Füßebindens beigetragen haben, indem sie einen restriktiven Verhaltenskodex für Frauen geschaffen
und entsprechenden Druck ausgeübt hätten, damit die Frauen ihn
auch einhielten. Das Füßebinden sei nur die natürliche Konse-
quenz des konfuzianischen Einflusses auf die soziale Praxis, da es
Frauen erlaubte, ihre vollkommene Erfüllung dieses Ideals dadurch unter Beweis zu stellen, dass sie sich noch abhängiger von

Männern machten und für die Familie ihre körperliche Gesundheit opferten. »Das Füßebinden war die Art der chinesischen Frauen, auf das neo-konfuzianische zivilisatorische Ideal zu reagieren, daran teilzuhaben und es zu unterstützen«, behauptet ein zeitgenössischer Wissenschaftler.²⁷⁴

Nicht einmal der Tod ihres Mannes befreite eine Ehefrau von ihren Gattinnenpflichten. Die Konfuzianer waren noch nie einverstanden gewesen, wenn eine Witwe sich wieder verheiratete, weil sie der Auffassung waren, damit bräche sie ihre Treuepflicht dem verstorbenen Gatten gegenüber. Bei den Neokonfuzianern aber wurde dieses Thema fast zur Besessenheit und sie bemühten sich intensiv um ein entsprechendes Verbot. Der neokonfuzianische Philosoph Cheng Yi bildete die Speerspitze dieser Strömung. Für ihn war der Tod einer solchen Ehrlosigkeit vorzuziehen. »Wenn eine Witwe allein und arm ist und niemanden hat, der sie unterstützen würde, ist es dann richtig von ihr, sich wieder zu verheiraten?«, wurde Cheng gefragt. »Diese Vorstellung«, antwortete er, »ist erst in späterer Zeit entstanden, weil die Leute Angst hatten, zu verhungern oder zu erfrieren. Doch zu verhungern ist kein so schweres Los, wie die eigene Rechtschaffenheit einzubüßen, was wahrhaft ein schlimmes Schicksal ist.«²⁷⁵

Unverheiratete Witwen wurden wie Nationalhelden verehrt. Während der Ming-Dynastie (1368–1644) wurden Frauen, die ihrem verstorbenen Ehegatten treu blieben, von Regierungsbeamten gepriesen und als Modell weiblicher Tugend hingestellt. Aus dieser Zeit ist uns die Geschichte der Yu Sungjie bekannt, die in Fuzhou in der Provinz Fujian lebte. Ihr Mann starb, bevor sie ihm einen Sohn gebären konnte. Als er krank darniederlag, flehte er sie an, doch wieder zu heiraten, wenn er tot sei. Doch Xu warf sich bei der Beerdigung über seinen Sarg und setzte später ihrem Leben durch den Strick ein Ende. Ein Beamter, der von »ihrer Treue beeindruckt« war, hängte ein Spruchband an das Tor ihres Hauses.

Darauf stand: »Kindespietät und Schicklichkeit«. Ein anderes Beispiel berichtet von einer Frau namens Huang Yijie, die ihren Ver-
lobten verlor, als sie erst fünfzehn Jahre alt war. Ohne Wissen
Huangs arrangierte ein Heiratsvermittler für sie eine neue Verbindung. Als das junge Mädchen davon hörte, »nahm sie ein Bad,
kämmte ihr Haar und legte frische Kleider an. Als sie das getan
hatte, nahm sie ein Messer und schlitzte sich die Kehle auf.« Aber
das gelang nicht gleich beim ersten Mal. »Als ihre Familie sie am
nächsten Morgen fand, hatte sie drei Schnitte am Hals.«[276]

Um die Wende zum 20. Jahrhundert begannen dann Reformer aus
China und aus dem Westen allmählich, in Frauen wie Huang Yijie
nicht mehr Vorbilder, sondern Opfer zu sehen, die gerettet werden
mussten. Die sozialen Praktiken und Familienrituale des Konfuzianismus, die jahrhundertelang als Ausweis für die Überlegenheit
der chinesischen Zivilisation gegolten hatten, sanken unter dem
Blick von Missionaren, Revolutionären und Feministinnen ab zu
Missbrauch mit System und wurden damit eine Quelle nationaler
Schande. Chen Duxiu, der für die Bewegung des Vierten Mai
schrieb, lobte die alleinstehenden Witwen nicht mehr, wie die Neo-
konfuzianer der Ming-Zeit es getan hatten, sondern warf Konfuzius vor, er sei für ihre Einsamkeit verantwortlich. »Diese Frauen
besaßen keinerlei Freiheit«, schrieb er. »Jahr um Jahr haben diese
vielversprechenden jungen Frauen ein körperlich und geistig ab-
normes Leben geführt. All das ist das Ergebnis der konfuzianischen Lehren von Ritus und Sittlichkeit.«[277]

Unter dem Scheinwerferlicht der westlichen Ideen von der Gleichberechtigung der Geschlechter wurde die Stellung der chinesischen
Frau zum Beleg für die Rückständigkeit der Kultur, in der sie lebten,
und der Lehren, die diese zementiert hatten. Feministinnen betrachten die chinesische Frau als Symbol der weltweiten Diskriminierung
des »anderen Geschlechts« und den Konfuzianismus als Paradebei-

spiel einer rückständigen Lehre, die die Frauen im Namen der Moral und der sozialen Stabilität unterdrückte. »[Chinesische] Frauen werden stillschweigend übergangen«, schreibt die feministische Philosophin Julia Kristeva. »Sie sind in die Häuser verbannt, das heißt Menschen für drinnen, und nach dem Konfuzianismus ausschließlich für Hausarbeit und Fortpflanzung bestimmt.«[278] Vor diesem Hintergrund nahm das Bild der ans Haus gefesselten Chinesin eine immense Bedeutung an: Sie wurde zum Ausweis des Versagens der ostasiatischen Zivilisation, sich an die Moderne anzupassen, und gleichzeitig zum Ausweis der Überlegenheit der westlichen über die östliche Kultur.

Die Unterdrückung der Frauen in Ostasien und die Überzeugung, dass der Konfuzianismus dafür verantwortlich sei, waren wichtige Faktoren bei der weiteren Einschätzung des Weisen und seiner Lehren bzw. ihres Werts für die moderne Welt. Viele junge chinesische Denker ließen sich von westlichen Ideen beeinflussen und kamen zu der Auffassung, Konfuzius und die Moderne seien schlichtweg inkompatibel. Der einzige Weg für die ostasiatische Frau, ihre Freiheit zurückzuerlangen, sei es demnach, Familie und Gesellschaft vom Konfuzianismus oder dem, was er über die Jahrhunderte geworden war, zu befreien. »Das Erlernen des Konfuzianismus war meist mit Zwang verbunden und förderte die männliche Selbstsucht«, schrieb He Zhen, die zu einer anarchistischen Strömung zu Beginn des 20. Jahrhunderts gehörte.

Mit dem Konfuzianismus beginnt die Rechtfertigung von Polygamie und Keuschheit. Die Menschen der Han-Dynastie studierten den Konfuzianismus und hatten keine Bedenken, die Bedeutung der alten Schriften zu verändern, soweit sie Frauen betrafen, damit sie besser zu ihren eigenen Ansichten passten ... Schlaue Leute haben diese Thesen zu

ihrem Vorteil umgemünzt. Dumme Menschen glau-
ben an diese Thesen mit einer abergläubischen In-
tensität, die jeder Skepsis unzugänglich ist. Ich
weiß nicht, wie viele von uns Frauen in der Folge
gestorben sind … Wenn wir nicht die falschen Leh-
ren der konfuzianischen Schriften voll und ganz
abschaffen, dann wird nie wieder die Wahrheit zu
vernehmen sein.[279]

Wie Chen Duxiu und andere die Kindespietät für den Unterdrü-
ckungscharakter der chinesischen Gesellschaft verantwortlich
machten, sahen die weiblichen Reformer das Ideal der konfuzianischen Familie als die Institution an, die für das traurige Schicksal
der chinesischen Frauen verantwortlich zeichnete. »Die Familie ist
der Ursprung allen Übels«, donnerte Han Yi, eine andere Radikale
in einem Artikel von 1907. »Um der Familie willen wurden Frauen
immer stärker von den Männern kontrolliert … Solange es die Familie gibt, werden verderbte Männer Frauen in Käfige sperren und
sie zwingen, ihre Konkubinen zu werden und ihrer Lust zu dienen … Die Zerstörung der Familie wird Menschen hervorbringen,
die nicht mehr dem Eigennutz dienen, sondern dem öffentlichen
Interesse, und die Männer werden keine Möglichkeit mehr haben,
die Frauen zu unterdrücken.«[280]

In jüngeren Jahren allerdings ist die Wissenschaft dazu übergegangen, Konfuzius' Verhältnis zu den Frauen neu zu bewerten. Statt
Chinas bedeutendsten Philosophen als frauenfeindlich zu brand-
marken und davon auszugehen, Frauen könnten nur dann Gleichberechtigung erlangen, wenn sie ihn aus ihrem Leben verbannen,
versucht man, die ursprünglichen Lehren des Konfuzius zu rekon-
struieren, um den Weisen mit der modernen Asiatin und ihren
Ansprüchen zu versöhnen. Dieser Prozess ist für die Zukunft Kon-

fuzius' in Ostasien von entscheidender Bedeutung. Wenn der Konfuzianismus sich nicht auf die Bedürfnisse moderner Frauen einstellen kann, wird der Einfluss seines Begründers abnehmen und sein Ruf dauerhaft beschädigt.

Diese moderne Gelehrtengeneration betrachtet den Konfuzianismus nicht mehr als dogmatischen Regelkanon aus einem längst vergangenen Zeitalter, sondern als lebendige Lehre von ganz eigenem Wert, die an die veränderten Bedürfnisse einer sich wandelnden Welt angepasst werden kann. Eine dieser Neuinterpretinnen ist Li-hsiang Lisa Rosenlee, die an der University of Hawaii lehrt. »Ich hatte gerade mein erstes Examen hinter mir und nahm an einer Philosophiekonferenz auf Hawaii teil. Einer der westlichen Wissenschaftler machte während einer Podiumsdiskussion eine Bemerkung über die Möglichkeit, den Konfuzianismus mit der Gleichberechtigung der Frau zu versöhnen«, erinnert sie sich. »Seiner Ansicht nach war der Konfuzianismus hoffnungslos frauenfeindlich und paternalistisch. Also wäre der Konfuzius für jede Art der Gender-Debatte irrelevant. Mich erschütterte diese Bemerkung zutiefst, denn wenn der Konfuzianismus tatsächlich nicht in der Lage sein sollte, dieses Thema aufzunehmen, dann wäre die gesamte geistige Tradition für das moderne Leben unbrauchbar. Keine ethische Theorie kann sich als solche bezeichnen, wenn sie mit der Geschlechterfrage nicht umgehen kann.«[281]

Dieses Erlebnis war für Rosenlee eine Art Initialzündung. Sie fing an, nach Theorien zu suchen, wie Konfuzius' Lehren am besten an die Anforderungen einer modernen Zeit angepasst werden konnten. »Wenn man nach Anknüpfungspunkten innerhalb der konfuzianischen Tradition sucht, die ermöglichen, einen Übergang zur modernen Gender-Diskussion zu finden, dann heißt das nicht, dass Konfuzius ein Feminist war oder seine Lehren sich auf diese Weise deuten ließen«, erklärt Rosenlee.

Ich bin nicht primär daran interessiert, was Konfu-
zius zu seiner Zeit sagte und für welches Publikum
und in welcher Absicht er dies tat. Als Philosophin
geht es mir vor allem darum, welche Implikationen
ein bestimmtes konfuzianisches Konzept hat und
wie es auf unsere Zeit angewandt werden kann.
Das ist es eben, was Philosophen tun. Ich möchte
bewahren, was immer in der konfuzianischen Tra-
dition dazu beitragen kann, dass zeitgenössische fe-
ministische Theorien Lösungen für die Ungleichbe-
handlung der Geschlechter finden. Konfuzius selbst
hätte dazu vielleicht nicht viel zu sagen, doch seine
Ideen sind wie die von westlichen Philosophen im-
mer noch nützlich und sollten daher denselben
Stellenwert haben wie diese, als außerordentliche
menschliche Leistung.

In ihrem Buch *Confucianism and Women* versucht Rosenlee, jene
Elemente des konfuzianischen Denkens offenzulegen, die mit dem
modernen Feminismus vereinbar sind. Am wichtigsten ist es ihrer
Ansicht nach, dass diese Trennwand zwischen inneren und äußeren Gemächern verschwindet, die der Konfuzianismus errichtet
hat. Eine Trennwand, die den Männern erlaubte, in der Außenwelt
die Verwirklichung ihrer persönlichen Ziele anzustreben, während
sie Frauen zur ausschließlichen Beschäftigung mit Haushalt und
Familie verdammte. Der Konfuzianismus erlaubte Frauen nicht,
sich zu »Edlen«, zum *junzi*, zu vervollkommnen – zumindest nicht
auf dieselbe Art und Weise wie Männern. Dadurch blieben die
Frauen in Rosenlees Worten »für immer unvollständig« und »begrenzte Wesen«. Man sollte die konfuzianische Praxis ändern, sodass auch Frauen den Status eines *junzi* erlangen und sich auf dieselbe Weise der Selbstvervollkommnung unterziehen können wie

Männer. Auch sollte die gegenseitige und komplementäre Natur der Beziehungen wiederhergestellt werden, die dem Konfuzianismus ursprünglich eigen war. Wenn man diese grundlegenden Weichen stelle, dann könne die moderne Frau mit dem Konfuzianismus durchaus etwas anfangen, ohne die grundlegenden Lehren gleich ganz verwerfen zu müssen – dass persönliche Identität letztlich vor dem Hintergrund eines Netzes menschlicher Beziehungen verstanden werden müsse, die ausmachen, wer wir sind und wie wir unser Leben führen. »Das Eingeständnis, dass es im Konfuzianismus Elemente gibt, die der Richtigstellung bedürfen, heißt nicht, dass der Konfuzianismus als Ganzes grundlegend sexistisch und anti-feministisch ist«, schreibt Rosenlee. »Der Konfuzianismus als lebendige Tradition lebt davon, dass andere in das sich ausweitende Selbst einbezogen werden; und dass er anpassungsfähig ist, hat er im Laufe seiner Geschichte schon mehr als einmal unter Beweis gestellt.«[282]

Rosenlee wagt sich also an ein Unterfangen, das so viele andere Gelehrte in der Geschichte des Konfuzianismus schon mit Erfolg unternommen haben, von Dong Zhongshu über Zhu Xi bis zu Kang Youwei: Man interpretiert Konfuzius neu für eine neue Zeit. Ihre philosophischen Errungenschaften helfen Frauen wie Judy Pae vielleicht nicht, Frauen, die in einem von Konfuzius geschaffenen, männlich dominierten Ostasien ihren Weg finden müssen. Zumindest nicht unmittelbar. Letztendlich aber bietet Rosenlees Ansatz vielleicht eine langfristige Lösung: die Neubewertung und Stärkung konfuzianischer Tradition und Ethik, die diese mit den modernen Anforderungen der Gleichberechtigung und persönlichen Freiheit kompatibel machen, sie aber gleichzeitig als Herzstück der ostasiatischen Kultur bewahren. Konfuzius hat sich schon mehrmals als sehr anpassungsfähig erwiesen. Eben aus diesem Grund hat er so viele Irrungen und Wirrungen der Geschichte überlebt. Ob es nun Dong Zhongshus Synkretismus oder Zhu Xis

Reformation war, der Konfuzianismus hat immer wieder gezeigt, dass er wandlungsfähig ist und sich den Erfordernissen der Zeit anpasst. Vielleicht werden Rosenlees philosophische Experimente am Ende doch noch eine Auswirkung auf die reale Welt zeitigen, wenn es ihr gelingt zu definieren, was es in der Moderne heißen könnte, Konfuzianer zu sein.

Die Herausforderung, der Rosenlee sich stellt, hat zumindest Pae und viele andere überzeugt, dass es der Mühe wert sein könnte, Konfuzius neu zu erschaffen. Doch Rosenlee steht damit keineswegs allein da. Seit den Achtzigerjahren setzen sich Regierungsbeamte, Wissenschaftler und Geschäftsleute mit den Lehren des Weisen auseinander, um ein neues Konfuziusbild für die moderne Welt zu schaffen. Wie Kaiser Wu aus der Han-Dynastie oder die großen Herrscher der frühen Song-Zeit finden viele Entscheidungsträger Konfuzius wieder nützlich. Dabei schaden einige der selbst ernannten Konfuzianer zwar der Sache, weil sie so offenkundig im eigenen Interesse handeln, doch was heute geschieht, ist nicht die Beerdigung des alten Weisen. Trotz der immer stärker werdenden Globalisierung, trotz Jahrzehnten harscher Kritik wird gerade ein neues Kapitel der Konfuzius-Biografie geschrieben.

TEIL III

DAS COMEBACK DES KONFUZIUS

8

KONFUZIUS, DER GESCHÄFTSMANN

Tugend ist die Wurzel, Reichtum die Folge.

Das grosse Lernen

Jin Zhanyong war ratlos. Der Gründer von Tianxia Huibao Culture and Communication, einem kleinen Unternehmen in der chinesischen Industriestadt Taiyuan, die Ausstellungen und Medien-Events organisiert, musste hilflos zusehen, wie sein Geschäft den Bach hinunterging, weil seine Angestellten immer nachlässiger arbeiteten und sich ständig stritten. Die Konflikte in der Belegschaft nahmen ein Ausmaß an, dass es irgendwann sogar zu einer Prügelei kam. Natürlich forderte dieses Chaos seinen Tribut auf der Einnahmenseite: Die Gewinne schwanden. Und Jin wusste sich keinen Ausweg mehr.

Dann engagierte er Konfuzius als Consultant für Personalfragen.

Zeit seines Lebens hatte Jin wenig über den großen Weisen gewusst. Das änderte sich 2011, als der Unternehmer von anderen Geschäftsleuten in Taiyuan erfuhr, dass sie mit Konfuzius' Hilfe Probleme bei der Führung ihrer Unternehmen gelöst hatten. Damals begann er, immer wieder in den *Analekten* zu blättern und an den Diskussionsrunden mit den anderen Geschäftsführern teilzunehmen, was ihn tatsächlich inspirierte. »Der Konfuzianismus hat mich beeindruckt«, sagt er. »Er lehrte die Menschen, freundlich zueinander zu sein, anderen zu helfen, andere wie Mitglieder der eigenen Familie zu behandeln.« Jin beschloss, dass seine Firma eben diesen Geist nötig hatte. Wenn Konfuzius ihm als geistiger Führer dienen konnte, dann konnte er vielleicht auch seine resignierte Belegschaft aufrichten.[283]

Und so wich Jin Ende 2012 einmal von der üblichen Tagesordnung der morgendlichen Belegschaftsbesprechung ab und zeigte stattdessen ein Video, das einzelne Passagen aus den *Analekten* vorstellte. Und das blieb auch bei den folgenden Besprechungen so. Er schlug seinen Angestellten vor, die konfuzianischen Texte doch mal selbst zu lesen – und versüßte ihnen die Mühe, indem er Bares als Bonus für jene Mitarbeiter auslobte, die die besten Kenntnisse der konfuzianischen Lehren vorweisen konnten. »Der Hauptgrund, weshalb ich begann, auf den Konfuzianismus zu setzen, war, dass mir schien, dies sei ein recht effizienter Weg, die Produktivität meiner Mitarbeiter zu steigern«, meint Jin. »Ich hoffte, es würde funktionieren, aber sicher war ich da nicht. Ich wollte es nur mal ausprobieren.«

Doch die Ergebnisse, sagt Jin, seien schnell und spektakulär gewesen. Die ständigen Auseinandersetzungen innerhalb der Belegschaft hörten auf. Die Mitarbeiter begannen wieder, hart zu arbeiten und Einsatz zu zeigen. »Meine Mitarbeiter hielten plötzlich wieder zusammen«, erklärt Jin. »Sie ergriffen die Initiative und engagierten sich aktiv für das Unternehmen.« Innerhalb der ersten drei Monate nach dem ersten Video über die *Analekten* verdoppelten sich die Umsätze.

Ein ähnliches Wunder wirkte Konfuzius für Lu Mingyu, den Mitbegründer der Ruhai Industrial Group, einer Landschaftsbaufirma in Taiyuan in der Provinz Shanxi. Lu, der meint, er habe sich schon als Junge für die traditionelle chinesische Kultur interessiert, begann 2005, seine Mitarbeiter mit dem Konfuzianismus vertraut zu machen, indem er die Lehren des Weisen in den morgendlichen Besprechungen vorstellte. Er lud auch Fachleute zu wöchentlichen Vorträgen ein. »Das konfuzianische Denken sickerte nach und nach ein und wandelte das Verhalten der Mitarbeiter«, berichtet er. »Bevor ich sie mit Konfuzius bekannt machte, kamen sie immer pünktlich um 8.30 Uhr und gingen genauso pünktlich um 17.30 Uhr. Keiner blieb auch nur eine Minute länger im Büro. Jetzt arbeiten sie freiwillig mehr. Manchmal muss ich sie regelrecht aus dem Büro werfen.« 2010 musste Lu sich mit Hunderten wütender Arbeiter auf einer Baustelle auseinandersetzen, die in Streik getreten waren. Er trat vor sie hin mit der Bitte, gemeinsam mit ihm einige Zeilen aus den *Analekten* zu rezitieren. Innerhalb kürzester Zeit packten sie ihr Werkzeug und machten sich wieder an die Arbeit.[284]

Die Beschäftigung mit Konfuzius habe auch seine eigene Einstellung zum Management verändert, sagt Lu. »Früher hat mich nur interessiert, wie ich meine Arbeiter dazu bringe, dass sie für mich Geld machen«, erklärt er. »Jetzt will ich meinen Leuten eine gute Arbeit bieten. Ich betrachte sie als meine Familie und kümmere mich um sie. Ich konzentriere mich nicht mehr aufs Geldmachen, sondern darauf, wie ich mich und meine Arbeiter zu geistiger Vollendung bringen kann. Ich sage meinen Mitarbeitern immer, sie sollen nur Konfuzius studieren, dann sprudeln die Gewinne von selbst.« Und das ist tatsächlich der Fall. Lu meint, Konfuzius habe in seinem Unternehmen nicht nur die Sicherheit am Arbeitsplatz verbessert, sondern auch substanzielle Gewinne gebracht.

Viele ostasiatische Geschäftsleute suchen bei Konfuzius Rat in Managementfragen. Tadashi Yanai, Vorstandsvorsitzender der japanischen Fast Retailing Co., die die weltweit bekannte Marke Uniqlo herstellt, zum Beispiel meint, Konfuzius beeinflusse vor allem seine Personalpolitik. Statt nur auf die akademischen Leistungen der Bewerber zu schauen, versucht er, ihre moralischen Qualitäten zu erkennen. »In unserem Unternehmen haben Sie keine Aufstiegschancen, wenn Sie kein respektvoller und vertrauenswürdiger Mensch sind, ganz egal, wie intelligent Sie auch sein mögen«, sagt Yanai. »Wenn der Bewerber unsere Unternehmenskultur nicht versteht, dann wird er nicht eingestellt, selbst wenn er mit Bestnote ankommt.« Dass Konfuzius durchaus unternehmerischen Scharfsinn hatte, blieb auch im Westen nicht unbemerkt. Der berühmte amerikanische Selbsthilfe-Autor Dale Carnegie zum Beispiel schreibt in der Einführung von *Wie man Freunde gewinnt*, einem Buch, das zur Bibel für Geschäftsleute geworden ist: »Möchten Sie gerne den ein oder andern Menschen aus Ihrem Bekanntenkreis ein bisschen ändern, ein bisschen umerziehen und bessern?«, fragt Carnegie. »In Ordnung ... Aber warum beginnen Sie nicht bei sich selbst? ›Jeder kehre den Schnee vor seiner Tür und kümmere sich nicht um das Eis, das auf dem Dach des Nachbarn liegt‹, schreibt Konfuzius.«[285]

Und tatsächlich stellen viele Asien-Beobachter fest, dass der Einfluss des Konfuzius in Wirtschaft und Geschäftsleben sich keineswegs auf den Versuch beschränkt, die eigenen Mitarbeiter zu motivieren. In den letzten Jahrzehnten ist ein ostasiatisches Land nach dem anderen zur wirtschaftlichen Größe aufgestiegen – China, Japan, Südkorea, Singapur. So mancher Wirtschaftswissenschaftler macht Konfuzius für den spektakulären Erfolg gerade dieser Region verantwortlich. Konfuzius, so heißt es, habe die kulturellen Grundlagen gelegt, die die rasante Entwicklung in den ostasiatischen Ländern erst möglich gemacht hätten. Ironie des Schicksals, möchte man meinen, denn haben in den vergangenen 150 Jahren Kritiker in West und Ost den Grund für die Schwäche Asiens nicht ebenfalls bei Konfuzius gesucht, der angeblich jeder Modernisierung im Weg stehe? Nun aber hat man gerade jene kulturelle Tradition, die so lange für Asiens Niedergang verantwortlich gemacht wurde, als Triebkraft seines kometenhaften Wiederaufstiegs ausgemacht. Wir wissen ja mittlerweile, dass sich die Einstellung zu Konfuzius über die Jahrhunderte immer wieder verändert hat, aber selbst vor diesem Hintergrund stellt sich die Frage, ob die abrupte Kehrtwende in jüngster Zeit unserem alten Weisen nicht ein ordentliches Schleudertrauma eingetragen hat.

Der wirtschaftliche Aufstieg Ostasiens setzte jedenfalls eine Entwicklung in Gang, die bis zum heutigen Tag andauert – eine Neubewertung von Konfuzius' Rolle in der modernen Gesellschaft, die dem hinfälligen Korpus des alten Weisen neues Leben eingehaucht hat. Man sieht Konfuzius nicht mehr länger als hoffnungslos antiquiertes Relikt aus einer längst vergangenen Zeit, dessen Einfluss abgestellt werden musste, wenn Asien politisch, wirtschaftlich und sozial Fortschritte machen wollte. Gerade im Lichte des ökonomischen Wiederaufstiegs schienen einige konfuzianische Ideen plötzlich wieder an Wert zu gewinnen. Anscheinend konnten sie als Katalysator dienen für den Sprung in ein neues goldenes Zeitalter, in dem Asiens Wohlstand und internationaler Einfluss altbekannte Höhen erreichen würde. Nach Jahrzehnten, in denen Asiaten und Nicht-Asiaten gleichermaßen davon ausgingen, dass die Region nur in verwestlichter Form modern und wettbewerbsfähig sein könne, zeigte die Entwicklung in Japan, China, Südkorea, Singapur und anderswo mit einem Mal, dass Asien Asien bleiben und trotzdem reich, mächtig und fortschrittlich sein konnte. Der knospende Reichtum in der Region schenkte ihren Bewohnern das, was der in der Einführung zu diesem Buch zitierte Kishore Mahbubani, Dekan der Lee Kuan Yew School of Public Policy an der Nationalen Universität von Singapur, als »kulturelles Selbstvertrauen« bezeichnete – die Selbstsicherheit, die Asien brauchte, um seine eigenen Traditionen mit neuen Augen zu betrachten.

Der neu belebte Konfuzius allerdings ist nicht derselbe, der Ostasiens kaiserliche Vergangenheit prägte. Der Konfuzius, den man hinter sich ließ, war der Gelehrte des kaiserlichen Hofzeremoniells und der königlichen Kultstätten, der fundamentalistische Konfuzius, der besessen war von den eingebildeten Wundern der chinesischen Vorzeit. Der wiederauferstandene Konfuzius hingegen trägt einen modern geschnittenen Anzug, trinkt seinen Cappuccino to go und tippt nebenher auf seinem Smartphone herum. Im Herzen aber ist er derselbe alte Konfuzius geblieben, der an die wohlgeordnete Familie glaubt, an die Macht der Menschlichkeit und der guten Menschen- bzw. Regierungsführung. Allerdings hat man ihn in einer Form wiederbelebt, in der er in eine neue und globalisierte Gesellschaft passt. An eben diesem Punkt, so hört man, wo das Beste aus Ost und West verschmilzt, liege das Geheimnis des phönixgleichen Aufstiegs der Region.

Das Spannende ist, dass dieser Konfuzius auch den Westen einiges zu lehren vermag. Die beneidenswerten Wirtschaftsdaten aus Ostasien haben Ökonomen und Unternehmer gleichermaßen dazu gebracht, die politischen Maßnahmen, Gesellschaftsordnungen und Managementtechniken der Entscheidungsträger jener Region unter die Lupe zu nehmen, stets auf der Suche nach klugen Strategien für ihre eigenen Länder oder Unternehmen. Aus diesen Bemühungen kristallisierte sich zunehmend die Idee heraus, dass Konfuzius und das freie Unternehmertum zu einem neuen Wirtschaftssystem verschmolzen sind, das als »konfuzianischer Kapitalismus« bezeichnet wird und der westlichen Form des Kapitalismus überlegen zu sein scheint. Ostasien stellt also eine »konfuzianische Herausforderung« dar, die die praktische Dominanz des Westens in der Weltwirtschaft ebenso infrage stellt wie die ideologische Orthodoxie des freien Marktes nach Adam Smith. Wenn die Vereinigten Staaten und Europa mit dem aufsteigenden Asien konkurrieren wollten, so hieß es, dann müsste auch der Westen den konfuzianischen Kapitalismus annehmen. Also noch eine überraschende Wende. Seit Mitte des 19. Jahrhunderts hielt man es im Osten für unverzichtbar, die

Ideen des Konfuzius durch westliche Vorstellungen zu ersetzen. Nun heißt es auf einmal, dass der Westen die konfuzianische Einstellung des Ostens importieren solle.

Dass gerade Konfuzius jetzt beim Wiederaufstieg Asiens eine angeblich tragende Rolle spielt, wirkt noch mehr wie ein Treppenwitz der Geschichte, wenn man sich klarmacht, dass der Weise ja keineswegs Handbücher für Wirtschaftsfragen verfasst hat. Wie in so vielen anderen Dingen sind wir auch hier auf die Sammlung von eher allgemeinen Kommentaren und Ideen angewiesen, die den konfuzianischen Nachlass ausmachen. Doch das reicht offensichtlich aus, um die modellhafte Rekonstruktion einer konfuzianischen Wirtschaft zu ermöglichen. Denn einige der Häppchen, die Konfuzius hinterlassen hat, passen ganz gut zur modernen Wirtschaftspolitik und erklären bestimmte kulturelle Attribute, die Ostasiens schnelle Entwicklung entscheidend mit angestoßen haben.

Denn was die Haltung des Weisen zu wirtschaftlichen Fragen angeht, so erscheint Konfuzius in den überlieferten Texten eher lax. Eine gute Regierungsführung war eine, die sich nicht allzu sehr einmischt. Ein Staat, der zu regulatorisch war, lähmte in seinen Augen den individuellen Unternehmergeist. Ein Staat, der der Bevölkerung zu viel abpresste, setzte keine Produktivitätsreize und führte am Ende zur Verarmung der Nation. Versuchte die Regierung, die Märkte unter Kontrolle zu bringen oder über Industriezweige zu bestimmen, dann floss dadurch nur Geld ins Staatssäckel, das in der Tasche des kleinen Mannes sehr viel besser aufgehoben war. Die Regierung sollte keine hohen Steuern erheben oder Geld für pompöse Zeremonien verschwenden, für unnötige militärische Abenteuer und andere größenwahnsinnige Unternehmungen. Der Herrscher sollte seinem Volk nicht übermäßig viel Zwangsarbeit im Heer oder für öffentliche Bauvorhaben abverlangen, denn dann könnten die Leute sich nicht mehr um ihre Bauernhöfe und Familien kümmern.

Konfuzius' Ansichten zur Wirtschaft hatten ihre Wurzeln in seiner Vorstellung von einer menschlichen Herrschaft. Dem Volk hohe Steuern aufzuerlegen war in Konfuzius' Augen ein Akt der Grausamkeit. Die Menschen sollten das Wohlergehen ihrer Familien sichern können und das funktionierte nur, wenn sie von den Früchten ihrer Arbeit ausreichend profitierten. Konfuzius' Wirtschaftsphilosophie war im Grunde eine Version der Goldenen Regel: Dem Herrscher stand Gewinn zu, wenn das Volk Gewinn machte. »Die Erzeugenden müssen möglichst zahlreich sein, die Verbrauchenden müssen möglichst wenig sein«, heißt es im Großen Lernen, »Die Herstellung muss möglichst rasch, der Verbrauch sparsam sein. So werden die Güter dauernd in genügender Menge vorhanden sein.«[286]

In einer der ersten Passagen in den *Analekten* spricht Konfuzius dies unmissverständlich aus: »Einen großen Staat mit tausend Streitwagen zu regieren, erfordert ehrliches Bemühen in allen Staatsgeschäften, Sparsamkeit in den Staatsausgaben, Liebe zu den Menschen und das Volk so zu beschäftigen, dass keine Zeit vergeudet wird.« In einem Gespräch mit einem seiner wissbegierigeren Schüler erläutert er dies weiter: »Was muss man tun, um gut regieren zu können?«, fragte Zizhang seinen Meister. »Der edle Mensch ist wohltätig, ohne verschwenderisch zu sein«, antwortete dieser. »Er hält das Volk zur Arbeit an, ohne dass es darüber klagt; er tut, was er wünscht, ohne Begehrlichkeit; er bewahrt überlegende Ruhe, doch ohne Überheblichkeit; er flößt Ehrfurcht ein, doch ohne Gewalt zu gebrauchen.« Dann legte Konfuzius dar, was ein Regierungsbeamter niemals tun dürfe: »Getane Arbeit verlangen, ohne vorher Bescheid gegeben zu haben – das nennt man Rücksichtslosigkeit«, meint Konfuzius. »Und wen immer man entlohnen mag – werden Sold und Belohnung mit Geiz zuge-

messen – das könnte man nennen: Kleinlichkeit einer Beamten-
seele.«[287]

Ohnehin hielt Konfuzius es für die Aufgabe jeder guten Regierung, ihren Bürgern zu Wohlstand zu verhelfen. Als sein Schüler
Zigong fragte, woran man eine gute Regierung erkenne, antwortete der Meister: »Sie muss die Ernährung sichern, muss ausreichend gegen Feinde gerüstet sein, muss danach trachten, dass das
Volk Vertrauen in die Regierung hat.« Bei anderer Gelegenheit war
der Weise auf Reisen in Wei und bemerkte, dass das Fürstentum
reich bevölkert war. Einer seiner Schüler fragte: »Da es schon so
viele sind, was könnte man noch für sie tun?« Konfuzius erwiderte: »Sie wohlhabend machen!« Nach seiner Auffassung war es
also Aufgabe des Staates, für wirtschaftliches Wachstum zu sorgen,
damit die Nation als Ganzes davon profitieren konnte.

Eine starke Wirtschaft war auch wichtig für die politische Stabilität, denn die Konfuzianer glaubten, dass wohlgenährte und nur
leicht besteuerte Bürger loyale Untertanen waren. Ein König, der
diese Politik verfolgte, würde seine Macht ausweiten und seine
Herrschaft festigen können. »Wer die Güter sammelt, der zerstreut
die Menschen; wer Güter verteilt, der sammelt die Menschen«,
heißt es im Großen Lernen.[288]

Und was noch wichtiger war: In den Augen der Konfuzianer
war wirtschaftlicher Wohlstand eine unverzichtbare Bedingung für
die moralische Entwicklung einer Gesellschaft. Indem der Herrscher sicherstellte, dass die Menschen in seinem Reich genug zu essen, ein Dach über dem Kopf und wirtschaftliche Chancen hatten,
schuf er die nötigen Grundlagen, damit seine Untertanen dem konfuzianischen Weg folgen konnten. Denn wie sollte ein Mensch
seine Moral aufrechterhalten, wenn er hungerte und verarmt war?
»Wenn das Volk keinen festen Lebensunterhalt hat, verliert es dadurch auch die Festigkeit des Herzens«, sagte Menzius zu einem
König.

Ohne Festigkeit des Herzens aber kommt es zu
Zuchtlosigkeit, Gemeinheit, Schlechtigkeit und
Leidenschaften aller Art ... Heutzutage aber ist es
so um die Volkswirtschaft bestellt, dass die Leute
auf der einen Seite nicht genug haben, um ihren El-
tern zu dienen, und auf der anderen Seite nicht ge-
nug, um Weib und Kinder zu ernähren. Selbst in ei-
nem guten Jahr ist jedermann in Not, und kommt
ein übles Jahr, so sind die Leute nicht sicher vor
dem Hungertode. Unter solchen Verhältnissen sind
sie nur darauf bedacht, ihr Leben zu fristen, be-
sorgt, es möchte ihnen nicht hinausreichen. Da ha-
ben sie wahrlich keine Muße, Ordnung und Recht
zu pflegen.[289]

Jahrhundertelang mahnten die Konfuzianer Chinas Herrscher, ihre Wirtschaftspolitik an diesen Grundsätzen auszurichten. In den *Analekten* zum Beispiel findet sich ein Gespräch zwischen Herzog Ai von Lu und einem Konfuziusschüler namens You Ruo. Der Herzog machte sich Sorgen, dass nach der Missernte im selben Jahr seine Ausgaben seine Einkünfte übersteigen könnten, und wollte von You Ruo wissen, was er tun solle. Dieser riet ihm, die Steuern und Abgaben zu senken. Der Herzog antwortete: »Schon jetzt reichen die Steuern und Abgaben nicht aus. Wie könnte ich sie da noch senken?« You Ruo gab zurück: »Wenn das Volk keinen Mangel leidet, wie könnte da der Herrscher darben? Hat das Volk aber kein gesichertes Auskommen, wieso kann dann der Herrscher in Wohlstand leben?«[290]

Auch Menzius lehrte die Herrscher Chinas in der Kunst der sparsamen und minimal-invasiven Wirtschaftspolitik: »Wenn man die Leute, während sie auf dem Acker zu tun haben, nicht zu viel beansprucht, so gibt es so viel Korn, dass man es gar nicht alles aufessen kann«, ermahnte er König Hui. »Wenn es verboten ist, mit engen Netzen in getrübtem Wasser zu fischen, so gibt es so viele Fische und Schildkröten, dass man sie gar nicht alle aufessen kann. Wenn Axt und Beil nur zur bestimmten Zeit in den Wald kommen, so gibt es so viel Holz und Balken, dass man sie gar nicht alle gebrauchen kann. Wenn man das Korn, die Fische und Schildkröten gar nicht alle aufessen kann, wenn man Holz und Balken gar nicht alle aufbrauchen kann, so schafft man, dass das Volk die Lebenden ernährt, die Toten bestattet und keine Unzufriedenheit aufkommt. Das ist der Anfang zur guten Herrschaft.« Wer sich aber im Sessel zurücklehne, während das Volk hungert und kämpft, ist nicht besser als ein Mörder, so Menzius. »Wenn auf den Landstraßen Leute Hungers sterben, ohne dass man daran denkt, ihnen aufzuhelfen, und man dann noch angesichts des Aussterbens der Bevölkerung sagt: ›Nicht ich bin schuld daran, sondern das schlechte Jahr‹, so ist das gerade so, als wenn einer einen Menschen totsticht und sagt: ›Nicht ich habe es getan, sondern das Schwert‹.«[291]

Doch leider schafften es die chinesischen Regenten meist nicht, den Rat des Konfuzius und seiner Schüler umzusetzen. Während der Han-Dynastie ließen Kaiser Wus Eroberungen die Militärausgaben in die Höhe schießen. Die Regierung brauchte immer mehr und mehr Geld. Durch Erlasse sicherte der Kaiser sich das Monopol auf Salz, Eisen und alkoholische Getränke, lauter Güter, deren Handel ordentlich etwas abwarf und früher in den Händen von Privatleuten lag. Außerdem machte der Kaiser den Staat zur zentralen Handelsstelle für alle wichtigen Güter und Rohstoffe. Dieses System nannte man schönfärberisch: »System gerechter Verteilung«. Regierungsbeamte kauften zum Beispiel große Mengen Getreide billig auf und verkauften sie in anderen Teilen des Reiches zu höheren Preisen. So scheffelte die Regierung ungeheure Gewinne.

Die Konfuzianer protestierten. Dong Zhongshu, der große konfuzianische Denker der frühen Han-Dynastie, kritisierte öffentlich Kaiser Wus Politik, da sie das Volk verarmen ließe. Er empfahl, das Salz- und Eisen-Monopol fallen zu lassen, die Steuern zu senken und das Volk von der drückenden Zwangsarbeit zu befreien. »In alter Zeit musste das Volk nicht mehr als ein Zehntel seines Einkommens an Steuern aufbringen, was leicht gelang«, schrieb Dong in einer Denkschrift an den Thron. »Die Menschen hatten genug Geld, um sich um ihre alten Eltern zu kümmern, ihre Familie zu ernähren, der Obrigkeit zu dienen und ihre Steuern zu bezahlen. Daher gehorchten sie ihren Herrschern voller Freude.«[292]

Diesmal gelang es Dong nicht, den Herrscher zum Einlenken zu bewegen. Die verhassten Monopole blieben in Kraft. Doch die sturen Konfuzianer gaben sich nicht geschlagen. 81 v.Chr., einige Jahre nach Kaiser Wus Tod, lieferten sie sich mit den Regierungsbeamten eine hitzige Debatte über die kaiserliche Wirtschaftspolitik. Die Diskussion liest sich wie eine Parlamentsdebatte über das richtige Ausmaß staatlichen Eingreifens in die Wirtschaft. Die Konfuzianer erwiesen sich als echte Vorläufer der Freimarkt-Anhänger und argumentierten, dass die Intervention der Regierung die Preise verzerre, privates Unternehmertum vertreibe und damit Wohlstand verhindere. Sie wiederholten Dongs Forderung nach einem Ende der Staatsmonopole und des »gerechten Verteilungssystems«. »Heutzutage lässt die Regierung außer Acht, was die Menschen haben, und verlangt von ihnen, was sie nicht haben. Sie müssen ihre Güter also zu billigeren Preisen verkaufen, um den Forderungen der Obrigkeit nachkommen zu können«, klagten die konfuzianischen Gelehrten. »Was an dieser Verteilung ›gerecht‹ sein soll, ist uns nicht klar … Mit aalglatten Händlern und korrupten Beamten, die billig einkaufen und teuer verkaufen, kann es keine ›Verteilung‹ geben.« Der Staat, so die Konfuzianer, habe sich in die Wirtschaft nicht einzumischen. »So haben wir es gehört: Die

Aufgabe der Regierung ist es, Böses und Irrtümliches schon im Keim zu ersticken, damit der Weg zur Moral geebnet werde ... der Weg zu Menschlichkeit und Rechtschaffenheit«, protestierten sie. »Niemals sollte materieller Gewinn der Grund für das Handeln der Regierung sein.«[293]

Die Hofbeamten schlugen zurück. Sie stellten Konfuzius als weltfremden Idealisten dar, der keine Ahnung habe, wie man einen Staat zu führen habe. Wenn die Staatsmonopole abgeschafft und die Steuern gesenkt würden, wäre es den Han-Kaisern bald nicht mehr möglich, die Grenzen des Reiches gegen die einfallenden Barbarenhorden zu verteidigen. Das Eingreifen des Staates in den Handel dagegen würde die Bürger vor den Exzessen des Marktes schützen. Ein kaiserlicher Beamter machte sich sogar über die Konfuzianer und ihre schlichte Kleidung lustig, die seiner Ansicht nach belegte, dass sie von Regierungspolitik nichts verstünden: »Da stehen sie nun und machen uns das Nichts für ein Etwas vor, die Leere für die Fülle!«, höhnte er. »In ihren grob gewebten Gewändern, ihren abgetragenen Schuhen gehen sie einher, in Meditation versunken und den Blick zu Boden gerichtet, als hätten sie etwas verloren. Dies sind keine Männer, die große Taten vollbringen und Ruhm erlangen.«[294]

Das abgetragene Schuhwerk der Konfuzianer spiegelte wider, wie begrenzt Konfuzius' Begeisterung für das freie Unternehmertum letztlich war. Der große Weise mochte für einen Staat eintreten, der sich mit Eingriffen in die Wirtschaft zurückhielt, doch das heißt nicht, dass er ein leidenschaftlicher Befürworter des freien Unternehmertums war. Konfuzius misstraute dem Streben nach Gewinn zutiefst, und diese Haltung übertrug sich auf die Konfuzianer und ihre Sicht der Geschäftswelt. Obwohl Konfuzius keineswegs das Asketentum predigte wie die hinduistischen Weisen im alten Indien, so sah er doch Armut oder zumindest die stoische Akzeptanz der Bedürftigkeit als edel an. Ein edler Mensch strebte nicht nach Reichtum. »Der Edle hält Maß im Essen, strebt nicht nach Bequemlichkeit im Wohnen«, heißt es in den *Analekten*. Selbst Menschen, die aufrichtig versuchen, Menschlichkeit zu leben, könne man nicht trauen, wenn sie Geschmack am Luxus fänden: »Mit einem Menschen zu reden, der zwar nach dem rechten Weg strebt, sich dabei aber schlechter Kleidung und einfacher Speise schämt, ist unbefriedigend«, meinte der Weise.²⁹⁵

Diese Auffassung wurzelte in der Überzeugung, dass Profitstreben der Moral zuwiderlaufe. Wer nach Reichtümern strebt, kommt vom Pfad der Tugend ab. »Der Edle ist mit seinen Pflichten vertraut, der Gemeine sieht nur seinen eigenen Vorteil«, urteilt Konfuzius. Das soll nun nicht heißen, dass Konfuzius Wohlstand generell abgelehnt hätte. Die Anhäufung von Reichtümern war in seinen Augen durchaus in Ordnung, wenn sie durch streng tugendhaftes Verhalten geschah. »Reichtum und Ansehen – das wünschen sich die Menschen. Kann man jedoch nicht auf anständige Weise dazu gelangen, dann soll man sich weder um das eine noch um das andere bemühen«, sagte er. »Armut und niedere Stellung – das mögen die Menschen nicht. Ist es nicht auf anständige Weise zu schaffen, dann sollte man dieser Situation nicht zu entweichen versuchen.« Im konfuzianischen Denken würde sich der Reichtum von selbst einstellen, wenn man nur dem Pfad der Weisheit und Tugend folgte. Ein guter König aber könne Wohlstand für sich und das Land schaffen, wenn er nur dem Weg folgte. »Tugend ist die Wurzel, Reichtum die Folge«, heißt es im *Großen Lernen*. Sowohl in der Wirtschaft als auch in der Politik sei moralische Stärke höher zu bewerten als physische.²⁹⁶

Auf jeden Fall ging Konfuzius davon aus, dass Chinas Elite ihren Reichtum meist nicht rechtmäßig erworben habe. Ohnehin schätzten die Konfuzianer die Händler nicht sonderlich. Handel und Finanzgeschäfte waren in ihren Augen »sekundäre« wirtschaftliche Aktivitäten und bargen die Gefahr der Korruption. Sie waren also gefährlich für das Wohlergehen des Landes. Händler trugen nichts zum Produktionsprozess bei, sondern kauften und verkauften nur, was andere im Schweiße ihres Angesichts erarbeitet hatten. So schöpften sie letztlich den Rahm der unverdienten Profite ab. Die Konfuzianer traten für eine Wirtschaftspolitik ein, die die Bauern stärkte, denn sie waren ehrliche Arbeiter und schufen mit ihrer »primären« Aktivität reale Güter. »Wenn die sekundären Aktivitäten überhandnehmen, wird das Volk dekadent. Wenn die primären Aktivitäten ausgeübt werden, bleibt es einfach und aufrichtig«, schleuderten die Konfuzianer den Hofbeamten in der Debatte 81 v. Chr. entgegen. »Ist das Volk aufrichtig, dann gibt es genug Reichtum, genug Güter. Wird es aber verschwenderisch, dann kommen Hungersnot und Kälte über uns.«²⁹⁷

Die konfuzianische Abneigung gegen den Handel verfestigte sich in der Hierarchie der »vier Beschäftigungen«. Der parasitische, geldgierige Händler steht ganz unten, weit unter den Beamtengelehrten, die die Spitze der Pyramide bilden. Die Bauern, Modellfall des ehrlichen Arbeiters, kamen gleich an zweiter Stelle. An dritter Stelle standen die Handwerker, weil auch sie sich durch eigener Hände Arbeit ernährten. Diejenigen aber, die nur danach strebten, sich zu bereichern, waren die Feinde des Allgemeinwohls. Die konfuzianische Sicht der Dinge war, dass der Reiche sich sein Vermögen auf dem Rücken des Volkes verdient hatte. Daher glaubten die Konfuzianer auch, dass der Staat die Verantwortung habe, wirtschaftliche Gleichheit zu fördern und das private Unternehmertum einzuschränken, damit es nicht zu Auswüchsen käme.

In seiner kritischen Denkschrift an Kaiser Wu machte Dong Zhongshu die Konzentration des Reichtums in der Hand einiger gieriger Einzelpersonen für die wirtschaftlichen Probleme seiner Zeit verantwortlich. »Die Reichen haben große zusammenhängende Fluren aufgekauft, während den Armen nicht mal genug

Land blieb, um die Spitze einer Ahle hineinzustecken«, klagte er. »Wie sollen arme Menschen da je der Unterdrückung entgehen?«²⁹⁸ Aus diesem Grund setzten sich er selbst und viele Konfuzianer nach ihm für gleiches Einkommen ein. Dong favorisierte ein Grundbesitzsystem, das das Land in gleichmäßige Parzellen aufteilte, die man an die Bevölkerung verteilen sollte. Auf diese Weise hätte jede Familie genug Land, um sich selbst zu ernähren, und könnte nicht durch Großgrundbesitzer ausgebeutet werden. Doch Dong Zhongshu fand bei Hofe kein Gehör, und so blieb diese Maßnahme noch viele Jahrhunderte lang auf der konfuzianischen Agenda.

Die Konfuzianer gingen keineswegs aus allen Debatten siegreich hervor, doch sie hatten in der chinesischen Gesellschaft großen Einfluss. Die Beamtenprüfungen hatten dafür gesorgt, dass die Beamten, die das Land verwalteten, die Ideen des Weisen quasi mit der Muttermilch einsogen. Daher war es selbstverständlich, dass die Politik der Regierung stets konfuzianische Züge trug. Professor Madeline Zeline von der Columbia University in New York bezeichnet das Ergebnis als »politische Ökonomie des Konfuzianismus«. Die Konfuzianer mochten nicht in der Lage gewesen sein, Kaiser Wu zur Abschaffung der Staatsmonopole zu bewegen, doch wurde Chinas Wirtschaftsgeschichte durchaus von der konfuzianischen Vorliebe für eine freie Wirtschaft geprägt. In der Kaiserzeit jedenfalls war China vorwiegend ein privat-marktwirtschaftlich organisiertes System. Land konnte frei an- und verkauft werden, Händler und Handwerker konnten ihren Aktivitäten im Allgemeinen ungehindert nachgehen. Am stärksten wurde Konfuzius' Einfluss in der Steuer- und Ausgabenpolitik spürbar. Man erlegte der Bevölkerung nur selten drückende Steuern auf. Das allerdings schuf eigene Probleme, denn der Staat expandierte zwar, war aber chronisch unterfinanziert. Doch man räumte den konfuzianischen Prinzipien trotzdem Vorrang ein.²⁹⁹

Welchen Einfluss Konfuzius auf die chinesische Wirtschaft auch immer ausgeübt haben mag, China war lange Zeit das reichste Land der Welt. Der Ökonom Angus Maddison hat errechnet, dass China und Indien für den größten Teil des Zeitraums seit dem Jahr 1 die beiden größten Volkswirtschaften der Welt waren. Im 19. Jahrhundert allerdings begann Chinas Stern zu sinken. 1820 produzierte China Maddison zufolge noch 33 Prozent der weltweit hergestellten Güter, während Westeuropa und die Vereinigten Staaten zusammengenommen nur auf 25 Prozent kamen. 1950 allerdings war Chinas Anteil auf 4,6 Prozent gesunken, der des Westens auf 57 Prozent gestiegen.[300] China konnte mit dem Westen wissenschaftlich und technologisch nicht mehr Schritt halten. Und selbst was wirtschaftliche Innovationen anging, fiel das Land zurück. Die Industrielle Revolution, welcher der Westen seinen neuen Reichtum und Einfluss verdankte, war an China nahezu spurlos vorübergegangen. Zu Beginn des 20. Jahrhunderts war China immer noch hauptsächlich Agrarland. Darüber hinaus hatten sich Institutionen, welche Industriellen, Investoren und Unternehmern im Westen erlaubten, enorme Mengen Kapital aufzubringen, in China erst gar nicht gebildet: Dazu gehörten u. a. der Aktienmarkt, moderne Banken und moderne Unternehmensstrukturen. Zusammenfassend könnte man sagen, dass der Westen den Kapitalismus entwickelte und China nicht.

Diese Tatsache war im Grunde ein Rätsel, denn in puncto Wissenschaften war China jahrhundertelang dem Westen voraus. Und doch erwies sich das Land erst in den letzten beiden Jahrzehnten des 20. Jahrhunderts als fähig, eine kapitalistisch orientierte Marktwirtschaft zu entwickeln. Und so fragten sich immer mehr Wissenschaftler, weshalb die Industrielle Revolution im Westen und nicht im Osten stattfand. Denn selbst als das Wirtschaftswunder im Westen offensichtlich wurde, war China immer noch nicht in der Lage, es zu übernehmen. Warum? Auf der Suche nach Antworten schob man die Schuld einmal mehr Konfuzius in die Schuhe. Die konfuzianische Kultur und das damit verbundene Sozialsystem sei, so hieß es, mit kapitalistischen Strukturen nicht vereinbar. Dies sei der eigentliche Grund für Chinas Schwäche.

Dieses Argument wurde vor allem von dem deutschen Soziologen Max Weber vertreten, der 1915 einen Aufsatz mit dem Titel *Die Wirtschaftsethik der Weltreligionen: Konfuzianismus und Taoismus* veröffentlichte. Weber hatte 1904/1905 in einem bedeutenden religionssoziologischen Aufsatz das Aufkommen des Kapitalismus mit der protestantischen Ethik in Westeuropa in Verbindung gebracht. Die protestantische Religion habe zur Entstehung einer Arbeitsethik geführt, die dem Kapitalismus Tür und Tor geöffnet habe. Nachdem Weber den religiösen Hintergrund der chinesischen Gesellschaft analysiert hatte, schloss er, dass der Konfuzianismus nicht in der Lage gewesen sei, ähnliche Voraussetzungen zu schaffen. Der Konfuzianismus, so Weber, legte zu viel Wert auf Traditionen und die Bewahrung des Status quo. Statt die Chinesen zu ermuntern, Wachstum und Wohlstand anzustreben, objektive Geschäftsbeziehungen einzugehen und praktisch verwertbares Spezialwissen zu erwerben, halte der Konfuzianismus das Land in starren sozialen Beziehungen und altmodischen Wirtschaftsformen fest. Daher habe der Kapitalismus in vorwiegend konfuzianischen Ländern nicht gedeihen können.

Der Grund für die anti-kapitalistische Wirkung des Konfuzianismus, so Weber, liege in seinem Bild vom Menschen und dessen Stellung in der Welt. Der Konfuzianismus ginge davon aus, dass der Mensch sich der herrschenden sozialen Ordnung anpassen müsse, indem er die Traditionen und Verhaltensmuster alter Zeit weiterführe. Die Vorrangstellung von Harmonie und Ruhe führe dazu, dass die Konfuzianer den Stand der Dinge fraglos akzeptierten. Ein konfuzianischer »Edler« halte die Tradition aufrecht, statt sich für den Wandel einzusetzen. Der protestantische Glaube in

Europa habe genau das Gegenteil bewirkt: Ein Protestant will die
unvollkommene Welt in Einklang mit Gottes Willen bringen. Das
aber fördere Innovationen und den Geist des Kapitalismus. »Der
Anpassung an die Welt dort [im Konfuzianismus] stand hier [im
Puritanismus] die Aufgabe ihrer rationalen Umgestaltung gegenüber«, schrieb Weber.[301]

Was dem Konfuzianismus fehle, meinte Weber, sei eine Vision
vom Leben nach dem Tod, die die Chinesen ermutige, sich von ihren Traditionen zu lösen und eine als schlecht erachtete Welt zu
verbessern. Die Konfuzianer müssten keine Angst haben, sich gegen Gott zu versündigen und dafür die ewige Verdammnis zu erleben, daher kümmerten sie sich ausschließlich um die Regeln des
Anstands in den Alltagsbeziehungen. Einwandfreies moralisches
Verhalten habe nichts mit der Vorstellung vom guten Menschen zu
tun, sondern bemesse sich einzig daran, inwieweit man es schaffe,
die sozialen Verhaltensregeln zu befolgen. »›Ich habe gesündigt‹
entsprach unserem ›Entschuldigen Sie‹ bei Verstößen gegen die
Konvention«, schrieb Weber. Da es keine Berufung von Gott gäbe,
wurden weltliche Angelegenheiten zur Obsession der Konfuzianer.
»Materielle Wohlfahrt ist nie und nirgends in Kulturländern mit
solcher Emphase als letztes Ziel hingestellt worden«, heißt es weiter, denn »beim Konfuzianer war der Reichtum ... das wichtigste
Mittel, tugendhaft, d. h. würdig leben und sich der eigenen Vervollkommnung widmen zu können.«[302]

Diese Pfennigfuchserei aber zerstöre, laut Weber, das Vertrauen,
das für die Durchführung kapitalistischer Transaktionen nötig sei.
»Das typische Misstrauen der Chinesen gegeneinander ... kontras-
tiert gewaltig gegen das Vertrauen auf die Ehrlichkeit der Glaubensbrüder in den puritanischen Sekten, welches gerade von
außerhalb der Gemeinschaft her geteilt wurde«, schrieb Weber.
»Das Wort des Konfuzianers war schöne und höfliche Gebärde,
die ihren Selbstzweck hatte, das Wort des Puritaners sachliche,

knappe und absolut verlässliche geschäftliche Mitteilung.«[303] Das Problem verschärfe sich noch durch die allgegenwärtige Besessenheit von der Kindespietät. Da für den Konfuzianer die Familie über allem stehe, sei eine faire, unpersönliche Geschäftsbeziehung zwischen zwei gleichrangigen Partnern, die für den modernen Kapitalismus unverzichtbar sei, nicht möglich.

Heute muss man Webers Analyse gleichwohl *cum grano salis* nehmen, wobei das Salzkorn eher gröber ausfällt. Wenn man seine Studie liest, bekommt man den Eindruck, Weber habe den Konfuzianismus von Anfang an nicht besonders ernst genommen, auf jeden Fall selbst nicht die Objektivität aufgebracht, die für einen Wissenschaftler unverzichtbar ist. Seine Vorstellung, dass der Konfuzianismus Gier und moralische Laxheit hervorbringe, ist nur ein Beleg für die gravierenden Missverständnisse, denen Weber aufsitzt. Doch die Erklärung, dass der Konfuzianismus nicht zum Kapitalismus passe, wurde danach zur Standarderklärung für Chinas wirtschaftliche Schwäche. Man warf dem Konfuzianismus vor, dass er die persönliche Unabhängigkeit untergrabe, die der Nährboden für das kapitalistische Unternehmertum sei. Und dass er dem Berufsstand des Kaufmanns nur Verachtung entgegenbringe – schließlich nehme er in der konfuzianischen Hierarchie der Berufe ja den niedrigsten Rang ein. »Das unterschiedliche Wirtschaftswachstum von Europa und China ist symptomatisch für die totale kulturelle Verschiedenheit zwischen ihnen«, schrieben der Historiker John King Fairbank und seine Kollegen.[304] Was das für Konfuzius bedeutete, lag klar auf der Hand. Wie die chinesischen Revolutionäre und Feministinnen glaubten, dass Konfuzius die chinesische Gesellschaft am politischen und sozialen Wandel hindere, so gingen nun Ökonomen und Historiker davon aus, dass Konfuzius den wirtschaftlichen Fortschritt Chinas unterminiere. Wieder einmal hieß es, Konfuzius sei inkompatibel mit der modernen Welt.

Doch in den ausgebombten japanischen Städten der Nachkriegs-
zeit keimte der Wandel, der letztlich zu einer Neubewertung von
Konfuzius' Beziehung zum Kapitalismus führte. Um seine Industrie und seine Wirtschaft wieder aufzubauen, strebte Japan nach
möglichst hohem Wirtschaftswachstum. Der Erfolg, den das Land
dabei hatte, überraschte die ganze Welt. Die Wirtschaft legte
Wachstumsraten an den Tag, die bislang für unmöglich gegolten
hatten. In den Sechzigerjahren wuchs Japans Volkswirtschaft um
etwa 10 Prozent pro Jahr. 1967 war das Land zur zweitgrößten
Volkswirtschaft der Welt aufgerückt, gleich hinter den Vereinigten
Staaten. Japanische Unternehmen exportierten Autos, Stahl, Fern-
seher, Schiffe und später Faxgeräte und Mikrochips, und sie krall-
ten sich in aller Welt Marktanteile. Die industrielle Oberhoheit des
Westens geriet zum ersten Mal seit Jahrhunderten ins Wanken.
Ende der Siebzigerjahre verfolgte der Westen panisch, wie Experten vorhersagten, Japan würde Amerika als stärkste Volkswirtschaft der Welt bald abhängen.

Und es war ja nicht nur Japan. In ganz Ostasien erhoben sich von
Armut und Krieg zerrissene Länder aus dem Staub und wurden mit
einem Mal reich. Südkorea, Taiwan, Hongkong und Singapur
nannte man bald die »Tigerstaaten«, weil sie durch wachsende Ex-
port- und Produktionsraten einen ebenso rasanten Aufstieg hinleg-
ten wie Japan. Die Ökonomen waren baff. Als Mitte des 20. Jahrhunderts die Kolonialzeit in Asien endete, hatte man massiv an der
Überlebensfähigkeit dieser kleinen, verwundbaren ostasiatischen
Staaten, die nur wenige Ressourcen und kaum Infrastruktur oder
Industrie besaßen, gezweifelt. Andere Entwicklungsländer, vor allem in Afrika und Lateinamerika, schienen damals deutlich bessere
Aussichten zu haben. Und doch haben die Tigerstaaten bei nahezu
allen Wirtschaftsdaten die anderen Drittweltländer weit hinter sich
gelassen. Die Community der Entwicklungshelfer war so verblüfft,
dass selbst die ansonsten nicht zu Übertreibungen neigende Welt-

bank das Phänomen zum »Wunder« erklärte. Einige Analysten meinten, der Erfolg der Tigerstaaten lasse sich durch volkswirtschaftliche Theorien nicht erklären. Wieso, so fragte man, schafften es diese asiatischen Staaten, den richtigen Pfad zum Wohlstand zu gehen, während so viele andere Entwicklungsländer dies nicht vermochten? Und so machten sich die Wissenschaftler auf die Suche nach anderen Faktoren, die Ostasiens erstaunliche Erfolge erklären konnten. Irgendetwas Besonderes müsse an diesen asiatischen Gesellschaften doch dran sein, das sie zu einem so fruchtbaren Boden für rasche wirtschaftliche Entwicklung machte. Also richteten die Asien-Experten ihren Blick auf Japan und die Tigerstaaten und stellten fest, dass diese Länder durchaus etwas gemeinsam hatten: Konfuzius.

Die Lehren des großen Weisen, meinten einige der Experten, machten den Unterschied zwischen Ostasien und dem Rest der sich entwickelnden Welt. Sie seien der Schlüssel, der das im Vergleich zu den langsamen Fortschritten der anderen Entwicklungsländer überdimensionale Wachstum erklären würde. Diese neuen Parteigänger des Konfuzianismus stellten fest, dass Japan und die Tigerstaaten längst nicht mehr auf dieselbe Weise konfuzianisch waren wie zur Kaiserzeit, in der der Konfuzianismus Nationalideologie war. Doch die Ideen des Weisen seien in Ostasien noch heute tief verwurzelt und bestimmten das Sozialleben in der ganzen Region. Und natürlich fand sich auch gleich das richtige Etikett dafür: »Post-Konfuzianismus«. Die eifrigen Beobachter stellten die These auf, dass die Lehren des großen Weisen Verhalten und Einstellungen der Menschen in Ostasien auf eine Weise geprägt habe, die zur Grundlage für das enorme Wirtschaftswachstum geworden sei. Dass es tatsächlich Konfuzius war, der hinter dem wirtschaftlichen Erfolg steckte, wurde deutlich, als auch China in den Achtzigerjahren plötzlich die Bühne der Weltwirtschaft betrat und ähnliche Erfolge hinlegte. Das bis dato allgemein akzeptierte Mantra der Wirtschaftsweisen, demzufolge Konfuzianismus und Kapitalismus nicht zusammenpassten, wurde in kürzester Zeit umgekehrt. Der britische Politiker Roderick MacFarquhar verkündete schon 1980 das Ende des Weber'schen Diktums: Der Konfuzianismus »ist für den Aufstieg der rasant wachsenden Ökonomien Ostasiens von derselben Bedeutung, wie es der Protestantismus für den Aufstieg des Kapitalismus im Westen war«[305].

Diese Umkehrargumentation gründete sich vor allem auf eine Neueinschätzung der Wirtschaftskraft der konfuzianischen Familie. Denn nun betrachtete man sie nicht mehr länger als Todesfalle für intelligentes Unternehmertum. Die konfuzianische Familie war plötzlich Motor des kapitalistischen Wachstums in Ostasien. Sie lieferte die Anreize, die Verbindungen und die Finanzen, die für erfolgreiches privatwirtschaftliches Unternehmertum wichtig sind. Die konfuzianische Neigung zum Lernen ließ innerhalb kürzester Zeit gut ausgebildete Arbeitskräfte heranwachsen, die jede moderne Industrie braucht. Die konfuzianische Tugend der Sparsamkeit sorgte dafür, dass die Familien Rücklagen hatten, die sie investieren konnten. Die Kindespietät, die der Familie Ehre machen will, lieferte die notwendige Motivation für harte Arbeit und Erfolg. Statt die Eigeninitiative zu ersticken, bekam sie mit der Kindespietät überhaupt erst den richtigen Rahmen. Weber hatte angenommen, dass Klandenken rationales Marktverhalten verzerre. Nun ging man davon aus, dass eben dieses Merkmal effizientes kapitalistisches Verhalten fördere. Die Netzwerke der Familien und Freunde stellten investitionsbereites Risikokapital ebenso wie wichtige Informationen und vertrauenswürdige Partner.

Die soziale Indoktrination, die ein ordentlicher Konfuzianer innerhalb der Familie erhält, macht ihn zum Modellkapitalisten. Anders als der selbstbezogene Individualismus des Westens inspirierten die konfuzianischen Werte Geschäftsleute und Arbeiter dazu, ihre unternehmerische Energie nicht nur zum eigenen Vorteil, sondern für den Erfolg ihrer Familie und ihrer Gemeinde einzusetzen. Das verlieh den ostasiatischen Gesellschaften einen entscheidenden Vorteil im Kampf um wirtschaftlichen Fortschritt. Die Konfuzianer waren es gewöhnt, ihren Eltern zu gehorchen. Diesen Gehorsam übertrugen sie nun auf ihre Vorgesetzten, was den Frieden am Arbeitsplatz förderte. Da man dieselbe Achtung auch der Regierung entgegenbrachte, fiel es vergleichsweise leicht, wichtige Reformen durchzusetzen. Der Konfuzianer des 20. Jahrhunderts, so hieß es, könne alle Rollen besetzen, die eine wachstumsorientierte Wirtschaft nötig habe: den Fabrikarbeiter, der alle Härten gelassen hinnimmt; den schwer arbeitenden Unternehmer und den gehorsamen Bürger, der unmittelbare Gewinne für das große Ganze erst mal hintanzustellen bereit sei. »Das post-konfuzianische Wirtschaftssubjekt«, schrieb MacFarquhar, »arbeitet hart, amüsiert sich gerne, kauft viel, aber spart noch mehr. Es akzeptiert eine Gesellschaft, die nach Alter und Verdienst hierarchisch gegliedert ist ... Und es weiß, dass sein Wohlstand untrennbar mit dem Gemeinwohl verknüpft ist. Und was dieses angeht, akzeptiert es auch Führung.«[306]

Der Wunsch nach Ruhe und die Ehrerbietung gegenüber Vorgesetzten, die der Konfuzianer automatisch entwickle, mache ihn zu einem loyalen, engagierten Angestellten. Daher sei er für das Leben und Arbeiten in einem modernen Unternehmen besser geeignet als der individualistische Westler, hieß es nun mit einem Mal. Der Einfluss Konfuzius' verschaffe asiatischen Firmen in ihrem Wettbewerb mit dem Westen einen entscheidenden Vorteil. Auch ermutige der Konfuzianismus Angestellte und Management zu einem partnerschaftlichen Verhältnis, das es im auf Konfrontation gehenden Westen so nicht gebe. Die engen Bande zwischen den Angestellten ließen diese sich als echtes Team erleben. »Mag der westliche Individualismus für die Pionierzeit der Industrialisierung auch Vorteile gehabt haben, so ist der post-konfuzianische ›Kollektivismus‹ doch für das Zeitalter der Massenindustrialisierung besser geeignet«, theoretisierte MacFarquhar. »Im Westen gilt jemand, der seine Arbeit über alles stellt, als Workaholic. In Japan stellt er das gesellschaftlich angestrebte Ideal dar.«[307]

Der Konfuzianismus brachte den kapitalistischen Geist selbst in den asiatischen Verwaltungsapparat. Nun strebten nicht länger verstaubte Klassizisten in die ostasiatische Bürokratie, sondern ein neuer Typ von Verwaltungsbeamten, die sich auf kapitalistische Strategien verstanden. Konfuzius hatte die Klügsten und Besten im Beamtenapparat haben wollen, und welche Vorwürfe hatte man ihm gemacht, dass diese Taktik die Region um Jahrhunderte zurückgeworfen habe. Nun aber drängten die Studenten der Elite-Universitäten Japans und Südkoreas in die Ministerien, wo sie die Wirtschaftspolitik des Landes beeinflussen konnten. Anders als im Westen, wo gewählte Politiker beschlossen, was der Verwaltungsapparat auszuführen hatte, lag die Kontrolle über die Wirtschaft in Japan und im restlichen Ostasien in den Händen hoch qualifizierter Staatsdiener. Und diese hochintelligenten Bürokraten konnten Maßnahmen beschließen, die ohne jede Einmischung vonseiten der Politik umgesetzt werden konnten.

Der ostasiatische Staatsdiener war der modernisierte »Edle« aus Konfuzius' Tagen. Er strebte nach Wirtschaftswachstum und politischen Reformen aus demselben Geist heraus, der 900 Jahre zuvor zu Zeiten der Song-Dynastie Wang Anshi angetrieben hatte. Dass man traditionell davon ausging, die Bürokraten würden ohnehin alles am besten wissen, erleichterte es den frischgebackenen »Edlen«, in den freien Markt einzugreifen, um das Wirtschaftswachstum voranzutreiben. Diese Eingriffe waren im egalitären Westen nicht möglich. In Japan beispielsweise wurden bestimmte Industrien gezielt unterstützt, einzelne heranwachsende Wirtschaftssektoren vor Wettbewerb geschützt, Banken ermutigt, mehr Darlehen an bestimmte Unternehmen auszureichen, und Kartelle gegründet. Anders als in den Vereinigten Staaten, wo sich Regierung und freies Unternehmertum eher misstrauisch beäugen, schmiedeten die »Edlen« in Japan enge Bande zwischen der Verwaltung, der Finanzindustrie und der Unternehmerschaft. Der so entstandene Dreierbund arbeitete eng zusammen, um Investitionen in die Industrie zu erleichtern.

Die Macht dieser »Edlen«, so die Experten, habe Japan, Südkorea, Singapur und anderen Staaten in Ostasien einen Vorteil im globalen Wettbewerb verschafft. Wenn die Vereinigten Staaten mit Japan Schritt halten wollten, so Asien-Experte Ezra Vogel, dann müsse Washington sich ein eigenes Eliteteam aus »Edlen« zusammenstellen. »Es ist beunruhigend, sich eingestehen zu müssen, dass die Japaner uns im wirtschaftlichen Wettbewerb geschlagen haben, weil sie eine bessere Planung und Organisation haben und mehr Leistung bringen«, schrieb Vogel 1979. »Japan mit seiner erhöhten Gruppenorientierung und der von der Regierung angeordneten Modernisierung hat Lösungen entwickelt, auf die Amerika mit seiner eher individualistischen und legalistischen Geschichte wohl nie gekommen wäre.«[308]

Viele dieser von Konfuzius inspirierten Strategien widersprachen den westlichen Vorstellungen, wie Kapitalismus idealerweise funktionieren sollte. Für westliche Ökonomen waren Bürokraten keine Katalysatoren, sondern Typen mit einem gefährlichen Hang zur Einmischung ins freie Unternehmertum. Ohnehin sollten Geschäfte besser abgewickelt werden, ohne dass Persönliches involviert ist, damit das Marktgeschehen rational bleiben könne, und nicht etwa vorzugsweise mit Verwandten oder Freunden. Doch der unleugbare Erfolg Ostasiens veranlasste viele Experten, das orthodoxe kapitalistische Denken einer Überprüfung zu unterziehen. Denn was da in Ostasien entstand, war auf jeden Fall eine Alternative, eine konfuzianische Form des Kapitalismus, die der westlichen überlegen war. Diese geniale Mischung aus Adam Smith und

Konfuzius, so dachte man, habe eine Art Super-Kapitalismus hervorgebracht, eine Kombination aus marktwirtschaftlichen Prinzipien und staatlicher Intervention. Bislang hatte man stets angenommen, dass der Kapitalismus nur auf der Grundlage eines uneingeschränkten Individualismus gedeihen könne: Die konsumierende Hausfrau, der Risiken eingehende Unternehmer und der mutige Aufsichtsratsvorsitzende träfen ihre Entscheidungen zwar aus einem persönlichen Interesse heraus, doch diese sicherten letztlich den Wohlstand für alle. Der konfuzianische Kapitalismus hingegen ging davon aus, dass man mit einer kollektiven und koordinierten Form der Entscheidungsfindung bzw. Ressourcenallokation starkes Wachstum und wettbewerbsfähige Industrien schaffen konnte. Anders als im Westen, wo alle ökonomischen Handlungen von Juristen geprüft, in Verträge gegossen und vom Markt diszipliniert werden, setzte der konfuzianische Kapitalismus auf Beziehungen – auf die Bande zwischen den »Edlen«, den Bankern und den Managern; auf das familiäre Netzwerk; auf enge Zusammenarbeit innerhalb von Unternehmen. Auf diese Weise konnten die Volkswirtschaften Asiens sich besser als die westlichen auf die Erfordernisse des Augenblicks einstellen. »Die konfuzianische Ethik bringt eine andere Art des Kapitalismus hervor, der sich auf das Selbst als Mittelpunkt eines Netzes von Beziehungen konzentriert, auf persönliche Disziplin und Selbstvervollkommnung, auf Konsens und Kooperation«, schreibt Wirtschaftsprofessor Min Chen. »Die kollektive Stärke ist der Wettbewerbsvorteil einer ostasiatischen Gesellschaft im Wettlauf mit dem Westen.«[309]

Einer der lautstärksten Vertreter der These, Ostasiens wirtschaftliche Erfolge erklärten sich aus dessen kultureller Prägung, war zweifelsohne Lee Kuan Yew, der frühere Premierminister von Singapur. Er hat die Politik des Stadtstaates mehr als ein halbes Jahrhundert lang entscheidend beeinflusst. In seinen Augen war das

Wirtschaftswunder Asiens ein Triumph des konfuzianischen Wertesystems über das anderer Gesellschaften. »Wenn Sie eine Kultur haben, die keinen Wert auf Lernen, Wissen, harte Arbeit, Fleiß und das Aufschieben von momentanem Genuss zugunsten künftiger Gewinne legt, dann geht das alles viel langsamer vonstatten«, sagte er mit Bezug auf das Wirtschaftswachstum in einem Interview von 1994. Eine rein ökonomische Erklärung des rasanten Aufstiegs der Region beruhe »auf der hoffnungsfrohen Annahme, dass alle Menschen auf der ganzen Welt gleich sind. Doch das sind sie nicht.« Vielmehr, so Lee, »bilden bestimmte Gruppen von Menschen ganz bestimmte Charakterzüge aus, wenn sie sich über Tausende von Jahren getrennt voneinander entwickeln. Wenn Sie natürlich über diese Unterschiede hinweggehen, weil Sie deren Akzeptanz für politisch nicht ganz korrekt halten, dann haben Sie sich selbst ein Ei gelegt.«[310]

Es liegt eine gewisse Ironie darin, dass ausgerechnet Lee zum Verkünder dessen wurde, was man als »asiatische Werte« bezeichnet. Denn er kam 1923 als Sohn eines Ladenbesitzers zur Welt und war ein stolzes Produkt des britischen Empire. Man nannte ihn »Harry«, als er in Cambridge Jura studierte und sich brennend für die europäische Sozialdemokratie interessierte. 1959 wurde er Singapurs erster Premierminister und blieb es drei Jahrzehnte lang. Seine Politik war ausschließlich pragmatisch orientiert. Und doch machte Lee für den wirtschaftlichen Erfolg Singapurs vor allem Konfuzius verantwortlich. »In den letzten dreißig Jahren war eine der wichtigsten Triebkräfte des Singapurer Erfolgs die Tatsache, dass die Mehrheit der Menschen das Allgemeinwohl über das eigene gestellt haben, und das ist eine ganz grundlegende konfuzianische Idee«, verkündete er 1987.[311]

Auch seine Wirtschaftspolitik in Singapur war von konfuzianischen Vorstellungen getragen, ja das ganze Modell beruhte auf den Ideen des alten Weisen. Wie Konfuzius stellte auch Lee die Familie in den Mittelpunkt, als er seinen Plan zur Entwicklung des Stadt-staates entwarf. Die Versorgung der älteren, kranken, arbeitslosen oder anderweitig benachteiligten Mitbürger überließ er weitge-hend der Familie und nicht dem Staat. Was die Staatsausgaben auf ein Minimum reduzierte. So wurden Mittel frei, die in Bildung, In-frastruktur und andere Projekte investiert werden konnten, die zum Fundament des schnellen Wachstums wurden. Da das Staats-säckel nicht wie in Europa durch Sozialausgaben belastet war, konnte Lee eine weitere Empfehlung Konfuzius' umsetzen: Er hielt die Steuerbelastung niedrig. In einer Studie der Weltbank von 2001 schreibt der Ökonom Habibullah Khan, dass Singapur ein »konfu-zianisches Modell« für die staatliche Fürsorge gefunden habe, das Politikern in aller Welt helfen könne, die lawinenartig anwachsen-den Kosten für die Sozialdienste zu begrenzen.[312]

Statt Hilfen bot Lee Chancen. Seine Regierung wurde unter den politischen Ökonomen seiner Zeit als »Entwicklungsstaat« be-kannt. Ihm ging es in erster Linie darum, so schnell wie möglich Arbeitsplätze zu schaffen, damit das Einkommen der Bevölkerung stieg. Auch hierin erfüllte er eine der zentralen konfuzianischen Forderungen an eine gute Regierungsführung – den Wohlstand der Bevölkerung zu mehren. Dazu setzte Lee verstärkt auf staatliche Instrumente, sicher mehr, als jeder amerikanische Politiker dies wagen würde. Eine Behörde, das »Economic Development Board«, wurde eingerichtet, um ausländische Investoren anzulocken. In einigen Fällen schwangen Lee und sein Team sich sogar zu Unter-nehmern auf und gründeten Staatsunternehmen. »Die typisch kon-fuzianische Haltung des Sich-Stützens auf den Staat hat die öko-nomische Entwicklung Singapurs massiv beeinflusst«, schrieb Wirtschaftsprofessor Tan Chwee Huat 1989. »Singapur hätte nie ein solch beeindruckendes Wachstum hingelegt, wenn es nicht eine so starke, saubere und weitsichtige Regierung gehabt hätte, die eine klare Richtung vorgab, die richtigen Entscheidungen getroffen, Prioritäten gesetzt und diese Politik gnadenlos durchgesetzt hätte.«³¹³

Diese Politik wurde von einer Singapurer Version des »Edlen« umgesetzt. Sowohl in Lees herrschender Partei, der People's Action Party oder PAP, als auch in der Verwaltung wurden Talente gefördert und auf die Probe gestellt. Am Ende erfreute sich Singapur einer hochkompetenten technokratischen Führung. Ebenfalls typisch konfuzianisch war Lees Überzeugung, dass er als Premierminister der Bevölkerung das richtige Verhalten vorleben musste. »Zunächst einmal mussten wir ein Beispiel geben«, sagte Lee einmal. »Nicht nur, indem wir uns nicht korrumpieren ließen, sondern auch in puncto Sparsamkeit und Ökonomie. Wir reisten zum Beispiel nie in großem Stil ... Wir wollten die Kosten für die Regierung senken, und so hielten wir unseren Regierungsstil recht spartanisch. Keine Verschwendung, keine kostspieligen Vergnügungen, keine großen Büros. Wir haben das Beispiel gegeben, und sie [unsere Beamten] ahmten es nach.«³¹⁴

Letztlich aber saßen die Parteigänger des konfuzianischen Kapitalismus demselben Irrtum auf wie Max Weber. Der Soziologe sah den Erfolg des nördlichen Europa und die Stagnation in Asien und glaubte, die europäischen Werte seien den asiatischen überlegen. Lee und die anderen hatten den Spieß nur einfach umgedreht: Sie sahen Asiens Erfolge und hielten nun die asiatischen Werte für besser. Max Weber, Roderick MacFarquhar und all die anderen, die sich in den letzten 200 Jahren über das Auf und Ab Asiens Gedanken machten, haben in ihrem Bemühen um eine vernünftige Erklärung Konfuzius eine Rolle zugewiesen, die ganz im Zusammenhang mit den jeweiligen Ereignissen interpretiert wurde. Uns interessiert dabei vor allem, wie Konfuzius im Laufe der Zeit immer wieder neu gedeutet wurde. Sein Einfluss wurde offenkundig als so dominant wahrgenommen, dass man die Verantwortung für alles, was geschah, ihm anlastete – im Guten wie im Bösen. Konfuzius als beinharter Kapitalist ist ein Klischee der Siebzigerjahre, Konfuzius, der archaische Feudalist, ein Bild des beginnenden 20. Jahrhunderts. Wie ein ganz großer Method Actor schlüpft der Weise also jeweils in die Rolle, die ihm übertragen wird, und füllt sie ganz nach Drehbuch. Dabei hat man ihn mit so viel Bühnenschminke zugekleistert, dass er selbst kaum noch zu erkennen ist.

Es ist also wenig erstaunlich, dass Konfuzius' Ruf als Wirtschaftsweiser Kratzer bekam, als in den Neunzigerjahren die Volkswirtschaften Ostasiens ins Straucheln gerieten. Zuerst stolperte Japan, als eine gewaltige Immobilien- und Aktienmarktblase platzte. 1997 erschütterte eine Finanzkrise Südkorea, sodass der stolze Tigerstaat gezwungen war, peinlicherweise auf Hilfen des IWF zurückzugreifen. Damit war die Idee, konfuzianische Werte hätten eine höhere Form des Kapitalismus geschaffen, vom Tisch. Die Ökonomen fingen nun wieder an, den Wert konfuzianischer Lehren in einem modernen Kapitalismus infrage zu stellen.

Viele Kritiker meinten, eben jene Aspekte, die den konfuzianischen Kapitalismus zur Triebkraft Ostasiens gemacht hatten, seien die Ursache für die neuen wirtschaftlichen Probleme. Nun galten die Beziehungslastigkeit dieser Kapitalismusform, die Bande zwischen den »Edlen« und den Geschäftsleuten, die Familiennetzwerke plötzlich als drückende Hypothek. In Japan und Südkorea habe dieser Filz aus Bürokraten, Finanzleuten und Vorstandsvorsitzenden dazu geführt, dass die Banken Unternehmen Kredit gegeben hätten, weil sie eben zu den Firmen schon so lange Geschäftsbeziehungen pflegten – ohne eine sinnvolle Risikoeinschätzung vorzunehmen. Im hierarchischen System des Konfuzianismus wurden Entscheidungen des Ministers oder des Chefs von den gehorsamen Untergebenen oder den in Freundschaft verbundenen Aufsichtsratsmitgliedern bzw. Aktionären niemals angezweifelt. So kam es zu mitunter größenwahnsinnigen Entscheidungen, und zahlreiche Kredite wurden notleidend. Der konfuzianische Kapitalismus war zum »Kumpel-Kapitalismus« herabgesunken, einem korrupten System, in dem persönliche Beziehungen mehr zählten als ökonomische Daten. »Asiatische Werte sind zu asiatischen Verbindlichkeiten geworden«, schreibt Mortimer Zuckerman, der Herausgeber des *U.S. News & World Report*, mit einer gewissen Schadenfreude 1998.[315] Max Weber hatte seine Rache.

Diese Kritik hallte noch lange nach, auch als die Krise längst überstanden war. Der Konfuzianismus wurde gerüffelt, weil er die engen Familienbande geschaffen hatte, die in ostasiatischen Unternehmen offensichtlich vernünftigem Management vorgezogen wurden. Die Familienväter in den großen Konzernen Südkoreas hätten jahrelang bevorzugt ihre Söhne eingestellt oder befördert, zum Nachteil des wirklich begabten Nachwuchses. Wer immer in Südkorea eine Arbeit sucht, verlässt sich auf seine Beziehungen und nicht auf sein Talent. 2013 veranstaltete eine staatliche Zeitung in China eine Umfrage. Dabei kam ans Licht, dass 84 Prozent der jungen Chinesen sich lieber auf einen »mächtigen Vater« verlassen würden. Nur 10 Prozent hielten Fleiß für den besten Weg zum Erfolg.[316] Strenge Hierarchien innerhalb der Unternehmen, die verhindern, dass junge Leute ihre Ideen vorbringen oder gar Kritik am Management üben, sollen nun wieder die Innovationskraft im Keim ersticken und den freien Austausch von Informationen verhindern, der nötig ist, um neue Produkte auf den Markt zu bringen und smarte Entscheidungen zu treffen.

Man warf Konfuzius sogar vor, für den Absturz von Flugzeugen verantwortlich zu sein. Sowohl asiatische als auch nicht-asiatische Prüfer halten die strenge Hierarchie im Cockpit für den eigentlichen Grund, warum koreanische Fluggesellschaften so viele Probleme haben. Die eingeschüchterten Co-Piloten, so hieß es, würden den Kapitän nie korrigieren – doch eben das sei beim Fliegen lebenswichtig. Das Problem wurde deutlich beim Absturz des koreanischen Passagierjets 1997 in Guam, wo 228 Menschen ums Leben kamen. Korean Air musste Trainer aus dem Ausland holen, um die konfuzianische Kultur im Cockpit zu durchbrechen, damit die gesamte Crew lernte, die Verantwortung gemeinsam zu übernehmen und entsprechend miteinander zu kommunizieren.[317]

Und doch: Da Entscheidungsträger in aller Welt mittlerweile nach Möglichkeiten suchen, die Wettbewerbsfähigkeit zu stärken und Arbeitsplätze zu schaffen, könnte es sich als schwerer Fehler erweisen, dem konfuzianischen Kapitalismus nunmehr die Tür zu weisen. Der westliche, vor allem amerikanische Managementstil unterscheidet sich in einer Hinsicht enorm von seinem ostasiatischen Gegenstück: in der Beziehung zu den Arbeitnehmern. Im Allgemeinen heißt es in den Vereinigten Staaten: Geld gegen Arbeit. Der Angestellte wird bezahlt, weil er eine bestimmte Aufgabe erfüllt. Die meisten amerikanischen Firmen sehen ihr Recht, Arbeitskräfte je nach Bedarf einzustellen und wieder zu feuern, als Grundvoraussetzung für ihre Profitabilität. In ostasiatischen Unternehmen hingegen prägt konfuzianisches Denken die Beziehungen zwischen Management und Belegschaft. Die Kindespietät hat längst den engen Rahmen der Familie verlassen und sich auf andere Institutionen ausgeweitet – auch auf die Arbeitgeber von heute. Das Management sorgt mehr für seine Mitarbeiter, als dies in den USA der Fall ist. Der Chef ist wie ein Vater. Er ist vielleicht streng, doch er kümmert sich um seine Angestellten, als wären es seine Kinder. Daher fühlen sich die Mitarbeiter »ihrem« Unternehmen auch sehr viel stärker verpflichtet als Angestellte in den Vereinigten Staaten. Es ist nicht selten, dass jemand sein ganzes Berufsleben in einer einzigen Firma verbringt.

Aber natürlich ist auch dies eine Verallgemeinerung. Nicht alle ostasiatischen Unternehmen behandeln ihre Arbeiter gut – das zeigen vor allem die häufig skandalösen Arbeitsbedingungen in China. Doch sowohl Management als auch Belegschaft in ostasiatischen Unternehmen haben ganz andere Vorstellungen von ihren Rechten und Pflichten als ihre Kollegen in den USA. In der zweiten Hälfte des 20. Jahrhunderts war es in Japan und Südkorea üblich, dass die großen Konzerne ihren Angestellten ein lebenslanges Arbeitsverhältnis garantierten. Allerdings ist auch diese Praxis dem knallharten Wettbewerb der globalisierten Wirtschaft weitgehend zum Opfer gefallen. Die Einstellung aber, die dahinter stand, ist davon unberührt geblieben. In Japan werden große Unternehmen, die in der Öffentlichkeit als unfaire Arbeitgeber wahrgenommen werden, als »schwarze« Unternehmen abgestempelt. Massenentlassungen wie in den USA gelten in Japan und Südkorea als sozial unangemessen, ja sogar unanständig.

Das gilt sogar in Krisenzeiten. Mitten in der Rezession, die durch den Beinahe-Zusammenbruch des Finanzsystems 2008 ausgelöst wurde, stellten US-amerikanische Unternehmen massenhaft aus. Auf der anderen Seite der Erde beobachtete Yoo Myoung Ho, der Gründer des Eisenwarenherstellers Unilok Corporation in Incheon, Südkorea, besorgt, wie die Krise in den Vereinigten Staaten langsam die ganze Welt erfasste. Er wusste, dass seine Umsätze bald in den Keller gehen würden. Nichtsdestotrotz schlug er mit seinen 200 Angestellten einen anderen Weg ein. »Wir haben beschlossen, unsere Belegschaft zu halten, auch wenn dies schwierig werden würde«, meint Yoo. Stattdessen stellte er die Nachtarbeit an den Fertigungsstraßen ein und verteilte die Stunden auf die gesamte Arbeiterschaft, die zu reduziertem Lohn Kurzarbeit leistete. Andere Angestellte wurden zur Fortbildung geschickt oder einem Team zugewiesen, das neue Produktlinien entwerfen sollte. In Yoos Augen hätte er seine Pflichten als Arbeitgeber verletzt, hätte er seine Arbeiter einfach auf die Straße gesetzt. Seine Angestellten, sagt er, seien wie Mitglieder einer Familie, deren »Oberhaupt« er sei. Daher fühlte sich Yoo für seine Mitarbeiter verantwortlich. »Wir sehen unsere Belegschaft als große Familie«, meint er. »Es ist nicht so, dass sie hier arbeiten, dafür Geld bekommen, und das war's dann. Sie haben schließlich auch Familien, und die kann man doch nicht einfach so im Stich lassen. Wir wollen ja, dass sie sich dem Unternehmen verbunden fühlen. Wie eine Familie. Auf diese Weise schafft man wirtschaftlichen Erfolg.«[318]

Yoo blieb bei seiner Entscheidung, selbst als das Unternehmen in schweres Fahrwasser geriet. 2009 sanken die Umsätze um bittere zwei Drittel, Unilok schrieb rote Zahlen, und Yoo musste sich Geld leihen, um im Geschäft zu bleiben. Als er hörte, dass die niedrigen Kurzarbeiter-Löhne manche Familien enorm belasteten, zahlte er diesen einen Bonus aus eigener Tasche. »Wenn eine Krise kommt und Sie sind der Vorstand, dann nehmen Sie Ihre Vergütung und geben Sie Ihren Arbeitern«, erklärte er.

Vermutlich würden nur wenige Vorstandsvorsitzende im Westen solch ein Opfer bringen. Aber Yoo ist der Auffassung, dass dies trotzdem ein gutes Geschäft ist. Hinter seiner Großzügigkeit steckt keineswegs nur ein gutes Herz. In der Finanzkrise, die Asien 1997 erschütterte, sanken Yoos Umsätze ebenfalls. Damals entließ er Mitarbeiter, um die Arbeitskosten zu reduzieren. Doch als die Wirtschaft dann wieder anzog, entschieden sich viele der verbliebenen Arbeiter, verärgert über diese Behandlung, sich um neue Stellungen umzusehen. Was für Yoo neue Probleme schuf, denn nun musste er neue Arbeitskräfte finden und sie entsprechend schulen, was ebenfalls teuer ist. In der Krise von 2008 hielt er seine Belegschaft in der Hoffnung, dass er so besser fahren würde – und er wurde belohnt. Dieses Mal verließ keiner der Arbeiter das Unternehmen. Als die Wirtschaft wieder anzog, konnte Yoo auf eine gut ausgebildete Belegschaft zurückgreifen und auf einen Katalog neuer Produkte, die Marktreife erlangt hatten. Und sein Unternehmen erholte sich in Rekordzeit. »In der traditionell konfuziani-

schen Kultur«, sagt Yoo, »ist die kollektive Mentalität ein gesell-
schaftliches Gut mit Nutzwert.«

Liu Chuanzhi glaubt, dass chinesisches Geschäftsgebaren nicht
nur kleinen Unternehmen wie dem von Yoo dient. Seiner Ansicht
nach ist es auch Konzernen nützlich, und Liu belegt dies mit seiner
eigenen Erfahrung. Liu hat den Computerhersteller Lenovo gegründet. 2005 ließ er das Tagesgeschäft des Unternehmens in
Peking hinter sich, nachdem er eine der spektakulärsten Akquisi-
tionen in trockene Tücher gebracht hatte, die je ein chinesisches
Unternehmen im Westen getätigt hatte: Lenovo hatte die prestige-
trächtige PC-Sparte von IBM aufgekauft. Der Deal machte Lenovo
zum ersten multinationalen Konzern Chinas, in dem Menschen aller Rassen, Glaubensbekenntnisse und Schichten tätig waren. Liu
war damals einundsechzig Jahre alt und fand, das Management
des neuen internationalen Riesen sollte in der Hand von jüngeren
Leuten liegen – und vor allem nicht nur von Chinesen. Ihm war
klar, dass sein Lenovo-Team, das in China sehr erfolgreich war,
nicht genug Erfahrung auf dem globalen Markt hatte, um ein Unternehmen von solch enormem multikulturellen und geografischen
Zuschnitt zu führen. Also übertrug er seine Stellung als CEO zuerst
einem IBM-Manager und dann einem Amerikaner aus der PC-
Branche, William Amelio.

Vier Jahre später allerdings musste Liu seinen Vorruhestand verlassen und sich wieder in den aktiven Dienst begeben. Er machte
sich wieder zum Vorstand und besetzte den CEO-Posten mit einem
chinesischen Kollegen. Liu kehrte zurück, weil Lenovos Marktanteile sanken und damit auch der Gewinn. »Lenovo ist mein ganzes
Leben«, sagt Liu. »Als es so aussah, als wäre mein Leben in Gefahr,
wollte ich es verteidigen.«[319]

Warum Lenovo ins Trudeln geraten war, war weiter kein Geheimnis. Das internationale Geschäft war ganz darauf ausgerich-

tet, PCs an große Unternehmen zu verkaufen, das sehr viel schneller wachsende Privatkundengeschäft aber wurde vernachlässigt. Amelio und sein Team hatten einen Plan zur Reform des Unternehmens ausgeheckt, der ihnen Zugang zum Privatkundenmarkt verschaffen sollte, aber sie schafften es nicht, ihn umzusetzen. Liu brauchte nicht lange, um herauszufinden, wo der Hase im Pfeffer lag. Es gab da ein interkulturelles Problem an der Management-Spitze. Amelio, so Liu, hatte »das klassische Business-School-Management« in die Firma mitgebracht. Er agierte als dominanter CEO, der die Entscheidungen trifft und die Umsetzung an sein Team delegiert. Doch in einer chinesischen Firma war dieser Ansatz wenig fruchtbar. »Bill befand sich in einer schwierigen Lage mit unterschiedlichen Teams aus ganz verschiedenen Kulturen und Ländern«, die das Lenovo-Management bildeten, erklärt Liu. »Mit dem klassischen Ansatz konnte man diese Teams einfach nicht mobilisieren, um gute Ergebnisse zu erzielen.«

Nach seiner Rückkehr reformierte Liu das Management, um das, was er den »Lenovo-Weg« nannte, wiederherzustellen. Er pflegte einen anderen Führungsstil als Amelio und schuf ein System, in dem Entscheidungen kollektiv getroffen wurden. Der CEO legte die Unternehmensstrategie durch eingehende Diskussionen mit einer kleinen, eng verbundenen Gruppe von Managern fest, die sich danach regelmäßig trafen, um geeignete Umsetzungsmöglichkeiten zu entwickeln und die Fortschritte zu kontrollieren. Der »Lenovo-Weg« sei »vorsichtiger und sorgfältiger« als die üblichen Managementtechniken, meint Liu.

Im Grunde könnte man den »Lenovo-Weg« auch einfach als den »Weg« bezeichnen. Liu meint zwar, er wisse nur wenig über den Konfuzianismus, doch die Ideen des Weisen spiegeln sich in der gesamten Managementpraxis von Lenovo wider, vor allem da, wo es um die zentrale Stellung der Harmonie und der Gemeinschaft geht. »Das letztendliche Ziel beim Aufbau eines starken

Führungsteams ist erstens, die kollektive Weisheit und Anstrengung zur Entwicklung einer Strategie zu nutzen, und zweitens, die Umsetzung dieser Strategie zu garantieren«, erklärt Liu. »Wenn, und nur wenn, diese Strategie im Konsens mit allen Führungskräften entwickelt wird, dann wird sie auch umgesetzt.« Der CEO, so Liu, ist zwar der »Steuermann«, doch er muss bereit sein, die »Einwände« seines Führungsteams zu berücksichtigen. »Ein Führungsteam kann die Macht des ›Steuermanns‹ herausfordern und ausgleichen«, sagt Liu. »Eine Führungskraft ganz an der Spitze ist gewöhnlich stark und aggressiv. Doch sie muss auch offen sein für andere Meinungen und wirklich bereit, mit Herausforderungen und Einwänden umzugehen. Dann haben alle Mitarbeiter des Unternehmens das Gefühl, dass die Firma irgendwo auch ihnen gehört.« Um seine Ideen umzusetzen, gründete Liu das Lenovo Executive Committee, in dem acht Manager der oberen Führungsebene – Chinesen und Nicht-Chinesen – zusammenarbeiten. Dieser Schritt war »der erste und wichtigste, den wir gemacht haben«, meint Liu. »Die Mitglieder dieses Teams diskutierten die Situation der Firma und ihre langfristigen Ziele. Intensive Diskussionen, Streitgespräche, bei denen die Fetzen flogen, gingen voran, aber am Ende erreichten die Mitglieder einen Konsens und arbeiteten gemeinsam eine Strategie aus, die den langfristigen Zielen des Unternehmens am besten dient.«[320]

Die Ergebnisse zeigen, dass Lius Ideen wohl richtig waren. Innerhalb weniger Quartale verbesserte sich die finanzielle Lage von Lenovo und bald stiegen auch die Marktanteile. 2013 hatte Lenovo nicht nur den Turnaround geschafft, sondern sich zur Nr. 1 auf dem weltweiten PC-Markt gemausert.

Die Neubewertung des Konfuzius zu Ende des 20. Jahrhunderts beschränkte sich aber keineswegs auf die Unternehmenswelt. Auch ostasiatische Staatsmänner gründeten ihre politischen Maßnahmen immer häufiger auf konfuzianische Ideen. Konfuzius ist zwar nicht mehr der »Ungekrönte König« Ostasiens wie in der Zeit des chinesischen Kaiserreichs, doch die Regierungen der Region greifen immer häufiger auf ihn zurück, um ihre Politik zu legitimieren, im Grunde genauso, wie die chinesischen Herrscher dies taten. Doch wenn die Wiedereinführung konfuzianischer Werte im Geschäftsleben schon hitzige Debatten hervorrief, so ist deren Rolle – oder geplante Rolle – in der Politik Asiens noch umstrittener.

9

KONFUZIUS, DER POLITIKER

Wenn einer sein Volk bedrückt und darin schlimm
ist, der zieht sich selbst den Tod und seinem Reich
den Untergang zu.

MENZIUS[321]

Lee Hsien Loong ist ein sensibler Mann. Der Harvard-Absolvent ist seit 2004 Premierminister in Singapur, und es steht außerfrage, dass er diese Position sehr erfolgreich ausfüllt. Unter seiner Führung hat der Stadtstaat neue Höhen des Wohlstands erklommen, was ihm auf dem von Wettbewerbern nur so wimmelnden asiatischen Kontinent enormen Einfluss sichert. Und doch wird im Ausland und zu Hause immer und immer wieder der Vorwurf erhoben, er habe diese Position aus zweifelhaften Gründen inne.

Der Grund dafür ist, dass Lee nicht nur Premierminister, sondern auch der Sohn von Lee Kuan Yew ist. Und so verfolgen den jüngeren Lee hartnäckig Gerüchte, es sei seine Herkunft und nicht seine Befähigung gewesen, was ihn zum Premierminister gemacht habe. Der Vorwurf trifft umso mehr, als Singapurs politisches System einige Eigenheiten aufweist. Obwohl der Stadtstaat offiziell eine parlamentarische Demokratie ist und regelmäßig Wahlen abhält, ist Singapur im Grunde ein Ein-Parteien-Staat, der seit seiner Unabhängigkeit im Jahr 1965 von der People's Action Party oder PAP geführt wird, die unter anderem von Lee senior mitbegründet wurde. Die Lees und ihre Genossen von der PAP haben sich als recht geschickt darin erwiesen, die politische Opposition weitgehend kaltzustellen. Obwohl Lee Kuan Yew 1990 von seinem Posten als Premierminister zurücktrat, hat er immer noch enormen Einfluss auf die Regierung.

Verständlich, dass Lee junior sein Recht zu regieren mit grimmiger Entschlossenheit verteidigt. 2010 sprach der amerikanische Moderator Charlie Rose Lee Hsien Loong bei einem Interview auf den Vorwurf des Nepotismus an, und Lee konterte mit einer ungewohnten Verteidigungsstrategie: Er bemühte Konfuzius. »Unser ganzes System fußt auf dem Konzept der Meritokratie«, erklärte Lee. »Wenn jemand bezweifelt, dass ich als Premierminister hier stehe, nicht weil ich der beste Mann für den Job bin, sondern weil mein Vater mich in diese Stellung gehievt hat, dann ist meine gesamte Glaubwürdigkeit, meine ganze Moral dahin. Denn zuerst müssen Sie sich das moralische Recht erwerben, dann können Sie die richtigen Entscheidungen treffen. Das ist ein grundlegendes konfuzianisches Gebot.« Lee meinte, er würde selbst das Mandat des Himmels ablehnen, wenn man es ihm nur aufgrund seiner Beziehungen und nicht aufgrund seiner Fähigkeiten übertragen würde. Wenn die Leute glauben, »dass das ganze System nur Theater ist, dann würde das System einstürzen. Es wäre nicht haltbar.«[322]

Diese Aussage ist bemerkenswert. Nach mehr als einem Jahrhundert der Kritik und Desavouierung hatten nur wenige ostasiatische Führungspersönlichkeiten den Mut, ausgerechnet Konfuzius zu bemühen, um ihre Positionen oder ihre Maßnahmen als gerechtfertigt hinzustellen. Und doch ist da plötzlich dieser amtierende Premierminister, der von sich behauptet, ein »Edler« konfuzianischer Fasson zu sein, der sich seine Stellung durch seine überlegene Erfahrung, Befähigung und Tugend verdient habe. Damit sagte Lee quasi, dass Singapur von einem *junzi* regiert wird, wie der chinesische Begriff lautet, und dass die Regierung Singapurs eine konfuzianische Meritokratie ist, in der nur die Begabtesten und Klügsten aufsteigen. Daher habe die jetzige Staatsmacht das moralische Recht, zu regieren. Und Lee steht mit dieser Meinung keineswegs allein da. Schon 1982 verkündete Goh Keng Swee, damals stellvertretender Premierminister und einer der Architekten von Singapurs Wirtschaftspolitik: »Konfuzius glaubte, dass es zur Katastrophe für ein Land kommt, wenn die Regierung nicht in den Händen aufrichtiger Männer liegt. Und die PAP ist derselben Ansicht.«[323]

Die Vorstellung, Singapur werde von »Edlen« regiert, ist quasi Teil seiner Staatsdoktrin. 1991 hieß es in einem vom Parlament herausgegebenen Weißbuch zur offiziellen Nationalidentität von Singapur: »Viele der konfuzianischen Ideale sind für Singapur von Bedeutung« und auf jeden Fall wichtiger als politische Ideologien des Westens. »Die Idee, dass die Regierung von Edlen gelenkt werden soll, deren Pflicht es ist, für das Volk das Richtige zu tun, und denen das Volk deshalb Achtung und Vertrauen entgegenbringt, passt besser zu uns als die westliche Vorstellung, dass man einer Regierung nur begrenzte Macht übertragen sollte«, stand da zu lesen.[324]

Das Selbstbild der Regierungseliten von Singapur stellt einen weiteren historischen Wendepunkt in der Karriere des Höchsten Weisen dar. Konfuzius spielt also wieder eine Rolle in der ostasiatischen Politik, und dieses Faktum wird für die Zukunft der Region und ihr Verhältnis zum Rest der Welt Konsequenzen haben.

Lee Kuan Yew und sein Argument der »asiatischen Werte« bildeten gleichsam das Vorspiel zur Wiederauferstehung des Konfuzius. Es schuf eine konfuzianische Alternative zu den westlichen Ideen der repräsentativen Demokratie. Indem er betonte, dass die

Gesellschaften Asiens Produkt einer ganz anderen philosophischen und kulturellen Tradition seien, eben einer konfuzianischen, konterte Lee die westliche Auffassung, dass die liberale Demokratie mit ihrem individualistischen Gleichheitsgrundsatz die höchste Form menschlicher Zivilisation sei und daher universell und für alle Gesellschaften gleichermaßen gültig, ganz egal, welche Geschichte, Kultur oder Ziele sie geprägt haben. Damit stellt Lee die These auf, dass Konfuzius und das Modell westlicher Demokratie sich nicht unbedingt vertragen, ja dass konfuzianische Regierungsgrundsätze den westlichen sogar überlegen sein können. Vereinfacht ausgedrückt hat Lee damit die Grundsätze westlichen politischen Denkens mit Konfuzius' Hilfe infrage gestellt.

Die Reaktion der Demokratie-Befürworter in Ost und West fiel gleichermaßen geharnischt aus. Man warf ihm vor, aus konfuzianischen Grundsätzen ein Mäntelchen zu stricken, das seinen ureigenen Interessen diene, seine autoritäre Herrschaft rechtfertige und ihm die Legitimation gebe, den Einwohnern Singapurs ihre bürgerlichen Freiheitsrechte vorzuenthalten. Es hieß, die beiden Lees mit ihrem horrenden Strafrecht, ihren strengen Regulierungen und ihrem rücksichtslosen Vorgehen gegenüber jedweder Art politischer Opposition hätten mehr mit dem verhassten Qin-Kaiser und seinen kompromisslosen legalistischen Beratern gemein als mit einem konfuzianischen »Edlen«. »Die politische Elite Singapurs besteht nicht aus konfuzianischen Edelmännern«, schrieb der Politikwissenschaftler Sam Crane in seinem Blog zur chinesischen Philosophie *The Useless Tree*. »Sie sind legalistische Tyrannen, deren einziges Interesse der Machterhalt ist. Wenn also ein PAP-Politiker mal wieder den Spruch vom konfuzianischen »Edlen« aus der Schublade holt, dann können Sie ihm beruhigt sagen, er solle sich damit doch zum legalistischen Teufel scheren.«[325]

Doch davon einmal abgesehen hat Lee auf einen wichtigen Punkt hingewiesen. Selbst die eingefleischtesten Anhänger liberaler

Demokratien nach westlichem Muster müssen zugeben, dass die Gesellschaften Ostasiens eine vollkommen andere politische Geschichte haben und ein ganz anderes philosophisches Fundament, nämlich ein konfuzianisches. Die Frage, die sich dem Konfuzianer von heute stellt, ist doch: Wie hat sich Konfuzius dieses Fundament tatsächlich vorgestellt? Jahrtausendelang setzte man Regierung à la Konfuzius mit einem streng hierarchischen Gefälle von oben nach unten gleich. In den letzten 150 Jahren aber geriet diese Form konfuzianischen Regierens durch die Einführung westlicher Werte wie Menschenrechte und Demokratie in Bedrängnis. Und diese Schlacht hat Konfuzius größtenteils verloren: Die konfuzianischen Dynastien wurden hinweggefegt vom Angesicht der Erde und gingen in einem Aufruhr aus revolutionären Protest- und Demokratisierungsbewegungen unter. Viele Kämpfer für die Demokratie in Asien haben Konfuzius' Sturz freudig begrüßt. Sie sehen Konfuzius als unverbesserlichen Autokraten, der aus der Regierungsverantwortung entlassen werden muss, wenn es den Asiaten gelingen soll, ihre politischen Rechte einzufordern. Die Versuche der Familie Lee in Singapur sowie anderer ostasiatischer Regierungen, den großen Weisen politisch wiederzubeleben, stellen in ihren Augen eine Bedrohung für die Freiheit und die Zukunft offener politischer Systeme in der Region dar.

Doch Asien hat Konfuzius' politische Philosophie im Zeitalter der Globalisierung auch schon anders interpretiert. Bestimmte Vertreter demokratischer Bewegungen entdecken in den Worten des Weisen die Samen der Demokratie. Sie meinen, dass die konfuzianischen Lehren im Grunde für eine republikanische und nichtautoritäre Regierung sprechen. Diese Ansicht ist Lees »asiatischen Werten« diametral entgegengesetzt. Konfuzius und die Demokratie – kompatibel? Die Konfuzianer sollen gar die Regierung des Volkes durch das Volk noch vor dem Westen ins Auge gefasst haben?

Und bei dieser Diskussion geht es keineswegs um akademische Spitzfindigkeiten. Wird sie den Konfuzianismus zur Kraft machen, die Demokratisierung, Menschenrechte und politische Offenheit in Asien fördern kann? Oder wird Konfuzius einmal mehr zum Werkzeug in der Hand von Autokraten, die nur neue Formen autoritärer Herrschaft rechtfertigen wollen?

Um diese Fragen beantworten zu können, müssen wir uns erneut in die alten Schriften vertiefen und studieren, was Konfuzius selbst zur guten Regierungsführung zu sagen wusste. Die meisten seiner Aussagen weisen Konfuzius nun nicht gerade als Demokraten aus. In den *Analekten* jedenfalls oder in anderen, ihm zugeschriebenen Texten tritt er keineswegs für eine repräsentative Regierung im modernen westlichen Sinne ein. Volksversammlungen oder gar Wahlen waren ihm fremd. Er beklagte zwar das schändliche Verhalten von Chinas Herzögen und Königen, doch die Legitimität oder den Wert der Monarchie als Regierungsform stellte er nie infrage. Sein idealer Staat ist hierarchisch gegliedert mit dem Kaiser bzw. König an der Spitze. Die Macht nimmt ihren Weg von oben ausgehend nach unten, und nicht umgekehrt.

Doch nicht nur die Regierungsform, auch der Geist, der hinter dem demokratischen Konzept steht, ist Konfuzius suspekt. Die repräsentative Demokratie geht von der Vorstellung aus, dass alle Menschen gleich sind und der Gesellschaft am besten gedient ist, wenn diese Individuen selbst ihre Regierung wählen. Das heißt nicht mehr und nicht weniger, als dass Otto Normalverbraucher in der Lage ist, sich selbst zu regieren. In den Schriften des Weisen aber finden sich keinerlei Hinweise auf solche Ideen. In Konfuzius' Augen fehlte es den Massen an Bildung und moralischer Stärke, um Entscheidungen für sich selbst oder die Gemeinschaft treffen zu können. »Man kann dem Volk wohl Gehorsam befehlen, aber kein Wissen«, sagte er einst. In seiner Weltsicht waren eben nicht alle Menschen gleich geschaffen, daher hatte auch nicht jeder das Recht, zu herrschen. Die Regierungsgewalt ist den Gelehrten und Weisen vorbehalten, den »Edlen«, die über das Wissen und die Tugend verfügen, um vorurteilsfrei und gütig zu regieren. Diese Edlen allerdings haben die Verantwortung, sich um jene zu kümmern, die nicht fähig sind, sich selbst zu regieren. Der gute Herrscher dient selbstlos und opfert Reichtum und Bequemlichkeit für sein Volk. Konfuzius meinte einmal, er finde »keinen Makel« an einem Mann, der »selbst in einem schlichten Haus wohnte, da er alle Kräfte für das Gemeinwohl aufbot«. Dies ist die Wurzel des paternalistischen Staates nach konfuzianischem Muster, in welchem der Herrscher für die Untertanen sorgt, als seien sie seine Familie. Eine der wichtigsten Pflichten des Herrschers sei, so Konfuzius im *Buch von Maß und Mitte*, »die väterliche Liebe zum einfachen Volk«.[326]

Die innere Struktur einer konfuzianischen Gesellschaft ist unbestreitbar anti-demokratisch. Da jede Beziehung einen dominanten und einen untergebenen Part umfasst, verfügen keineswegs alle in der Gesellschaft über freien Willen. Ein Sohn sollte seinem Vater gehorchen, die Frau dem Mann. Dies schränkt ihre Möglichkeiten, unabhängige politische Entscheidungen zu treffen, von vornherein ein. Das Ergebnis ist eine Gesellschaft, in der bestimmte Menschen aufgrund ihrer Herkunft und ihrer Stellung mehr Macht und Einfluss auf die öffentlichen Angelegenheiten haben als andere. Daher glaubten die Kämpfer der Bewegung des Vierten Mai auch, dass Konfuzius und Demokratie unvereinbar seien. »Den absoluten Gegensatz zum Klassensystem bilden die Ideen von Freiheit, Gleichheit und Unabhängigkeit, die die Grundlage der politischen Moral im modernen Westen sind … Jede republikanische Verfassung beruht auf den Prinzipien von Unabhängigkeit, Gleichheit und Freiheit und kann daher nicht einhergehen mit einem System von Verbindungen und Klassen.«[327]

In solch einem hierarchischen System haben Menschen nicht notwendig dieselben Rechte wie im demokratischen Westen. Die Gesellschaft profitiert hier nicht als Ganzes vom Streben jedes Einzelnen nach Glück. Ganz im Gegenteil: Hier hat jeder Mensch seine vorherbestimmte Rolle in der Gesellschaft, die er zu erfüllen hat. Aus diesem Grunde antwortete Konfuzius, als man ihn einst fragte, was »regieren« heiße, auch: »Der Herrscher muss Herrscher sein, der Untertan muss Untertan bleiben. Der Vater sei Vater, der Sohn Sohn.«[328] In einer Gesellschaft, die auf wohlgeordneten Beziehungen beruht, ist nicht jeder (der Sohn zum Beispiel) frei, zu tun oder zu sagen, was er will. Daraus leiten manche Sinologen ab, dass Konfuzius gegen die freie Meinungsäußerung oder gegen die Versammlungsfreiheit gewesen sei – bürgerliche Freiheitsrechte, die in der westlichen Demokratie als unverzichtbar gelten. In Konfuzius' Welt hatten die Menschen keine »unveräußerlichen Rechte«, wie Thomas Jefferson glaubte, sondern »unumgehbare Pflichten«. Wenn die konfuzianische Verpflichtung gegenüber Eltern, Ehemännern und Herrschern nicht eingehalten wird, dann stürzt die Gesellschaft ins Chaos.

Kurz gesagt stellte Konfuzius das Gemeinwohl über die Freiheit des Einzelnen. Wie der Politikwissenschaftler Samuel Huntington schreibt, ist der Konfuzianismus letztlich »undemokratisch oder anti-demokratisch«, weil er »die Gruppe über das Individuum stellt, die Autorität über die Freiheit, die Verantwortung über das Recht«. Darüber hinaus fehle es den konfuzianischen Gesellschaften an »einer Tradition von Rechten gegenüber dem Staat. Das ging so weit, dass individuelle Rechte vom Staat mitunter erst geschaffen wurden«[329]. In der Rede von Gettysburg forderte Abraham Lincoln eine »Regierung vom Volk durch das Volk und für das Volk«. Die ideale Regierung nach Konfuzius aber war zwar für das Volk gedacht, aber keineswegs vom Volk und durch das Volk.

Doch wäre es etwas voreilig, würden wir Konfuzius schlankweg als Befürworter autoritärer Regierungsformen bezeichnen. Er mag sich nicht für demokratische Modelle, zumindest nicht nach westlichem Muster, eingesetzt haben, doch auch Autokratien fanden vor seinen Augen keine Gnade, denn moralische Stärke war ihm wichtiger als brutale Gewalt. Die Herrscher im konfuzianischen System hatten vielleicht die höchste Befehlsgewalt, die absolute Macht hatten sie aber keineswegs. Sie durften weder willkürlich noch im eigenen Interesse handeln. Denn in den konfuzianischen Ideen über gute Regierungsführung geht es meist um Begrenzung der Macht. Selbst Könige sind den Regeln der Schicklichkeit und Tugend unterworfen – dem Moralkodex des Edlen. Jeder, vom König hinunter bis zum einfachen Bauern, ist durch den Weg gebunden, den der Himmel den Menschen gezeigt hat. Der einfache Mann mochte nicht die Freiheit haben, zu sagen oder zu tun, was er wollte, aber das galt nicht nur für ihn, sondern auch für den König und seine Minister. Folgt der Herrscher dem Weg nicht, muss er auf den rechten Pfad zurückgeführt werden – sonst verliert er seine Autorität. Erinnern wir uns nur daran, dass Konfuzius den Ministern die Pflicht zum »Widerspruch« in den Regelkanon geschrieben hat, wenn nämlich der Herrscher sich unangemessen oder tyrannisch verhält. Protestierte der Minister da nicht, verletzte er seine Pflichten und verurteilte seinen Herrscher und den Staat selbst zum Niedergang. Ein Herzog fragte Konfuzius einmal, ob es ein Wort gäbe, das allein ein Land ins Verderben führen könne. Und Konfuzius antwortet: »Man sagt: ›Es ist kein Vergnügen zu herrschen, es sei denn, niemand widerspricht!‹ Wenn die Worte des Herrschers wirklich korrekt sind und niemand ihnen widerspricht, dann ist es gut. Aber wenn nun der Herrscher Falsches oder Unrechtes sagt und niemand widerspricht ihm – kann da nicht wirklich ein Wort das Land fast ins Verderben stürzen?«[330] Und tatsächlich stellten sich die Konfuzianer immer wieder gegen unsinnige politische Entscheidungen und legten »Widerspruch« ein, wenn gierige und machtversessene Souveräne ihre Untertanen knechteten. Das begann schon bei Konfuzius selbst, der den Großteil seines Lebens damit zubrachte, den Königen und Herzögen seiner Zeit ihr selbstsüchtiges und wenig zielführendes Verhalten vorzuwerfen. Diese Idee aber – dass man Autorität infrage stellen muss, um Machtmissbrauch zu verhindern, das Volk zu schützen und die beste Politik für das Land zu erzielen – ist eines der Grundprinzipien der Demokratie.

Konfuzius war auch der Auffassung, dass Herrscher von ihren Untertanen nicht erwarten konnten, dem Gesetz zu gehorchen und sich korrekt zu verhalten, wenn sie selbst nicht mit gutem Beispiel vorangingen. »Verhält man selbst sich korrekt, dann geht alles seinen rechten Gang, ohne dass Befehle gegeben werden müssen«, sagte er. »Verhält man selbst sich aber nicht korrekt, so mag man noch so viel befehlen, die anderen gehorchen dennoch nicht.« Auch Minister und Beamte sollten von den Herrschern zur Rechenschaft gezogen werden. Als Herzog Ai, der Herrscher von Lu, Konfuzius fragte, wie er sich den Respekt der Bevölkerung verdienen könne, antwortete der Weise: »Wenn man die Aufrechten fördert und sie den Unehrlichen vorzieht, dann wird das Volk gehorchen. Wenn man dagegen die Unehrlichen fördert und sie den Aufrechten vorzieht, dann wird das Volk nicht gehorchen.«[331]

Konfuzius ging so weit, zu behaupten, dass ein Land keine Gesetze und kein Gefängnis nötig habe, wenn der Herrscher sich tatsächlich menschlich verhalte. Dann würde das Volk, so Konfuzius, mit Güte und Wohlverhalten reagieren, auch ohne dass man ihm mit Gefängnis, Bußgeldern oder anderen Strafen drohte. »Will man Gehorsam durch Gesetze und Ordnung durch Strafe, dann wird sich das Volk den Gesetzen und Strafen zu entziehen versuchen und alle Skrupel verlieren«, meinte Konfuzius. »Wird hingegen nach sittlichen Grundsätzen regiert und die Ordnung durch

Beachtung der Riten und der gewohnten Formen des Umgangs erreicht, so hat das Volk nicht nur Skrupel, sondern es wird auch aus Überzeugung folgen.« Um einen Staat zu lenken, brauche es nichts als Tugend. Im *Buch von Maß und Mitte* heißt es: »So braucht der Edle nicht zu belohnen, und das Volk wird dennoch zur Tugend angefeuert; er braucht nicht zu zürnen, und das Volk fürchtet ihn doch mehr als Beil und Axt.« Menzius sieht die Sache offensichtlich ganz ähnlich: »Wer durch Gewalt die Menschen unterwirft, der gewinnt sie nicht in ihren Herzen, sondern nur, weil sie ihm nicht an Stärke gewachsen sind. Wer aber durch Geisteskräfte sich die Menschen unterwirft, dem jubeln sie im Herzen zu und sind ihm wirklich untertan.« Wenn ein Herrscher zu Gewalt greifen muss, um sein Volk unter Kontrolle zu halten, ist dies ein Zeichen des Versagens. Ein Herrscher fragte Konfuzius einmal, ob er alle Menschen töten solle, die nicht dem Weg folgten. Konfuzius gab ihm deutlich zu verstehen, dass solch eine drastische Maßnahme völlig unnötig wäre, wenn der Herrscher selbst dem Weg folgte. »Wieso müsst Ihr töten, wenn Ihr regiert?«, antwortete Konfuzius. »Ihr selbst müsst das Gute nur wirklich wollen, dann wird auch das Volk gut werden.« An anderer Stelle in den *Analekten* spricht Konfuzius sich eindeutig gegen die Todesstrafe aus: »Menschen zum Tode zu verurteilen, ohne sie vorher belehrt zu haben, das nennt man Grausamkeit.«[332]

Aus den Worten des Weisen lässt sich also eines ableiten: Autorität muss durch gute Taten und ethisches Handeln verdient werden. Sie fällt einem nicht einfach mit einem ererbten Titel oder Rang in den Schoß. Schon gar nicht kann sie durch Gewalt erlangt werden. Ein autoritäres Regime ist qua Definition eine Zwangsherrschaft. Es wird durch Polizei, Standgerichte, willkürliche Gesetzgebung und harte Strafen aufrechterhalten. Konfuzius aber war der Ansicht, dass wahre Autorität nur entstehen könne, wenn kein Zwang ausgeübt werde. Menschen würden einer Autorität freiwillig gehorchen, so diese sich an die Regeln ethischen Verhaltens hält.

Konfuzius glaubte auch nicht, dass der Staat immer die oberste Autorität in der Gesellschaft sein sollte. Erinnern wir uns nur an die Geschichte von dem jungen Mann im Fürstentum She, der seinen Vater an die Obrigkeit verriet. Konfuzius war der Ansicht, dass die familiären Verpflichtungen über dem Gesetz stünden – ein klarer Beleg dafür, dass der Weise keineswegs blindem Gehorsam gegenüber der Regierung das Wort redete. Aus eben diesem Grund glaubten Legalisten wie Han Feizi, dass Konfuzius' Lehren die Macht des Staates untergraben und nicht stärken würden. Das Fundament einer stabilen, blühenden Gesellschaft war in Konfuzius' Augen nicht die Regierung, sondern die Familie. Der Politikwissenschaftler Francis Fukuyama schrieb dazu: »Der Konfuzianismus baut seine wohlgeordnete Gesellschaft von unten her auf, statt sie von oben her anzuordnen.«[333]

Moderne Anhänger des Konfuzius spinnen diesen Gedankengang weiter. In ihren Augen war Konfuzius ein Demokrat *ante litteram*. Als im letzten Jahrhundert die politischen Ideale des Westens in China, Korea und im restlichen Ostasien ankamen, begannen asiatische Denker und Politiker, immer öfter auf Konfuzius zu verweisen: Seine Philosophie habe die Grundlage für die Demokratie in Ostasien überhaupt erst gelegt.

Der zweifellos einflussreichste politische Denker war Sun Yatsen, der sowohl von den Kommunisten als auch von ihren Erzfeinden als Vater des modernen China betrachtet wird. Nach dem Zusammenbruch der kaiserlichen Herrschaft 1911 war Sun einer der wichtigsten Akteure in der ersten chinesischen Republik, der er als Präsident diente. Er war Mitbegründer der Nationalistischen Partei oder Kuomintang, die auch heute noch in Taiwan entscheidenden Einfluss ausübt. Sun war fest davon überzeugt, dass die Samen, aus denen die moderne Demokratie in China sprießen würde, nicht aus Europa kämen, sondern von den alten Weisen des Landes gezogen worden seien. »Ich sehe, dass China lange vor Europa und Amerika fortschrittlich war. Das Land hat schon seit Tausenden von Jahren über die Demokratie debattiert«, schrieb er. »Während die Demokratie in China schon vor tausend Jahren im Gespräch war, wurde sie im Westen erst vor 150 Jahren verwirklicht.« Sun nannte im Besonderen Konfuzius und Menzius, die sich »schon vor 2000 Jahren für die Rechte des Volkes eingesetzt« hätten.[334]

Zeitgenössische Parteigänger des Konfuzianismus sehen in ihm die Idee verwirklicht, dass alle Macht vom Volke ausgeht. Das mag bei einer so auf Hierarchie und Eliten konzentrierten Philosophie zunächst merkwürdig wirken, doch Konfuzius macht immer wieder deutlich, dass der Herrscher seine Autorität nur behält, wenn das Volk hinter ihm steht. Letztlich heiße das doch, dass das Volk über seinen Herrscher entscheidet. In den *Analekten* spricht Konfuzius mehrmals an, dass es die Aufgabe des einfachen Volkes sei, die Herrschaft zu kontrollieren und sicherzustellen, dass die Politik gesunden Grundsätzen folge: »Wenn ich jemanden besonders lobe, dann habe ich das sorgfältig erwogen. So verhielten sich auch die Menschen während der drei Dynastien [Xia, Shang und Zhou, die Herrscherhäuser der Vorzeit, A.d.Ü.] und deshalb vermochten diese, den rechten Weg zu gehen.« In anderen Texten wird die Verbindung zwischen Legitimität der Herrschaft und Zustimmung des Volkes noch direkter ausgedrückt: »Wer das Volk gewinnt, gewinnt die Herrschaft; wer das Volk verliert, verliert auch sein Reich«, heißt es im *Großen Lernen*.[335]

Eindeutig wird dieser Sachverhalt bei Menzius ausgedrückt, der sich ausführlicher über das Band zwischen Herrscher und Untertanen äußert. Menzius geht so weit, zu behaupten, dass der einzige Weg zur Macht die Zustimmung des Volkes ist: »Das Volk ist am wichtigsten, die Götter des Landes und des Kornes kommen in zweiter Linie, und der Fürst ist am unwichtigsten«, sagt er. »Darum wer die Gunst des Landvolks erlangt, der wird der Herr der Welt; wer die Gunst des Herrn der Welt erlangt, wird Landesfürst.« Und bei anderer Gelegenheit, als man ihn fragte, wie ein König das Land einen könne, antwortete Meister Meng: Wenn ein König gerecht regiert, »so fallen die Leute ihm zu, wie das Wasser nach der Tiefe hin fließt, in Strömen«[336].

Menzius meinte auch, ein Herrscher habe nicht das Recht, seinen Nachfolger selbst zu wählen – der Himmel habe den Herrscher zu dem gemacht, was er war, daher würde der Himmel nur dann einen Nachfolger akzeptieren, wenn dieser die Unterstützung des Volkes habe. »Der Herrscher kann dem Himmel einen Mann vorschlagen, aber er kann nicht dafür sorgen, dass der Himmel diesem Mann den Thron schenkt«, meinte Menzius. Über einen früheren Wechsel der Herrscher im selben Staate sagte Menzius: »Die Angelegenheiten waren wohlgeordnet, sodass das Volk sich unter dem Herrscher sicher fühlte. Daher gehorchte das Volk. Der Himmel hat diesem Mann den Thron gegeben, er hat ihn dem Volk vorgestellt und das Volk hat ihn angenommen.« Denn ein Herrscher, der sein Volk misshandle, würde früher oder später ersetzt werden, weil er die Zustimmung des Volkes verliere. »Wenn einer sein Volk bedrückt und darin schlimm ist«, warnte Menzius, »der zieht sich selbst den Tod und seinem Reich den Untergang zu.«[337]

Obwohl Menzius also ganz klar unterstrich, dass das Volk das Recht habe, über seine Regierung zu entscheiden, blieben die klassischen Texte nur vage, wenn es darum ging, wie dieses Recht auszuüben sei. Bleibt das Volk passiv und der Himmel wählt den Herrscher nach der Stimmungslage der Massen? Oder spielt es eine aktive Rolle? Anders ausgedrückt: Hat das Volk das Recht, seine Herrscher ein- und abzusetzen? Konfuzius scheute immer wieder davor zurück, sich Rebellionen gegen die bestehende politische Ordnung anzuschließen. Daraus könnte man schließen,

dass er der Auffassung war, das Volk dürfe versuchen, seinen Herrscher (oder seine Regierungsform) zu bessern, oder gute Herrscher
den schlechten vorziehen, doch nicht aktiv einen schlechten Herrscher absetzen. Menzius war in dieser Hinsicht radikaler. In seinen
Augen verlor ein schlechter Regent seinen Herrscherstatus. Wer
ihn aus dem Amt vertrieb – ihn sogar tötete –, rebellierte nicht,
sondern befreite die Welt von einem Verbrecher. Als König Xuan
von Qi Menzius fragte, ob ein Minister das Recht habe, seinen
Fürsten zu töten, antwortete dieser: »Wer die Sittlichkeit nimmt,
wird Räuber genannt. Wer die Rechtschaffenheit raubt, ist ein
Schurke. Jeder Schurke und Räuber ist ein niedriger Mensch. Ich
habe gehört, dass der Schurke Zhou hingerichtet wurde, doch ich
habe nicht gehört, dass in seinem Fall ein Souverän getötet worden wäre.«[338]

Sun Yat-sen interpretierte Menzius' Worte dergestalt, dass aus
konfuzianischer Sicht ein Volk das Recht habe, ungerechte Herrscher zu vertreiben und brutale abzusetzen. Diese Idee sei in China
also Jahrtausende vor der Entstehung der Demokratie im Westen
im Gespräch gewesen. Menzius »erkannte bereits, dass Könige
nicht unbedingt nötig waren und wohl nicht für ewig herrschen
würden. Daher nannte er die Herrscher, die dem Volk dienten, ›hei-
ligmäßig‹, die grausamen aber, die nicht den Regeln der Tugend
folgten, waren in seinen Augen nur ganz normale Menschen, gegen
die man sich auflehnen durfte.« Kim Dae Jung, der in Südkorea für
die Demokratie kämpfte, stimmte ihm zu. »Beinahe zwei Jahrtausende vor Locke verbreitete der chinesische Philosoph Mengzi
schon ähnliche Ideen«, schrieb Kim 1994. »Der König ist der
›Himmelssohn‹. Der Himmel hat ihm dieses Mandat gegeben, damit er gut regiert und den Wohlstand des Volkes mehrt. Regierte er
aber nicht rechtschaffen, hatte das Volk das Recht, sich gegen ihn
zu erheben und seine Regierung im Namen des Himmels aus dem
Amt zu jagen.«[339]

Aus all diesen Auseinandersetzungen kann letztlich nur eines mit Sicherheit abgeleitet werden: Eine endgültige Aussage über Konfuzius' Vorstellungen zur Demokratie zu treffen ist ein Ding der Unmöglichkeit. Bereits im 19. Jahrhundert galt der Konfuzianismus als eine autoritäre Doktrin, die untrennbar verknüpft war mit dem Despotismus des chinesischen Kaiserhauses. Die demokratischen Konfuzianer von heute könnten nicht wegdiskutieren, dass die Konfuzianer sich in ihrer ganzen Geschichte stets zu willigen Erfüllungsgehilfen des autokratischen chinesischen Staates gemacht haben, indem sie die Ideologie und die Schriften lieferten, die diese Herrschaft legitimierten. Das begann mit Dong Zhongshu und Kaiser Wu im 2. Jahrhundert v. Chr. und intensivierte sich noch während der Song-Herrschaft und unter späteren Dynastien im 2. Jahrtausend unserer Zeitrechnung. Die wichtigsten konfuzianischen Gelehrten ließen sich freiwillig zum Werkzeug des Staates machen. Sie mischten aktiv in den Regierungsgeschäften mit, selbst als die Herrscherhäuser die Macht zentralisierten und alles, was sie gefährden konnte, gnadenlos unterdrückten. Obwohl nicht alle geistlose Bürokraten oder Hofschranzen wurden – viele nutzten nach Konfuzius' Vorbild ihren Einfluss bei Hof auch, um »Widerspruch« einzulegen, wofür sie mitunter teuer bezahlten –, so traten die Konfuzianer doch nur selten für einen radikalen politischen Wandel ein. Die meisten Konfuzianer kollaborierten mit dem Kaiserhaus, das Konfuzius zum »Höchsten Weisen« erklärt hatte und das ihm Verehrung zollte, auch wenn es sich nicht an seine Ratschläge hielt.

Natürlich gerät man hier unweigerlich in Versuchung, Konfuzius von all dem freizusprechen, was seine Nachfolger in seinem Namen taten. Doch in gewisser Hinsicht waren es ja Konfuzius' eigenes Beispiel und seine überlieferten Worte, die die Konfuzianer zur Kollaboration mit den Herrschenden anhielten. Ein konfuzianischer Edler hatte die moralische Pflicht, seine Fähigkeiten in den

Dienst der Regierung zu stellen. Diese Forderung aber führte dazu, dass er ständig ein fragiles Gleichgewicht wahren musste: Zum einen musste er sich die Gunst des Herrschers sichern, zum anderen Konfuzius' ethischen Prinzipien gehorchen. Die Konfuzianer hielten sich dabei im Allgemeinen an ihren Meister und versuchten eher, das System von innen her zu reformieren. Und doch gab es zwischen dem Meister und seinen Schülern einen entscheidenden Unterschied. Konfuzius hatte sich zwar zeit seines Lebens um eine Stellung bei Hofe und politischen Einfluss bemüht, doch er weigerte sich entschieden, dafür seine Prinzipien preiszugeben. Die späteren Konfuzianer besaßen nicht diese Stärke. Sie passten die Lehren ihres Meisters mehr als einmal den Erfordernissen des Kaiserhofes an. Sobald sie bei Hofe eine gewisse Macht hatten, taten sie alles, um sie auch zu behalten.

Jahr um Jahr standen sie vor einer schwierigen Entscheidung: dem Staat zu dienen, selbst wenn er von den konfuzianischen Idealen abwich, um die eigene politische Macht zu behalten, oder sich voll moralischer Empörung zurückzuziehen und ihren Job, ihr Einkommen und möglicherweise sogar ihr Leben zu verlieren. Dieses Dilemma zeigt sich deutlich in einem Brief, den Hayashi Razan 1613 schrieb. Er diente den frühen Tokugawa-Shogunen in Japan. Hayashi wusste, dass der Einfluss, den er beim Shogun hatte, und das schöne Leben, das er dadurch führen konnte, ihn zufrieden machen sollten, doch er war nicht glücklich. »Ich muss mich Menschen unterordnen, die nicht einmal annähernd meine Fähigkeiten und Tugenden haben. Das Schlimmste aber ist, dass ich genau das tue: mich unterordnen«, schreibt er. »Ich möchte den konfuzianischen Weisen folgen. Doch das hieße, dass ich nur meinen Überzeugungen entsprechend handle, und eben das vermag ich nicht. Die Belastung, die dieser Konflikt bedeutet, lässt mittlerweile deutliche Spuren erkennen.« Konfuzius hätte ihm geraten, sein Gewissen über seinen Dienst zu stellen, doch Hayashi gestand, dass dies vollkommen unrealistisch war. »Ich habe die Bücher der Weisen und Edlen studiert. Ich weiß, dass dies ihre Absicht ist. Und genau das macht mir Schwierigkeiten. Doch andererseits will ich für meine Eltern sorgen können, ich will die Verpflichtungen erfüllen, die ich gegenüber meinen Freunden und Brüdern habe. Das lässt mir letztlich keine Wahl. So weit ist es also gekommen.«[340] Man kann sich unschwer vorstellen, dass auch die Konfuzianer Chinas und Koreas unter diesem inneren Konflikt litten. Je tiefer die Konfuzianer sich mit der Bürokratie einließen, desto mehr verkam der Weg des Konfuzius zum Karrierepfad. Und umso schwieriger wurde es für sie, sich zwischen ihrem täglich Brot und den ethischen Unterweisungen ihres Meisters zu entscheiden.

Doch die Konfuzianer waren ja nicht einfach Staatsbeamte, die innerlich unter einem starken Zwiespalt litten, in den sie ihre Stellung erst gebracht hatte. Sie vertieften den Konflikt ja aktiv, indem sie ihre Lehre immer neu auf die Bedürfnisse autoritärer Herrschaft zuschnitten. Und sie suchten dabei eifrig nach Mitteln und Wegen, diese »Anpassungen« als bei Konfuzius schon angelegt auszugeben. Die konfuzianische Renaissance während der Song-Zeit, die man als Zhu Xis Große Synthese kennt, führte neue politische Ideen in den Konfuzianismus ein, welche die Dynastien Chinas bis zum Ende der Kaiserherrschaft Anfang des 20. Jahrhunderts prägten. Die Neo-Konfuzianer waren im Grunde von denselben Idealen beseelt wie einst Konfuzius: Sie wollten Ordnung und Stabilität in der Gesellschaft sichern und durch moralische Erneuerung zu guter Regierungsführung gelangen. Doch die neuen Theorien lieferten auch die philosophische Rückendeckung für all jene Kaiser, die die politische Macht zentralisiert sehen wollten. So deuteten die Neo-Konfuzianer die Geschichte neu: Zeiten der Ordnung und des Wohlstandes habe es nur unter starken Herrschern gegeben, während Verfall und Naturkatastrophen sich vorzugsweise dann eingestellt hätten, wenn die zentrale Autorität erodiert

war. Zu diesen Phasen des Niedergangs aber sei es nicht etwa gekommen, weil der Kaiser zu schwach war, seine Gesetze durchzusetzen, sondern weil er sich selbst dem moralischen Verfall ausgeliefert hatte. Wer also die Stabilität wiederherstellte, musste im
Umkehrschluss von makelloser Moral sein. Diese Überlegungen
aber statteten den Kaiser mit einer ganz besonderen Macht aus: Er
war nicht mehr länger nur Friedensgarant auf der politischen
Ebene, sondern auch auf der spirituellen – in der Beziehung der
Menschen zum Universum.

Natürlich brachte diese höhere Stellung auch eine enorme Verantwortung mit sich. Der neokonfuzianische Kaiser war der einzige Mensch, der den Lauf der Geschichte beeinflussen konnte.
Durch seine Tugend konnte er ein Goldenes Zeitalter von Frieden
und Wohlstand einläuten. Seine Gier hingegen ließ die Welt im
Chaos versinken. »Alle Dinge der Welt haben ihren letzten Grund
in einem Menschen, und die Person dieses einen Menschen hat ihren Meister in einem Geist«, erklärte Zhu Xi. »Ist also der Geist
des Herrschers über alle Menschen recht ausgerichtet, dann sind
alle Dinge der Welt geordnet. Ist der Geist des Herrschers aber ver-
dorben, dann enden alle Angelegenheiten der Welt im Verderben.«
Zhu Xi zufolge wird in jedem Menschen – auch dem Herrscher –
eine Schlacht geschlagen zwischen dem selbstsüchtigen »Geist des
Körpers« und dem selbstlosen »Geist der Seele«. Wie ein Mensch
handelt, hängt davon ab, welcher Geist gewinnt. Im Inneren des
Herrschers aber nimmt dieser Kampf universelle Züge an. Das Ergebnis bestimmt über »der ganzen Welt gute oder orientierungs-
lose Herrschaft, Frieden oder Gefahr«, schrieb Zhu in einem Brief
an einen anderen Gelehrten.[341]
Durch solche Zuschreibungen versuchten die Neo-Konfuzianer,
das einfache Volk dazu zu bewegen, diesem unglaublich wichtigen
Menschen, dem Kaiser, zu gehorchen. Dies nämlich war ein ganz
entscheidendes Element, wo es um den Frieden in der Welt ging. So

behauptete der große Neo-Konfuzianer Cheng Yi, der Herrscher sei die Sonne. Der beste Weg zum Schutz des Volkes sei es, »das Prinzip der Verehrung für den Herrscher über alles zu stellen«. »Der Herrscher und der Himmel verfügen über dieselbe Tugend. In ihrem Handeln gehen beide den rechten Weg«, schrieb er. »Wer sein Land schätzen will, muss den Himmel respektieren. Wer den Himmel respektiert, zollt dem Herrscher Verehrung.« Der konfuzianische Gelehrte Hu Anguo schreibt in seinem bedeutenden Kommentar zu den *Frühlings- und Herbstannalen*, das Thema, das sich wie ein roter Faden durch diesen klassischen Text zöge, sei, »dass die Menschen das Mandat des Himmels achten sollten und die Aufteilung von Autorität auf verschiedene Herrscher beklagen«. Obwohl auch Konfuzius die Könige der Vorzeit geehrt sehen wollte, so stellte er den Herrscher doch niemals auf ein so hohes Podest.[342]

Doch seine Nachfolger gingen noch weiter. Liu Ji, ein konfuzianischer Denker aus den frühen Jahren der Ming-Dynastie (1368–1644) schrieb, es sei sein Ziel, »eine Regierung zu ersinnen, die die Welt bewahrt«. Dazu wollte er »Gesetze, Regeln, Riten und Musik schaffen, die dem Aufstieg eines wahren Königs gemäß« seien. Dieser König würde die chinesische Gesellschaft reformieren und ein neues goldenes Zeitalter einläuten. »Der Weise erlässt die Gesetze der Moral in einer Weise, dass sie die innere Güte der Menschen zum Vorschein bringen«, schrieb Liu Ji. »Sein Mitgefühl bewegt und bessert die Menschen ... Himmel, Erde und die Eltern bringen die Menschen zur Welt, der Herrscher-Lehrer aber vervollkommnet sie.« Obwohl die Konfuzianer gewöhnlich gegen Zwang waren, meinte Liu Ji, es sei unrealistisch anzunehmen, dass die weisen Könige der Vorzeit ihr Land nur mit Weisheit und Tugend regiert hätten. Wollte ein Herrscher tatsächlich das Böse besiegen und die Menschen lehren, sei die Anwendung von Gewalt unvermeidlich. Die Massen seien so verderbt, stupide und selbstsüchtig,

dass man sie nur mit Gewalt zum Licht führen könne. Der Konfuzianer Song Lian dachte ähnlich. Er glaubte, dass die Menschen
unter einer »dunklen, kopflosen Dummheit« litten, die ihnen durch
alle zur Verfügung stehenden Mittel ausgetrieben werden müsse.
Und er wetterte gegen jede Art der Bereicherung und Korruption.
Um seine Einstellung zu verdeutlichen, erzählt Song Lian eine Geschichte: Die Beamten bei Hofe spiegeln dem Kaiser vor, dass sie
tugendhaft und sparsam leben, um sein Wohlgefallen zu finden. Als
der Herrscher dahinterkommt, dass nichts davon wahr ist, lässt er
die Beamten hinrichten. Und Song bezeichnete dies als tugendhaftes Verhalten.[343]

Dieses Denken brachte die Neo-Konfuzianer alsbald in den Ruf,
Apologeten des Absolutismus zu sein. Im Neo-Konfuzianismus
Song'scher Prägung »ist die Unterwerfung der Untertanen unter
den Herrscher uneingeschränkt und absolut«, meint der zeitgenössische Politikwissenschaftler Fu Zhengyuan. Die Folge sei, dass
»die autokratische Herrschaft seit der Song-Dynastie weitgehend
mit dem Neo-Konfuzianismus verknüpft war«. Die Schriften Liu
Jis und Song Lians zeigten »klar und deutlich«, dass »ab der Ming-
Dynastie der Konfuzianismus und die autokratische Herrschaft
untrennbar miteinander verwoben waren«. Dieser Ansicht sind
aber nicht alle Gelehrten. Der Historiker A.T. Wood geht davon
aus, dass die Neo-Konfuzianer zwar einen hohen Grad an Zentralisierung der Macht in den Händen des Kaiserhauses für erstre-
benswert hielten, von autokratischer Herrschaft aber nichts wissen
wollten. Sie seien zwar dafür eingetreten, dass die Massen dem
Herrscher gehorchten, doch die Macht des Kaisers sollte durch die
Regeln der Sittlichkeit und Moral beschränkt werden.[344]

Was auch immer sie zu bewerkstelligen glaubten, die Neo-Konfuzianer erwiesen sich als geradezu gefährlich naiv, was den Einsatz und Missbrauch der Macht anging. Denn sobald sie den Kaiser mit universeller Verantwortung und ebensolchem Prestige

ausgestattet und das Volk dazu gebracht hatten, ihm zu gehorchen, blieb ihnen keinerlei Kontrollmöglichkeit mehr. Sie hatten gar keine Möglichkeit, den Kaiser zu bewegen, sich an die Prinzipien konfuzianischer Moral zu halten. Der Denkfehler der Neo-Konfuzianer war im Grunde derselbe, den schon Konfuzius begangen hatte: der fehlgeleitete Glaube, dass der Herrscher den Verstand, die Fähigkeit, den Willen und das aufrechte Bemühen habe, seine enorme Autorität zum Wohle der Bevölkerung einzusetzen. Denn Chinas Herrscher erwiesen sich in den meisten Fällen als des konfuzianischen Vertrauens unwürdig. Meist benutzten sie die Lehren des Konfuzius nur, um ihren Größenwahn zu rechtfertigen.

Den Konfuzianern dämmerte diese Erkenntnis nach der Begründung der Ming-Dynastie 1368. Der Gründervater dieser Dynastie war Zhu Yuanzhang, auch Ming Taizu genannt, und gehörte zweifelsohne zu den brutalsten und tyrannischsten Herrschern Chinas. Er war ebenso repressiv wie der Erste Kaiser Qin Shihuangdi oder später Mao Zedong. Taizu verstümmelte die Chinesen reihenweise, warf sie ins Gefängnis oder ließ sie hinrichten. Wer immer als kriminell eingestuft wurde, dem schnitt man Hände, Füße oder Nase ab. Mitunter brachte man auch einfach seine Söhne und Enkel um. Zu den Opfern gehörten auch zahlreiche Konfuzianer. Selbst altgediente Beamte, die mit einem Mal die Gunst ihrer Vorgesetzten verloren, fanden sich schnell auf der falschen Seite der Peitsche oder des Henkerbeiles wieder. Dabei wurden die Strafen völlig willkürlich verhängt. Taizu ordnete zum Beispiel an, dass zwei Palast-Eunuchen ausgepeitscht wurden, weil sie im Regen ihre Schuhe nicht geschützt hatten. In seinen Augen war dies eine frivole Zurschaustellung von Reichtum. Dasselbe Schicksal ereilte einen Beamten, der eine Denkschrift an den Thron verfasste, die nach Taizus Meinung zu lang geraten war. Trotz all dieser Grausamkeiten stellte Taizu sich selbst als wahren Nachfolger der weisen Könige der Vorzeit dar, der sein Himmelsmandat ausübte und die Moral des Volkes hob, indem er das Land sicher machte. »Der Konfuzianismus lehrt uns Aufrichtigkeit und Zentralisierung«, verkündete Taizu 1382. Im selben Jahr hielt er eine Rede vor Studenten an einer Universität und versicherte ihnen: »Meine Hoffnung ist es, Edle heranzuziehen, damit diese in Konfuzius' Fußstapfen treten.«[345]

Offenkundig waren die Nachfolger des Konfuzianismus auf schreckliche Weise in die Irre gegangen. Da benutzte nun ein Tyrann die Worte des Weisen, um sein despotisches Wüten gegen das chinesische Volk zu rechtfertigen. Liu Ji und Song Lian waren enge Berater von Taizu, und zwar vor und nach der Gründung der Dynastie. Natürlich werden wir heute nicht mehr feststellen können, welchen Einfluss sie auf den Ming-Kaiser tatsächlich ausübten, doch seine Worte und Taten stehen im Einklang mit der von ihnen ersonnenen Maxime, dass ein weiser konfuzianischer Herrscher alle notwendigen Mittel einsetzen dürfe, um das Böse auszumerzen und die Moral anzuheben. Der Historiker John Dardess schreibt in seiner Studie über den Konfuzianismus der Ming-Dynastie gar, dass Taizus Tyrannenherrschaft »aus dem aufrichtigen Bemühen des Herrschers entstand, die konfuzianische Lehre, so wie er sie verstanden hatte, konkret umzusetzen«[346].

Viele von Taizus Proklamationen lesen sich außerordentlich konfuzianisch. Er selbst war ja ein Waisenkind, das lange weder lesen noch schreiben konnte. Er gewann den Kaiserthron durch eine blutrünstige Rebellion, doch als er Kaiser wurde, hatte er sich eine gewisse konfuzianische Bildung angeeignet. Er verfasste selbst unzählige Abhandlungen und Proklamationen, die deutlich erkennen lassen, wie er sich sah: nicht als blutigen Despoten, sondern als König, in dessen Verantwortung es lag, die Welt zu retten und das Volk im rechten Weg zu unterweisen, zumindest im rechten Weg nach seiner Fasson. »Der Herrscher kontrolliert das Reich. Seine

Unterscheidung zwischen Korrekt und Trügerisch, seine Erkundung von Richtig und Falsch geht allein von seinem Geist aus«, erläuterte Taizu einmal und klang damit auf gespenstische Weise wie Zhu Xi, der bedeutendste Neo-Konfuzianer der Song-Dynastie. »Ist sein Geist nicht richtig ausgerichtet, dann läuft alles falsch. Daher darf das Werk der Ausrichtung des Geistes nicht auf die leichte Schulter genommen werden.« Wird der Herrscher seiner Verantwortung nicht gerecht, ist die Nation verloren. »Das Volk hätte nie überlebt, hätte der Himmel nicht Herrscher gesandt, die es genährt hätten«, schrieb Taizu in einer seiner Abhandlungen. »Hält der Herrscher die Zügel nicht fest in der Hand und schenkt den Guten auf diese Weise Sicherheit, werden die Guten unruhig und orientierungslos. Man kann das Volk nicht fördern, ohne das Böse zu bestrafen ... Daher regelt der Himmelssohn die Welt mit Strafen und bringt die Menschen dazu, sich den hierarchischen Gegebenheiten zu unterwerfen.« Als Gegenleistung für diesen unschätzbaren Dienst erwartete Taizu von seinen Untertanen, dass sie seine »Lehren« annahmen. »Der Weg des Untertanen liegt in unerschöpflicher Loyalität«, verkündete er.[347]

Die späteren Konfuzianer wurden dort schuldig, wo sie eine gezielte Auswahl trafen, welche der Lehren des Konfuzius befolgt werden sollten und welche nicht. Es ist kaum vorstellbar, dass Konfuzius ein mutwilliges Hinschlachten, wie Taizu es betrieb, unwidersprochen gelassen hätte. Erinnern wir uns doch nur: Konfuzius selbst lebte lieber in Armut, als eine Stellung bei einem Herrscher anzunehmen, der dem konfuzianischen Weg nicht folgte. Die Konfuzianer der Ming-Zeit aber sorgten sich eher um ihren Status und ihr Einkommen. Schließlich hatten sie eine Familie zu versorgen! Und so trafen sie genau die gegenteilige Entscheidung. Hätte Konfuzius sich durch ein Wurmloch ins 14. Jahrhundert bewegen können, hätte er seine Nachfolger vermutlich mit Abscheu betrachtet und sie daran erinnert, was er seine ersten Schüler gelehrt hatte: »Geht ein Staat den rechten Weg, so tue dich hervor. Andernfalls halte dich zurück.«[348]

Doch zurück ins moderne Singapur. Sind Lee Kuan Yew und seine Freunde in der Regierung Singapurs nun *junzi* nach konfuzianischem Vorbild, die nach asiatischen Werten herrschen, die in den Lehren des Weisen wurzeln? In gewisser Weise hält Lee sich tatsächlich an konfuzianische Prinzipien. Er nimmt die Aufforderung ernst, für das wirtschaftliche Wohl seines Volkes zu sorgen, und glaubt ernsthaft daran, dass Führung durch das Beispiel am besten fruchtet. Er hat eine effiziente, korruptionsfreie Verwaltung geschaffen, die sich um das Allgemeinwohl kümmert, indem er all diese Qualitäten selbst vorgelebt hat.

Doch Konfuzius verlangt von den Herrschenden mehr als nur Effizienz. Der große Weise sorgte sich ja nicht nur um das politische Ziel, sondern auch um die Mittel zu seiner Erlangung. Wie ein Staat regiert wird, ist mindestens ebenso wichtig wie das, was er erreichen will. Vergessen wir nicht, was Konfuzius selbst dachte: Eine gute Regierung fußt auf der Tugend, und ein wahrhaft konfuzianischer Führer herrscht mit Güte, nicht mit Zwang. Um die Regierung Singapurs diesem Lackmustest unterziehen zu können, müssen wir ein wenig tiefer graben. Wir müssen uns mit dem Organisationsprinzip der Singapurer Regierung beschäftigen, mit der Ideologie, auf der Lees Herrschaft aufbaut, und beides vor dem Hintergrund der konfuzianischen Ideale guter Regierungsführung und menschlicher Rechte betrachten.

Als Lee aus Cambridge nach Singapur zurückkehrte, gründete er mit gleichgesinnten Singapurern, die den wachsenden Einfluss der Kommunisten auf die chinesische Bevölkerung des Stadtstaats fürchteten, die PAP. 1959 gewann die Partei in einem hitzig ausgefochtenen Wahlkampf das Regierungsmandat, und Singapur errang in fast allen Belangen die Selbstverwaltung vom vormaligen

Kolonialherrn Großbritannien. Lee wurde Premierminister. 1965 wurde Singapur vollständig unabhängig. Ende der Sechzigerjahre hatte Lee die Opposition beinahe ganz ausgelöscht. Obwohl es immer noch Wahlen gibt, geht die PAP daraus stets unangefochten als Siegerin hervor und gewinnt fast alle Parlamentssitze. Lee und seine Kollegen von der PAP nutzen die Kontrolle über den Stadtstaat, um jede Opposition effektiv mundtot zu machen. Man kontrolliert die Presse, schränkt die Rede- und Versammlungsfreiheit ein, sodass es den Oppositionsführern nahezu unmöglich ist, einen Wahlkampf zu führen und Parlamentssitze zu erringen. Reporter ohne Grenzen, eine unabhängige Presse-Organisation, setzt Singapur in seinem Pressefreiheits-Index auf Platz 149 (von 179), noch hinter Wladimir Putins Russland und Robert Mugabes Simbabwe. Hinter der Herrschaft der PAP steht ein Strafrecht, das zu den schärfsten der Welt gehört. Selbst für geringfügige Vergehen werden Menschen mit Stockschlägen bestraft. Außerdem gehört Singapur zu den Ländern, in denen immer noch häufig die Todesstrafe verhängt wird. 2009 veröffentlichte die UNO einen Bericht, in dem es heißt, Singapur läge bei den Pro-Kopf-Hinrichtungen weltweit an fünfter Stelle. Der Stadtstaat liegt damit zwischen Nordkorea und China.[349]

Lee Kuan Yew hat für diese Politik einiges an Kritik einstecken müssen. Kim Dae Jong, der frühere Präsident von Südkorea, nannte Singapur einmal einen »beinahe totalitären Polizeistaat«, der »das Handeln des Individuums in nahezu Orwell'scher Manier reguliert«. Lee allerdings lässt sich von seinem Kurs nicht abbringen. Seiner Ansicht nach stecken hinter seinen harten Strategien nur gute Absichten. Ohne die eiserne Faust, meint er, hätte Singapur wohl kaum solche Fortschritte für seine Bürger erzielt, wie dies unter seiner Präsidentschaft der Fall gewesen sei. Eine offene Demokratie, so meint er, könne nicht die Richtung vorgeben und die Politik umsetzen, die die Bedingungen für schnelles Wachstum schaffe.»Von einigen wenigen Ausnahmen abgesehen, hat die Demokratie Entwicklungsländern keine gute Regierungsführung gebracht«, verkündete Lee 1992 in einer seiner Reden.»Die Demokratie hat nicht zu mehr Entwicklung geführt, weil die Regierung die dafür nötige Stabilität und Disziplin nicht schaffen konnte.« Lee kritisierte den ideologischen Unterbau der westlichen Demokratie als unsinnig.»Da geht man davon aus, dass alle Männer und Frauen gleich sind oder zumindest sein sollten«, meinte Lee. »Aber ist diese Gleichheit realistisch? Wenn nicht, dann führt das Bestehen auf dem Gleichheitsgrundsatz zum Rückschritt ... Die Schwäche der Demokratie ist, dass ihr Grundprinzip, dass nämlich alle Menschen gleich sind und in gleichem Maße fähig, zum Allgemeinwohl beizutragen, Unsinn ist.« Lee geht sogar so weit zu behaupten, dass der wichtigste Grundsatz der amerikanischen Demokratie – dass alle Menschen unveräußerliche Rechte haben – gefährlich sei. Denn wenn die Rechte des Individuums über die der Gemeinschaft gestellt würden, dann würde darunter das Allgemeinwohl leiden. Das individualistische Streben nach Glück und Freiheit sei zu moralischer Dekadenz und Selbstsucht verkommen und sei der Grund für die Übel, unter denen die amerikanische Gesellschaft leide.»Ich finde bestimmte Dinge [der amerikanischen Gesellschaft] völlig inakzeptabel: Waffenbesitz, Drogen, Gewalttaten, Landstreicherei, ungehöriges Verhalten in der Öffentlichkeit, und überhaupt den Zusammenbruch der Zivilgesellschaft«, sagte Lee 1994.»Die Ausweitung des Rechts jeden Individuums, zu tun und zu lassen, was ihm beliebt, geht auf Kosten einer geordneten Gesellschaft.«[350]

Liegt die Regierungsgewalt hingegen in den Händen einiger weniger *junzi*, einer gebildeten Elite (zu der Lee sich selbstverständlich rechnet), die das Wissen und die Weisheit besitzen, die nationalen Angelegenheiten zu ordnen, so würde das für den Staat bessere Ergebnisse bringen. Der Erfolg einer Regierung hängt laut

Lee nicht von der Regierungsform ab, sondern von den Menschen, die diese Regierung bilden. »Gibt es tatsächlich eine gute Regierung ohne gute Männer?« – diese Frage, die Lee 1994 in einer Rede vor dem Parlament von Singapur stellte, war natürlich rein rhetorisch. »Amerikanische Liberale glauben das … Sie denken, man könne ein gutes Regierungssystem mit Gewaltenteilung haben … selbst wenn schwache oder nicht so gute Männer die Wahlen gewinnen und die Verantwortung übernehmen … Meine Erfahrungen in Asien haben mich eines anderen belehrt. Für eine gute Regierungsführung müssen gute Männer an der Regierung sein.« Lees Ansicht nach sollten diese guten Männer entscheiden, was das Beste für alle ist, um das Allgemeinwohl zu stärken. »Ich sage das ohne das geringste Bedauern: Wir wären nicht hier, wir hätten nicht solche wirtschaftlichen Erfolge vorzuweisen, hätten wir uns nicht in sehr persönliche Angelegenheiten eingemischt – in die Frage, wer Ihr Nachbar ist, zum Beispiel, wie Sie leben, wie viel Lärm Sie machen dürfen, wo Sie ausspucken dürfen oder welche Ausdrücke Sie benutzen. Wir entscheiden, was richtig ist. Und mir ist egal, was andere Leute darüber denken.«[351]

Lee geht sogar noch weiter. Seiner Ansicht nach hat der Konfuzianismus dazu geführt, dass die Ostasiaten diese wenig freiheitliche Form des Regiertwerdens dem Vielparteiensystem des Westens vorziehen. Aufgrund der spezifisch asiatischen kulturellen Werte neigten die Ostasiaten dazu, die Interessen der Gemeinschaft über die des Individuums zu stellen. Ihnen sind Friede und Ordnung im Staat wichtiger als die Rechte des Einzelnen. »Im Osten ist das wichtigste Ziel eine wohlgeordnete Gesellschaft, sodass jeder seine maximale Freiheit genießen kann«, meinte Lee. »Diese Freiheit aber kann nur in einem geordneten Staat gelebt werden und nicht im Naturzustand, der nur aus Auseinandersetzungen und Anarchie besteht«, fügte er hinzu, einem Naturzustand, den er in der liberalen Demokratie verwirklicht sieht. Daher passe das westliche Regierungssystem der Demokratie nicht in konfuzianische Gesellschaften. »Einfach das System der amerikanischen, britischen oder westeuropäischen Verfassung nachzuahmen, ist kein gangbarer Weg für Asien [um ein politisches System zu schaffen]«, erklärte er weiter in einer Rede von 1991. »Die Völker Asiens wollen einen höheren Lebensstandard in einer geordneten Gesellschaft. Sie wollen gerade so viel individuelle Freiheit bei der Wahl ihres Lebensstils, ihrer politischen und bürgerlichen Freiheiten, wie mit den Interessen der Gemeinschaft vereinbar ist ... Kein Führer in Singapur kann es sich leisten, die politische Theorie über das praktische Bedürfnis nach Stabilität und geordnetem Fortschritt zu stellen. In dieser Hinsicht, glaube ich, spreche ich im Augenblick wohl für die meisten, wenn nicht für alle Asiaten.« Sollte Asien tatsächlich versuchen, die politischen und sozialen Systeme des Westens zu kopieren, würde dies zu Niedergang und Verfall seiner Gesellschaft führen. »Sind wir uns nicht im Klaren darüber, was passiert, und erlauben wir diesem Prozess [der Verwestlichung] unkontrolliert voranzuschreiten, dann wird er irgendwann die gesamte Gesellschaft durchdringen. Dann aber haben wir ein echtes Problem, mit dem wir uns auseinandersetzen müssen«, meinte Lee 1988.[352]

Lees Philosophie übte in Ostasien und darüber hinaus großen Einfluss aus. Er war einer der renommiertesten politischen Führer Ostasiens und trat für eine konfuzianische Alternative zum westlichen System der repräsentativen Demokratie ein, da diese der westlichen überlegen sei und für die Region besser passe. Seine Position wurde gestärkt durch die unglaublichen wirtschaftlichen Erfolge in Singapur, die zu beweisen schienen, dass Lees konfuzianisches Modell in der Lage war, die politische und soziale Stabilität aufrechtzuerhalten und schnell Wohlstand für alle zu schaffen. Selbst heute noch stoßen Lees Worte auf offene Ohren, vor allem in China. Die Parteigänger des dortigen Regimes machen sich seine

Argumente zu eigen und vertreten offensiv die These, dass das totalitäre Einparteiensystem China mehr nützt, als demokratische Strukturen dies tun würden. So verkündete der Risikokapitalgeber Eric Li kürzlich:»In der chinesischen Tradition gibt es eine alte Definition der Ziele guter Regierungsführung, die von Konfuzius selbst stammt ... Modern ausgedrückt könnte man sagen, dass es sich um Frieden und Wohlstand in einer gerechten Rechtsordnung handelt, die auf dem moralischen Fundament der Rechtschaffenheit gründet ... Nimmt man nun dieses konfuzianische Ziel als Maßstab, hat der aktuelle Einparteienstaat China gut gedient.«[353]

In den Augen seiner Kritiker missbrauchte Lee wie so viele chinesische Herrscher seit der Zeit des Kaisers Wu Konfuzius, um seine autokratische Herrschaft hinter der Maske konfuzianischer Rechtschaffenheit zu verbergen. »Die asiatischen Werte sind in den letzten Jahren zunehmend auch als Pauschalformel herangezogen worden, um die Taten oder Wünsche asiatischer Regierungen zu rechtfertigen«, schreibt Chris Patten, der letzte britische Gouverneur von Hongkong. »Alte Männer, die an der Macht bleiben wollten, alte Korruptionssysteme, die ihr Überleben zu sichern gedachten, alte Regime, die sich vor dem Urteil der Wähler fürchteten – sie alle konnten den Vorhang zwischen Ost und West niederlassen und behaupteten, von einer ehrwürdigen Kultur gesegnet und durch die undurchschaubaren Rätsel des Orients legitimiert zu sein.« Der Politikwissenschaftler Francis Fukuyama fällte ein ähnlich harsches Urteil: »Der Konfuzianismus legitimiert keinesfalls ein autoritäres politisches System«, schrieb er 1995. »Die aktuelle politische Führung in Singapur bezieht sich in eher unlauterer Absicht auf konfuzianische Traditionen, um ein übergriffiges und unnötig paternalistisches politisches System zu rechtfertigen.«[354]

Und wer hat nun recht? In den »asiatischen Werten« Lee Kuan Yews finden sich durchaus Anklänge an Konfuzius – vor allem dort, wo er den Massen nicht zutraut, sich selbst zu regieren, und das Allgemeinwohl über die Freiheit des Einzelnen stellt. Wenn er argumentiert, dass eine gute Regierungsführung ohne gute Männer nicht möglich sei, hört er sich verdächtig an wie Wang Anshi, der konfuzianische Reformer der Song-Zeit. Aber natürlich bediente Lee sich, wie so viele selbst ernannte Konfuzianer, nur dort beim Meister, wo es seinen Interessen diente, und ließ weg, was ihm nicht in den Kram passte. Denken wir nur mal an Konfuzius' Überzeugung, dass moralische Stärke der physischen Gewalt überlegen sei. Ein wahrer König der Vorzeit würde niemals mithilfe strenger Gesetze und gewaltsamer Strafen regieren. In den Augen eines Konfuzianers dürfte Lee die Todesstrafe nicht verhängen und würde zur Aufrechterhaltung seiner Herrschaft keine Zwangsmaßnahmen brauchen. Außerdem würde ein konfuzianischer Herrscher keine Angst vor abweichenden Meinungen haben – gute Regierungsführung brauche schließlich »Widerspruch«. Konfuzius würde Lees Regime mit seinen Hinrichtungen und Prügelstrafen, seinem Würgegriff am Hals der Presse und der Opposition, wohl kaum gutheißen. Wäre der Patriarch von Singapur nämlich tatsächlich ein *junzi*, wäre all das gar nicht nötig. Allein, dass Lee die Herrschaft über Singapur nur mit Gewalt aufrechterhalten kann, zeigt, dass er vom Weg abgewichen ist.

Lees Kritiker stellen auch infrage, welche Bedeutung Konfuzius für Singapur tatsächlich besitzt. Wenn Lee behauptet, es sei die konfuzianische Prägung, die die Bevölkerung von Singapur kulturell vom Westen unterscheide, setzt er implizit voraus, dass die Singapurer weiter an ihren konfuzianischen Werten (oder seiner Interpretation derselben) festhalten. Doch Lees eigene politische Maßnahmen zeigen deutlich, dass er die Singapurer nicht für besonders konfuzianisch hält. Warum hätte er sonst 1982 eine Kampagne lanciert, um die Bürger mit konfuzianischen Werten vertraut zu machen? Seit den längst vergangenen Zeiten des kaiserlichen China hat keine Regierung mehr den Konfuzianismus so hartnäckig zu verbreiten gesucht.

Für diese Kampagne hatte Lee mehrere Gründe. Zum einen war der Kampfschrei, der die Singapurer unter seiner Flagge vereint hatte – nämlich der verzweifelte Versuch, die Armut zu überwinden –, verhallt, seit der Wohlstand ausgebrochen war. Lee merkte, dass er neue Prinzipien brauchte, um seine Regierung zu legitimieren und der Nation erneut eine Richtung vorzugeben. Außerdem machte er sich Sorgen, dass mit dem fremden Geld und der fremden Technologie eine andere, finstere Macht sich in seinem kleinen Stadtstaat ausbreiten könnte – fremde Ideen. Wie die konservativen Konfuzianer der Qing-Dynastie fürchtete auch Lee, dass die schnelle Verwestlichung Singapurs die heiligen konfuzianischen Werte der Kindespietät und der Verpflichtung gegenüber der Gemeinschaft zersetzen könnte. Singapur konfuzianischer zu machen würde ihm zufolge als Bollwerk gegen die seiner Ansicht nach negativen Seiten der Globalisierung wirken.

Die beste Verteidigung gegen all diese Übel sah er in der Stärkung der konfuzianischen Familie. Im Februar 1982 verband er das »Bedürfnis nach moralischer Erziehung« – also Erziehung in konfuzianischen Werten – mit dem Kampf gegen die Zerstörung der Tradition – anders ausgedrückt: der konfuzianischen Familie. Singapur, so meinte er, stünde heute vor dem Problem, »wie man die Zerstörung der mit ihr verbundenen Wertvorstellungen durch den allumfassenden Einfluss von amerikanischen und britischen Fernsehsendungen verhindern könne, die einen völlig anderen Lebensstil zeigen«. Der Einfluss dieser kulturellen Invasion hätte schon schädliche Auswirkungen auf die Singapurer Gesellschaft, klagte er. »Jeder, der in der konfuzianischen Tradition erzogen wurde, würde sich schämen, seine Eltern allein und mittellos zu lassen.« Doch die jungen Singapurer von heute, so Lee, »sehen im

Fernsehen und auf Reisen, dass dies die Norm ist« – natürlich nur im Westen.»Unsere Aufgabe ist es also, unseren Kindern diese traditionellen Werte zu vermitteln, wenn ihr Geist noch jung und empfänglich ist«, meinte er weiter.»Damit sie, wenn sie den Teenagerjahren entwachsen sind, diese Einstellung erworben haben und sie ihr Leben lang mit sich tragen.«[355]

Hauptangriffspunkt der Kampagne waren vor diesem Hintergrund natürlich die Schulen. 1979 legte Goh Keng Swee, damals Bildungsminister, dem Parlament einen Gesetzesentwurf über ein verpflichtendes Programm zur »moralischen Erziehung« in öffentlichen Schulen vor. Anfangs war der Konfuzianismus noch nicht Teil dieses Bildungsvorhabens. 1982 aber erweiterte man das Programm auf Vorschlag von Lee um einen Kurs in konfuzianischer Ethik. Goh sagte, Lees Vorschlag habe ihm zunächst einige schlaflose Nächte bereitet, während er überlegte, was er tun sollte. Am Ende aber habe er eingesehen, dass die konfuzianische Ethik genau die richtige Ergänzung für dieses Programm sei. »Es ist eine harte Nuss«, meinte er damals, »aber wir werden sie knacken.« Da Singapur eine multikulturelle Gesellschaft ist (mit indischen und malaiischen Minderheiten), konnten die Kinder und ihre Eltern zwischen verschiedenen Traditionen wählen, um Gohs Vorstellung von einer moralischen Erziehung zu verwirklichen. Es gab Kurse über Buddhismus, Islam und Christentum, doch Lee hatte eine klare Vorliebe: »Für die meisten chinesischen Schüler«, meinte er, »ist der Konfuzianismus und nicht der Buddhismus das, was kluge Eltern für ihre Kinder wählen würden.«[356]

Die Regierung beschloss darüber hinaus, dass es eine Organisation brauche, um der Nation den Konfuzianismus zu verkaufen. »Man könnte eine Akademie einrichten, um den Konfuzianismus vor dem Hintergrund der gewandelten Zeiten zu unterrichten. Auf diese Weise könnte Singapur sogar zum Zentrum für konfuzianische Studien werden«, empfahl Goh und hörte sich dabei ein biss-

chen an wie Dong Zhongshu in seiner Denkschrift an Kaiser
Wu.[357] Und so wurde 1983 das Institute of East Asian Philosophies
gegründet, das durch Seminare, Konferenzen und Rechenschafts-
berichte den Konfuzianismus verbreiten soll.

Dabei ist das Institut nur ein winziger Baustein in der allgemeinen Kampagne zur »Konfuzianisierung« der Singapurer. »Der
Konfuzianismus in Singapur soll schließlich nicht nur aufs Klassenzimmer beschränkt bleiben«, meinte Goh. »Er wird neu interpretiert, sodass er in Singapur als Richtschnur für das persönliche
ethische Verhalten gelten kann.« Die Singapurer wurden bombar-
diert mit Zeitungsartikeln und Talkshows über konfuzianische
Werte und deren Vorteile für den Stadtstaat. Das las sich in der
Straits Times, der wichtigsten Tageszeitung in Singapur, zum Beispiel so: Unter der Schlagzeile »Ist die konfuzianische Ethik für
Singapur von Belang?« meinte der Autor, westliche Erziehung sei
für Wissenschaft und Wirtschaft recht und schön, doch »es wäre
ein unersetzlicher Verlust für uns, wenn wir dadurch von den moralischen Werten des Konfuzius getrennt würden … Die universellen Werte der konfuzianischen Ethik führen überhaupt erst zur
Heranbildung des idealen und gebildeten Singapurers.«[358]

Lees Konfuzianisierungskampagne erstaunte die Singapurer
nicht schlecht. »Zahlreiche Beobachter sind von dieser Renaissance
des Konfuzianismus überrascht«, meinte der Singapurer Ökonom
Tan Chwee Huat. »Nicht zuletzt die Singapurer selbst, von denen
viele eine englische Erziehung genossen haben.«[359] Sehr schnell
stellte sich heraus, dass die Singapurer so gut wie nichts über den
Konfuzianismus wussten. Paradoxerweise musste die Regierung
von Singapur Akademiker aus dem Westen holen, um einen Lehrplan für das neue Programm zur konfuzianischen Erziehung aufzu-
stellen. So lud man Wissenschaftler aus den Vereinigten Staaten ein,
um Vorlesungen zu halten und Zeitungsartikel zu schreiben, die der
Bevölkerung des Stadtstaates Konfuzius nahebringen sollten.

Am Ende erwies sich die Konfuzianisierungskampagne trotz der enormen finanziellen Mittel und der Förderung von höchster Stelle als Flop. Die Bombardierung mit konfuzianischen Werten verärgerte die indischen und malaiischen Minderheiten, ohne bei der chinesischen Bevölkerung Singapurs auf breitere Zustimmung zu stoßen. In Gohs Programm zur moralischen Erziehung entschieden sich mehr Schüler für Unterricht in Buddhismus und Bibelkunde als für Kurse in Konfuzianismus. Im Oktober 1989 leitete die Regierung einen Kurswechsel ein. Nun mussten sich Singapurer Schüler nicht mehr zwangsweise in konfuzianischer Ethik oder in anderen Glaubensbekenntnissen unterrichten lassen. Das Institut für ostasiatische Philosophien wurde generalüberholt. Sein Forschungsauftrag erstreckte sich nunmehr auch auf moderne asiatische Wirtschaft und Politik. Und man taufte es um: Nun heißt es Institut für politische Ökonomie Ostasiens. (Heute bildet es das Ostasiatische Institut an der Nationalen Universität Singapur.)

Doch Lee und seine Minister gaben sich noch nicht geschlagen. Sie heckten einen neuen Plan aus: Diesmal ging es um die »nationale Identität« von Singapur. 1989 stellte Präsident Wee Kim Wee die Idee dem Parlament vor: »Wenn wir die Orientierung nicht verlieren wollen, sollten wir das kulturelle Erbe unserer Gemeinschaft bewahren und bestimmte Werte aufrechterhalten, die untrennbar zum Wesen des Singapurers gehören«, empfahl er. Was aber waren diese Werte? Zwei Jahre später nannte die Regierung in einem Weißbuch über gemeinsame Werte deren fünf. Darin hieß es wörtlich, dass diese Werte nicht ausdrücklich konfuzianisch seien. Die Regierung könne »Nicht-Chinesen den Konfuzianismus nicht aufdrängen«, war dort weiter zu lesen. Doch diese fünf Werte klingen verdächtig nach Konfuzius, vor allem einer: »Die Familie ist die Grundlage der Gesellschaft.« Das hört sich durchaus an, als habe man es aus den *Analekten* abgeschrieben. Und es gab noch weitere Indizien: »Die Nation zählt mehr als die Gemeinde, die Gesellschaft mehr als das Selbst.« Auch das könnte von Konfuzius selbst stammen.[360]

In diesem Weißbuch wird auch deutlich, dass Lee mit diesen »gemeinsamen Werten« sein Argument der spezifisch »asiatischen Werte« neu aufkochte, denn auch die neu geschaffene »nationale Identität« der Singapurer sei inkompatibel mit bürgerlichen Freiheiten westlichen Zuschnitts. »Ein wesentlicher Unterschied zwischen asiatischen und westlichen Werten ist das Gleichgewicht zwischen Individuum und Gemeinschaft«, heißt es dort. »Im Allgemeinen stellen asiatische Gesellschaften die Interessen der Gemeinschaft über die des Einzelnen, während in westlichen Gesellschaften das Individuum mehr zählt.« Singapurs Zukunft hänge davon ab, dass sich diese Einstellung nicht ändere. »Singapur ist eine asiatische Gesellschaft. Der Stadtstaat hat die Interessen der Gemeinschaft stets höher bewertet als die des Individuums«, liest man weiter. »Diese Einstellung sollten wir bewahren und stärken.« Da die »asiatischen Werte« den westlichen überlegen seien, würde ihr Verlust Singapurs globale Wettbewerbsfähigkeit schwächen. »Keine asiatische Gesellschaft hat je erfolgreich das westliche Modell übernommen«, steht da zu lesen. »Die Singapurer sind keine Amerikaner oder Angelsachsen, obwohl wir Englisch sprechen und westliche Anzüge tragen mögen. Wenn wir Singapurer auf lange Sicht von Amerikanern, Briten oder Australiern nicht mehr zu unterscheiden wären oder wenn wir gar zu einer schlechten Kopie herabsänken, dann würden wir damit unseren Vorsprung gegenüber diesen westlichen Gesellschaften einbüßen, der uns international zum Vorteil gereicht.«[361]

Doch das überzeugendste Argument gegen die »asiatischen Werte« Lee Kuan Yews lässt sich der jüngsten Geschichte entnehmen. Seit den Achtzigerjahren ist Ostasien demokratischer, als die Region es je war. Zu Beginn des 20. Jahrhunderts lag die Macht im »konfuzianischen« Asien entweder bei Diktatoren (Südkorea, Taiwan und China) oder bei faktischen Einparteiensystemen (Japan und Singapur). Das ist heute nicht mehr so. Südkorea und Taiwan sind lebendige, gesunde Demokratien. Japans Einparteiensystem hat ein Ende gefunden, weil immer mehr Bürger sich in die Politik einmischen und die Oppositionsparteien mehr Macht haben als früher. Die Bürger Hongkongs gehen immer wieder auf die Straße, um ihre bürgerlichen Freiheitsrechte zu verteidigen, seit Großbritannien die ehemalige Kronkolonie 1997 an China zurückgegeben hat. Viele Menschen in Ostasien wünschen sich heute die Demokratie. Dabei haben die konfuzianischen Lehren in dieser Region sicher mehr Fortüne als im multikulturellen Singapur. Doch diese Konfuzianer setzen sich leidenschaftlich für Demokratie ein und gehen in einigen Fällen große Risiken ein, um für ihre Freiheitsrechte zu kämpfen. Kim Dae Jong in Korea war einer der Wortführer der »Rebellion der Rechtschaffenen« gegen die autoritäre Gesellschaft. 1987 zwang man so die Militärdiktatur, freie Wahlen zuzulassen. So wie Konfuzius Asien letztlich nicht auf seinem Weg zu Kapitalismus und Reichtum behindert hat, so verstellt er auch jetzt keineswegs den Pfad zur Demokratisierung.

Anders als Lee Kuan Yew behauptet, passen Konfuzius und die Demokratie hervorragend zusammen. Konfuzius war nämlich der Auffassung, dass eine Regierung in erster Linie für das Volk da ist. Welche Form sie dann annimmt, ist zweitrangig. Der Konfuzianismus zeigt also keine Alternative zur Demokratie auf, sondern nur einen alternativen Weg dorthin, der auf den philosophischen und kulturellen Fundamenten Asiens beruht, statt sich auf vom Westen geborgte Ideen zu stützen. Dass »Konfuzius« sich also sogar auf »Globalisierung« reimt, zeigt, dass die Demokratie tatsächlich universell ist und nicht auf bestimmte historische oder geografische Gegebenheiten beschränkt.

Und doch sind Lees Argumente keineswegs vom Tisch, hat sich doch die mächtigste aller ostasiatischen Nationen entschieden, ihnen Gehör zu schenken – China.

10

KONFUZIUS, DER KOMMUNIST

Konfuzius kann China in die Zukunft führen.

HOTELMANAGER ZHENG WALONG

»Bai!«, befiehlt der Zeremonien-
meister, »Verbeugung!«. Richard Kong gehorcht. Der Geschäftsmann ist ein Nachkomme des Konfuzius in der 78. Generation. Er
ist heute in den Tempel des Konfuzius in Beijing gekommen, um an
diesem warmen Septembermorgen 2011 den 2562. Geburtstag seines Ahnherrn feierlich zu begehen. Kong verbeugt sich tief vor einer Marmortafel mit dem offiziellen Titel von Meister Kong im
Hauptraum des Tempels. Dann hebt er andächtig ein in gelbe Seide
eingeschlagenes Päckchen über seinen Kopf und legt es vor dem
Schrein nieder. Ein Opfer an den Geist seines illustren Ahnen.

Jahrhundertelang hatten Millionen Chinesen solche Riten in den
Konfuziustempeln im ganzen Land vollzogen. Doch dieser Zeremonie war etwas Besonderes eigen – schon allein deshalb, weil sie
überhaupt stattfand. Noch vor wenigen Jahren hätte Kong Konfuzius in China nicht ehren dürfen, zumindest nicht öffentlich. Zu
Zeiten, als Mao Zedong den Weisen gnadenlos bekämpfte, hätte
solch ein Ritual für Richard Kong vermutlich Gefängnis bedeutet –

oder ein noch schlimmeres Schicksal. Während der Kulturrevolution blieb der Konfuziustempel in Beijing, wo einst die Kaiser zum Höchsten Weisen gebetet hatten, fest verschlossen. Jetzt aber durfte Kong nicht nur das uralte Ritual im Herzen der Landeshauptstadt vollführen, nein, er tat dies sogar auf Einladung der kommunistischen Partei. Allein dies sagt schon viel über Chinas Zukunft aus. Konfuzius ist wieder da.

In diesem wohl unvorhersehbarsten Kapitel von Konfuzius' langer Biografie voller Irrungen und Wirrungen hat der Ungekrönte König einmal mehr den chinesischen Thron erklommen. Nach einem Jahrhundert der Verunglimpfung und Schmähung wird der alterslose Weise nun plötzlich von der chinesischen Regierung vereinnahmt, wie dies Herrscher seit der Zeit von Kaiser Wu getan haben. Die Kinder lernen heute in der Schule wieder Weisheiten aus den *Analekten*, neben den Aussprüchen des Großen Vorsitzenden. Die Konfuziustempel wurden wiederhergestellt, die staatlich kontrollierte Presse Chinas bringt regelmäßig Berichte über die Zeremonien, die dort stattfinden. Die jährlichen Geburtstagsfeiern, an denen Richard Kong teilnahm, wurden im Tempel von Beijing schon 2008 wieder eingeführt. 2010 förderte die Regierung einen Spielfilm über das Leben des großen Weisen, in dem der Superstar Chow Yun-fat die Hauptrolle spielte. Als der Film in die Kinos kam, wurde die Anzahl der Lichtspieltheater, die den amerikanischen Blockbuster *Avatar* zeigen durften, angeblich auf einige wenige beschränkt, nur damit die Masse der Kinobesucher Gelegenheit bekam, den Konfuzius-Film zu sehen.

Die kommunistischen Parteifunktionäre schmähen Konfuzius nicht länger, sondern mühen sich nach Möglichkeit, Verbindungen zu dem großen Weisen herzustellen. 2013 unternahm Chinas Präsident Xi Jinping eine Pilgerreise in Konfuzius' Heimatstadt Qufu und stattete dem Sitz der Familie Kong, der in den Sechzigern von den Roten Garden verwüstet worden war, einen Besuch ab – wie die Kaiser der Song-Dynastie vor tausend Jahren. Er versprach öffentlich, die konfuzianischen Texte zu studieren, und pries Konfuzius' Ethik. »Unsere Nation kann voller Hoffnung sein, solange die Chinesen von Generation zu Generation nach einer so erhabenen und hochstehenden Moral streben«, soll der Präsident, den staatlichen Tageszeitungen zufolge, gesagt haben.³⁶² Und so war Konfuzius' Geburtstagszeremonie im Tempel von Beijing nicht gerade eine Familienfeier für Richard Kong, vollzogen doch zahllose Beamte der Stadtverwaltung und andere kommunistische Würdenträger dieselben Rituale wie er und verbeugten sich vor dem Schrein des Weisen.

Die Prozession hatte einen einigermaßen surrealen Charakter. Da waren nun die Mitglieder einer politischen Bewegung versammelt, die angeblich sämtliche althergebrachten Sitten ablehnten und nur der radikalen Ideologie eines Marx Verehrung zollten, und beugten das Haupt vor einer Gestalt aus einer verhassten Vergangenheit, als wären sie kaiserliche Eunuchen. Der Sinneswandel der Partei ist in Wirklichkeit ein Zeichen der Verzweiflung. Da in jüngster Zeit der Marxismus durch den Kapitalismus ersetzt wurde – vielmehr durch das, was man »Sozialismus chinesischer Prägung« nennt –, brauchen die Führer des modernen China eine alternative Staatsdoktrin, die ihre Herrschaft rechtfertigt. Da sie den westlichen liberalen Einfluss und seine demokratischen Ideale fürchten, die die kommunistische Herrschaft wohl unterminieren würden, haben sie sich Chinas Vergangenheit zugewandt. Nun haben sie den Konfuzianismus, den Chinas Kommunisten mit solchem Eifer verfolgt haben, als Chinas ureigenes Denkmodell ausgemacht, das ihnen helfen soll, fremde Ideen abzuwehren, die dem Staat gefährlich werden könnten.

Und doch schien es den Vertretern der Regierung nicht ganz wohl in ihrer Haut zu sein, als sie mit Richard Kong die konfuzianischen Riten zelebrierten. In ihren dunklen, westlich geschnittenen Anzügen waren sie ganz offensichtlich von den Abläufen überfordert. Sie wussten nicht, was sie zu tun hatten und wann, und befolgten nervös die Befehle des Zeremonienmeisters. Diese Ambivalenz ist auch in der nationalen Politik zu spüren. So wurde 2011 mit großem Pomp eine überlebensgroße Statue des Konfuzius auf dem Platz des Himmlischen Friedens in Beijing eingeweiht. Nur drei Monate später wurde sie mitten in der Nacht wieder entfernt. Die Geschichte mit der Statue ist bezeichnend. Die Kommunisten wollen Konfuzius zwar zurückhaben, doch sie wissen nicht recht, wohin mit ihm in ihrem Herrschaftssystem. Ihre Hoffnung ist, dass Konfuzius ihnen hilft, den Status quo aufrechtzuerhalten – und damit ihre Macht. In dieser Hinsicht unterscheiden sie sich kein bisschen von Kaiser Wu oder Ming Taizu: Sie haben Konfuzius sozusagen zu ihrem Public-Relations-Beauftragten gemacht und versuchen (missbräuchlich, in den Augen vieler), seine Aura von Weisheit und Tugendhaftigkeit zu nutzen, um ihr Regime als rechtschaffen und sich selbst als würdige, fürsorgliche Herrscher erscheinen zu lassen.

Doch natürlich laden sie damit gleichzeitig ein, ihre Politik, ihre Methoden und ihr Verhalten an seinen hohen moralischen Standards der Regierungsführung zu messen. Denn obwohl die Konfuzianer sich immer wieder zu willigen Dienern autoritärer Regimes haben machen lassen, gab es doch nicht wenige, die Herrschern die Gefolgschaft versagten, wenn sie ihren hohen Prinzipien nicht genügten. Auf Chinas Kommunisten kommen also eine Menge unbequemer Fragen zu, wenn sie versuchen wollen, den alten Weisen zum Symbol des heutigen China zu stilisieren. Wird der wiederauferstandene Konfuzius zum Speichellecker autoritärer Herrschaft, der über dessen barbarische Methoden das Mäntelchen weiser Sprüche breitet? Oder wird er sich zur Bedrohung für das kommunistische Regime entwickeln, zum Inbegriff der Opposition gegen ein repressives politisches System?

Ob die jetzigen Führer Chinas Konfuzius tatsächlich ins Zentrum der chinesischen Politik und Gesellschaft rücken werden, ist im Moment noch eine offene Frage. Wie diese beantwortet wird, davon hängt die Zukunft Chinas und seine Stellung in der Welt ab.

Richard Kong hat das Hin und Her um Konfuzius in der jüngsten Geschichte am eigenen Leib erfahren. Denn das Erbe des Weisen war selbst in der eigenen Familie umstritten. Als Richard ein Kind war, hielten die Eltern seine Abstammung vor ihm geheim, denn im China der kommunistischen Ära war es lebensgefährlich, ein Kong zu sein. Seit der Kaiserhof die Nachkommen des Konfuzius vor 2000 Jahren in den Adelsstand erhoben hatte, erwies ein Herrscher um den anderen den Kongs seine Gunst. Vor allem erhielten sie Land zum Lehen und kontrollierten um die Mitte der Qing-Dynastie (1644–1911) ein Gebiet von 660 Quadratkilometern. Das Haus in Qufu wurde auf Staatskosten errichtet. Kein Wunder, dass die Kongs sich »die erste Familie Chinas« nannten.[363] Doch die Revolution, die Mao anzettelte, richtete sich vor allem gegen Großgrundbesitzer. Und keine Familie besaß mehr Land als die Kongs. Nachdem Maos Kommunisten die Gegend um Qufu erobert hatten, nahmen sie den Kongs das Lehen weg. Die Familie wurde in alle Teile des Reiches versprengt. Einige Kongs flohen mit den besiegten Nationalisten nach Taiwan. Andere wie Richards Angehörige blieben in China und versuchten, sich dort ein neues Leben aufzubauen.

Anfangs ging es Richards nächsten Angehörigen auch ganz gut. Sein Vater Kong Deyong hatte während des Bürgerkriegs zwischen Kommunisten und Nationalisten das Lehen der Familie in Qufu verlassen und studierte in Beijing Musik. Nachdem Mao die Volksrepublik ausgerufen hatte, erhielt Kong Deyong eine Stellung an einer musikwissenschaftlichen Forschungseinrichtung unter Leitung des Kultusministeriums. Doch als sich China während der

Kulturrevolution radikalisierte, holte ihn sein Erbe ein. »Als die Roten Garden schrien: ›Nieder mit den Großgrundbesitzern!‹, betraf das natürlich in erster Linie meinen Vater«, erzählt Richard. 1968 informierte eine Tante die Rotgardisten, dass die Familie immer noch verborgene Reichtümer besäße. Also fielen die Roten Garden ins Haus der Familie in Beijing ein und plünderten es. Richards Mutter hatte in aller Eile den Familienschmuck in einen Kissenbezug gestopft und diesen zwischen den Federn eines Polsterstuhls versteckt. Leider hatte sie das Versteck nicht gut genug wieder verschlossen. Der Kissenbezug fiel heraus, und die Rotgardisten beschlagnahmten alles.[364]

Die Familie wurde auseinandergerissen. Richards Vater wurde in ein Arbeitslager in der Provinz Hubei verschickt, während Richard mit seiner Mutter und zwei Schwestern in den Süden, nach Jiangxi kam, wo sie von 1969 bis 1971 lebten. Die Lager, in die die Kommunistische Partei Intellektuelle, Städter und andere sogenannte »Konterrevolutionäre« zur »Umerziehung« mittels Schwerstarbeit steckte, waren in der Kulturrevolution gang und gäbe. Richards Mutter arbeitete jeden Tag lange Stunden auf den Reisfeldern. Der Junge blieb allein mit seinen Schwestern in der Hütte zurück. »Ich war sechs Jahre alt«, erinnert er sich. »Als wir aufs Land geschickt wurden, gab es keinen Erwachsenen, der auf uns aufpasste. Meine Mutter musste am frühen Morgen zur Arbeit und kam erst spätabends zurück. Es gab keinen Unterricht. Ich ging lange Zeit nicht in die Schule.« Schließlich erlaubte die Regierung, dass die Familie in Beijing wieder zusammenkam, doch diese hatte genug vom kommunistischen China. 1979 emigrierten Richards Eltern nach Hongkong. Er und seine Schwestern kamen wenige Monate später nach.

Erst dort erfuhr Richard, wer seine Vorfahren waren. 1982 kehrte sein Vater nach Beijing zurück, wo er mit dem Bürgermeister zusammentraf und mit Singapurs Premierminister Lee Kuan Yew. Diese Reise war ein erstes Anzeichen dafür, dass sich Chinas

Haltung zu Konfuzius zu wandeln begann. »Er war total aufge-
regt, als er zurückkam«, erinnert Richard sich. Dann weihte er seinen Sohn in das Familiengeheimnis ein. »Er hat uns diese Dinge
nur so nach und nach beigebracht«, erzählt Richard. »Anfangs hat
er nicht zu viel verraten. Die Menschen hatten damals eine Hei-
denangst, über so etwas laut zu sprechen. Er hat sich wirklich un-
wohl gefühlt. Selbst heute ist mein Vater nicht stolz [auf seine Verbindung zu Konfuzius]. Da liegt immer noch ein dunkler Schatten
über uns.« Richard selbst war von der Rhetorik der Kulturrevolution gehirngewaschen, wie er selbst sagt. Auch er war nicht glücklich über diese Neuigkeiten. »Die Menschen sagen heute, ich müsse
ja so stolz sein. Von wegen, sage ich. Ich habe mich geschämt«,
berichtet er. »Ich dachte, Konfuzius sei ein Vertreter des feudalen
Systems.«

Viele Jahre vergingen, bevor Richard sich für Konfuzius zu inte-
ressieren begann. Er wuchs in Hongkong auf, das damals noch
britische Kronkolonie war, und so fand er leicht Zugang zur westlichen Kultur. Die chinesische Geschichte, das ganze Gesellschafts-
system, war ihm fremd. Er wusste sehr wenig darüber. Das änderte
sich erst, als er aus beruflichen Gründen nach China zurückkehrte.
2001 ließ er sich in Schanghai nieder, wo er heute ein Pharma-Un-
ternehmen führt. Erst da begann sich seine Haltung gegenüber seinem Ursprungsland allmählich zu verändern. »Ich hatte nun viel
Kontakt zu den Chinesen vor Ort und lernte allmählich die chinesische Kultur kennen«, sagt er. »Das war etwas Hochanständiges,
mit dem ich mich durchaus anfreunden konnte. Ich lernte viele
Menschen aus dem Kunstbereich und dem Erziehungswesen kennen. Diese Leute haben mich sozusagen in die chinesische Kultur
eingeführt.«

Sobald sein Interesse einmal geweckt war, wollte er mehr über
Chinas Vergangenheit erfahren. Richard sprach mit Professoren,
die sich auf chinesische Geschichte und Philosophie spezialisiert

hatten. Er schrieb sich an der Pekinger Universität ein und belegte ein Seminar über traditionelle Kultur. Und er traf sich mit anderen Abkömmlingen der Familie Kong in Schanghai zum samstagnachmittäglichen Studium konfuzianischer Texte. Die Entdeckung seines familiären Erbes, so Richard, habe ihn verändert. »Ich war mal ein recht aggressiver Geschäftsmann. Ich wollte immer mehr und mehr. Da agiert man wie ein Soldat auf dem Schlachtfeld«, sagt er. Heute hingegen, so meint er, »bin ich nicht mehr so egoistisch. Wenn Sie soundsoviele Sofas haben, was bringt das? Sie können doch nur auf einem sitzen. Ich bin nicht mehr so gierig. Mir ist es egal, was die Leute von mir denken. Ich bin glücklich mit dem, was ich heute besitze. Jetzt verstehe ich den Wert des Lebens erst richtig.«

Richard hofft wie sein illustrer Vorfahr und viele Konfuzianer nach ihm, von Menzius bis Dong Zhongshu und Zhu Xi, dass Chinas Führung die Weisheit des Konfuzius schätzen lernt und sie dem einfachen Volk nahebringt. »Dies scheint ein kritischer Moment zu sein«, sagt er, als er von der chinesischen Geschichte spricht. »Die Frage heute ist doch: Wie können wir Konfuzius richtig verstehen? Das ist wichtig, denn es gibt unglaublich viele Lesarten. Die chinesische Regierung sollte begreifen, wie wichtig es für die junge Generation ist, die eigene Kultur und Geschichte zu kennen – die *echte* Geschichte. Ohne Konfuzius, befürchtet Richard, könnte China auf Abwege geraten. »Das ganze Land ist heute materialistisch. Aus diesem Grund ist China, was die Produktion von Gütern angeht, auch an zweite Stelle weltweit aufgerückt«, meint Richard. »Die Menschen wünschen sich ein besseres Leben. Daran ist nichts Falsches, doch wenn man nur noch in diese Richtung geht und überhaupt keine spirituellen Ziele mehr hat, dann verlierst du dich selbst.«

Die chinesische Regierung würde diese Beobachtung wohl bereitwillig bestätigen. Die Haltung der Kommunistischen Partei gegen-

über Konfuzius wandelte sich mit überraschender Schnelligkeit
nach Maos Tod 1976. Damit fanden auch die Wirren der Kulturrevolution ein Ende. Aus dem Machtkampf um die Parteiführung
ging Deng Xiaoping, einer von Maos früheren Schützlingen, als
Sieger hervor. Er war sehr viel pragmatischer und weniger ideologisch als Mao. Deng hatte selbst unter der Kulturrevolution gelit-
ten. Er wurde in seinem Haus in Beijing von Rotgardisten gedemü-
tigt und später mit seiner Frau ins Exil in ein abgelegenes Dorf
geschickt, wo die beiden Traktoren reparieren mussten. Aber Deng
war lange Zeit einer der angesehensten kommunistischen Führer
Chinas gewesen und besaß viel Charisma. Man konnte ihn daher
nicht einfach so abschieben. 1973 war er zurück im inneren Kreis
der Partei und baute in den nächsten fünf Jahren seine Autorität
durch eine Reihe geschickter politischer Allianzen aus.

Deng erbte ein China, das der Verfall fest in den Klauen hatte.
Die Kulturrevolution hatte das Land verarmt und schwach zu-
rückgelassen. Wenn die Kommunistische Partei nicht Opfer einer
neuen Revolution werden wollte, war ein drastisch veränderter
Kurs nötig. Deng wischte Maos rhetorische Floskeln als unbrauchbar vom Tisch und machte sich an sein reformerisches Werk, das
die Partei ebenso umkrempeln sollte wie die Wirtschaft. Deng war
die Initialzündung für Chinas kometenhaften Aufstieg als Wirt-
schaftsnation. Er öffnete das Land für die Außenwelt und ermög-
lichte das freie Unternehmertum. Schluss mit dem marxistischen
Bombast der Ära Mao. Nun war die Zeit für praktische Maßnahmen gekommen, die eine moderne Wirtschaft zum Ziel hatten und
Reichtum für alle.

Dengs Reformbewegung verwandelte das arme, isolierte China
Maos in eine aufsteigende Supermacht. Doch der wirtschaftliche
Erfolg bescherte Deng und seinen Reformern auch ein politisches
Problem. Mao hatte sich jahrzehntelang bemüht, den Marxismus
in China zur neuen Staatsdoktrin zu erheben. Doch mit den kapi-

talistischen Reformen Dengs stieg der Marxismus schnell ab zum überholten Dogma der Vorvorgestrigen, das viele Chinesen so schnell wie möglich vergessen wollten. Die chinesische Regierung aber verlor damit ihre legitimierende Ideologie. Die Herrschaft der Partei schien nur noch vom wirtschaftlichen Erfolg getragen – und war daher abhängig davon, ob sie weiterhin Arbeitsplätze und höhere Einkommen schaffen konnte. Die Führer in Beijing begriffen schnell, dass das allein nicht genügte. Und somit standen die Kommunisten vor einer heiklen Frage: Was konnte den Marxismus als philosophisches Fundament der Herrschaft ersetzen?

Deng und seine Nachfolger fanden die Antwort bei Konfuzius. Derselbe Weise, dem man alles angelastet hatte, was aus China während der Feudalzeit geworden war, wurde wie durch ein Wunder nun der Mann, der China in eine glorreiche Zukunft führen sollte. Wie Kaiser Wu während der Han-Dynastie vor 2000 Jahren entdeckten nun auch die Kommunisten, dass der Konfuzianismus ein hervorragendes Werkzeug zum Aufbau eines neuen Staates war – dominant wie eh und je, aber gehüllt in das gütige Gewand von Chinas meistverehrtem Weisen.

Konfuzius' Rehabilitation setzte ein, als Deng seine Wirtschaftsreform begann. 1978 wurde in der Shandong-Universität, die in derselben Provinz liegt wie Qufu, ein Projekt zur Neubewertung konfuzianischen Denkens ins Leben gerufen. Zwei Jahre später weihte man in Qufu ein konfuzianisches Forschungsinstitut ein. 1984 gründete die Regierung die China Confucius Foundation, um den Konfuzianismus im In- und Ausland zu fördern. Die kommunistischen Theoretiker dämpften allmählich ihre scharfe Rhetorik im Hinblick auf Konfuzius, um dem Re-import seiner Lehren in die chinesische Gesellschaft keine Steine in den Weg zu legen. Anfang der Achtzigerjahre zum Beispiel bemühte sich Li Zehou, Professor an der staatlichen Chinesischen Akademie der Sozialwissenschaften, um eine Neueinschätzung von Konfuzius' Einfluss auf die chinesische Geschichte und kam zu dem erstaunlichen Schluss, dass der Weise so schlimm gar nicht gewesen sei. Seiner Ansicht nach war Konfuzius kein Freund der Eliten, der dazu beigetragen hatte, die arbeitende Bevölkerung zu unterdrücken, wie die Kommunisten dies immer behauptet hatten. Nein, Konfuzius war vielmehr der Anwalt der kleinen Leute. Konfuzius sei »gegen gnadenlose Unterdrückung und Ausbeutung gewesen. Er trat für eine Gesellschaft nach den alten Regeln der Klans ein, deren Herrschaft nicht so brutal gewesen war. Das allein zeigt schon die demokratische und volksnahe Ausrichtung seines Denkens«, schrieb Li 1980. Einige von Konfuzius' Lehren seien für China so wertvoll, dass man sie nicht mehr länger ignorieren sollte. »Im Konfuzianismus finden wir eine aktive und positive Haltung gegenüber dem Leben, eine durch und durch rationale Einstellung und den klaren Vorrang der Praxis vor der Polemik«, schrieb Li. »Der Konfuzianismus bringt Gruppen von Menschen in harmonischen Einklang. Er erlaubt eine vernünftige und moderate Befriedigung von Wünschen und Leidenschaften und lehnt Fanatismus und blinde Unterwerfung ab. Daher ist der Konfuzianismus beinahe gleichzusetzen mit der chinesischen Kultur als solcher.«[365]

Ende der Achtzigerjahre sangen dann hochrangige kommunistische Parteifunktionäre das Loblied des Konfuzius. Gu Mu, ein enger Verbündeter Dengs und einer der Reformer Chinas, machte 1989 auf einer Konferenz in Beijing zum 2540. Geburtstag des Weisen die neue Haltung gegenüber Konfuzius klar. Konfuzius oder die traditionelle chinesische Kultur waren nun nicht mehr die Schuldigen an der chinesischen Misere. Gu Mu prahlte vielmehr: »Für sehr lange Zeit in der Geschichte der Menschheit strahlte die chinesische Kultur, die sich das konfuzianische Denken zum Fundament gewählt hatte, in höchstem Glanz.« Das moderne China, meinte er, sollte von der konfuzianischen Vergangenheit lernen, um diese Größe in der Zukunft wieder zu erlangen. Die Lehren des

Konfuzius hätten »nicht nur zum Wohlstand der alten chinesischen Gesellschaft beigetragen, sie haben darüber hinaus entscheidende praktische Bedeutung für das Überleben und die Entwicklung der Menschheit heute«, verkündete Gu Mu. Das Ziel sei es,
Elemente konfuzianischen Denkens in die moderne chinesische
Gesellschaft zu integrieren, um den Fortschritt der Nation voranzutreiben. »Das chinesische Volk arbeitet schwer, um die sozialisti-
sche Modernisierung und ein wohlhabendes und starkes sozialisti-
sches Land zu schaffen«, erklärte Gu Mu. »Um dieses Ziel zu
erreichen, müssen wir unsere neue Kultur weiterhin verbessern.
Daher müssen wir das große kulturelle Erbe unserer Tradition bewahren und reformieren.«[366]

Die Förderung konfuzianischen Denkens von kommunistischer
Seite hat sich seit der Wende zum 21. Jahrhundert noch verstärkt.
Nun sind Konfuzius und seine Lehre nicht mehr länger nur wissenschaftlichen Tagungen und staatlichen Stiftungen vorbehalten,
mittlerweile mutet man ihn auch wieder dem Volk zu. In der staatlichen Presse werden immer wieder konfuzianische Zitate in die
Artikel eingestreut, ebenso wie in die Reden der angesehensten politischen Führer Chinas. Im ganzen Land dürfen nun wieder Zeremonien zu Ehren des Konfuzius abgehalten werden. Mit anderen
Worten: Konfuzius ist nun ein wesentlicher Bestandteil des Beijinger Propagandaapparates.

Die große Frage allerdings ist: Welchen der unzähligen Konfuziusse, die China über die Jahrhunderte hervorgebracht hat, will die
kommunistische Regierung wiederauferstehen lassen? Gu Mu gab
in seiner Rede von 1989 diesbezüglich einen entscheidenden Hinweis. Es sei keineswegs sinnvoll, Konfuzius en gros zu importieren.
Man müsse da schon gewisse Abstriche machen. »Es ist weder rat-
sam, die Vergangenheit unhinterfragt anzunehmen, noch sie in
Bausch und Bogen abzulehnen«, sagte er. »Die richtige Haltung ist

vielmehr, die Essenz als Erbe anzunehmen und die Schlacken auf den Müll zu werfen.« Und welche Bereiche des Konfuzianismus sind nun für das neue China brauchbar? »Wie jedermann weiß, ist die Idee der Harmonie ein wesentlicher Bestandteil der traditionellen Kultur Chinas«, fuhr Gu Mu fort. »Schon in den letzten Jahren der westlichen Zhou-Dynastie vor 3000 Jahren hoben die alten Gelehrten die Idee hervor, dass ›Harmonie zu Wohlstand führt‹. Konfuzius und die konfuzianische Denkschule haben daraus die Vorstellung entwickelt, dass Harmonie über alles geht.«[367]

Und so wurde die Vorstellung von der konfuzianischen »Harmonie« zum Leitmotiv der chinesischen Führungsriege, das in Presseverlautbarungen und anderen Propagandaschriften immer wieder anklang. »Konfuzius sagte, Harmonie sei ein wichtiges Gut«, verkündete Präsident Hu Jintao 2005 in einer Rede.[368] Oberflächlich betrachtet verheißt diese »Harmonie« eine chinesische Gesellschaft, die in ihrem neuen Streben nach Wohlstand geeint ist und in der Welt eine friedensstiftende Funktion übernimmt. Doch Kritiker des chinesischen Regimes fürchten, dass die »Harmonie« im Munde von Kommunisten nicht ganz so harmlos ist, wie sie klingt. Denn letztlich geht es auch dabei um den Erhalt des aktuellen politischen Systems. Die »Harmonie« der Kommunisten beschreibt ein Land, in dem es keinen Widerspruch mehr gegen ihre autoritäre Herrschaft gibt, eine »Harmonie« von Staats wegen also.

Chinas Führer könnten sich also dem Konfuzianismus aus ähnlichen Gründen zugewandt haben wie Singapurs Premierminister Lee Kuan Yew und seine Nachfolger. Der Singapurer Staatsmann hatte tatsächlich einen gewissen Einfluss auf die Konfuzius-Renaissance in Beijing. Tatsächlich scheinen die chinesischen Kommunisten für China dasselbe anzustreben wie Lee in Singapur – die Verschmelzung eines modernen, liberalen Wirtschaftssystems mit einem illiberalen politischen System. Konfuzius dient dabei vor allem als Alternative zu westlichen Vorstellungen von bürgerlichen

Freiheits- und Menschenrechten. »Die Regierung hat die Wiederauferstehung des Konfuzius erlaubt, ja sogar gefördert, um für das
moderne, autoritäre China eine Legitimation zu finden, die nicht
auf westlichen Geschichtstheorien beruht«, schreibt der Politikwissenschaftler Francis Fukuyama. Die Neu-Konfuzianer »argu-
mentieren, dass China keine verhinderte Demokratie ist, sondern
eine eigene Zivilisation, die auf anderen, aber ebenso gültigen Prinzipien fußt als der Westen«[369]. Damit aber kehrt die Geschichte
zum Ausgangspunkt zurück. Die Kommunisten warfen Konfuzius
vor, er sei zum Werkzeug von Großgrundbesitzern und kaiserlichen Beamten geworden, um die Massen zu unterdrücken. Jetzt
aber benutzen sie selbst den Weisen für das nämliche Ziel.

Doch es gibt auch Stimmen, die meinen, der Rückgriff der chinesischen Führung auf Konfuzius sei mehr als ein rein propagandisti-
scher Kunstgriff. Vielmehr wolle man damit konfuzianische Ideen
verbreiten, die Regierung suche beim großen Weisen neuerlich
nach einer Legitimation. Konfuzius-Spezialist Daniel A. Bell und
Geschäftsmann Eric Li sind beide der Ansicht, dass China sich erneut zur Meritokratie nach konfuzianischen Vorstellungen entwickle und nur die Besten und Klügsten vorankommen. »In den
letzten dreißig Jahren oder so hat sich die Kommunistische Partei
Chinas allmählich von einer Revolutionspartei zu einer meritokra-
tischen Organisation gewandelt«, schrieben die beiden 2012. Nur
die besten Studenten der Nation, die die schwierigen Prüfungen
bestehen, werden heute zum öffentlichen Dienst zugelassen (wie
im China der Kaiserzeit). Selbst wenn sie in der Partei und Bürokratie bereits einen Posten haben, werden sie vor einer Beförde-
rung wieder geprüft. Dieses Prüfungssystem habe Chinas autoritären Staat sehr viel effektiver gemacht als westliche Staatsformen,
da sinnvolle politische Strategien schneller umgesetzt werden können. In einer Demokratie trifft der Wähler die Entscheidung, und

zwar ausschließlich nach seiner persönlichen Interessenlage. In China hingegen sind es gut ausgebildete Verwaltungsleute, die moderne Version des konfuzianischen »Edlen«, die das Land zum Wohle aller managen. »Die Vorteile der Meritokratie nach chinesischem Muster liegen klar auf der Hand«, meinen Bell und Li. »Die chinesische Regierung hat die richtige Formel für die Auswahl politischer Regenten gefunden. Sie passt zu Chinas Kultur und Geschichte und lässt sich auch auf moderne Lebensbedingungen ausweiten. Diese Staatsform sollte weiterhin auf der Grundlage dieser Formel verbessert werden und nicht nach Demokratievorstellungen westlichen Stils.«[370]

Der Politologe Zhang Weiwei geht noch weiter. Er meint, die konfuzianische Harmonie als Leitmotiv sei ein besseres Regierungsmodell als die offene Demokratie. »Beijing hat dieses alte konfuzianische Ideal für eine ausgedehnte, komplexe Gesellschaft wieder aufleben lassen«, meint Zhang und fährt fort:

Beijing lehnt die politische Streitkultur des Westens ab und arbeitet hart daran, die Gemeinsamkeiten in den Interessen verschiedenster Gruppen herauszuarbeiten, um die sozialen Spannungen beizulegen, die mit schnellem Wandel einhergehen ... China wird sich auf der Grundlage dieser Ideen vermutlich besser weiterentwickeln, als wenn es die liberale Demokratie des Westens übernähme, da diese Ideen zu der Einstellung und der speziellen politischen Kultur Chinas passen und auch schon über lange Zeit gute Ergebnisse brachten. Sie sind das Produkt von mehreren Jahrtausenden und gut zwanzig Dynastien, von denen allein sieben länger an der Macht waren, als die gesamte Geschichte der Vereinigten Staaten dauerte.[371]

Bell, Li und Zhang blenden bei ihren Auslassungen allerdings die Realität des modernen China weitgehend aus. Die Versuche der Regierung, konfuzianische Harmonie zu fördern, haben die Unruhen in der Bevölkerung nämlich keineswegs beseitigt. Bauern, Arbeiter, ethnische Minderheiten und andere, die sich als Opfer des Regimes empfinden, sind unzufrieden. Und sie machen ihrem Zorn in lauten, mitunter auch gewaltsamen Protesten Luft. Die chinesische Regierung selbst weiß sehr wohl, dass ihr Beamtenapparat keineswegs dem Ideal des unparteiischen *junzi* entspricht, auf den Bell und Li verweisen. Die Korruption streckt ihre klebrigen Finger längst tief in jeden Zweig der Verwaltung hinein. Bestechung ist in China alltäglich und ist mittlerweile zum Symbol des moralischen Verfalls der gesamten Gesellschaft geworden. Die neue Weisheitslehre Chinas ist der Materialismus. Das Ergebnis: eine nicht enden wollende Reihe von Skandalen. Einige Milchbauern, die sich den harten Auflagen entziehen wollten, versetzten ihre Milch 2008 mit einer giftigen Chemikalie, woraufhin zahllose Babys erkrankten. In der Provinz Sichuan (und auch im Rest Chinas) verwendeten Baufirmen minderwertige Materialien beim Bau der öffentlich ausgeschriebenen Schulgebäude. Beim Erdbeben 2008 stürzten die Gebäude ein und begruben Scharen von Kindern unter sich. 2011 schreckte die Nation auf, als folgende Nachricht durch die Medien ging: Im südchinesischen Foshan war ein zweijähriges Mädchen nacheinander von zwei verschiedenen Autofahrern überrollt worden – und sage und schreibe achtzehn Menschen gingen vorüber, ohne dem Kind zu helfen.

Die Schuld trägt Maos Angriff auf Konfuzius. Die Kommunistische Partei unter Mao hat die Autorität des Meisters und seiner Lehren unterhöhlt, damit aber geriet auch das ethische Fundament der Gesellschaft ins Wanken. 2000 Jahre lang war Konfuzius der Maßstab für moralisches Verhalten, seine Lehren die Schule, die ein Edler durchlaufen musste. Als die Kommunistische Partei Chinas den konfuzianischen Einfluss zurückdrängte, schuf sie ein Vakuum, denn der Gesellschaft fehlte es nun an einem Modell für richtiges soziales Verhalten.

Und damit wären wir bei einem anderen Grund angelangt, der die Kommunisten zu ihrer konfuzianischen Renaissance bewogen hat. Die Regierung hofft, dass Konfuzius einmal mehr seine Rolle als ethischer Leitstern für die Gesellschaft einnehmen kann. Die Parteispitze in Beijing ist offensichtlich davon überzeugt, dass die Auseinandersetzung mit Konfuzius' Lehren dazu beitragen kann, die überhandnehmende Korruption in der Verwaltung zu beenden. »Im traditionellen Konfuzianismus ist moralische Integrität die wichtigste Grundeigenschaft eines ehrlichen Beamten«, hieß es 2007 in der staatlichen Tageszeitung *China Daily.* »Qualitäten wie Aufrichtigkeit, Bescheidenheit, Engagement im Beruf, Sparsamkeit und Ehrlichkeit, die Präsident Hu den Funktionären im öffentlichen Dienst ans Herz legte, sind auch in der traditionellen Kultur jene, die die moralische Integrität eines anständigen Menschen begründen.« Und 2006 stand in *China Daily:*

Keine Gesellschaft kann es sich leisten, eine Wirtschaft ohne moralisches Fundament aufzubauen ... In diesem Zusammenhang muss darauf hingewiesen werden, dass der Konfuzianismus weder veraltet noch irrelevant ist. Der erste Grund, der einen rechtschaffenen Menschen zur Selbstkritik veranlassen sollte, ist, wie es in den Analekten heißt, dass er im Umgang mit anderen Menschen seine Glaubwürdigkeit verloren, sein Wort nicht gehalten hat ... Ein moralisches System ist für eine Wirtschaftsordnung unendlich hilfreich ... Wenn der Rechtsstaat schwach ist, wenn viele Vorschriften aus der Zeit der Planwirtschaft ihre Gültigkeit ver-

loren haben, dann ist die Rückkehr zu traditionel-
len Lehren für viele Menschen ein ganz natürlicher
Schritt.[372]

Liu Hedong hat die Aufgabe übernommen, seine chinesischen Mitbürger zu mehr Konfuzianismus zu bekehren. Der frühere Regierungsbeamte ist Direktor des China Confucian College, einer gemeinnützigen Organisation, die teils vom Staat finanziert wird und Konfuzius durch Vorträge und Web-Seminare einer breiten Masse wieder bekannt machen will. Dabei zählt er auf die chinesischen Unternehmen, die das konfuzianische Wissen ihren Angestellten vermitteln könnten. Das Institut hat seinen Sitz in einem der Pavillons auf dem Gelände des Konfuzius-Tempels in Beijing. Auf der anderen Seite der Straße befinden sich – wie Liu sagt – »Fünf-Sterne«-Unterrichtsräume und die anderen Einrichtungen des Colleges. Er hält sein College für eine »vorbildliche« Institution, die in anderen großen Städten ebenfalls aufgebaut werden sollte.

In Lius Augen kann Konfuzius die moderne chinesische Gesellschaft retten. Die Ideen des Weisen seien ein geeignetes Heilmittel für jene Übel, die als Nebenwirkung das schnelle Wirtschaftswachstum und die Öffnung zur Welt begleiten. »Die Marktwirtschaft hat viele Probleme geschaffen«, erklärt Liu. »Dass man sich eine ganze Zeit lang nur aufs Wirtschaftswachstum konzentriert hat, hat zu einem rapiden Werteverfall und enormer Umweltverschmutzung geführt. Deshalb will die Regierung den Konfuzianismus wieder einführen.« Er zählt eine ganze Reihe von Tugenden auf, die Konfuzius im modernen China wieder aufleben lassen könnte. Der Konfuzianismus fördert »Menschlichkeit, Integrität und Weisheit«, er lehrt die Menschen, »dass sie sich selbst disziplinieren, nett zu anderen sein und hart arbeiten müssen, dass sie eine gute geistige Einstellung brauchen, Toleranz und die Fähigkeit zur Selbstaufopferung«. Außerdem »setzt sich der Konfuzianismus dafür ein, dass wir nicht nur an aktuelle Bedürfnisse denken, sondern auch langfristige Ziele für die nächsten Generationen ins Auge fassen«. Ziel sei es, ein besserer Mensch zu werden. »Wir können uns um die Welt kümmern, um für andere Menschen und für künftige Generationen etwas Gutes zu schaffen.«[373]

»Nach drei Jahrzehnten der Reformbestrebungen braucht die chinesische Gesellschaft diese grundlegenden Werte«, meint Liu. »Unser Land ist wie ein junger Mensch, dessen Knochen und Muskeln zu schnell wachsen. Doch die geistige Entwicklung hat mit der körperlichen nicht Schritt gehalten.« Das Resultat sei eine Bevölkerung, »die zu schnell reich wird und keine Kultur hat. Die Reform und die Öffnung haben die Muskeln aufgebaut. Wenn wir jetzt die Grundwerte wieder herstellen, dann baut dies den Geist auf.« Man wolle Konfuzius wieder aufleben lassen, »um den gewöhnlichen Chinesen eine kultivierte Sittlichkeit zu vermitteln und sie zu Edlen werden zu lassen statt zu Menschen, die nur Geld und Konsum schätzen.«

Und was hält er von der Kritik, dass die Regierung sich nur deshalb für Konfuzius interessiere, um mithilfe des Weisen den politischen Status quo aufrechterhalten zu können? »Dieser Einwand ist durchaus vernünftig«, meint Liu. »Die Menschen machen sich Sorgen, dass die Regierung den Konfuzianismus zur [Staats-]Religion erheben könnte. Was diese Leute nicht begreifen, ist, dass diesmal der Konfuzianismus nicht der herrschenden Partei vorbehalten ist. Unsere [aktuellen] Führer sind nur zeitweilig an der Macht. Auch sie müssen an die Zukunft denken. Der Wert des Konfuzianismus aber liegt darin, dass er uns lehrt, mit jedem Menschen anders umzugehen. Meine Aufgabe ist es, den Leuten in der Regierung zu helfen, damit wir Methoden finden, wie wir ein belastbares Vertrauensverhältnis zwischen den Managern, der Regierung und dem Volk herstellen können.« Liu spricht von einer spirituellen Erneuerung in China, die durch die intensivere Beschäftigung mit Konfuzius entstehen würde. Das letztendliche Ziel aber sei es, »eine Wiederbelebung konfuzianischer Lehren in unserer Generation zum Besten unseres Landes und der ganzen Welt zu realisieren«.

Auch die chinesische Regierung setzt ihr neu entstandenes Interesse an Konfuzius zu Publicityzwecken international ein. Da der Reichtum des Landes stetig zunimmt, sind viele Staaten – darunter wichtige Handelspartner Chinas wie die Vereinigten Staaten und Japan – auf der Hut, was die Ausweitung von Chinas politischem Einfluss, seiner Militärmacht und geopolitischen Ambitionen angeht. Beijing setzt nun zur Glättung seiner Beziehungen zum Rest der Welt auf Konfuzius. Man verlässt sich auf Konfuzius' Ruf im Westen als Weisheits- und Friedenslehrer. Beijings Führer hoffen, dass dies China weniger bedrohlich erscheinen lässt. Im Grunde nutzt die Regierung den Weisen als Emblem der ganzen Nation. »Konfuzius und der Konfuzianismus sind mittlerweile Chinas Markenzeichen«, meint Professor Kam Louie.[374]

Beijings wahre Motive haben vermutlich mehr mit Geopolitik zu tun als mit Altruismus. Chinas Führer betrachten Konfuzius als Botschafter, der den kulturellen und sozialen Einfluss Chinas, seine Soft Power, stärken kann. Jahrhundertelang hat sich der Konfuzianismus in ganz Ostasien ausgebreitet und war dabei stets Träger des kaiserlichen Einflusses. Heute wollen die Parteiführer in Beijing dieses Modell auf globaler Ebene neu erstehen lassen, indem sie sich Konfuzius' Ruf in der Welt zunutze machen. Der auffälligste Aspekt dieser Politik ist das Staatsprogramm zur Förderung chinesischer Sprache und Kultur im Ausland durch ein weltweites Netzwerk von Konfuzius-Instituten. Die Regierung hat zu diesem Zweck eine Organisation ins Leben gerufen, die den Namen *Hanban* trägt. Diese ist direkt dem Bildungsministerium in Beijing unterstellt, leitet die Institute und stellt Materialien und Finanzmittel

zur Verfügung, damit die Universitäten vor Ort mit dem Konfuzius-Institut zusammenarbeiten können. So sind seit Einführung
des Programms 2004 einige Hundert Konfuzius-Institute in der
ganzen Welt entstanden. Die Liste der Länder reicht von Afghanis-
tan bis Zimbabwe, in den Vereinigten Staaten gibt es eines, das mit
der Stanford University kooperiert, und ein weiteres, das mit der
University of California in Los Angeles verbunden ist.[375]

Doch die Konfuzius-Institute haben wenig mit Konfuzianismus
oder Konfuzius' Lehren zu tun. Ihr Programm ist vielmehr auf die
Vermittlung der chinesischen Sprache ausgerichtet. In gewisser
Weise ist ihre Existenz ein Treppenwitz der Weltgeschichte, haben
doch die chinesischen Kommunisten einst versucht, das Geschehen
auf internationaler Ebene durch den Export des Kommunismus zu
lenken. Nun versucht man es mit dem traditionelleren Konfuzius,
um Chinas Wirtschaftsmacht in kulturellen Einfluss zu übersetzen.
Doch die Konfuzius-Institute sind noch aus einem anderen Grund
in die Kritik geraten. Offiziell ist deren Mission, wie Beijing sie beschreibt, rein kulturell. Die Institute »stellen einen immateriellen
Raum zur Verfügung, in dem Menschen aus aller Welt eigene Erfahrungen mit chinesischer Sprache und Kultur machen können«,
heißt es auf der Webseite der *Hanban*-Organisation. Sie dienen als
»Brücke zur Stärkung der Freundschaft und Kooperation zwischen China und dem Rest der Welt«. Einige China-Experten und
Pädagogen allerdings sehen die Institute als Versuch Beijings, den
globalen Diskurs über China zu kontrollieren. Denn ein Blick ins
Kleingedruckte, das ebenfalls auf der *Hanban*-Webseite veröffentlicht wird, enthüllt schnell, dass Beijing massiven Einfluss auf den
Lehrplan ausübt. So heißt es darin, dass die Institute »nicht gegen
die Gesetze und Verordnungen Chinas verstoßen« dürfen und
»dass sie nicht an Aktivitäten teilnehmen dürfen, die nicht mit
ihrer Zielsetzung vereinbar sind«. Steven Mosher, Präsident des
Population Research Institutes, nannte die Konfuzius-Institute bei

einer Anhörung vor dem US-Kongress »trojanische Pferde chinesischer Prägung«. Seiner Ansicht nach verbirgt ihr »scheinbar harmloser Zweck« die eigentliche Intention Beijings, nämlich »Chinas Bild weltweit attraktiver zu machen ... und eine neue Generation von China-Beobachtern heranzuziehen ... die sich mit der kommunistischen Diktatur anfreunden können«[376].

Auch die Wissenschaftlergemeinde sorgt sich, dass Beijing die Konfuzius-Institute nutzen könnte, um zu kontrollieren, was an den Universitäten weltweit über China gelehrt wird. Konfuzius-Institute »sind der verlängerte Arm des chinesischen Staates und haben das Recht, die akademische Freiheit einzuschränken«, warnte der Verband der Hochschullehrer in den USA 2014. »Die meisten Verträge zur Einrichtung eines Konfuzius-Institutes enthalten Klauseln zur Geheimhaltung und nicht hinnehmbare Konzessionen an die politischen Ziele und Methoden der chinesischen Regierung ... nordamerikanische Universitäten erlauben den Konfuzius-Instituten zum Beispiel, die staatliche Politik Chinas bei der Einstellung und Kontrolle des Lehrpersonals, der Zusammenstellung des Lehrplans und der Restriktion der Redefreiheit durchzusetzen.« Der Verband empfahl den Universitäten, ihre Zusammenarbeit mit den Konfuzius-Instituten zu beenden, wenn sie nicht die volle Kontrolle über deren Aktivitäten erhielten. An der Universität von Chicago unterzeichneten 2014 mehr als 100 Professoren einen Appell, die Zusammenarbeit mit dem dortigen Konfuzius-Institut einzustellen, da seine Arbeit nicht mit den Grundsätzen akademischer Freiheit vereinbar wäre. Im selben Jahr noch schloss die Universität ihr Konfuzius-Institut und versetzte damit den Bemühungen Chinas, das Programm in den Vereinigten Staaten voranzutreiben, einen empfindlichen Schlag. Einige Tage später verkündete auch die Pennsylvania State University die Schließung ihres Konfuzius-Institutes. Beijings Versuch, aus Konfuzius Kapital zu schlagen, um die eigene Soft Power zu stärken, stößt zunehmend auf Widerstand aus der akademischen Welt und von anderen, die Beijings Zielen misstrauen.[377]

Ist Chinas Konfuzius-Renaissance zu Hause mehr Erfolg beschieden als im Ausland? Bis jetzt sind die Bemühungen der Regierung, Konfuzius wieder in die chinesische Gesellschaft einzuführen, eher an der Oberfläche geblieben. Die meisten Schulen geben nur eine sehr flüchtige Einführung ins konfuzianische Denken. Natürlich lassen Regierungsbeamte da und dort Phrasen fallen, die sie von Konfuzius übernommen haben, oder peppen ihre Reden mit einigen konfuzianisch klingenden Slogans auf. Doch eine Rückkehr zum früheren intensiven Studium der konfuzianischen Schriften scheint nicht geplant. Diese Vorsicht spiegelt das Unbehagen wider, mit dem das Regime Konfuzius immer noch begegnet, weiß man doch nicht, wie die Verbreitung konfuzianischer Ideen die kommunistische Herrschaft beeinflussen wird. Als Gu Mu verkündete, China solle »die Essenz als Erbe annehmen und die Schlacken auf den Müll werfen«, hieß das im Klartext, die Kommunisten wollten jene Elemente der Lehren des großen Meisters (bzw. der Interpretation seiner Lehren) übernehmen, die das aktuelle politische System stützten, und alles, was gefährlich werden könnte, nach Möglichkeit unter den Tisch fallen lassen. Doch wer garantiert, dass Chinas Führer die Kontrolle darüber behalten, welche Version des Höchsten Weisen wiederaufersteht? Schließlich könnten die Bürger, wenn sie erst einmal zur traditionellen Kultur erwacht sind, eine der anderen historischen Konfuzius-Versionen entdecken – den Konfuzius beispielsweise, der »Widerspruch« gegenüber der Obrigkeit forderte; oder jenen, der von den Herrschern die allerhöchste Tugend forderte, wenn sie regieren wollten. Wenn die aktuelle chinesische Regierung Konfuzius tatsächlich wiederauferstehen lässt, geht sie damit ein großes Risiko ein. Denn die Kommunistische Partei setzt damit einen moralischen Maßstab, den ihre eigenen Führer nicht erfüllen. Die chinesische Führung steht im Moment vor der Frage, ob ihre Anrufung des großen Weisen mehr Unterstützung für das Regime bringt oder nicht vielmehr den Widerstand dagegen schürt.

Doch es wäre falsch anzunehmen, alle Parteigänger des Konfuzius im heutigen China seien glücklich mit dem aktuellen politischen System oder glaubten gar, dass Konfuzius den Status quo stützen sollte. Es gibt andere Stimmen in China, die Konfuzius ebenfalls als tragende Stütze der chinesischen Zukunft sehen – aber eben nicht jenen Konfuzius, den die Beijinger Kommunisten zu reanimieren wünschen. Der konfuzianische Gelehrte Jiang Qing hat eine neue politische Ordnung des Konfuzianismus entworfen und verbreitet sie passenderweise von einem mit Büchern vollgestopften Appartement in einem der Hochhäuser von Shenzhen, der Industriestadt, in der Chinas Wirtschaftswunder seinen Anfang nahm. Wie Deng Xiaoping für seine Wirtschaftsreform Strategien aus dem Westen und anderen asiatischen Staaten importierte, um daraus einen »Sozialismus chinesischer Prägung« zu formen, so verknüpft Jiangs Konfuzianismus die Philosophie des Höchsten Weisen mit politischen Institutionen, Prinzipien und Methoden westlicher Prägung, um eine reformierte Regierungsform zu schaffen, die seiner Ansicht nach die beste für das moderne China ist. »Die Welt verändert sich«, sagt Jiang, »und die konfuzianischen Theorien müssen angepasst werden, um mit der Zeit zu gehen.«[378]

Die Lösung, so Jiang, sei eine ausgewogene Mischung aus alten und neuen, chinesischen und importierten Ideen. Seiner Ansicht nach wäre es eine Katastrophe, sollte China westliche Vorstellungen über Regierungs- und Gesellschaftsformen unbesehen übernehmen. Das würde einfach nicht zur konfuzianischen Kultur Chinas passen. »Der Konfuzianismus ist die chinesische Zivilisation«, sagt Jiang. »Der einzige Weg [nach vorne] ist es, den Konfuzianismus wieder aufleben zu lassen.« Doch die Konfuzianer dürften natürlich nicht im letzten Jahrhundert stecken bleiben. Jiang glaubt, dass der Konfuzianismus sich nicht zur »fundamentalistischen« Bewegung eignet – womit er die Wiedereinsetzung der alten Methoden ohne Rücksicht auf die Gegebenheiten der modernen Welt meint. »Wir sollten die Prinzipien des Konfuzianismus nutzen und aus den westlichen und modernen Werten jene wählen, die uns akzeptabel erscheinen«, erklärt Jiang und klingt dabei verblüffend wie ein modernes Ebenbild des umstrittenen Reformers Kang Youwei, der im 19. Jahrhundert lebte. »Wir stehen hier zwischen zwei Strömungen: zum einen die Betonung einer isolierten chinesischen Kultur, die mit dem Rest der Welt nichts zu schaffen hat, zum anderen die Hinwendung zur westlichen Kultur. Ersteres ist absolut abzulehnen, Letzteres sollten wir akzeptieren. Wir brauchen die Grundprinzipien des Konfuzianismus als Grundlage, in die wir dann bestimmte Werte aus dem Westen integrieren, um einen neuen Konfuzianismus zu schaffen.«

Das Ergebnis wäre nach Jiang ein »konstitutionelles politisches System nach konfuzianischem Vorbild«, das auf dem »Weg einer menschlichen Autorität« beruht. Die Gesetzgebung obläge drei verschiedenen Kammern. Eine wäre das »Haus der Außerordentlichen Personen«, das von einem berühmten Gelehrten geführt werden sollte und dem Persönlichkeiten angehören, die in den konfuzianischen Klassikern geschult worden sind. Die Mitglieder dieser Kammer würden wie in der Kaiserzeit einer rigorosen Prüfung unterworfen, in der sie ihr Wissen unter Beweis stellen müssten. Darüber hinaus müssten sie jahrelang Dienst in der öffentlichen Verwaltung geleistet haben. Die zweite Kammer wäre das »Haus der Nation«, das von einem direkten Nachkommen des Konfuzius geleitet werden sollte und weitere angesehene Wissenschaftler und Beamte umfassen würde. Die gesetzgebende Versammlung der dritten Kammer mit dem Namen »Haus des Volkes« sollte aus gewählten Vertretern des Volkes bestehen – die entweder durch direkte Wahl bestimmt oder von Organisationen nominiert werden, welche die verschiedenen Berufszweige repräsentierten.

Jiang glaubt, eine solche Struktur würde dieselbe Kontrolle gewährleisten, die auch das System der USA aufweist – mit einem gewichtigen Vorteil. In gut konfuzianischer Manier glaubt auch Jiang nicht, dass Normalbürger Entscheidungen treffen können, die das Wohl der Nation fördern. »Die Demokratie hat einen praktischen Webfehler«, schrieb er einmal. »Politische Entscheidungen werden von den Wünschen und Interessen des Wählervolkes bestimmt. Das bringt zwei Probleme mit sich. Erstens kann der Wille der Mehrheit durchaus auch unmoralisch sein: Dann fördert er Rassismus, Imperialismus oder Faschismus. Zweitens, wenn es zum Interessenkonflikt zwischen den kurzfristigen Interessen der Bevölkerung und dem langfristigen Wohl der gesamten Menschheit kommt, wie das bei der globalen Erwärmung der Fall ist, dann erhalten meist die kurzfristigen Interessen politische Priorität.«[379] Jiang glaubt, dass seine konstitutionelle Regierung nach konfuzianischem Vorbild diesem Problem aus dem Weg geht: Sie gibt dem einfachen Bürger eine Stimme, doch diese wird von den gebildetsten und tugendhaftesten Mitgliedern der Gesellschaft überwacht. Das Haus der Außergewöhnlichen Personen hätte natürlich Vetorecht gegenüber sämtlichen Entscheidungen der anderen beiden Kammern. Auf diese Weise könnte die Wissenschaft unkluge Entscheidungen vonseiten der gewählten Volksvertreter korrigieren.

Diese Struktur würde den aktuellen Herrschern Chinas, so Jiang, die Legitimität verleihen, die ihnen momentan fehlt. Er vergleicht die aktuellen Führer Chinas mit Kaiser Wu aus der Han-Zeit, der ebenfalls auf der Suche nach neuen Ideen war, um die Regierungsführung zu verbessern – eine Suche, die ihn letztlich zum Konfuzianismus führte. »Die Kommunistische Partei Chinas will ihre Herrschaft über das Land legitimiert sehen, daher sieht man sich nach neuen Theorien um«, meint er. »Die Partei wird

Demokratie und Freiheit nicht akzeptieren. Daher müssen die Herrscher auf die konfuzianische Kultur setzen und diese zur neuen Grundlage machen. Sonst können sie nicht legitim über China herrschen. Wenn Sie China langfristig beherrschen wollen, kommen Sie ohne die konfuzianische Kultur nicht aus.« Jiang glaubt, dass der schnelle Wandel in der Einstellung der Regierung zu Konfuzius »zeigt, wie tief die Legitimitätskrise der herrschenden Partei mittlerweile geht. Man kann ein Land nicht nur mithilfe von Militär, Polizei und Gefängnissen regieren. Man braucht für die Herrschaft auch eine kulturelle Grundlage.«

Damit China seine aktuellen Probleme überwinden kann, muss die Renaissance des Konfuzianismus jedoch über gelegentliche Zitate auf Parteitagen hinausgehen, meint Jiang. Die Öffentlichkeit muss selbst wieder anfangen, sich mit Konfuzius zu identifizieren. Zu diesem Zweck, meint er, könne man ruhig eine Anleihe bei Kang Youwei nehmen, der einst empfahl, den Konfuzianismus zur »Staatsreligion« zu machen. Diese sollte von einer staatlichen Organisation gefördert werden. Auch müssten im ganzen Land konfuzianische Tempel errichtet werden, ähnlich wie die christlichen Kirchen im Westen. »Die Frage ist doch«, so Jiang, »wie man gleichzeitig das politische System umbaut und die Grundlagen im Volk schafft. Im Westen sind es die organisierten Religionen, die Kirchen haben, in denen sich Menschen eines Glaubens versammeln. Die Regierung kann zwar Möglichkeiten schaffen, damit sich dieses kulturelle Fundament unter den Menschen wieder ausbilden kann, aber sie kann natürlich nicht die religiösen Aktivitäten selbst steuern.«

Ohne solch ein groß angelegtes Modell zur konfuzianischen Erneuerung, meint Jiang, sei China vermutlich dem Untergang geweiht. »Leben und Kultur des chinesischen Volkes stecken in der Krise, und zwar in einer Krise bislang ungekannten Ausmaßes«, sagt er. »Seit China sich zur Welt geöffnet hat, entwickelt sich zwar die Wirtschaft, doch die chinesische Kultur ist hohl geblieben. Von den Ländern, die die Modernisierung geschafft haben, hat nur China seine ureigenste Kultur verworfen. Es gibt keinen moralischen Maßstab mehr. Im Westen setzt Gott den moralischen Maßstab für die Menschen. In China gibt es keinen Gott. Es gibt keinerlei moralische Einschränkung der eigenen Handlungsfreiheit. Können Sie sich vorstellen, was im Westen passieren würde, wenn die Menschen nicht mehr an Gott glauben würden? China steckt mitten in einer moralischen Krise, und das ist die schlimmste Krise in der gesamten chinesischen Geschichte.«

Und doch glaubt Jiang nicht, dass man ihm Gehör schenken wird. »Ich glaube nicht, dass meine Ideen in den nächsten zwanzig oder dreißig Jahren umgesetzt werden, denn die konfuzianische Renaissance beschränkt sich im Moment nur auf oberflächliche Maßnahmen«, sagt er. »Es braucht Generationen, bis solche Ideen greifen. Den Konfuzianismus wiederaufzubauen ist, als wolle man ein großes Gebäude hinstellen. Im Moment ist das alte Gebäude gerade eingestürzt, und wir stehen vor seinen Trümmern. Was ich tue, ist, den Plan für den Wiederaufbau zu zeichnen. Es ist schwierig, eine neue Blaupause zu erstellen, die jedermanns Zustimmung findet. Außerdem kann der Konfuzianismus nicht von einem Menschen allein wieder aufgebaut werden.«

Doch Jiang ist nicht allein. Das wieder aufflackernde Interesse an Konfuzius ist nicht nur Regierungspropaganda oder akademische Sandkastenspiele. Die wachsende Akzeptanz Konfuzius' in höchsten Parteikreisen hat zu einem allgemeinen Interesse an Chinas alten Philosophien und Religionen geführt, das in der Geschichte der Volksrepublik neu ist. Viele Chinesen – wie zum Beispiel Richard Kong, der Nachfahr des Höchsten Meisters – entdecken gerade ihr konfuzianisches Erbe wieder. In einer Gesellschaft, in der alles im Fluss ist, in der es keine klaren Vorgaben gibt und die, wie Jiang

Qing meint, in einer moralischen Krise steckt, wenden sich die Chinesen vermehrt ihrer Geschichte und Tradition zu. Sie suchen Führung und spirituellen Rat nicht im Westen. Ihre Suche aber führt sie ganz automatisch zu Konfuzius.

In der Sihai Confucius Academy in den Außenbezirken von Beijing ist diese Suche in vollem Gange. Hier vermittelt Feng Zhe, Begründer und Lehrer der Akademie, seinen 130 Schülern im Alter von drei bis dreizehn Jahren Tag für Tag eine klassisch konfuzianische Erziehung. Jeden Morgen in aller Frühe versammeln sich die Schüler und verbeugen sich vor den Porträts des Meisters, die stolz sämtliche Wände schmücken. Dann werden drei Stunden lang die konfuzianischen Klassiker studiert. Die Kinder lesen die *Analekten*, das *Buch Menzius* und den *Klassiker kindlicher Pietät* neben vielen anderen Texten und studieren diese wieder und wieder. Jeder Text wird dreihundert Mal gelesen, bis die Kinder ihn Wort für Wort auswendig können. Diese Hardcore-Erziehung, die direkt aus der Vorbereitung auf die kaiserliche Beamtenprüfung übernommen scheint, gab es in China seit der kommunistischen Revolution nicht mehr.

Feng eröffnete die Schule, nachdem er sich selbst der alten Kultur seines Landes zugewandt hatte. Er verließ das College im dritten Jahr und gründete einen Verlag, der Texte westlicher Philosophen wie Kant und Hegel sowie andere westliche Werke in chinesischer Übersetzung veröffentlichte. Etwa um 1999 begann er, an seiner Arbeit zu zweifeln. Warum veröffentlichte er eigentlich ständig westliche Werke und nie etwas, was Chinas eigener Kultur entsprang? Nur wenige Chinesen besaßen damals fundierte Kenntnisse ihrer Klassiker – schließlich waren diese in den letzten Jahrzehnten nicht auf dem Lehrplan der Schulen bzw. Universitäten gestanden. Feng suchte also einige betagte Gelehrte auf, bei denen er Unterricht in chinesischer Philosophie nahm. Und er begann, Textausgaben zu erstellen, die er später veröffentlichte. Dazu gehörten

vor allem die wichtigsten Werke des konfuzianischen Kanons, die
er zuerst auf Chinesisch, dann auf Englisch herausbrachte.

Fengs Wiederentdeckung der chinesischen Tradition wurde für
ihn bald mehr als nur eine lukrative Geschäftsidee. Bei der Lektüre
der alten Werke entdeckte er immer wieder Dinge, die als Lösung
für die Probleme des modernen China dienen konnten. Die chinesische Klassik – genauer gesagt die konfuzianische Tradition – war
durchaus in der Lage, ethisches Verhalten zu fördern und der chinesischen Gesellschaft jenes moralische Fundament zu geben, das
ihr fehlte. »Um China zu retten, müssen die Menschen eine kulturelle Erneuerung anstreben«, sagt Feng. »Es gibt so viele Menschen, die sich unmoralisch verhalten, daher traut keiner mehr
dem anderen. Der wichtigste Aspekt im Konfuzianismus aber ist,
wie wir mit anderen Menschen umgehen. Wir können China zu
einem starken Land machen, wenn wir eine harmonische Gesellschaft für alle aufbauen – die auf dem Konfuzianismus gründet.«
2006 dann schien die reine Verlagstätigkeit Feng nicht mehr ausreichend zu sein und er gründete die Akademie. »Ein wichtiger Teil
der kulturellen Renaissance der Menschen ist es, dass wir sie schon
mit diesen Gedanken in Berührung bringen, wenn sie noch jung
sind«, meint Feng.[380]

Die Eltern, die ihre Kinder in Fengs Akademie schicken, teilen
diese Ansicht über die chinesische Gesellschaft und die Rolle des
Konfuzius. Diese neue Generation chinesischer Eltern hält den alten Meister nicht mehr für den gnadenlosen Unterdrücker, als den
ihn die maoistische Rhetorik verfemt hat. Man glaubt vielmehr,
dass er das Heilmittel für die Probleme des heutigen China ist. Li
Xiaohua jedenfalls nahm ihre zehnjährige Tochter Fang Muzi von
einer staatlichen Schule und schickte sie stattdessen in Fengs Akademie, weil »ich wollte, dass sie auch die chinesischen Klassiker
lernt«, wie sie sagt. »Diese Schriften lehren Menschen, wie man
gut mit anderen umgeht und ein ethischer Mensch wird. Wenn Sie

nicht wissen, wie Sie ein guter Mensch sein können, wie können
Sie dann der Gesellschaft dienen?« Miao Ran, die ihre sechsjährige
Tochter ebenfalls dort eingeschrieben hat, sieht die konfuzianischen Studien als Gegengewicht gegen die Kräfte, die das moderne
China überrollen. »Im Moment legt man zu viel Wert auf Geld«,
meint Miao. »Aber das größte Geschenk, das Sie Ihrem Kind machen können, ist ja nicht Geld, sondern geistige Unterstützung, damit es die richtigen Entscheidungen treffen kann, wenn es heran-
wächst.«[381]

Doch so ansteckend seine Begeisterung auch sein mag, Feng ist
wie Jiang Qing nur eine kaum hörbare Stimme im China von
heute, die von den Kakophonien modernen Lebens übertönt werden. Obwohl seine Konfuzius-Akademie keineswegs die einzige ist,
so fallen doch die wenigen Kinder, die heutzutage eine konfuzianische Erziehung erhalten, bei einer Bevölkerung von 1,4 Milliarden
Menschen kaum ins Gewicht. Doch Feng ist davon überzeugt, dass
seine Bemühungen nur ein winziges Mosaikstück der kulturellen
Renaissance Chinas darstellen, die im Moment im Gange und unvermeidlich ist. China wird reicher und gewinnt mehr Selbstvertrauen. Seiner Ansicht nach wird die Nation ihre Zukunft in der
Vergangenheit finden. »Die Ideen, die uns Konfuzius gelehrt hat –
wie man mit anderen Menschen umgeht oder seinen Platz in der
Gesellschaft findet –, werden den Konfuzianismus erneut zu einem
lebendigen Bestandteil der modernen chinesischen Gesellschaft
machen«, sagt Feng.

Steven Luan und seine Freunde haben sich auf Entdeckungsreise
zu Konfuzius gemacht, aber aus Gründen, die nichts mit Politik,
Kindererziehung oder dem Kampf gegen die Korruption zu tun ha-
ben. Ihr Anliegen ist ein rein persönliches. Der »Bambus Culture
Club für eine lebendige Kultur« trifft sich einmal pro Monat im
Wu Yu Tai-Teehaus in Beijings hektischem Shopping-Viertel Wang-

fujing, um über klassische chinesische Philosophie und Kultur zu diskutieren. Und natürlich spielen Konfuzius und seine Nachfolger bei diesen Gesprächen eine wichtige Rolle. Für die Sitzung am Sonntagmorgen haben die etwa ein Dutzend Mitglieder des Clubs einen konfuzianischen Text aus der Song-Dynastie gewählt, der aus der Feder von Fan Zhongyan stammt. Sie lesen abwechselnd Passagen aus Fans Schriften – einer der Männer rezitiert ihn gar mit dem dramatischen Gestus eines uralten Barden. Dann hält Luan einen kurzen Vortrag über Fan, sein Leben und seinen Beitrag zur chinesischen Philosophie. Fan war ein konfuzianischer Reformer, der große Ideen hatte und die Politik der Regierung umkrempeln wollte. Leider übte er wie Wang Anshi kaum einen dauerhaften Einfluss aus. Die Mitglieder des Clubs kennen dies aus eigener Erfahrung. »Das ist heute nicht anders«, meint einer davon. »Man redet dauernd über Reformen, aber es passiert nicht wirklich etwas.« Lei Bin, der zu den Leitern des Clubs gehört, erklärt später, was er selbst von Fan gelernt hat. »Die Chinesen sind Idealisten. Sie haben gute Ideen und arbeiten hart an ihrer Umsetzung«, meint er. »Da habe ich manchmal das Gefühl, mein Leben sinnlos zu vergeuden. Wenn ich aber von Gelehrten wie Fan höre, spornt mich das an, mir höhere Ziele zu setzen.«

Luan arbeitet als Finanzdienstleister, Lei ist Berater für Autozulieferer. Die beiden haben sich bei einem Rhetorikkurs kennengelernt und angefreundet. Bald entdeckten sie, dass sie sich beide für chinesische Klassiker interessierten, und so haben sie 2005 den Club gegründet. Ihr Ziel war ein ausgesprochen konfuzianisches: Selbstvervollkommnung durch Lernen. »Es ist wichtig für mich, Neues zu lernen und mein Wissen sowohl quantitativ als auch qualitativ zu verbessern«, sagt Luan. Er glaubt, dass ihn das tatsächlich zu einem besseren Menschen gemacht hat. »Behandle andere so, wie du selbst behandelt werden möchtest«, fährt er fort und zitiert somit den Höchsten Weisen. »Das habe ich seitdem immer im Hinterkopf. Wenn ich früher mit meiner Frau gestritten habe, habe ich sie angebrüllt. Jetzt halte ich einen Moment inne und versuche, ihre Wünsche besser zu verstehen.« Lei stimmt seinem Freund zu. Traditionelle chinesische Philosophie zu studieren »hilft mir in meinem Leben und in den Beziehungen zu anderen Menschen, ob nun daheim oder in der Arbeit. Und es baut mich auch spirituell auf«, meint er. »Ich bin durch den Kontakt mit der chinesischen Kultur toleranter geworden. Ich handle rationaler und habe weniger Stress. All diese neuen Erkenntnisse helfen mir, Weisheit zu erlangen und Probleme zu lösen.«[382]

Luan und Lei sind der festen Überzeugung, dass die westlichen Einflüsse, die im Moment das Land überschwemmen, kein Ersatz für Chinas Erbe sein können. »Mir gibt die chinesische Kultur mehr spirituellen Beistand [als die westliche]«, meint Luan. »Man versucht, ein besserer Mensch zu werden, mehr Wissen zu erlangen und die Gesellschaft insgesamt zu verbessern.« Lei geht sogar noch weiter. Für ihn sind die westlichen Ideen die Ursache des ethischen Verfalls im modernen China. »In China interessiert sich heute kein Mensch mehr für den anderen. Das Mitgefühl ist total verloren gegangen. Keiner strebt heute mehr nach Selbstvervollkommnung«, erklärt Lei. »Der amerikanische Traum hat die Chinesen dazu gebracht, den Erfolg über alles zu stellen. Doch die Essenz des Traums ist in China nie angekommen. Man hat nur gelernt, immer mehr für sich selbst beiseitezuschaffen. Es gibt einen enormen moralischen Verfall heutzutage. Unter dem ständigen kulturellen Bombardement des Westens hat China sich selbst verloren.«

Zheng Wanlong ist Hotelmanager und ebenfalls Club-Mitglied. Er klagt, dass die Notwendigkeit, zum Westen aufzuschließen, China verleitet habe, seine eigenen Traditionen preiszugeben. »China hat sich gezwungen gesehen, vom Westen zu lernen und dessen Technologien zu übernehmen, doch der kulturelle Fortschritt ist dabei auf der Strecke geblieben«, sagt er. »Es gibt keinerlei kulturelle Entwicklung. Es wird lange dauern, bis China wieder erlangt, was es verloren hat.«[383]

Doch der »Bambus Culture Club für eine lebendige Kultur« hat durchaus Hoffnung. Konfuzius war der Ansicht, der Mensch müsse wohlhabend sein, um den Weg beschreiten zu können. Nun, da China sich aus der Armut erhoben habe, wird das nach Leis Ansicht und der seiner Freunde auch tatsächlich passieren. Sie fühlen sich als Vorhut einer Bewegung zur kulturellen Erneuerung aus der chinesischen Tradition heraus, die sich bald auf die gesamte Nation ausdehnen wird. »Da die Wirtschaft nun besser läuft und die Menschen ein besseres Leben haben, können sie sich wieder kulturellen Dingen zuwenden«, meint Lei. »Mehr Menschen werden sich uns anschließen. Es wird eine kulturelle Renaissance geben.«

Und wer wird diese anführen? »Konfuzius kann China in die Zukunft führen«, antwortet Zheng.

NACHWORT

AUF DER SUCHE NACH
DEM WAHREN KONFUZIUS

Nach Qufu zu reisen, in die Heimatstadt des Weisen in der Provinz Shandong, war früher relativ schwierig. Qufu liegt nicht in der Nähe zu einem der großen urbanen Zentren Chinas, und da Konfuzius für den Großteil des 20. Jahrhunderts in Ungnade gefallen war, bestand schlicht keine Notwendigkeit, die Erreichbarkeit des Ortes zu verbessern. Jetzt aber, da auch die kommunistische Regierung wieder auf den Weisen setzt, haben die Parteifunktionäre, die keine Gelegenheit auslassen, sich propagandistisch in Szene zu setzen, Reisen nach Qufu einfacher gemacht. Die neuesten Hochgeschwindigkeitszüge, die zwischen Beijing und Schanghai verkehren, halten nun auch in Qufu, und das heißt, dass die Stadt von der Hauptstadt aus in zwei Stunden zu erreichen ist, die man äußerst komfortabel in einem einzigen Zugabteil verbringt. Vermutlich zeigt nichts die Renaissance des Weisen deutlicher als die schicke Bahnstation in Qufu. Vor vierzig Jahren zogen die Roten Garden Beijings nach Qufu, um den historischen Konfuzius-Tempel dem Erdboden gleichzumachen. Heute reisen Touristen nach Qufu, um dem großen Weisen in den stillen Höfen der Tempelanlage näher zu sein.

Im Sommer 2013 habe auch ich diese Reise unternommen. Ich wollte Konfuzius im modernen China wiederfinden und dachte, es gäbe wohl keinen besseren Ort dafür als seine Heimatstadt. Qufu war ein Zentrum konfuzianischer Studien, seit der Weise dort vor 2500 Jahren gelebt hat. Als Sima Qian, der eifrige Historiker der Han-Zeit, auf einer seiner Forschungsreisen nach Qufu kam, fand er dort eine Gemeinschaft von Schülern vor, die sich in die Klassiker vertieften und den konfuzianischen Lehren folgten. Die Kommunisten hatten die Konfuzianer in Qufu gnadenlos unterdrückt, aber da die Regierung Konfuzius nun ihr offizielles Plazet erteilt hat, ist auch diese Gemeinschaft neu erstanden.

Eines ihrer prominentesten Mitglieder ist Duan Yanping, der in Qufu geboren ist und den Großteil seines Lebens damit zugebracht hat, Konfuzius zu erforschen. Im Alter von zehn Jahren – als sich die Einstellung der Kommunisten zum Weisen allmählich zu ändern begann – fing er an, die *Analekten* und andere konfuzianische Texte zu studieren. Darin fand er die Weisheit des alten China wieder, die – wie er sagt – »mir geholfen hat, meine persönlichen Wertvorstellungen zu entwickeln«. Als er dann in die Oberstufe kam, blieb er nachts wach, nur um Menzius lesen zu können – seine Hausaufgaben aber vernachlässigte er. Das hatte Folgen: Er durfte nicht an die Universität und arbeitete fortan als Techniker im Unternehmen seines Vaters, einem Zuliefererbetrieb in der Stromwirtschaft. Als die Regierung begann, sich für Konfuzius zu erwärmen, sah Duan seine Chance gekommen. »Bevor Mao starb, hat niemand gewagt, Konfuzius auch nur zu erwähnen«, erzählt er. »Aber diese kulturelle Ablehnung ging nicht von den einfachen Leuten aus. Sie wurde uns von außen aufgezwungen. Nach Maos Tod aber kamen die alten Erinnerungen wieder hoch, die Leute redeten wieder über Konfuzius. Und ich setzte mir das Ziel, die konfuzianische Kultur zu verbreiten.«

Zu diesem Zweck eröffnete Duan 2009 das Qufu Confucian Institute in einem alten Schulhaus innerhalb der rekonstruierten Stadtmauern des historischen Qufu. Er wollte einem Volk, das mit Marx und Mao groß geworden war, den Weisen wieder nahebringen. An sechs Tagen die Woche lernen die circa dreißig Teenager, die im Institut untergebracht sind, die Vier Bücher auswendig, als würden sie sich auf die kaiserlichen Beamtenprüfungen vorbereiten. Es gibt auch Kurse zur Kalligrafie und zur traditionellen Malerei. Die Tische in den Klassenzimmern sind voller Tintenspritzer. In einem der Schränke wird die Sammlung traditioneller roter und gelber Zeremonialgewänder aufbewahrt.

Das Ziel, meint Duan, sei es, eine neue Generation konfuzianischer Gelehrter hervorzubringen, die China auf den rechten Weg führen können – den konfuzianischen Weg. »China sollte sich in Zukunft auf die konfuzianische Kultur stützen und seinen Wohlstand mehren«, meint Duan. »Die konfuzianische Kultur ist von tiefer Weisheit und kann dem Land im internationalen Wettbewerb von Nutzen sein. Konfuzius ist als Leitstern für die politische Entwicklung Chinas sicher sinnvoll.« Trotz alledem ist Duan nicht sicher, ob Konfuzius auf Dauer als Gewinner dastehen wird. Seit das Land wohlhabender ist, nimmt der westliche Einfluss ständig zu. Wenn China sich für den Westen und gegen Konfuzius entscheiden würde, wäre dies der Ruin der Nation. »Die Ideologie der amerikanischen Demokratie passt nicht zur psychologischen Konditionierung, die die Chinesen über lange Zeit erfahren haben«, erläutert Duan, und wir meinen beinahe, Lee Kuan Yew zu hören. Konfuzius könne als Bollwerk gegen gefährliche Ideen aus dem Westen dienen. »Wenn das chinesische Volk die Weisheit des Konfuzius wieder verinnerlicht, dann wird es auch besser mit den Herausforderungen der Globalisierung fertig«, fügt er hinzu.

»Aber was soll denn so schlecht sein an der westlichen Kultur?«, will ich wissen. »Das chinesische Volk schätzt Moral und klare Regeln«, antwortet er. »Zu Hause ist der Vater die Autorität, für das

Land ist es der Kaiser. Der Konfuzianismus fördert den Gehorsam und die Anpassung. Wenn es eine Demokratie gibt, bricht im Land vielleicht das Chaos aus. Die westliche Kultur ist materialistisch und nonkonformistisch orientiert, das ist für Chinas Entwicklung ungeeignet.« Was sollten die Chinesen dann unternehmen, um den Gefahren des westlichen Liberalismus zu entgehen? »Wir müssen auf die Regierung hören und die Regierungsbeamten respektieren«, fährt Duan fort. »Der Konfuzianismus ist für eine autoritäre Regierung. Das war in China immer schon so, seit uralten Zeiten.«

Ich trete aus dem Haupteingang des Instituts heraus auf die dunklen, schlammigen Straßen Qufus. Das Gespräch hat in mir ein Gefühl der Bestürzung geweckt. Duans Konfuzius ist der Konfuzius, den die Kaiser dem chinesischen Volk aufoktroyieren wollten – der Konfuzius, der sie still und unterwürfig halten sollte, der Konfuzius, der die ganze Macht den Herrschenden gab. Von all den Konfuzius-Versionen, die China im Laufe der Jahrtausende hervorgebracht hat, soll es ausgerechnet dieser sein, den das modernisierte Land braucht? Ist dies der Konfuzius, der China in jene glorreiche Zukunft führt, die das Land so sehr verdient? Offenkundig ist Duan dieser Meinung. Während unseres Gesprächs habe ich Duan gefragt, was er einem Studenten empfehlen würde, der eine Maßnahme der Regierung für falsch hält. »Ich würde ihm sagen, er solle sich aufs Lernen konzentrieren und die Finger von der Politik lassen«, war seine Antwort.

Am nächsten Morgen wünsche ich mir nichts sehnlicher, als dass das Gespräch, das ich für diesen Tag geplant habe, meine Lebensgeister wieder weckt. Kong Leihua, ein in Qufu geborener Nachfahr des großen Weisen (in der 76. Generation), ist für die *Analekten* im Konfuzius-Rezitationszentrum zuständig, das vor den Toren des berühmten Tempels liegt. Dort kann jeder sein Wissen über Konfuzius testen, indem er vor den Mitarbeitern des Zentrums Passagen aus den *Analekten* zitiert. Wer dreißig Zitate feh-

lerfrei wiedergeben kann, hat freien Eintritt in den Tempel. Ich
kam nur sechs Wochen nach Eröffnung des Zentrums durch die
Stadtverwaltung nach Qufu und hörte erstaunt, dass mittlerweile
schon 3000 Besucher ihr Glück versucht hatten. Und sage und
schreibe 80 Prozent die Gratis-Eintrittskarten gewonnen hatten.

Kong glaubt wie Duan, dass China Konfuzius braucht, um den
Gefahren der modernen Gesellschaft gegenzusteuern, vor allem
dem gnadenlosen Materialismus, der die Chinesen plötzlich erfasst
zu haben scheint. »Die Gedanken der Leute sind im Aufruhr«,
meint Kong, »daher brauchen sie den Konfuzianismus. Das unzivi-
lisierte Verhalten entsteht ja nur, weil die Menschen zu viele Wünsche haben, die sie nicht alle erfüllen können. Der Konfuzianismus
verlangt von den Menschen, dass ihre Worte und Taten sich nach
Vernunft und Ethik richten. Daher ist es so wichtig für uns, das
konfuzianische Denken zu verbreiten.«

Dagegen ist nichts einzuwenden. Im China von heute zählt Geld
mehr als Pflicht, Verantwortung und Mitgefühl. Und doch scheinen in Qufu nicht viele Menschen Kongs Botschaft zu verstehen,
schon gar nicht die Stadtverwaltung, die das Zentrum finanziert.
Denn die Stadtväter hoffen vor allem auf mehr Jobs und Geld.
Rund um das Zentrum haben sich Restaurants, Läden für Andenken und Kalligrafie und alles, was sich an Touristen sonst noch
verkaufen lässt, angesiedelt. Die Hotelkette Shangri-la hat dort
ein Luxushotel hingestellt. In den Garküchen gibt es »Konfuzius-
Essen«, eine Reihe typischer Gerichte der Provinz Shandong, zum
Beispiel Räuchertofu mit Paprika in Sauce oder einen knusprigen
(und elend trockenen) Pfannkuchen mit Erdnüssen. Wie alles in
China ist auch Konfuzius mittlerweile ein gutes Geschäft. Konfuzius dämpft den Materialismus in Qufu nicht, er fördert ihn geradezu.

Ich frage Kong Leihua, was wohl geschehen würde, wenn mehr
Chinesen sich an die konfuzianischen Lehren hielten. »Die *Analek-*

ten könnten Stabilität und Ordnung in der Gesellschaft fördern«, meint er. Regeln und Vorschriften sind natürlich sinnvoll, aber »um eine Gesellschaft zu ordnen, reichen Gesetze alleine nicht aus. Dafür brauchen Sie auch Tradition und Kultur.« Kong ist also wie Duan dafür, dass Konfuzius hilft, Frieden im Volk zu bewahren. Vielleicht meint er es auf seine Art ja auch gut – wie all die kaiserlichen Beamten, die die hehren Ideale des Weisen kompromittiert haben, um einem Staat dienen zu können, der sich eben nicht daran hielt.

Als ich den Tempel des Konfuzius betrete, hoffe ich, wenigstens dort, in seinen stillen Höfen unter den uralten Bäumen, ein wenig Ruhe und Frieden zu finden. Die kunstvoll geschnitzten, fast behäbigen Holzpavillons, die zum Hauptschrein führen, sind alle Hunderte von Jahre alt. Doch letztlich verstärkt auch der Tempel meinen wachsenden Zynismus. Deutlich sind die Schäden zu sehen, die eben jenes Regime ihm zugefügt hat, das sich den Konfuzianismus nun wieder auf seine Fahnen schreibt. Die Roten Garden haben die wenigen heil gebliebenen Marmorplatten mit den Aussprüchen des Weisen mit Farbe und Mörtel beworfen, sodass sie kaum noch lesbar sind. »Revolution ist kein Verbrechen«, hat jemand auf eine der Platten geschmiert. Die neue Konfuzius-Statue, die die Kommunisten aufgestellt haben, um die von den Rotgardisten verbrannte zu ersetzen, zeigt den Weisen nicht, wie wir ihn sonst kennen – als bärtigen, alten Mann. Nein, hier tritt er uns als »Ungekrönter König« des chinesischen Reiches entgegen. Seine Kopfbedeckung, von der kleine Bälle baumeln, ist dieselbe, wie sie einst von den Kaisern getragen wurde. Ein Angestellter steht neben dem Schrein und brüllt seine Befehle: »Verneigt euch vor Konfuzius! Verneigt euch vor eurer Familie!«

Damit ist schön umrissen, was die chinesische Regierung von Konfuzius in der Moderne erwartet: die Verneigung vor der Autorität. Vor dem Status quo. Obwohl ich mich letztlich doch bei der

Hochzeit vor meinen Schwiegereltern verneigt habe, habe ich mit Verneigungen nichts am Hut, schon gar nicht, wenn es um Unterdrückung geht. Denn das ist es, was wirklich hinter der Konfuzius-Renaissance in China steht. Die Diktatoren von heute, die nur noch dem Namen nach Kommunisten sind, missbrauchen Konfuzius' Ansehen ebenso, wie Kaiser Wu und Ming Taizu es getan haben – um einer ungebildeten Bevölkerung einzureden, Chinas größter Weiser erwarte von ihnen, dass sie unterwürfig und fügsam sind, damit die von oben aufgezwungene »Harmonie« nicht gestört wird. Einmal mehr hüllt sich eine repressive Regierung in ein farbenprächtiges konfuzianisches Gewand, um die eigene Korruption und Brutalität zu maskieren. Um den einfachen chinesischen Bürger davon zu überzeugen, die uralten Traditionen seines Landes lehrten, dass er genau diese Regierung verdient und wünscht. Wenn das der Konfuzius ist, der heute wiederauferstehen soll, wäre China da nicht ohne ihn besser dran?

Vor einigen Jahren, bevor ich selbst angefangen habe, mich mit Konfuzius zu beschäftigen, hätte ich diese Frage vermutlich mit einem überzeugten Ja beantwortet. Der Konfuzius, den ich damals im Sinn hatte, wurde von Demokraten, Reformern und Feministinnen gehasst. Es war der Konfuzius der kaiserlichen Unterdrückung, der eingebundenen Lotusfüße und der elterlichen Tyrannei. Jetzt aber, nachdem ich mich eingehend mit seinen Worten beschäftigt habe, kann ich nur sagen: Die Chinesen – und wir mit ihnen – hätten es in einer Welt mit Konfuzius auf jeden Fall besser als in einer Welt ohne hin. Alle philosophischen Lehren und Glaubensformen, die vor langer Zeit entstanden sind, enthalten Ideen und Praktiken, die nicht mehr in die moderne Gesellschaft passen. Wenn wir die Bibel wörtlich nähmen, würden wir heute noch Sklaven halten. Eine anständige Hindu-Frau ließ sich früher mit ihrem verstorbenen Ehemann verbrennen. Jeder Glaube ist an einem gewissen Punkt seiner Geschichte schon missbraucht worden, um Praktiken zu rechtfertigen, die mit der Essenz seiner Lehren im Widerspruch stehen. Die Kreuzritter schlachteten in Christi Namen Menschen ab, Osama bin Laden tat dies im Namen Allahs. Und doch haben wir weder die Bibel noch den Koran noch die Veden verbrannt. Der Vatikan hat sich im Laufe seiner Geschichte meist als korrupt und gierig erwiesen. Seine pädophilen Priester kommen heute noch ungestraft davon. Und doch weisen wir Jesus und dem Evangelium nicht die Tür. Beim Konfuzianismus ist das nicht anders. Ja, Konfuzius glaubte an die Weisheit der Könige der Vorzeit und an gehorsame Söhne. Seine Lehren wurden dazu benutzt, über Jahrhunderte hinweg autoritäre Regimes zu rechtfertigen. Das heißt aber nicht, dass Konfuzius für uns heute keinen Wert mehr hat.

China mag eine aufsteigende Weltmacht sein, deren Wirtschaft mit Überschallgeschwindigkeit wächst, doch das Land ist auch eine Gesellschaft ohne Orientierung, ohne Sinn, ohne Seele. Und das hat dazu geführt, dass China von innen her verfällt. Es hat das Land verwundbar gemacht. Die aggressiven Ausbrüche, die sich dort immer wieder zeigen, können das Land destabilisieren und mit ihm ganz Asien. China ist ein Land, in dem Menschen eine sterbende Zweijährige einfach auf der Straße liegen lassen, in dem Babys vergiftet werden, damit mehr Profit gemacht wird. Es ist ein Land, in dem Regierungsbeamte unglaubliche Vermögen anhäufen und über dem Gesetz stehen.

Der Konfuzius, den ich im Laufe meiner Nachforschungen kennengelernt habe, kann China geben, was ihm jetzt fehlt. Dieser Konfuzius war keine Marionette von Autokraten, die ein probates Werkzeug der Unterdrückung suchten. Dieser Konfuzius war zwar möglicherweise nicht vollkommen, doch er war eine Stimme ungebrochener Menschlichkeit und unerschütterlicher Entschlossenheit. Er war ein Mann, der seine Prinzipien nicht für Ruhm, Reichtum und Einfluss preisgab. Er hätte sich nie dem Willen unmoralischer Herrscher oder Regimes unterworfen. Er sagte den mächtigsten Männern seiner Zeit furchtlos ins Gesicht, dass sie falschlagen. Er beurteilte Menschen nicht nach ihrem Reichtum und ihrer Geburt, sondern nach ihrer Aufrichtigkeit und Menschlichkeit. Er konnte über sich selbst lachen. Sein Ziel war eine Gesellschaft, in der jeder seine Pflicht erfüllte und das Wohlergehen der Familie und der Gemeinschaft über sein eigenes stellte. Er strebte danach, eine selbstsüchtige, kriegerische Welt in eine selbstlose, friedliche zu verwandeln. Er glaubte fest daran, dass wir unsere Gesellschaft verwandeln können, wenn wir zuerst uns selbst vervollkommnen. Vor allem aber glaubte er daran, dass jeder Mensch, der Zeit und Energie aufwendet, um ein besserer Mensch zu werden, die Welt verändern kann.

Das Tragische an Konfuzius' langer Geschichte ist zweifellos, dass die Wahrnehmung, die wir von ihm haben, und seine wahren Absichten mittlerweile weit auseinanderklaffen. Man greift ihn an, weil er der Ungerechtigkeit Tür und Tor geöffnet habe – als Unterdrücker der Frau, Feind persönlicher Freiheit, Speichellecker autoritärer Herrscher. Doch wenn man ihm tatsächlich einen Irrtum vorwerfen könnte, dann wäre dies sein unerschütterlicher und letztlich ungerechtfertigter Glaube an die Menschheit. Konfuzius war zutiefst überzeugt von der inneren Güte des Menschen, daran, dass wir nach Vervollkommnung streben, dass wir ehrlich, anständig und weise handeln wollen. Er gründete seine ganze Philosophie auf diese Überzeugung. Und doch hat die Menschheit ihn immer wieder enttäuscht, zu seinen Lebzeiten und in den folgenden 2500 Jahren. Die Tragödie des Konfuzius ist, dass so viele Menschen, die geschworen haben, seine Vision und Mission weiterzuführen, sein Vertrauen immer wieder verraten haben. Und daran hat sich auch heute nichts geändert.

Vielleicht aber wird die Generation von Chinesen, die jetzt aufwächst, oder die danach oder eine der folgenden, vom Studium der *Analekten* mehr haben als nur freien Eintritt zu einer Touristenattraktion. Wir dürfen hoffen, dass sie bei der Lektüre der Worte des Weisen ihren eigenen Konfuzius entdecken, der für sie eine ganz besondere Bedeutung gewinnt. Einen Konfuzius, der ihren Geist öffnet, der frei von Propagandasprüchen ist, von kleingeistigen Zielen. Vielleicht erfindet diese Generation ja einen neuen Konfuzius für ein neues Zeitalter.

DANKSAGUNG

Bei diesem Buch muss ich mich bei fast so vielen Menschen bedanken, wie im Laufe der Jahrhunderte Konfuzius-Kommentare geschrieben haben. Zuallererst möchte ich meinen Herausgebern beim *Time Magazine* danken: Bobby Ghosh, Zoher Abdoolcarim und dem mittlerweile tragisch verstorbenen Jim Frederick. Ohne ihre Unterstützung hätte ich dieses Buch nie schreiben können.

Als Nächstes möchte ich Keith Knapp und Neil Weinberg meinen aufrichtigen Dank aussprechen, weil sie ihre kostbare Zeit und Sachkenntnis eingesetzt haben, um mein Manuskript zu lesen und mir kluge Ratschläge zu geben, die das Buch eindeutig verbessert haben. Was im Übrigen auch für die Hinweise meiner Redakteure bei Basic Books gilt: Lara Heimert und Dan Gerstle.

Viele Journalisten und Freunde haben mir bei der Recherche geholfen und für dieses Buch wichtige Quellen aufgetan: In China waren dies Zhao Xue, Haze Fan, Chen Xiaoni und Lin Yang, in Südkorea half mir Lina Yoon und in Taiwan waren es Natalie Tso und Joyce Huang. Auch Roberto Ribeiro und Russell Moses am Beijing Center möchte ich danken, weil sie mir großzügig erlaubt haben, jederzeit in ihrer unglaublich guten chinesischen Forschungsbibliothek zu arbeiten. Die Bibliothekare Shan Yanrong und David Lyons haben mir geholfen, mich durch all die Bücherstapel zu wühlen.

Eine ganze Reihe von Akademikern, die alle sehr viel mehr über Konfuzius wissen als ich, haben mich für dieses Projekt Einblick in ihre Erkenntnisse nehmen lassen: Li-hsiang Lisa Rosenlee, Alan Wood, Thomas Wilson, Herman Ooms, Madeleine Zelin, Sam Crane, David Jordan und Licia Di Giacinto.

Meiner geduldigen Literaturagentin Michelle Tessler, die wie durch ein Wunder mitten in einer weltweiten Rezession dieses Buch zu verkaufen vermochte, sei herzlich gedankt.

Viele Menschen haben ihre Überlegungen mit mir geteilt oder mir bei der Vorbereitung für dieses Projekt geholfen, unter anderem Simon Elegant, Gady Epstein, Tzyy Wang, Jessie Jiang, Jeff Timmermans und Sue Kim.

Zu guter Letzt möchte ich noch meiner Frau Eunice Yoon danken, die mich in der stressigen Phase des Schreibens und Veröffentlichens ertragen hat und dabei noch viele wichtige Vorschläge und Tipps für mich hatte.

ANHANG

ANMERKUNGEN

1 Konfuzius, der Mensch

1 James Legge (Übers.), *The Confucian Analects, The Great Learning, and The Doctrine of the Mean,* New York 2009, S. 97.

2 Analekten, VII, 33, zitiert nach: Konfuzius, *Gespräche,* übersetzt von Ralf Moritz, Stuttgart 2014, S. 44.

3 Deborah Sommer, »Images for Iconoclasts: Images of Confucius in the Cultural Revolution«, in: *East West Connections* 7, Nr. 1 (2007).

4 Lionel M. Jensen, *Manufacturing Confucianism: Chinese Traditions and Universal Civilization,* Durham 1997, S. 5 und 9.

5 Reginald Fleming Johnston, *Confucianism in Modern China,* Vancouver 2008, S. 59.

6 Analekten, XI, 12, zitiert nach: Konfuzius, *Gespräche,* S. 65. In der Übersetzung von James Legge findet sich diese Stelle in VII, 21.

7 Lee Dian Rainey, *Confucius and Confucianism: The Essentials,* West Sussex, S. 203. Das Buch von Maß und Mitte, XXXIII, 2, zitiert nach: Konfuzius, *Das Buch von Maß und Mitte,* Stuttgart 2015, S. 60.

8 Analekten, IX, 5, zitiert nach: Konfuzius, *Gespräche,* S. 51.

9 Zitiert nach William Theodore de Bary, Irene Bloom et al. (Hrsg.), *Sources of Chinese Tradition,* 2. Ausgabe, Bd. 2, New York 2001, S. 578; D.C. Lau, *Analects,* S. 52.

10 Zhang Weiwei, »Eight Ideas Behind China's Success«, in: *New York Times* vom 30. September 2009

11 Sima Qian, *Historische Aufzeichnungen,* zitiert nach Konfuzius, *Gespräche des Meisters Kung,* München 1991, S. 143.

12 Ein Großteil dieser Geschichte stammt aus Kapitel XI des *Kommentars des Zuo zu den Frühlings- und Herbstannalen.* Einige Details hingegen wurden Sima Qians Historischen Aufzeichnungen (Abschnitt 6–7) entnommen. Ich erzähle hier nur eine Version der Ereignisse beim Gipfel von Xiagu nach, und zwar jene, die mir am wahrscheinlichsten vorkommt. In Sima Qians Version plant der Herzog von Qi keine Entführung. Diese Auslassung ist einigermaßen merkwürdig, da der *Zuo-Kommentar,* in dem von dem Plan berichtet wird, älter ist als Sima Qians Bericht. Außerdem wäre die Entführung eine Geschichte, die jeder Erzähler gerne weitergibt. Doch bei

Sima Qian beschämt Konfuzius den Herzog durch den Hinweis darauf, dass er die Regeln des Rituals gebrochen hat. Dieser büßt damit seine überlegene Verhandlungsposition ein. Das allerdings ist kaum glaubhaft.

13 Diese Geschichte stammt aus Sima Qians Historischen Aufzeichnungen, zitiert nach: Konfuzius, *Gespräche des Meisters Kung*, München 1991, S. 142f.

14 Sima Qian, *Historische Aufzeichnungen*, zitiert nach: Konfuzius, *Gespräche des Meisters Kung*, S. 135.

15 Die Geschichte über Shuliang Hes Heldenmut im Kampf stammt aus Kapitel IX des Zuo-Kommentars zu den Frühlings- und Herbstannalen, die Informationen zu seiner Ehe aus Kapitel 39 des *Konzi Jiayu* (Lehrsprüche des Konfuzius) in der Übersetzung von Lionel M. Jensen, »Wise Man of the Wilds: Fatherlessness, Fertility, and the Mythic Exemplar, Kongzi«, in: *Early China* 20 (1995), S. 417. Konfuzius soll 1,80 m gewesen sein (siehe Stefan Aust, Adrian Geiges, *Mit Konfuzius zur Weltmacht*, Berlin 2012, S. 18).

16 Zu Konfuzius' Empfängnis siehe: Robert Eno, »The Background of the Kong Family of Lu and the Origins of Ruism«, in: *Early China* 28 (2003), S. 2. Jensen hat hier eine eigene Sicht, siehe: Jensen, »Wise Man of the Wilds«, a.a.O.

17 Diese Geschichte wird erzählt in: Fung Yu-lan, *A History of Chinese Philosophy*, Bd. 2 (*The Period of Classical Learning*), übersetzt von Derk Bodde, Princeton 1983, S. 129. Andere Mythen rund um Konfuzius' Geburt finden sich z. B. in: Michael Nylan, Thomas Wilson, *Lives of Confucius: Civilization's Greatest Sage Through the Ages*, New York 2010, S. 91–93.

18 Sima Qian, *Historische Aufzeichnungen*, 1, zitiert nach: Konfuzius, *Gespräche des Meisters Kung*, S. 135.

19 Analekten, II, 14, zitiert nach: Konfuzius, *Gespräche*, S. 10.

20 Analekten, IX, 6, zitiert nach: Konfuzius, *Gespräche*, S. 51. Sima Qian, S. 145.

21 Menzius, II, 2, zitiert nach: *Mong Dsi – Die Lehrgespräche des Meisters Meng K'o*, übersetzt von Richard Wilhelm, München 1994, S. 71.

22 Sima Qian, *Historische Aufzeichnungen*, 2, zitiert nach: Konfuzius, *Gespräche des Meisters Kung*, S. 137.

23 Sima Qian, *Historische Aufzeichnungen*, 3, zitiert nach: Konfuzius, *Gespräche des Meisters Kung*, S. 138.

24 Sima Qian, *Historische Aufzeichnungen*, 4, zitiert nach: Konfuzius, *Gespräche des Meisters Kung*, S. 139.

25 Sima Qian, *Historische Aufzeichnungen*, 22, zitiert nach: Konfuzius, *Gespräche des Meisters Kung*, S. 168; siehe auch: Menzius 11, 3; siehe des Weiteren die Übersetzung der Analekten von D.C. Lau, S. 196.

26 Analekten, VI, 3, zitiert nach: Konfuzius, *Gespräche*, S. 32; V, 9, zitiert nach der Übersetzung von D.C. Lau; XI, 9, zitiert nach Konfuzius, *Gespräche*, S. 64.

27 Analekten, V, 12 und 7, zitiert nach: Konfuzius, *Gespräche*, S. 28 und 26.

28 Analekten, XVII, 5, zitiert nach: Konfuzius, *Gespräche*, S. 113, um der besseren Verständlichkeit willen hier leicht abgeändert.

29 Sima Qian, *Historische Aufzeichnungen*, 8, zitiert nach: Konfuzius, *Gespräche des Meisters Kung*, S. 145.

30 Ebd.

31 Die Informationen über den Konflikt zwischen Konfuzius und den Adelsfamilien stammen weitgehend aus

Kapitel XI aus dem *Kommentar des Zuo zu den Frühlings- und Herbstannalen*. Mehr Details zu Konfuzius' Plan finden Sie in: Annping Chins *The Authentic Confucius: A Life of Thought and Politics*, New York 2007, S. 29–31. Das erste Kapitel in Annping Chins Buch macht sehr schön deutlich, welche Rolle Konfuzius zu jener Zeit seines Lebens in der Politik des Staates Lu spielte.

32 Sima Qian, *Historische Aufzeichnungen*, 8, zitiert nach: Konfuzius, *Gespräche des Meisters Kung*, S. 146

33 Menzius VI, 26, zitiert nach: *Mong Dsi*, S. 176.

34 Das Zitat über die Familie von Konfuzius' Frau stammt aus dem *Kongzi Jiayu*, Kap. 39, das für dieses Buch von Lin Yang übertragen wurde. Die Informationen über den Schwiegersohn sind den Analekten (V, 1, zitiert nach Konfuzius, *Gespräche*, S. 25) entnommen.

35 Analekten, X, 1, 3, 5, 6 und 20, zitiert nach: Konfuzius, *Gespräche*, S. 57ff.

36 Analekten, XIV, 43, und XVII, 20, zitiert nach: Konfuzius, *Gespräche*, S. 97 und 117.

37 Analekten, VII, 16 und 19, zitiert nach: Konfuzius, *Gespräche*, S. 41; XI, 26, zitiert nach: Konfuzius, *Gespräche*, S. 69f.

38 Analekten, XIX, 24–25, zitiert nach: Konfuzius, *Gespräche*, S. 129.

39 Analekten, VII, 3, zitiert nach: Konfuzius, *Die Gespräche des Meisters Kung*, übers. von Ernst Schwarz, München 1991, S. 61.

40 Siehe: Menzius V, 13, zitiert nach: *Mong Dsi*, S. 151. Sima Qian, *Historische Aufzeichnungen*, 19, zitiert nach: Konfuzius, *Gespräche des Meisters Kung*, München 1991, S. 138f.

41 Analekten, XII, 7, zitiert nach: Konfu-

zius, *Gespräche*, S. 114. Um der besseren Verständlichkeit willen wurde der Text hier leicht abgeändert.

42 Sima Qian, *Historische Aufzeichnungen*, 19, zitiert nach: Konfuzius, *Gespräche des Meisters Kung*, S. 147.

43 Analekten, VI, 28, zitiert nach: Konfuzius, *Gespräche*, S. 37. Sima Qian, *Historische Aufzeichnungen*, 19, zitiert nach: Konfuzius, *Gespräche des Meisters Kung*, S. 147.

44 Sima Qian, *Historische Aufzeichnungen*, 11, zitiert nach: Konfuzius, *Gespräche des Meisters Kung*, S. 148.

45 Analekten, XV, 2, zitiert nach: Konfuzius, *Gespräche*, S. 98. Sima Qian, *Historische Aufzeichnungen*, 17, zitiert nach: Konfuzius, *Gespräche des Meisters Kung*, S. 146 f.

46 Analekten, XV, 2, zitiert nach Chin, *Authentic Confucius*, S. 106.

47 Sima Qian, *Historische Aufzeichnungen*, zitiert nach: Konfuzius, *Gespräche des Meisters Kung*, München 1991, S. 156ff.

48 Sima Qian, *Historische Aufzeichnungen*, 18, zitiert nach: Konfuzius, *Gespräche des Meisters Kung*, S. 156 ff.

49 Sima Qian, *Historische Aufzeichnungen*, 19, zitiert nach der Übertragung von Yang/Yang. Analekten, XVIII, 5, zitiert nach der Übersetzung von D.C. Lau.

50 Analekten, XVIII, 6, zitiert nach: Konfuzius, *Gespräche*, S. 121.

51 Analekten, XVI, 2, zitiert nach: Kungfutse, *Gespräche*, übersetzt von Richard Wilhelm, München 2008, S. 167.

52 Analekten, XIII, 3, zitiert nach: Konfuzius, *Gespräche*, S. 79.

53 Analekten, II, 20, zitiert nach: Kungfutse, *Gespräche*, übersetzt von Richard Wilhelm, München 2008, S. 49 f.

54 Analekten, XII, 2, zitiert nach: Konfuzius, *Gespräche*, S. 71.

55 Analekten, XVII, 6, XII, 22, VII, 26, Letzteres zitiert nach: Konfuzius, *Gespräche*, S. 42.

56 Analekten, XIII, 1, XII, 17, zitiert nach: Konfuzius, *Gespräche*, S. 78 und 75. Analekten, II, 1, zitiert nach: Kungfutse, *Gespräche*, übersetzt von Richard Wilhelm, München 2008, S. 45.

57 Analekten, XV, 1, XIII, 20, zitiert nach: Konfuzius, *Gespräche*, S. 98 und 84.

58 Sima Qian, *Historische Aufzeichnungen*, 21, zitiert nach: Konfuzius, *Gespräche des Meisters Kung*, S. 161.

59 Siehe *Kommentar des Zuo zu den Frühlings- und Herbstannalen*, Kap. XII, Analekten, XI, 17, zitiert nach: Kungfutse, *Gespräche*, S. 121.

60 Siehe Chin, *Authentic Confucius*, S. 138–141.

61 Analekten, VII, 1, zitiert nach: Konfuzius, *Gespräche*, S. 38.

62 Sima Qian, *Historische Aufzeichnungen*, 22, zitiert nach: Konfuzius, *Gespräche des Meisters Kung*, S. 162.

63 Eine Einführung zum Thema der Autorschaft des Konfuzius an den Fünf Klassikern findet sich in Xinzhong Yao, *An Introduction to Confucianism*, New York 2009, S. 53–54. Eine knappe Zusammenfassung der Geschichte der Fünf Klassiker finden Sie auf S. 57–63 im selben Buch.

64 Sima Qian, *Historische Aufzeichnungen*, 25–26, zitiert nach: Konfuzius, *Gespräche des Meisters Kung*, S. 166.

2   Konfuzius, der Weise

65 Sima Qian, *Historische Aufzeichnungen*, 26, zitiert nach: Konfuzius, *Gespräche des Meisters Kung*, S. 166; Siehe die Übersetzung der Analekten von James Legge, S. 90. Einige Sinologen sind davon überzeugt, dass die Geschichte von Herzog Ais Opferungen lange nach dem Tod des Weisen entstand.

66 Sima Qian, *Historische Aufzeichnungen*, 26, zitiert nach: Konfuzius, *Gespräche des Meisters Kung*, S. 167.

67 Menzius, III, 4, zitiert nach: *Mong Dsi – Die Lehrgespräche des Meisters Meng Ko*, übers. von Richard Wilhelm, München 1994, S. 98.

68 Menzius, II, 1, zitiert nach: *Mong Dsi*, S. 71. Sima Qian, *Historische Aufzeichnungen*, 70.

69 Menzius, II, 22, zitiert nach: *Mong Dsi*, S. 86.

70 Ebd., III, 14, zitiert nach: *Mong Dsi*, S. 107. Sima Qian, *Historische Aufzeichnungen*, 70.

71 Menzius, II, 6, zitiert nach: *Mong Dsi*, S. 74 f.

72 Rainey, *Confucius and Confucianism*, S. 203. Das Buch von Maß und Mitte, XXXIII, 2, zitiert nach: Konfuzius, *Das Buch von Maß und Mitte*, S. 60.

73 Menzius, VI, 7, zitiert nach: *Mong Dsi*, S. 164. Die Übersetzung wurde für die Zwecke dieses Buches leicht abgeändert.

74 Fung Yu-lan, *A History of Chinese Philosophy*, Bd. 1, Princeton 1983, S. 279.

75 Xunzi, *Basic Writings*, übers. von Burton Watson, New York 2003, S. 130.

76 Xunzi, *Basic Writings*, a.a.O. S. 161–164.

77 Menzius, III, 14, zitiert nach: *Mong Dsi*, S. 109.

78 Mozi, übersetzt von W.P. Mei, Online-Quelle: http://ctext.org/mozi, Kap. 39, »Anti-Confucianism«.

79 *Zhuangzi*, übersetzt von Burton Watson, Online-Quelle: »The Complete Works of Chuang Tzu«, in: Terebess Asia Online, Kap. 26, »External Things«, http://terebess.hu/english/chuangtzu.html.

80 Zhuangzi, »The Robber Zhi« (in der Übersetzung von James Legge).

81 *Han Feizi*, übersetzt von W.K. Lao, Buch 19, Kap. XLIX: »Five Vermin: A Pathological Analysis of Politics«, online abrufbar auf der Webseite der University of Virginia mit dem Titel: *Traditions of Exemplary Women:* http://www2.iath.virginia.edu:8080/exist/cocoon/xwomen/texts/hanfei/tpage/tocc/bilingual. Ich habe die Übersetzung um der größeren Klarheit willen leicht überarbeitet.

82 *Han Feizi*, Chapter XLVII, »Eight Fallacies«, siehe oben.

83 Sima Qian, in: K. E. Brashier (Hrsg.), *The First Emperor: Selections from the Historical Records*, übersetzt von Raymond Dawson, Oxford 2009, S. 72–74.

84 Ebd., S. 29.

85 Ebd., S. 76–78.

86 Mark Edward Lewis, *The Early Chinese Empires: Qin and Han*, Cambridge 2007, S. 53–54.

87 Sima Qian, in: Brashier, S. 47–49.

88 Siehe Jack L. Dull, »Anti-Qin Rebels: No Peasant Leaders Here«, in: *Modern China* 9, Nr. 3 (1983), S. 309.

89 William Theodore de Bary, Irene Bloom (Hrsg.), *Sources of Chinese Tradition*, zweite Ausgabe, Bd. 1, New York 2000, S. 230.

90 Homer Dubs, *History of the Former Han Dynasty*, 2 Bde., Baltimore 1944. Die Zitate stammen aus Dubs' Einführung zum ersten Kapitel über Gaozus Herrschaft. Des Weiteren siehe: De Bary/Bloom, *Sources*, Bd. 1, S. 285.

91 A.a.O., S. 286–288.

92 Sima Qian, in: Burton Watson, *Records of the Grand Historian*, New York 1961, S. 37.

93 Zitiert nach: John K. Shryock, *The Origin and Development of the Cult of Confucius: An Introductory Study*, New York 1966, S. 40.

94 Sima Qian, in: Watson, *Records of the Grand Historian*, S. 410.

95 Alan T. Wood, *Limits to Autocracy: From Sung Neo-Confucianism to a Doctrine of Political Rights*, Honolulu 1995, S. 55.

96 Fung Yu-lan, *History of Chinese Philosophy*, Bd. 2, S. 72.

97 Diese Übersetzung stammt aus: De Bary/Bloom, *Sources*, Bd. 1, S. 299.

98 Chan Wing-Tsit, *Sourcebook in Chinese Philosophy*, Princeton 1989, S. 276, 285; De Bary/Bloom, *Sources*, Bd. 1, S. 298 und 301.

99 Zitiert nach: Shryock, *Cult of Confucius*, S. 51–53.

100 Diese Übersetzung von Dongs Denkschrift stammt aus Fung Yu-lan, *History of Chinese Philosophy*, Bd. 2, S. 17.

101 Siehe: De Bary/Bloom, *Sources*, Bd. 1, S. 311.

102 Fung Yu-lan, *History of Chinese Philosophy*, Bd. 2, S. 17.

103 Diese Zahl stammt von Cai Liang, Professor an der Universität von Arkansas, der uns freundlicherweise Einblick in ein noch nicht veröffentlichtes Manuskript gab, das später als Buch erschien: *Witchcraft and the Rise*

of the First Confucian Empire,
New York 2014.

104 Sima Qian, *Historische Aufzeichnun-gen*, 26, zitiert nach: Konfuzius, *Ge-spräche des Meisters Kung*, S. 167.

105 Siehe: Keith Nathaniel Knapp, *Selfless Offspring: Filial Children and Social Order in Medieval China*, Honolulu 2005, S. 22.

106 Fung Yu-lan, *History of Chinese Philosophy*, Bd. 2, S. 17, Bd. 2, S. 139; zitiert nach: Keith Nathaniel Knapp, »The Confucian Tradition in China«, in: *The Wiley-Blackwell Companion to Chinese Religions*, hrsg. von Randall L. Nadeau, Oxford 2012, S. 157–158.

3 Konfuzius, der König

107 De Bary/Bloom, *Sources*, Bd. 1, S. 583–595.

108 A.a. O., *Sources*, Bd. 1, S. 570, 572.

109 A.a. O., *Sources*, Bd. 1, S. 600.

110 Siehe dazu: Dieter Kuhn, *The Age of Confucian Rule: The Song Transfor-mation of China*, Cambridge 2009, vor allem S. 29.

111 Siehe Dieter Kuhn, *The Age of Confucian Rule*, S. 31.

112 Siehe Dieter Kuhn, *The Age of Confucian Rule*, S. 1.

113 Zitiert nach Shryock, *Cult of Confucius*, S. 154.

114 De Bary/Bloom, *Sources*, Bd. 1, S. 638; zitiert nach: William Theodore de Bary, *The Trouble with Confucianism*, Cambridge 1996, S. 51.

115 Dieter Kuhn, *The Age of Confucian Rule*, S. 121. Peter K. Bol, *Neo-Confu-cianism in History*, Cambridge 2008, S. 125 f.

116 Genaueres zu den ideologischen Diffe-renzen zwischen Wang und Sima fin-det sich in: Peter K. Bol, »*This Culture of Ours*«: *Intellectual Transitions in T'ang and Sung China*, Stanford 1992, vor allem in Kapitel 7.

117 De Bary/Bloom, *Sources*, Bd. 1, S. 609.

118 A.a. O., S. 614.

119 A.a. O., S. 613.

120 Patricia Buckley Ebrey, *Chinese Civilization: A Sourcebook*, 2. Auf-lage, New York 1993, Nr. 35.

121 De Bary/Bloom, *Sources*, Bd. 1, S. 668.

122 Chan, *Sourcebook in Chinese Philo-sophy*, S. 588, 591.

123 Kuhn, *Age of Confucian Rule*, S. 103.

124 De Bary/Bloom, *Sources*, Bd. 1, S. 702.

125 A.a. O., S. 729.

126 A.a. O., S. 669.

127 A.a. O., S. 733. Siehe dazu: Kuhn, *Age of Confucian Rule*, S. 105.

128 De Bary/Bloom, *Sources*, Bd. 1, S. 777.

129 A.a. O., S. 778.

130 Eine gute Zusammenfassung der Ge-schichte des Konfuzianismus im frü-hen Korea finden Sie in: Key P. Yang, Gregory Henderson, »An Outline His-tory of Korean Confucianism: Part I. The Early Period and Yi Factiona-lism«, in: *Journal of Asian Studies* 18, Nr. I (1958).

131 Peter H. Lee, William Theodore de Bary, *Sources of Korean Tradition*, Bd. I, *From Early Times Through the Sixteenth Century*, New York 1997, S. 253.

132 Siehe dazu Martina Deuchler, *The Confucian Transformation of Korea: A Study of Society and Ideology*, Cambridge 1992, S. 17.

133 Meine Darstellung der Geschichte Koreas fußt auf dem Werk Martina Deuchlers.

134 Martina Deuchler, *The Confucian Transformation of Korea: A Study of Society and Ideology*, Cambridge 1992, S. 128.

135 Herman Ooms, »Neo-Confucianism and the Formation of Early Tokugawa Ideology: Contours of a Problem«, in: *Confucianism in Tokugawa Culture*, hrsg. von Peter Nosco, Honolulu 1997, S. 28–29.

136 William Theodore de Bary, Carol Gluck, Arthur E. Tiedemann (Hrsg.), *Sources of Japanese Tradition*, Bd. 2, Teil 1, New York 2006, S. 46.

137 Mehr dazu finden Sie in: Ooms, »Neo-Confucianism«, vor allem auf S. 32 bzw. 59.

138 Siehe dazu: Kiri Paramore, »The Nationalization of Confucianism: Academism, Examinations, and Bureaucratic Governance in the Late Tokugawa State«, in: *Journal of Japanese Studies* 38, Nr. I (2012), S. 26.

139 Zitiert nach: Conrad Totman, *Early Modern Japan*, Berkeley 1993, S. 470.

140 Die Beschreibung der Zeremonie stammt aus: James Legge, *The Confucian Analects, The Great Learning, and The Doctrine of the Mean*, S. 91–92.

4 Konfuzius, der Unterdrücker

141 Die englische Übersetzung von Kangs Text wurde entnommen: Teng Ssu-yu, Fairbank, John King, *China's Response to the West: A Documentary Survey, 1839–1923*, New York 1963, S. 152–153.

142 Liang Ch'i-ch'ao, *Intellectual Trends in the Ch'ing Period*, Cambridge 1959, S. 98.

143 Siehe dazu: Simon Winchester, *Der Mann, der China liebte*, München 2011.

144 A.d.Ü.: Dt. nur Teil 1 vorhanden: *Wissenschaft und Zivilisation in China*, Bd. 1, Frankfurt a. M. 1984

145 Joseph Needham, *Science and Civilization in China*, Bd. 2, *History of Scientific Thought*, Cambridge 1956, S. 115.

146 Analekten, VII, 21, und XIII, 4, zitiert nach: Konfuzius, *Gespräche*, S. 80.

147 Siehe beispielsweise John K. Fairbank, Alexander Eckstein, L.S. Yang, »Economic Change in Early Modern China: An Analytic Framework«, in: *Economic Development and Cultural Change* 9, Nr. I (1960), S. 6 (Teil I). Und: Justin Yifu, »The Needham Puzzle: Why the Industrial Revolution Did Not Originate in China«, in: *Economic Development and Cultural Change* 43, Nr. 2 (1995), S. 269–292.

148 De Bary/Bloom, *Sources*, Bd. 2, S. 238–239.

149 A.a.O., S. 240.

150 A.a.O., S. 248 und 253.

151 A.a.O., S. 261.

152 Ebd.

153 A.a.O., S. 268–269.

154 *Buch der Riten*, übersetzt von James Legge, online abrufbar auf der Webseite der University of Virginia mit dem Titel: *Traditions of Exemplary Women: Liji, Book of Rites*, http://www2.iath.virginia.edu:8080/exist/cocoon/xwomen/texts/liki/tpage/tocc/bilingual; Und: Chang, *Sourcebook in Chinese Philosophy*, S. 735.

155 De Bary/Bloom, *Sources*, Bd. 2, S. 273. Chang, *Sourcebook in Chinese Philosophy*, S. 733.
156 De Bary/Bloom, *Sources*, Bd. 2, S. 266–267. Liang Ch'i-ch'ao, *Intellectual Trends*, S. 95.
157 De Bary/Bloom, *Sources*, Bd. 2, S. 282.
158 Liang Ch'i-ch'ao, *Intellectual Trends*, S. 94.
159 De Bary/Bloom, *Sources*, Bd. 2, S. 277–278.
160 A. a. O., S. 278–280.
161 A. a. O., S. 270.
162 Teng, Fairbank, *China's Response*, S. 177–178.
163 De Bary/Bloom, *Sources*, Bd. 2, S. 286.
164 Chow Tse-tsung, *The May 4th Movement: Intellectual Revolution in Modern China*, Cambridge 1964, S. 300; De Bary/Bloom, *Sources*, Bd. 2, S. 355–356, zitiert nach Chow, *The May 4th Movement*, S. 59, Übersetzung aus: Teng, Fairbank, *China's Response*, S. 242–244.
165 Alle Zitate und Details wurden entnommen aus: Lu Xun, *Selected Stories of Lu Hsun*, übersetzt von Yang Hsien-yi und Gladys Yang, Beijing 1972.
166 Lin Yutang, »Confucius as I Know Him«, in: *China Critic* 4, Nr. 1 (1931), S. 5–9; online abrufbar unter: www.chinaheritagequarterly.org/features.php?searchterm=030confucius.inc&issue=030
167 Mao Tse-tung, Ausgewählte Werke, Bd. II, Peking 1998, S. 446, online abrufbar unter: http://www.infopartisan.net/archive/maowerke/MaoAWII_395_449.htm
168 Hung Kwangszu, »Criticize the Doctrines of Confucius and Mencius to Consolidate the Dictatorship of the Proletariat«, in: *Peking Review* vom 18. April 1975.
169 Der Bericht über den Angriff der Roten Garden auf Qufu wurde dem ausführlichen Bericht eines chinesischen Journalisten namens Wang Liang entnommen, zitiert nach dem Kapitel »The Confucian Temple Tragedy of the Cultural Revolution«, in: Thomas A. Wilson, *On Sacred Grounds: Culture, Society, Politics, and the Formation of the Cult of Confucius*, Cambridge 2003. Ergänzt habe ich diese Informationen nach: Joseph Esherick, Paul Pickowicz, Andrew George Walder, *The Cultural Revolution as History*, Stanford 2006, S. 84–92.
170 Wang Liang, »Confucian Temple Tragedy«, S. 377–378.
171 A. a. O., S. 378.
172 A. a. O., S. 379.
173 A. a. O., S. 383.
174 Reden auf der 2. Sitzung des VIII. Parteitages der Kommunistischen Partei Chinas, 8. Mai 1958, zitiert nach: Mao Zedong, *Texte*, Bd. 3, 1958, *Schriften, Dokumente, Reden und Gespräche*, München/Wien 1982, S. 121 f.
175 De Bary, *Trouble with Confucianism*, S. IX.

5 Konfuzius, der Vater

176 Die Schätzung von Vincent Los Vermögen stammt aus der *Forbes*-Ausgabe vom März 2013.
177 Alle Zitate von Vincent und Adrian Lo stammen aus einem Interview, das der Autor im Juni 2013 mit ihnen geführt hat.

178 Lin Yutang, *Mein Land und mein Volk*, Stuttgart 1935, S. 222.

179 Francis L. K. Hsu, *Under the Ancestors' Shadow: Kinship, Personality and Social Mobility in China*, Stanford 1971, S. 265.

180 Keith Nathaniel Knapp, *Selfless Offspring*, S. 3. Die Darstellung der historischen Entwicklung der Kindespietät verdankt sich in weiten Teilen Dr. Knapps Werk, wofür ich ihm zu Dank verpflichtet bin.

181 A. d. Ü.: Siehe Lin Yutang, S. 225. Damit sind »Bezeichnungen« gemeint, da die eigene Rolle davon abhängt, welchen »Namen« bzw. welche Bezeichnung sie trägt.

182 Kam Louie, *Critiques of Confucius in Contemporary China*, Hong Kong 1980, S. 8.

183 Eine Geschichte der frühen Entwicklung des *xiao*-Konzepts finden Sie in: Keith Nathaniel Knapp, »The *Ru* Reinterpretation of *Xia*«, in: *Early China* 20 (1995), S. 195–222. Die Zitate aus den *Analekten* finden Sie unter: II, 7, 6, und 5, zitiert nach: Konfuzius, *Gespräche*, S. 10 und 11.

184 *Classic of Filial Piety (Klassiker der Kindespietät)*, Kap. X und VI, übersetzt von James Legge, online abrufbar im Chinese Text Project, http://ctext.org/xiao-jing; *Analekten*, IV, 19; zitiert nach: *Gespräche*, S. 24.

185 *Analekten*, I, 11, zitiert nach: *Gespräche*, S. 7. Analekten XVII, 21, zitiert nach: *Gespräche*, S. 119.

186 *Li Gi, Das Buch der Riten, Sitten und Gebräuche*, übersetzt von Richard Wilhelm, Wiesbaden 2014, Kap. 30, Abschnitt 1 und 4, S. 321 ff.

187 Zitiert nach: Twenty-Four Filial Exemplars, übersetzt von David Jordan, abrufbar auf der Webseite des Autors: http://pages.ucsd.edu/~dkjordan/chin/

shiaw/shiawoo.html. Siehe besonders Nr. 14: »He Strangled A Tiger to Save His Father«, Nr. 11: »He Let Mosquitoes Consume His Blood«, und Nr. 16: »He Tasted Dung with an Anyious Heart«.

188 A. a. O., Nr. 1: »The Feeling of Filial Piety Moved Heaven« und Nr. 13: »He Buried His Son for His Mother«.

189 A. a. O., Nr. 23: »He Wept Until the Bamboo Sprouted«.

190 A. a. O., Nr. 6: »He Sold Himself to Bury His Father«.

191 Bei der Analyse der asiatischen Familienstruktur und ihres Zusammenhangs mit dem Konfuzianismus stütze ich mich auf: Knapp, *Selfless Offspring*, vor allem die Seiten 14–24.

192 De Bary/Bloom, *Sources*, Bd. 1, S. 790.

193 *Klassiker kindlicher Pietät*, Kap. I und IX.

194 A. a. O., Kap. X (S. 30), II (S. 18), I (S. 16).

195 A. a. O., Kap. V (S. 21), I, XIII.

196 Konfuzius, »Die Große Wissenschaft«, in: *Li Gi – das Buch der Riten, Sitten und Gebräuche*, S. 58. *Klassiker kindlicher Pietät*, Kap. XI; und Analekten, I, 2, zitiert nach: Konfuzius, *Gespräche*, S. 5.

197 *Klassiker kindlicher Pietät*, Kap. XV (S. 33).

198 Analekten, IV, 18 und 26, zitiert nach: Konfuzius, *Gespräche*, S. 24 f. Buch der Riten, Kap. X, Abschn. 1., zitiert nach der Übersetzung von James Legge.

199 Analekten, XII, 18, zitiert nach: Konfuzius, *Gespräche*, S. 84. Chin, *Authentic Confucius*, S. 111 f.

200 Han Feizi, Buch XIX, Kap. 49.

201 Analekten, XV, 24, 37; XII, 5, und VI, 30, zitiert nach Konfuzius, *Gespräche*, S. 103 ff. und 72 und 38. Das Große

Lernen, IX, 1, zitiert nach: »Die Große Wissenschaft«, in: *Li Gi*, S. 56.

202 Bertrand Russell, *The Problem of China*, London 1922.

203 Lin Yutang, *Mein Land und mein Volk*, S. 222, 227, 228 f.

204 A. a. O., S. 224, De Bary/Bloom *Sources*, Bd. 2, S. 353 f.

205 Wesley Yang, »Paper Tigers«, in: *New York Magazine* vom 8. Mai 2011.

206 Alle Zitate von Feng Wang stammen aus einem Interview, das der Autor im Juni 2013 mit ihm geführt hat.

207 Alle Zitate von Walter Woon stammen aus einem Interview, das der Autor im Januar 2013 mit ihm geführt hat.

208 Sie finden das Video unter: www.youtube.com/watch?v=ybxNkpS5q-g

209 Alle Zitate von Lee Hui Bok stammen aus einem Interview, das der Autor im Mai 2013 mit ihm geführt hat.

210 »New Filial Piety Law Takes Effect to Much Criticism in China«, in: *South China Morning Post*, vom 1. Juli 2013.

211 »A Look Back at China's Filial Piety Culture«, in: *People's Daily* vom 16. Mai 2012.

212 Alle Zitate von Feng Wang stammen aus einem Interview, das der Autor im Juni 2013 mit ihm geführt hat.

213 »Challenges of Population Aging in China: Evidence from the National Baseline Survey of the China Health and Retirement Longitudinal Study«, 11. Mai 2013.

214 Alle Zitate von Na Na stammen aus einem Interview, das der Autor im Juni 2013 mit ihr geführt hat.

215 Alle Zitate von Zhang Zizhong stammen aus einem Interview, das der Autor im Juni 2013 mit ihm geführt hat.

216 Alle Zitate von Wang Huifeng stammen aus einem Interview, das der Autor im September 2013 mit ihm geführt hat.

6 Konfuzius, der Lehrer

217 Alle Zitate von Oh Dong Jin stammen aus dem Interview, das der Autor im Mai 2013 mit ihm geführt hat.

218 Alle Zitate von Lee Bang Soo stammen aus dem Interview, das der Autor im Mai 2013 mit ihm geführt hat.

219 Amy Chua, *Die Mutter des Erfolgs*, Zürich 2011, S. 9.

220 Allison Pearson, »Why We All Need a Tiger Mother«, in: *Telegraph* vom 13. Januar 2011.

221 Analekten, XIX, 7, und XVII, 8, zitiert nach Konfuzius, *Gespräche*, S. 125 und 114.

222 Xunzi, zitiert nach: *Xunzi: Basic Writings* (hrsg. von Watson), S. 162 und 15.

223 Analekten, IV, 17, und XV, 30, zitiert nach Konfuzius, *Gespräche*, S. 23 und 103.

224 Das Große Lernen, Einführung, zitiert nach: *Li Gi*, übersetzt von Richard Wilhelm, überarbeitet nach der Übersetzung von James Legge, Wiesbaden 2014, S. 51.

225 Das Buch von Maß und Mitte, XX, 10, zitiert nach: *Das Buch von Maß und Mitte*, Stuttgart 2015, S. 37. Das Große Lernen, Einführung, zitiert nach: *Li Gi*, S. 52, überarbeitet E. Liebl.

226 Analekten, XV, 31, und VIII, 12 (Legge-Zählung). Ersteres zitiert nach: Konfuzius, *Gespräche*, S. 103. Letzte-

res zitiert nach den Analekten in der Übersetzung von James Legge, abrufbar im Chinese Text Project unter http://ctext.org/analects
227 Analekten, VIII, 12, zitiert nach der Übersetzung von James Legge, abrufbar im Chinese Text Project: http://ctext.org/analects
228 Analekten, V, 28, zitiert nach: Konfuzius, *Gespräche*, S.31; Sima Qian, *Historische Aufzeichnungen*, zitiert nach: Konfuzius, *Gespräche des Meisters Kung*, S.162. Analekten, VII, 2, zitiert nach der Übersetzung von James Legge, *The Analects*, Chinese Text Project: http://ctext.org/analects
229 Sima Qian, *Historische Aufzeichnungen*, 18, zitiert nach: Konfuzius, *Gespräche des Meisters Kung*, S.148.
230 Fung Yu-lan, *History of Chinese Philosophy*, Bd.1, S.48.
231 Analekten, VII, 7, zitiert nach: Konfuzius, *Gespräche*, S.39. Fung Yu-lan, *History of Chinese Philosophy*, Bd.1, S.49.
232 Ebrey, *Chinese Civilization*, S.54.
233 A.a.O., S.30.
234 Ichisada Miyazaki, *China's Examination Hell: The Civil Service Examinations of Imperial China*, New Haven 1981, S.13.
235 A.a.O., S.17.
236 Die Zitate stammen aus Interviews

mit Wang, Zhao, Liu und Lin, die der Autor im Juni 2013 geführt hat.
237 Alle Zitate von Kim Jong Hun stammen aus einem Interview, das Lina Yoon 2013 für dieses Buch mit ihm geführt hat.
238 Das Interview mit Jeon führte der Autor im Mai 2013.
239 De Bary/Bloom, *Sources*, Bd.1, S.615. Das Zitat von Morris Chang stammt aus dem Interview, das der Autor 2009 mit ihm geführt hat, siehe dazu: »Rebooting the Dragon«, in: *Time* vom 27.Juli 2009.
240 Alle Zitate von Kim Eun Sil stammen aus dem Interview, das der Autor im Mai 2013 mit ihr geführt hat.
241 Analekten, VII, 8, zitiert nach: Konfuzius, *Gespräche*, S.39.
242 Die Zitate von Chen I-hsing stammen aus dem Interview, das der Autor 2011 mit ihm geführt hat.
243 Der Vorfall wird berichtet im *Wall Street Journal*: »Debate Swarms Around Taiwan Confucius Requirement«, veröffentlicht am 7.April 2011. Das Zitat von Crane stammt aus: »Confucius in the Schools ... Taiwan Schools«, in: *The Useless Tree* vom 10.April 2011.
244 Das Zitat von Peter Lai stammt aus einem Interview, das der Autor 2011 mit ihm führte.

7 Konfuzius, der Frauenfeind

245 Alle Zitate von Pae stammen aus dem Interview, das der Autor mit ihr im Mai 2013 geführt hat.
246 Chad Steinberg, »Can Women Save Japan (and Asia Too)?«, Oktober 2012, Internationaler Währungsfonds, online abrufbar unter: www.imf.org/external/pubs/ft/fandd/2012/09/steinberg.htm

247 Alle Zitate von Bae stammen aus dem Interview, das der Autor mit ihr im Mai 2013 geführt hat.
248 Julia Kristeva, *Die Chinesin*, München 1976, S.43. De Bary/Bloom, *Sources*, Bd.2, S.392. Li-hsiang Lisa Rosenlee, *Confucianism and Women: A Philosophical Interpretation*, Albany 2006, S.1.

249 Analekten, XV, 24, zitiert nach: Konfuzius, *Gespräche*, S. 103.

250 Analekten, XVII, 25, zitiert nach: Konfuzius, *Gespräche*, S. 119.

251 Analekten, VIII, 20, zitiert nach: Konfuzius, *Gespräche*, S. 49.

252 Analekten, IX, 18, zitiert nach: Konfuzius, *Gespräche*, S. 54. Und Analekten XVI, 7, zitiert nach der Übersetzung von D.C. Lau, New York 1979.

253 *Buch der Riten*, II, 18, zitiert nach der Übersetzung von James Legge.

254 Menzius III, 4, zitiert nach: *Mong Dsi – die Lehrgespräche des Meisters Meng Ko*, S. 97.

255 *Buch der Riten*, 30, 5, zitiert nach der Übersetzung von Richard Wilhelm, Wiesbaden 2014, S. 323. *Buch der Lieder*, zitiert nach: Patricia Ebrey, *Women in Traditional China*, Asia Society, online abrufbar unter: http://asiasociety.org/countries/traditions/women-traditional-china

256 Rede von Hu Shi 1933 mit dem Titel »Social Disintegration and Readjustment«, online abrufbar unter: http://archive.is/cyW7

257 Menzius, III, 7, zitiert nach: *Mong Dsi*, S. 102.

258 *Buch der Riten*, IX, III, zitiert nach der Übersetzung von James Legge.

259 A.d.Ü.: Begriff von Oskar Weggel, *Chinesische Rechtsgeschichte*, Köln 1980.

260 Chan, *Sourcebook in Chinese Philosophy*, S. 277.

261 *Gespräche im Pavillon des Weißen Tigers*, übersetzt von Tjan Tjoe Som, online abrufbar auf der Webseite der University of Virginia mit dem Titel: *Traditions of Exemplary Women: Bohu Tong – Discussions at White Tiger Pavillon*, Kap. XXIX, http://www2.iath.virginia.edu:8080/exist/cocoon/xwomen/texts/bohu/tpage/

262 Tu Wei-Ming, »Probing the ›Three Bonds‹ and ›Five Relationships‹ in Confucian Humanism«, in: *Confucianism and the Family*, hrsg. von Walter H. Slote und George A. De Vos, Albany 1998, S. 122.

263 Tu, »Probing the ›Three Bonds‹«, S. 122–123.

264 De Bary/Bloom, *Sources*, Bd. 1, S. 830; Ebrey, *Chinese Civilization*, Nr. 17.

265 De Bary/Bloom, *Sources*, Bd. 1, S. 828–829.

266 Buch der Riten I, 1, zitiert nach: *Li Gi, Das Buch der Riten, Sitten und Gebräuche*, Wiesbaden 2014, S. 316. De Bary/Bloom, (Hrsg.), *Sources*, Bd. 1, S. 828.

267 Buch der Riten X, 1, zitiert nach der Übersetzung von James Legge.

268 Menzius, IV, 26, zitiert nach: *Mong Dsi*, S. 122.

269 De Bary/Bloom, *Sources*, Bd. 1, S. 826–827.

270 A.a.O., S. 822. Patricia Buckley Ebrey, *The Inner Quarters: Marriage and the Lives of Chinese Women in the Sung Period*, Berkeley 1992, S. 186. Susan Mann, Chen Yu-yin (Hrsg.), *Under Confucian Eyes: Writings on Gender in Chinese History*, Berkeley 2001, S. 151–152.

271 *Biographies of Exemplary Women*, in: Albert Richard O'Hara, *Position of Women in Early China*, Hong Kong 1946, S. 39–42.

272 A.a.O., S. 117.

273 Howard S. Levy, *Chinese Footbinding: the History of Curious Erotic Custom*, New York 1967, S. 225–226. Bei Levy finden sich zahlreiche solcher Horrorgeschichten.

274 Lin Yutang, *Mein Land und mein Volk*, Stuttgart 1935, S. 212. Klassiker der kindlichen Pietät, Kap. 1. C. Fred Blake, »Foot-Binding in Neo-Confucian China and the Appropriation of Female Labor«, in: *Signs* 19, Nr. 3 (1994), S. 695 und 708.

275 Zitiert nach: Ebrey, *The Inner Quarters.*

276 Ebrey, *Chinese Civilization*, Nr. 56.

277 De Bary/Bloom, *Sources*, Bd. 2, S. 354.

278 Julia Kristeva, *Die Chinesin*, S. 55.

279 De Bary/Bloom, *Sources*, Bd. 2, S. 392.

280 A. a. O., Bd. 2, S. 395.

281 Alle Zitate von Rosenlee stammen aus den E-Mails, die sie dem Autor geschickt hat, soweit dies nicht anders vermerkt ist.

282 Rosenlee, Li-hsiang Lisa, *Confucianism and Women*, Albany 2006, S. 154, 149, 159. Mehr dazu finden Sie in Kapitel 7 ihres Buches.

8 Konfuzius, der Geschäftsmann

283 Alle Zitate von Jin Zhanyong stammen aus einem Interview, das der Autor im Juni 2013 mit ihm führte.

284 Alle Zitate von Lu Mingyu stammen aus einem Interview, das der Autor 2013 mit ihm führte.

285 Dale Carnegie, *Wie man Freunde gewinnt*, München 1981, S. 39. Das Zitat wurde um der besseren Verständlichkeit willen leicht angepasst. Das Zitat von Tadashi Yanai stammt aus einem Interview, das der Autor im April 2013 mit ihm geführt hat.

286 Das Große Lernen, X, 19, zitiert nach: *Li Gi*, S. 60. Die Übersetzung wurde um der besseren Verständlichkeit willen leicht angepasst.

287 Analekten, I, 5, und XX, 2, zitiert nach: Konfuzius, *Gespräche des Meisters Kung*, S. 37 und 130 f.

288 Analekten, XII, 7, und XIII, 9, zitiert nach: Konfuzius, *Gespräche*, S. 73 und 81. Siehe auch: Das Große Lernen, X, 9, zitiert nach: *Li Gi*, S. 58. Die Übersetzung wurde um der besseren Verständlichkeit willen leicht angepasst.

289 Menzius, I, 7, zitiert nach: *Mong Dsi*, S. 51 f.

290 Analekten, XII, 9, zitiert nach: Konfuzius, *Gespräche*, S. 74.

291 Menzius, I, 3, zitiert nach: *Mong Dsi*, S. 44 f.

292 De Bary/Bloom, *Sources*, Bd. 1, S. 357.

293 A. a. O., S. 362 und 360.

294 A. a. O., S. 363.

295 Analekten, I, 14, und IV, 9, zitiert nach: Konfuzius, *Gespräche*, S. 8 und 22.

296 Analekten, IV, 10, und IV, 5, zitiert nach: Konfuzius, *Gespräche*, S. 22 und 21. Das Große Lernen, X, 7, zitiert nach der Übersetzung von James Legge.

297 De Bary/Bloom, *Sources*, Bd. 1, S. 361.

298 A. a. O., S. 357–358.

299 Das Zitat von Madeline Zeline stammt aus einem Interview, das der Autor im Mai 2013 mit ihr geführt hat. Siehe außerdem: Albert Feuerwerker, »The State and the Economy in Late Imperial China«, in: *Theory and Society* 13, Nr. 3 (1984), S. 305 und 308.

300 Angus Maddison, »The West and the Rest in the World Economy: 1000–2030: Maddisonian and Malthusian Interpretations« in: *World Economics* 9, Nr. 4 (2008), S. 87 und 170.

301 Max Weber, »Die Wirtschaftsethik der Weltreligionen: Konfuzianismus und Taoismus«, in: Ders., *Gesammelte Aufsätze zur Religionssoziologie*, Tübingen 1978, S.527.
302 A.a.O., S.515, 524, 532.
303 A.a.O., S.518 und 531.
304 Fairbank et al., »Economic Change in Early Modern China«, S.15.
305 Roderick MacFarquar, »The Post-Confucian Challenge« in: *The Economist*, vom 9.Februar 1980, S.68.
306 A.a.O., S.71.
307 Ebd.
308 Ezra F. Vogel, *Japan as Number One: Lessons for America*, Bloomington 1999, S.226 und 254.
309 Min Chen, *Asian Management Systems*, London 2004, S.25.
310 Fareed Zakaria, »A Conversation with Lee Kuan Yew«, in: *Foreign Affairs*, März/April 1994.
311 Barbara Crossette, »Western Influence Worries Singapore Chief«, in: *New York Times* vom 4.Januar 1987.
312 Habibullah Khan, »Social Policy in Singapore: A Confucian Model?«, in: Weltbankbericht 2001, S.20, online abrufbar unter: http://siteresources. worldbank.org/WBI/Resources/ wbi37165.pdf
313 Tan Chwee Huat, »Confucianism and Nation Building in Singapore« in:

International Journal of Social Economics 16, Nr.8 (1989), S.9.
314 Han Fook Kwang, Warren Fernandez, Sumiko Tan, *Lee Kuan Yew: The Man and His Ideas*, Singapur 1998, S.196.
315 Mortimer Zuckerman, »Japan Inc. Unravels«, in: *U. S. News & World Report* vom 9.August 1998.
316 Umfrage: »Young Chinese Use Daddies to Get Ahead«, auf: WSJ.com vom 20.August 2013.
317 Siehe Bruce Stanley, »Korean Air Bucks Tradition to Fix Problems«, in: *Wall Street Journal* vom 9.Januar 2006.
318 Alle Zitate von Yoo Myoung Hoo stammen aus einem Interview, das der Autor im Mai 2013 mit ihm geführt hat.
319 Alle Zitate von Liu Chuanzhi stammen aus einem Interview, das der Autor im April 2009 mit ihm geführt hat, außer wenn eine andere Angabe erfolgt. Teile dieses Interviews erschienen in einem Artikel des Autors: »Lenovo's Legend Returns« im *Time Magazine* vom 10.Mai 2010.
320 Dieses Zitat stammt aus E-Mails, die Liu Chuanzhi dem Autor gesandt hat. Dabei wurden um der Klarheit willen einige kleine Änderungen vorgenommen.

9   Konfuzius, der Politiker

321 Zitiert nach: Mong Dsi, S.114.
322 Die schriftliche Fassung des Interviews ist online abrufbar auf der Webseite des Premierministers von Singapur: http://www.pmo.gov.sg/mediacentre/ transcript-prime-minister-lee-hsien-loong's-interview-us-television-journalist-charlie

323 »Confucian Ethics for Schools«, in: *Straits Times* vom 4.Februar 1982, S.1.
324 Regierung von Singapur, *Weißbuch über gemeinsame Werte* (White Paper about Shared Values), 1991, Abschnitt 41.
325 »Singapore: A Most Un-Confucian Government«, in: *Useless Tree* vom

28. November 2005, online abrufbar auf: http://uselesstree.typepad.com/ useless_tree/2005/11/singapore_a_ mos.html.

326 Analekten, VIII, 9, und VIII, 21, zitiert nach: Konfuzius, *Gespräche*, S. 47 und 50. Buch von Maß und Mitte, XX, 12, zitiert nach: Konfuzius, *Das Buch von Maß und Mitte*, Stuttgart 2015, S. 38.

327 Mason Gentzler (Hrsg.), *Changing China: Readings in the History of China from the Opium War to the Present*, New York 1977, S. 172.

328 Analekten, XII, 11, zitiert nach: Konfuzius, *Gespräche*, S. 74.

329 Samuel Huntington, *The Third Wave: Democratization in the Late Twentieth Century*, Norman 1993, S. 300.

330 Analekten, XIII, 15, zitiert nach: Konfuzius, *Gespräche*, S. 82 f.

331 Analekten, XIII, 6, und II, 19, zitiert nach: Konfuzius, *Gespräche*, S. 81 und 13.

332 Analekten, II, 3, XII, 19, zitiert nach: Konfuzius, *Gespräche*, S. 9, S. 76. *Das Buch von Maß und Mitte*, XXXIII, 4, S. 61. Menzius II, 3, zitiert nach: *Mong Dsi*, S. 72 (zum besseren Verständnis leicht abgeändert). Analekten XX, 2, zitiert nach: Konfuzius, *Gespräche des Meisters Kung*, S. 131.

333 Francis Fukuyama, »Confucianism and Democracy«, in: *Journal of Democracy* 6, Nr. 2 (1995), S. 26.

334 Sun Yat-sen, *San Min Chu I: The Three Principles of the People*, übersetzt von Frank W. Price, hrsg. von L. T. Chen, Shanghai 1927, S. 169 und 171.

335 Analekten, XV, 25, zitiert nach: Konfuzius, *Gespräche*, S. 103. Das Große Lernen, X, 5, zitiert nach der Übersetzung von J. Legge.

336 Menzius, VII, 60, und I, 6, zitiert nach: *Mong Dsi*, S. 199 f. und S. 47.

337 Menzius, V, 5, zitiert nach der Übersetzung von J. Legge. Menzius, IV, 2, zitiert nach: *Mong Dsi*, S. 114.

338 Menzius, I, 15, zitiert nach der Übersetzung von J. Legge.

339 Sun Yat-sen, *San Min Chu I: The Three Principles of the People*, Shanghai 1927, S. 170. Kim Dae Jung, »Is Culture Destiny? The Myth of Asia's Anti-Democratic Values«, in: *Foreign Affairs* vom November/Dezember 1994.

340 De Bary/Bloom et al., *Sources of Japanese Tradition*, Bd. 2, S. 48–49.

341 Zitiert nach: Bol, *Neo-Confucianism in History*, S. 133. Fung Yu-lan, *History of Chinese Philosophy*, Bd. 2, S. 565.

342 Zitiert nach: Wood, *Limits to Autocracy*, S. 113, 96, 120. Das erste Zitat wurde um des besseren Verständnisses willen angepasst.

343 Genaueres zu den Positionen von Liu Ji und Song Lian findet sich in: John W. Dardess, *Confucianism and Autocracy: Professional Elites in the Founding of the Ming Dynasty*, Berkeley 1983, S. 134–139, S. 165–166.

344 Zhengyuan Fu, *Autocratic Tradition and Chinese Politics*, Cambridge 1993, S. 58–59; Wood, *Limits to Autocracy*, S. 111.

345 Dardess, *Confucianism and Autocracy*, S. 216.

346 A. a. O., S. 5, 132–133, 184–185.

347 A. a. O., S. 209, 223, 240.

348 Analekten, VIII, 13, zitiert nach: Konfuzius, *Gespräche*, S. 48. Die Übersetzung wurde für die Zwecke dieses Buches leicht verändert.

349 United Nations, »Capital Punishment and Implementation of the Safeguards Guaranteeing Protection of the Rights of Those Facing the Death Penalty«, Dezember 2009.

350 Kim Dae Jung, »Is Culture Destiny?«; Han Fook Kwang et al., *Lee Kuan Yew,* S. 380.

351 Han Fook Kwang et al., *Lee Kuan Yew,* S. 89; »Government's Hard-Nosed Approach Defended«, in: *The Straits Times,* vom 20. April 1987.

352 Zakaria, »A Conversation«; Han Fook Kwang et al., *Lee Kuan Yew,* S. 147 und S. 407–409.

353 Eric X. Li, »Democracy Is Not the Answer«, in: *Huffington Post* vom 16. Mai 2012.

354 Chris Patten, *Asien – das Ende der Zukunft. Der letzte Gouverneur von Hongkong über die ökonomisch-politische Entwicklung in Fernost,* Bergisch Gladbach 1998, S. 184; Fukuyama, »Confucianism and Democracy«, S. 30

355 Rede abgedruckt in: *The Straits Times* vom 8. Februar 1982, S. 14.

356 »Confucian Ethics for School«, in: *The Straits Times* vom 4. Februar 1982, S. 1. Und: *The Straits Times* vom 8. Februar 1982.

357 Zitiert nach: Eddie C.Y. Kuo, »Confucianism as Political Discourse in Singapore: The Case of an Incomplete Revitalization Movement«, in: Tu Wei-ming, *Confucian Traditions in East Asian Modernity: Moral Education and Economic Culture in Japan and the Four Mini-Dragons,* Cambridge 1996, S. 300.

358 Zitiert nach: Kuo, »Confucianism as Political Discourse«, S. 299; *Straits Times,* vom 10. März 1982, S. 43.

359 Tan Chwee Huat, »Confucianism and Nation Building«, S. 5.

360 Regierung von Singapur, *Weißbuch über gemeinsame Werte* (White Paper about Shared Values), 1991, Abschnitt 2 und 39.

361 A.a.O., Abschnitt 24, 26, 25 und 28.

10 Konfuzius, der Kommunist

362 »Xi Underlines Morality During Confucius Site Visits«, in: *Xinhua* vom 28. November 2013.

363 Abigail Lamberton, »The Kongs of Qufu: Power and Privilege in Late Imperial China«, in: Thomas A. Wilson, *On Sacred Grounds,* S. 328. Lamberton beschreibt detailreich die Vermögensverhältnisse der Familie Kong und ihren Einfluss während der Kaiserzeit.

364 Alle Zitate von Richard Kong stammen aus einem Interview, das der Autor im September 2011 mit ihm geführt hat.

365 De Bary/Bloom, *Sources,* Bd. 1, S. 576 und 578.

366 Die Auszüge aus Gu Mus Rede stammen aus: William Theodore de Bary, »The New Confucianism in Beijing«, in: *American Scholar 64,* Nr. 2 (1995), S. 181–182.

367 Ebd.

368 Zitiert nach: Daniel A. Bell, »China's Leaders Rediscover Confucianism«, in: *International Herald Tribune,* vom 14. September 2006.

369 Francis Fukuyama, »China is Looking to Its Dynastic Past to Shape Its Future«, in: *Financial Times* vom 12. Juli 2011.

370 Daniel A. Bell, Eric Li, »In Defense of How China Picks Its Leaders«, in: *Financial Times* vom 11. November 2012.

371 Zhang Wei Wei, »Eight Ideas Behind

China's Success«, in: *New York Times* vom 30. September 2009.

372 »Modern China Needs Some Old Thinking«, in: *China Daily* vom 31. Juli 2006.

373 Alle Zitate von Liu Hedong stammen aus einem Gespräch, das der Autor im Juli 2013 mit ihm geführt hat.

374 Kam Louie, »Confucius, the Chameleon: Dubious Envoy for ›Brand China‹«, in: *Boundary* 238, Nr. 1 (2011), S. 77–78.

375 A.d.Ü.: Es gibt auch Konfuzius-Institute in Deutschland: http://www.konfuziusinstitut-berlin.de/html/de/links-und-partner/index.html

376 Webseite der *Hanban*-Organisation in englischer Sprache: http://english.hanban.org/index.html. Die Regeln, denen die Konfuzius-Institute weltweit unterworfen sind, finden sich ebenfalls auf dieser Internetseite veröffentlicht. Moshers Aussage wurde vor dem Ausschuss für Auswärtige Angelegenheiten des US-Parlaments gemacht, genauer gesagt vor dem »Subcommittee for Oversight and Investigations«. Sie findet sich im Wortlaut in: Steven W. Mosher, »Confucius Institutes: Trojan Horses with Chinese Characteristics«, publiziert am 28. März 2012 auf der

Internetseite des Population Research Institutes: https://www.pop.org/content/confucius-institutes-trojan-horses-chinese-characteristics

377 Die Stellungnahme der American Association of University Professors finden Sie auf: http://www.aaup.org/report/confucius-institutes

378 Alle Zitate von Jiang Qing stammen aus einem Interview, das der Autor im April 2012 mit ihm geführt hat. Wo dies nicht der Fall ist, wurde dies angegeben.

379 Jiang Qing, Daniel Bell, »A Confucian Constitution for China«, in: *New York Times* vom 10. Juli 2012.

380 Alle Zitate von Feng Zhe stammen aus einem Interview, das der Autor im März 2012 mit ihm geführt hat.

381 Die Zitate von Li Xiaohua und Miao Ran stammen aus einem Interview, das der Autor im März 2012 mit den beiden Frauen geführt hat.

382 Alle Zitate von Steve Luan und Lei Bin stammen aus einem Interview, das der Autor im Juli 2013 mit den beiden geführt hat.

383 Alle Zitate von Zheng Wanlong stammen aus einem Interview, das der Autor im Juli 2013 mit ihm geführt hat.

LITERATUR

Klassische und historische Texte

Die Analekten: Die »Gespräche«, die Konfuzius mit seinen Schülern führte, sind wohl die beste Quelle für seine Lehren, obwohl er das Buch nicht selbst zusammengestellt hat. Der Autor hat sich dabei auf zwei Übersetzungen ins Englische gestützt: The Analects, übersetzt von D. C. Lau, erschienen 1979 bei Penguin, New York. Und *The Confucian Analects, The Great Learning, and The Doctrine of the Mean,* erschienen 2009 bei Cosimo Classics, New York. Die Legge-Übersetzung finden Sie auch online, auf der Webseite des Chinese Text Project: http://ctext.org/analects.

A.d.Ü.: Das Altchinesische zeichnet sich durch einen enormen Bedeutungsspielraum der einzelnen Zeichen aus, daher muss jede Übersetzung in eine moderne Sprache sich auf ihre Weise für eine Interpretationsmöglichkeit entscheiden. Bei der Übersetzung dieses Buches wurde in erster Linie darauf geachtet, dass der deutsche Text der *Analekten*-Zitate zu Michael Schumans Originalzitat passte. Daher wurden die Zitate aus den Analekten meist aus der dt. Übersetzung von Ralf Moritz entnommen: Konfuzius, *Gespräche,* Stuttgart 2014. Wo diese Übersetzung nicht zum vorliegenden englischen Text passen wollte, wurden zwei weitere Übersetzungen herangezogen: Konfuzius, *Gespräche des Meisters Kung,* übersetzt von Erich Schwarz, München 1991. Und: Kungfutse, *Gespräche,* übersetzt von Richard Wilhelm, München 2008. Bei der Schreibung der chinesischen Eigennamen allerdings wurde die Pinyin-Umschrift des englischen Textes beibehalten. Das gilt auch für alle anderen Zitate aus klassisch chinesischen Texten.

Biographies of Exemplary Women: Albert Richard O'Hara nahm eine Übersetzung dieses Textes in sein Buch *Position of Women in Early China* auf (Hong Kong 1946). Online abrufbar sind die Texte in englischer Sprache auf der Webseite Traditions of Exemplary Women der Universität von Virginia, siehe: http://www2.iath.virginia.edu:8080/exist/cocoon/xwomen/texts/list

The Book of Rites: Der Autor verwendete James Legges Übersetzung von 1885, abrufbar in englischer Sprache auf der Webseite: *Traditions of Exemplary Women* website, siehe: http://www2.iath.virginia.edu:8080/exist/cocoon/xwomen/texts/list

A.d.Ü.: Für die deutsche Übersetzung wurde, wo dies möglich war, auf Richard Wilhelms Übersetzung zurückgegriffen:

Li Gi, das Buch der Riten, Sitten und Gebräuche, Wiesbaden 2014.

The Classic of Filial Piety: Für diesen so unglaublich wirkmächtigen Text habe ich eine Übersetzung von James Legge verwendet. Den gesamten Text in englischer Sprache finden Sie im Chinese Text Project: http://ctext.org/xiao-jing.

Discussions in White Tiger Pavilion: Dieser Text aus der Han-Zeit findet sich in englischer Sprache auf der Webseite der Universität von Virginia: siehe oben. Die Übersetzung stammt von Tjan Tjoe Som und wurde 1973 bei Hyperion Press, New York, veröffentlicht.

The Doctrine of the Mean: Der Autor hat die Übersetzung von James Legge verwendet, die 2009 veröffentlicht wurde: The Confuction Analects, The Great Learning, and The Doctrine of the Mean, New York 2009.
Für die deutsche Übersetzung wurde zurückgegriffen auf: Konfuzius, *Das Buch von Maß und Mitte,* hrsg. von Ferdinand und Uta Fellman, Stuttgart 2015.

The Great Learning: Der Autor hat auch hier die Übersetzung von James Legge verwendet, die unter den Analekten aufgeführt wird. Für die deutsche Übersetzung wurde, wo dies möglich war, die Übersetzung von Richard Wilhelm herangezogen: Da Hüo, »Die große Wissenschaft«, in: *Li Gi, das Buch der Riten, Sitten und Gebräuche,* Wiesbaden 2014

Han Feizi: Die 1936 von W. K. Liao fertiggestellte Übersetzung ins Englische seiner gesammelten Werke findet sich auf der Webseite der Universität von Virginia: http://www2.iath.virginia.edu:8080/exist/cocoon/xwomen/texts/list

The Hanshu oder *History of the Han Dynasty:* Auch hier schulden wir der Universität von Virginia Dank, die die Übersetzung ins Englische von Homer Dubs auf ihrer Webseite zugänglich gemacht hat: siehe oben. Das Original wurde 1944 in Baltimore veröffentlicht.

Menzius oder *Buch Mengzi:* James Legges Übersetzung der Werke des Menzius findet sich auf der Webseite des Chinese Text Project: http://ctext.org/mengzi.
Für die deutsche Übersetzung wurde die Übersetzung von Richard Wilhelm genutzt: *Mong Dsi: Die Lehrgespräche des Meisters meng K'o,* München 1994.

Records of the Historian: Sima Qians Werk ist der historisch erste Versuch, Konfuzius' Biografie zu erzählen. Der Autor hat für seine Zwecke verschiedene Übersetzungen ins Englische genutzt. Der Großteil der hier präsentierten Ereignisse wurde der Übersetzung von Yang Shieh-yi und Gladys Yang entnommen, die 1975 in Hongkong erschienen ist. Sima Qians Aufzeichnungen von der Qin-Dynasty stammen aus der Übersetzung von Raymond Dawson, hrsg. von K. E. Brashier in: *The First Emperor: Selections from the Historical Records,* Oxford 2009. Die Materialien zu Kaiser Wu und der Han-Dynastie hingegen hat der Autor Burton Watsons Übersetzung entnommen: *Records of the Grand Historian,* by New York 1961.
A.d.Ü.: Für die Übersetzung ins Deutsche wurde die Übersetzung jener Teile von Sima Qians »Aufzeichnungen« benutzt, die sich auf Konfuzius' Leben beziehen und die von Erich Schwarz angefertigt wurde: »Biografie des Meisters Kung aus den Historischen Aufzeichnungen des Si-ma Tschjän«, in: Konfuzius,

Gespräche des Meisters Kung, München 1991.

The Spring and Autumn Annals and the Zuo Commentary: Der Kommentar des Zuo gibt uns Hintergrundinformationen zu den Frühlings- und Herbstannalen. Der Autor verwendet hier James Legges Übersetzung von 1872, die auf der Webseite der Universität von Virginia abrufbar ist: siehe oben.

The Twenty-Four Filial Exemplars: Der Autor nutzt hier eine Übersetzung ins Englische von David Jordan, Professor an der University of California in San Diego. Auch Professor Jordan hat seine Arbeit per Internet für die Allgemeinheit zur Verfügung gestellt: http://pages.ucsd.edu/~dkjordan/chin/shiaw/shiawoo.html

Xunzi: Burton Watsons Übersetzung einiger Schriften von Xunzi wurde 2003 bei der Columbia University Press veröffentlicht.

Zhuangzi: Die Zitate aus diesem Werk stammen aus der Übersetzung von James Legge, die auf dem Chinese Text Project veröffentlicht wurde: http://ctext.org/zhuangzi.
Eine andere Online-Quelle für Burton

Watsons Übersetzung ist: *Terebess Asia Online*, http://terebess.hu/english/chuangtzu.html

Darüber hinaus hat der Autor sich verschiedener Textsammlungen zu chinesischen Quellen bedient:

A Sourcebook in Chinese Philosophy, übersetzt von Chan Wing-tsit, Princeton 1989.
Sources of Chinese Tradition, hrsg. von De Bary, Wm. Theodore, 2. Ausgabe, Bd. 2, New York 2001.
Sources of Chinese Tradition, hrsg. von De Bary, Wm. Theodore, Bloom, Irene, 2. Ausgabe, Bd. 1, New York 2000.
Chinese Civilization: A Sourcebook, hrsg. von Ebrey, Patricia Buckley, 2. Ausgabe, New York 1993.
The Four Books: The Basic Teachings of the Late Confucian Tradition, hrsg. von Gardner, Daniel K., Indianapolis 2007.
Changing China: Readings in the History of China from the Opium War to the Present, hrsg. von Gentzler, J. Mason, New York 1977.
China's Response to the West: A Documentary Survey, 1839–1923, hrsg. von Teng Ssu-yu und John King Fairbank, New York 1963.

Andere Quellen

Ackerly, Brooke A., »Is Liberalism the Only Way Toward Democracy? Confucianism and Democracy«, in: *Political Theory* 33, Nr. 4 (2005), S. 547–576.

Bell, Daniel, *China's New Confucianism: Politics and Everyday Life in a Changing Society*, Princeton 2008.

Blake, C. Fred, »Foot-Binding in Neo-Confucian China and the Appropriation of Female Labor«, in: *Signs* 19, Nr. 3 (1994), S. 676–712.

Bodde, Derk, »The Idea of Social Classes in Han and Pre-Han China«, in: W. L. Idema, E. Zurcher (Hrsg.), *Thought and Law in Qin and Han China: Studies*

Dedicated to Anthony Hulsewe on the Occasion of His Eightieth Birthday, Leiden 1990, S. 26–41.

Bol, Peter K., »This Culture of Ours«: Intellectual Transitions in T'ang and Sung China, Stanford 1992.

Ders., Neo-Confucianism in History, Cambridge 2008.

Chang, Carsun, The Development of Neo-Confucian Thought, London 1958.

Chang, Wonsuk, Kalmanson, Leah (Hrsg.), Confucianism in Context: Classic Philosophy and Contemporary Issues, East Asia and Beyond, Albany 2010.

Chen, Min, Asian Management Systems, London 2004.

Chin, Annping, The Authentic Confucius: A Life of Thought and Politics, New York 2007.

Chow Tse-tsung, The May 4th Movement: Intellectual Revolution in Modern China, Cambridge 1964.

Chua, Amy, Die Mutter des Erfolgs, München 2011.

Clements, Jonathan, Confucius: A Biography, Stroud 2004.

Csikszentmihalyi, Mark, »Confucius and the Analects in the Han«, in: Bryan W. Van Norden (Hrsg.), Confucius and the Analects: New Essays, New York 2002.

Dardess, John W., Confucianism and Autocracy: Professional Elites in the Founding of the Ming Dynasty, Berkeley 1983.

De Bary, William Theodore, »The New Confucianism in Beijing«, in: American Scholar 64, Nr. 2 (1995), S. 175–189.

Ders., The Trouble with Confucianism, Cambridge 1996.

Ders., Asian Values and Human Rights: A Confucian Communitarian Perspective, Cambridge 2000.

De Bary, William Theodore, Gluck, Carol, Tiedemann, Arthur E. (Hrsg.), Sources of Japanese Tradition, Bd. 2, Teil I, New York 2006.

Deuchler, Martina, The Confucian Transformation of Korea: A Study of Society and Ideology, Cambridge 1992.

Dotson, John, »The Confucian Revival in the Propaganda Narratives of the Chinese Government«, in: Staff Research Report for the US-China Economic and Security Review Commission, Juli 2011.

Dubs, Homer H., »The Victory of Han Confucianism«, in: Journal of the American Oriental Society 58, Nr. 3 (1938), S. 435–449.

Dull, Jack L., »Anti-Qin Rebels: No Peasant Leaders Here«, in: Modern China 9, Nr. 3 (1983), S. 285–318.

Ebrey, Patricia Buckley, The Inner Quarters: Marriage and the Lives of Chinese Women in the Sung Period, Berkeley 1992.

Elman, Benjamin, A Cultural History of Civil Examinations in Late Imperial China, Berkeley 2000.

Elstein, David, »Why Early Confucianism Cannot Generate Democracy«, in: *Dao 9* (2010), S.427–443.

Englehart, Neil A., »Rights and Culture in the Asian Values Argument: The Rise and Fall of Confucian Ethics in Singapore«, in: *Human Rights Quarterly 22,* Nr. 2 (2000), S.548–568.

Eno, Robert, »The Background of the Kong Family of Lu and the Origins of Ruism«, in: *Early China 28* (2003).

Esherick, Joseph, Pickowicz, Paul, Walder, Andrew George, *The Cultural Revolution as History,* Stanford 2006.

Fairbank, John K., Eckstein, Alexander, Yang, L.S., »Economic Change in Early Modern China: An Analytic Framework«, Teil I, in: *Economic Development and Cultural Change 9,* Nr. 1 (1960), S. 1–26.

Fairbank, John King, Kwang, Ching, Liu (Hrsg.), *The Cambridge History of China,* Bd. 11, *Late Qing, 1800–1911,* Teil 2, Cambridge 1980.

Feuerwerker, Albert, »The State and the Economy in Late Imperial China«, in: *Theory and Society 13,* Nr. 3 (1984), S.297–326.

Fingarette, Herbert, *Confucius: The Secular as Sacred,* Long Grove 1998.

Fu, Zhengyua, *Autocratic Tradition and Chinese Politics,* Cambridge 1993.

Fukuyama, Francis, »Confucianism and Democracy«, in: *Journal of Democracy 6,* Nr. 2 (1995), S.20–33.

Fung, Yu-lan, *A History of Chinese Philosophy,* Bd. 1, *The Period of Philosophers,* übersetzt von Derk Bodde, Princeton 1983.

Ders., *A History of Chinese Philosophy,* Bd. 2, *The Period of Classical Learning,* übersetzt von Derk Bodde, Princeton 1983.

Gao, Xiongya, *Pearl S. Buck's Chinese Women Characters,* Cranbury 2000.

Goldin, Paul. R., *Confucianism,* Berkeley 2011.

Goossaert, Vincent, »1898: The Beginning of the End for Chinese Religion?«, in: *Journal of Asian Studies 65,* Nr. 2 (2006), S.307–336.

Gregor, A. James, »Confucianism and the Political Thought of Sun Yat-Sen«, in: *Philosophy East and West 31,* Nr. 1 (1981), S.55–70.

Han, Fook Kwang, Warren, Fernandez, Sumiko, Tan, *Lee Kuan Yew: The Man and His Ideas,* Singapore 1998.

Harrell, Stevan, »Why Do the Chinese Work So Hard? Reflections on an Entrepreneurial Ethic«, in: *Modern China 11,* Nr. 2. (1985), S.203–226.

Hicks, G.L., Redding, S.G., »The Story of the East Asian ›Economic Miracle‹: Part 1: Economic Theory Be Damned«, in: *Euro-Asia Business Review 2,* Nr. 3 (1983), S.24–32.

Ders., »The Story of the East Asian ›Economic Miracle‹: Part 2: The Culture Connection«, in: *Euro-Asia Business Review 2,* Nr. 4 (1983), S.18–22.

Hill, John S., »Confucianism and the Art of Chinese Management«, in: *Journal of Asia Business Studies* I, Nr. 1 (2006).

Hofstede, Geert, Bond, Michael Harris, »The Confucius Connection: From Cultural Roots to Economic Growth«, in: *Organizational Dynamics* 16, Nr. 4 (1988), S. 5–21.

Holzman, Donald, »The Place of Filial Piety in Ancient China«, in: *Journal of the American Oriental Society* 118, Nr. 2 (1998), S. 185–199.

Hsiao, Kung-chuan, *A Modern China and a New World: K'ang Yu-wei, Reformer and Utopian, 1858–1927*, Seattle 1975.

Hsu, Francis L. K., *Under the Ancestors' Shadow: Kinship, Personality and Social Mobility in China*, Stanford 1971.

Huang, Chun-chieh, *Taiwan in Transformation: The Challenge of a New Democracy in an Old Civilization*, New Brunswick 2006.

Huang, Yong, »Government by Propriety: Why the Political Is Also Personal«, in: Lin Jianfu (Hrsg.), *The Kingly Culture, Social Renovation, and the Sustained Development in a Global Age*, Taipei 2013, S. 101–165.

Huntington, Samuel P., *The Third Wave: Democratization in the Late Twentieth Century*, Norman 1993.

Hutton, Eric L., »Han Feizi's Criticism of Confucianism and Its Implications for Virtue Ethics«, in: *Journal of Moral Philosophy* 5 (2008), S. 423–453.

James, Harold, »Familiy Values or Crony Capitalism?«, in: *Capitalism and Society* 3, Nr. 1 (2008).

Jensen, Lionel M., »Wise Man of the Wilds: Fatherlessness, Fertility, and the Mythic Exemplar, Kongzi«, in: *Early China* 20 (1995), S. 407–437.

Ders., *Manufacturing Confucianism: Chinese Traditions and Universal Civilization*, Durham 1997.

Johnston, Reginald Fleming, *Confucianism in Modern China*, Vancouver 2008.

Kahn, Herman, *Die Zukunft der Welt*, Wien, München, Zürich 1980.

Kaizuka, Shigeki, *Confucius: His Life and Thought*, Mineola 2002.

Khan, Habibullah, »Social Policy in Singapore: A Confucian Model?«, Weltbank 2001.

Kim Dae Jung, »Is Culture Destiny? The Myth of Asia's Anti-Democratic Values«, in: *Foreign Affairs*, November/Dezember 1994.

Knapp, Keith Nathaniel, »The *Ru* Reinterpretation of *Xiao*« in: *Early China* 20 (1995), S. 195–222.

Ders., *Selfless Offspring: Filial Children and Social Order in Medieval China*, Honolulu 2005.

Ders., »The Confucian Tradition in China«, in: Randall L. Nadeau (Hrsg.), *The Wiley-Blackwell Companion to Chinese Religions*, Oxford 2012, S. 147–170.

Kristeva, Julia, *Die Chinesin – Die Rolle der Frau in China*, München 1976.

Kuhn, Dieter, *The Age of Confucian Rule: The Song Transformation of China*, Cambridge 2009.

Ders., *Status und Ritus – Das China der Aristokraten von den Anfängen bis zum 10. Jahrhundert n. Chr.*, Heidelberg 1991.

Ders., *Ostasien bis 1800*, Frankfurt a. M. 2014.

Kuhn, Philip A., *Chinese Among Others: Emigration in Modern Times*, Lanham 2009.

Kwong, Luke, »Chinese Politics at the Crossroads: Reflections on the Hundred Days Reform of 1898«, in: *Modern Asian Studies* 34, Nr. 3 (2000), S. 663–695.

Lee, Peter H., De Bary, William Theodore (Hrsg.), *Sources of Korean Tradition*, Bd. I, *From Early Times Through the Sixteenth Century*, New York 1997.

Levy, Howard S., *Chinese Footbinding: The History of a Curious Erotic Custom*, New York 1967.

Lew, Seok-Choon, Woo-Young Choi, Hye Suk Wang, »Confucian Ethics and the Spirit of Capitalism in Korea: The Significance of Filial Piety«, in: *Journal of East Asian Studies* 11, Nr. 2 (2011), S. 171–196.

Lewis, Mark Edward, *The Early Chinese Empires: Qin and Han*, Cambridge 2007.

Liang, Ch'i-ch'ao, *Intellectual Trends in the Ch'ing Period*, Cambridge 1959.

Lin, Justin Yifu, »The Needham Puzzle: Why the Industrial Revolution Did Not Originate in China«, in: *Economic Development and Cultural Change* 43, Nr. 2 (1995), S. 269–292.

Lin, Yutang, »Confucius as I Know Him«, in: *China Critic* 4, Nr. 1 (1931), S. 5–9, Nachdruck erhältlich auf: www.chinaheritagequarterly.org/features. php?searchterm=030_confucius. inc&issue=030.

Ders., *Mein Land und mein Volk*, Stuttgart 1935.

Long, Roderick, »Austro-Libertarian Themes in Early Confucianism«, in: *Journal of Libertarian Studies* 17, Nr. 3 (2003), S. 35–62.

Louie, Kam, *Critiques of Confucius in Contemporary China*, Hong Kong 1980.

Ders., *Theorizing Chinese Masculinity: Society and Gender in China*, Cambridge 2002.

Ders., »Confucius the Chameleon: Dubious Envoy for ›Brand China‹«, in: *Boundary* 238, Nr. 1 (2011), S. 77–100.

Lu, Xun, *Selected Stories of Lu Hsun*, Beijing 1972.

MacFarquhar, Roderick, »The Post-Confucian Challenge«, in: *The Economist* vom 9. Februar 1980.

Maddison, Angus, »The West and the Rest in the World Economy, 1000–2030: Maddisonian and Malthusian interpretations«, in: *World Economics* 9, Nr. 4 (2008), S. 75–99.

Mahbubani, Kishore, »The Pacific Way«, in: *Foreign Affairs,* Januar/Februar 1995.

Mann, Susan, Yu-yin, Cheng (Hrsg.), *Under Confucian Eyes: Writings on Gender in Chinese History,* Berkeley 2001.

Miyazaki, Ichisada, *China's Examination Hell: The Civil Service Examinations of Imperial China,* New Haven 1981.

Nathan, Andrew, *Chinese Democracy,* Berkeley 1986.

Needham, Joseph, *Science and Civilization in China,* Bd. 2, *History of Scientific Thought,* Cambridge 1956.

Ders., *Wissenschaft und Zivilisation in China,* Frankfurt a. M. 1984. (Auf Dt. ist nur Band 1 erschienen, A.d.Ü.)

Ders., *The Grand Titration: Science and Society in East and West,* Toronto 1979.

Nosco, Peter (Hrsg.), *Confucianism in Tokugawa Culture,* Honolulu 1997.

Nylan, Michael, »Confucian Piety and Individualism in Han China«, in: *Journal of the American Oriental Society* 116, Nr. 1 (1996), S. 1–27.

Nylan, Michael, Wilson, Thomas, *Lives of Confucius: Civilization's Greatest Sage Through the Ages,* New York 2010.

O'Brien, Patrick, »The Needham Question Updated: A Historiographical Survey and Elaboration«, in: *History of Technology* 29 (2009), S. 7–28.

O'Dwyer, Shaun, »Democracy and Confucian Values«, in: *Philosophy East and West* 53, Nr. 1 (2003), S. 39–63.

Oldstone-Moore, Jennifer, *Confucianism: Origins, Beliefs, Practices, Holy Texts, Sacred Places,* Oxford 2002.

Paradise, James, »China and International Harmony: The Role of Confucius Institutes in Bolstering Beijing's Soft Power«, in: *Asian Survey* 49, Nr. 4 (2009), S. 647–669.

Paramore, Kiri, »The Nationalization of Confucianism: Academism, Examinations, and Bureaucratic Governance in the Late Tokugawa State«, in: *Journal of Japanese Studies* 38, Nr. 1 (2012), S. 25–53.

Park, Chung Hee, *To Build a Nation,* Washington 1971.

Patten, Chris, *Asien – Das Ende der Zukunft,* Bergisch-Gladbach 1998.

Rainey, Lee Dian, *Confucius and Confucianism: The Essentials,* Sussex 2010.

Ramirez, Luis Felipe, »Culture, Government and Development in South Korea«, in: *Asian Culture and History* 2, Nr. 1 (2010), S. 71–81.

Reid, T.R., *Confucius Lives Next Door: What Living in the East Teaches Us About Living in the West,* New York 2009.

Rosenlee, Li-hsiang Lisa, *Confucianism and Women: A Philosophical Interpretation,* Albany 2006.

Russell, Bertrand, *The Problem of China,* London, 1922.

Schuman, Michael, *The Miracle: The Epic Story of Asias Quest for Wealth,* New York 2009.

Sellmann, James D., Rowe, Sharon, »The Feminine in Confucius«, in: *Asian Culture Quarterly* 26, Nr. 3 (1998).

Shryock, John, *The Origin and Development of the Cult of Confucius: An Introductory Study*, New York 1966.

Shun, Kwong-loi, Wong, David B. (Hrsg.), *Confucian Ethics: A Comparative Study of Self, Autonomy, and Community*, Cambridge 2004.

Slote, Walter H., De Vos, George (Hrsg.), *Confucianism and the Family*, Albany 1998.

Sommer, Deborah, »Images for Iconoclasts: Images of Confucius in the Cultural Revolution«, in: *East West Connections* 7, Nr. 1 (2007), S. 1–23.

Spence, Jonathan, »Confucius«, in: *Wilson Quarterly*, Herbst 1993.

Sun Yat-Sen, *San Min Chu I: The Three Principles of the People*, Shanghai 1927.

Tan, Charlene, »Our Shared Values«, in: »Singapore: A Confucian Perspective«, *Educational Theory* 62, Nr. 4 (2012), S. 449–463.

Tan, Chwee Huat, »Confucianism and Nation Building in Singapore«, in: *International Journal of Social Economics* 16, Nr. 8 (1989), S. 5–16.

Tan, Soo Kee, »Influence of Confucianism on Korean Corporate Culture«, in: *Asian Profile* 36, Nr. 1 (2008), S. 9–20.

Tan, Sor-hoon, »Authoritative Master Kong (Confucius) in an Authoritarian Age«, in: *Dao* 9 (2010), S. 137–149.

Tay, Wei Leong, »Kang Youwei: The Martin Luther of Confucianism and His Vision of Confucian Modernity and Nation«, in: Haneda Masashi (Hrsg.), *Secularization, Religion and the State*, Tokio 2010.

Taylor, Rodney Leon, *Confucianism*, New York 2004.

Thompson, Mark, »Pacific Asia After ›Asian Values‹: Authoritarianism, Democracy, and ›Good Governance‹«, in: *Third World Quarterly* 25, Nr. 6 (2004), S. 1079–1095.

Tillman, Hoyt Cleveland, *Confucian Discourse and Chu Hsi's Ascendancy*, Honolulu 1992.

Totman, Conrad, *Early Modern Japan*, Berkeley 1993.

Tu, Wei-ming, »The Rise of Industrial East Asia: The Role of Confucian Values«, in: *Copenhagen Papers in East and Southeast Asian Studies*, Nr. 4 (1989), S. 81–97.

Ders., *Confucian Traditions in East Asian Modernity: Moral Education and Economic Culture in Japan and the Four Mini-Dragons*, Cambridge 1996.

Twitchett, Denis, Loewe, Michael (Hrsg.), *The Cambridge History of China*, Bd. 1, *The Qin and Han Empires (221 BC –220 AD)*, Cambridge 1996.

Vogel, Ezra, *Japan as Number One: Lessons for America*, Bloomington 1999.

Weber, Max, »Die Wirtschaftsethik der Weltreligionen: Konfuzianismus und Taoismus«, in: *Gesammelte Aufsätze zur*

Religionssoziologie, Tübingen 1978, S. 276–536.

Whyte, Martin King, »The Social Roots of China's Economic Development«, in: *China Quarterly*, Nr. 144 (1995), S. 999–1019.

Ders., »The Chinese Family and Economic Development: Obstacle or Engine?«, in: *Economic Development and Cultural Change* 45, Nr. 1 (1996), S. 1–30.

Wilson, Thomas A., *On Sacred Grounds: Culture, Society, Politics, and the Formation of the Cult of Confucius*, Cambridge 2003.

Winchester, Simon, *Der Mann, der China liebte: Wie ein exzentrischer Engländer unser Bild vom Reich der Mitte neu bestimmte*, München 2011.

Winckler, Edwin, Greenhalgh, Susan (Hrsg.), *Contending Approaches to the Political Economy of Taiwan*, Armonk 1988.

Woo, Terry, »Confucianism and Feminism«, in: Arvind Sharma, Young, Katherine (Hrsg.), *Feminism in World Religions*, Albany 1999.

Wood, Alan T., *Limits to Autocracy: From Sung Neo-Confucianism to a Doctrine of Political Rights*, Honolulu 1995.

Yang, Key P., Henderson, Gregory, »An Outline History of Korean Confucianism: Part I: The Early Period and Yi Factionalism«, in: *Journal of Asian Studies* 18, Nr. 1 (1958), S. 81–101.

Yao, Xinzhong, *An Introduction to Confucianism*, New York 2009.

Yi Il Cheong, »Formulation of Confucianism in the Social Welfare Systems of East Asia«, in: *KATHA*, Nr. I (2005).

Yu, Dan, *Konfuzius im Herzen: Alte Weisheit für die moderne Welt*, München 2009.

Zakaria, Fareed, »A Conversation with Lee Kuan Yew«, in: *Foreign Affairs*, März/April 1994.

Zelin, Madeleine, *The Merchants of Zigong: Industrial Entrepreneurship in Early Modern China*, New York 2005.

Zhang Tong, Schwartz, Barry, »Confucius and the Cultural Revolution: A Study in Collective Memory«, in: *International Journal of Politics, Culture and Society* 11, Nr. 2 (1997).

REGISTER